Working and Writing for Change

Working and Writing for Change

Series Editors: Steve Parks and Jessica Pauszek

The Working and Writing for Change series began during the 100th anniversary celebrations of NCTE. It was designed to recognize the collective work of teachers of English, Writing, Composition, and Rhetoric to work within and across diverse identities to ensure the field recognize and respect language, educational, political, and social rights of all students, teachers, and community members. While initially solely focused on the work of NCTE/CCCC Special Interest Groups and Caucuses, the series now includes texts written by individuals in partnership with other communities struggling for social recognition and justice.

Books in the Series

CCCC/NCTE Caucuses

Viva Nuestro Caucus: Rewriting the Forgotten Pages of Our Caucus ed. by Romeo García, Iris D. Ruiz, Anita Hernández & María Paz Carvajal Regidor

History of the Black Caucus National Council Teachers of English by Marianna White Davis

Listening to Our Elders: Working and Writing for Social Change by Samantha Blackmon, Cristina Kirklighter, & Steve Parks

Building a Community, Having a Home: A History of the Conference on College Composition and Communication ed. by Jennifer Sano-Franchini, Terese Guinsatao Monberg, & K. Hyoejin Yoon

Community Publications

The People Demand Democracy: Voices from the Myanmar Spring Revolution, edited by Pratha Purushottam, et al.

A Parent's POWER by Sylvia P. Simms

The Forever Colony by Victor Villanueva

Visibly (and Invisibly) Muslin on Grounds: Classroom, Culture, and Community at the University of Virginia, ed. by Wafa Salah and Fawzia Tahsin

The Lived Experience of Democracy: Criticizing Injustice, Building Community, ed. by Kaitlyn Baker, et al.

Steal the Street: The Intersection of Homelessness and Gentrification by Mark Mussman

Literacy and Pedagogy in an Age of Misinformation and Disinformation ed. by Tara Lockhart, Brenda Glascott, Chris Warnick, Juli Parrish, & Justin Lewis

Faces of Courage: Ten Years of Building Sanctuary by Harvey Finkle

Equality and Justice: An Engaged Generation, a Troubled World by Michael Chehade, Alex Granner, Ahmed Abdelhakim Hachelaf, Madhu Napa, Samantha Owens, & Steve Parks

Other People's English: Code-Meshing, Code-Switching, and African American Literacy by Vershawn Ashanti Young, Rusty Barrett, Y'Shanda Young-Rivera, & Kim Brian Lovejoy

Becoming International: Musings on Studying Abroad in America, ed.by Sadie Shorr-Parks

Dreams and Nightmares: I Fled Alone to the United States When I Was Fourteen by Liliana Velásquez. ed. and trans. by Mark Lyon

The Weight of My Armor: Creative Nonfiction and Poetry by the Syracuse Veterans' Writing Group, ed. by Ivy Kleinbart, Peter McShane, & Eileen Schell

PHD to PhD: How Education Saved My Life by Elaine Richardson

The People Demand Democracy

VOICES FROM THE MYANMAR SPRING REVOLUTION

Edited by:
Pratha Purushottam
Peyton Russell
Lauren Taylor
Gloria Wu
Jessica Lin
Kendall McDonald

Parlor Press
Anderson, South Carolina
www.parlorpress.com

Parlor Press LLC, Anderson, South Carolina, USA
Copyright © 2024 by New City Community Press.

Library of Congress Cataloging-in-Publication Data on File

1 2 3 4 5

978-1-64317-478-5 (paperback)
978-1-64317-479-2 (PDF)

Working and Writing for Change
An Imprint Series of Parlor Press
Series Editors: Steve Parks and Jessica Pauszek

Book design by Justin Lewis // justinlewis.me
Interior book Images by Wai Yan (Taunggyi)

Parlor Press, LLC is an independent publisher of scholarly and trade titles in print and multimedia formats. This book is available in paper and eBook formats from Parlor Press on the World Wide Web at www.parlorpress.com or through online and brick-and-mortar bookstores. For submission information or to find out about Parlor Press publications, write to Parlor Press, 3015 Brackenberry Drive, Anderson, South Carolina, 29621, or email editor@parlorpress.com.

Acknowledgments

We would like to express our gratitude to the citizens of Myanmar who took the time to share their stories with us. We recognize how risky it is for each of them to make their story public while actively hiding from the military dictatorship. We hope that their courage will further the effort to protect democracy both in Myanmar and around the world. We would also like to express our gratitude to the Associate Editors, Jessica Lin and Kendall McDonald. We are also grateful to our Assistant Editors, Matt Agarwal, Claire Brodish, Sophia Hildebrand, Isabell Kim, Taylor Lamb, Ben Makarechian, William Mattingly, Claire Sorkin, Samantha Thomas.

Let the The People Speak would also not be possible without the support of many individuals and offices at the University of Virginia. We would like to particularly acknowledge: Steve Parks, Democratic Futures Project/Instructor ENWR 2520, Steve Mull, Vice Provost for Global Affairs; Brian Owensby, Center for Global Inquiry and Innovation; and Louis Nelson, Vice Provost for Academic Outreach. Derek Brown, Co-Director of the Peace Appeal Foundation, made this project possible by introducing Myo Yan Naung Thein and Cho Cho Aung to the University of Virginia community. He has also been a consistent presence, offering both insight and advice as this project moved forward. Finally, we would like to thank the Rhetoric and Writing Program, Department of English, at the University of Virginia for their complete support of our efforts. We want to particularly thank Stacey Trader and Sarah Arrington for their unrelenting efforts to navigate this project through multiple bureaucratic structures.

We would also like to acknowledge the support provided to each individually throughout this project:

Pratha Purushottam
I would like to thank my parents, Vani Modi and Vineet Agrawal, for instilling in me a sense of what is right and wrong, and encouraging me to use my voice to speak out for those who are being unfairly treated. Steve, I'm so glad I decided to take your class and enact change outside of the classroom—thank you for creating an environment where students can actually make an impact. Myo Yan, your story was the first I heard out of many, and I am so grateful I had a chance to work with

you and get inspired by your direct fight for democracy. Finally, thank you to the citizens who we interviewed. I admire your bravery and truly hope this book helps make a small change for the future of Myanmar's democracy.

Peyton Russell
I would like to thank my parents for giving me the opportunity to be somewhere where I can be involved in changing the world. Thank you for always believing in me, and for everything you have done to allow me to dream big.

Lauren Taylor
First and foremost, I want to thank God for allowing me to do what I love: helping to provide a voice to the silenced and marginalized. I want to thank my parents, Anthony and Beonca Taylor, for teaching me to value justice and for encouraging me to strive for my dreams despite the obstacles. I truly have no idea where I'd be without their constant support. I want to thank my brother, Brandon, for everything he's shown me and for keeping me laughing. I love you all. Thank you, Steve, for allowing me to be part of this project and for using what you have to fight for what's right. Thank you, most of all, to the brave and wonderful people we interviewed for sharing your stories with us. Before this project started, I'm embarrassed to say I had no idea what was happening to your home. Thank you for allowing us to learn from you. I admire you all greatly and I hope this work will effect change.

Gloria Wu
I would like to thank my parents for raising me in a household where I've grown up challenging my perspective of the world. Without your continued support, pushing me and challenging me to be a better student and person, I would not have been able to get to this point in my life. Steve, thank you so much for offering me the opportunity to work on this project and towards this cause. I will never forget the stories of Myo Yan Naung Thein and Cho, in the classroom during the winter of 2021. When Cho had told us how instead of holding books young people in her country were learning how to defend themselves, I remember feeling emotionally connected to this cause. The strength, resilience, and passion that the people behind these stories conveyed, is something that continues to inspire me. I hope the best for all the interviewees and Myanmar people, and that peace and stability is once again restored to the country.

To all, we remain eternally grateful.

CONTENTS

Foreword

Myo Yan Naung Thein

When the military undertook the coup d'état against the democrati-
cally elected government in Myanmar, the soldiers raided my house
that very night, but I was not at home. I was at my mother's house
conducting Buddhist rituals for her recent passing. A late-night 3 a.m.
text message saying "Run" alerted me to what had happened. I imme-
diately left my mother's house and went into hiding for the next three
months.

The Burmese people were in disbelief after the military seized power. I
began to urge the people to support, or to "resolutely opposition to the
coup d'état." I mobilized the people daily through social media, such as
Facebook, to show our political defiance and resistance. We formed a
Myanmar Nationwide Network for People's Sovereignty (MNNPS) in
opposition to the military coup. Thousands of people listened and took
to the streets. The military issued a warrant for my arrest. It was the
first military arrest warrant against those who opposed the military
coup. In the weeks after the coup, the military rulers began arresting
protestors, firing into peaceful protests, and burning individuals alive.
They were torturing peaceful activists to death and then leaving their
gutted remains on their parent's doorsteps. With Myanmar becoming
so dangerous, it was impossible to continue hiding in the country. My
wife and I set out for the Thai border area.

Although the border was typically a normal day's journey, we traveled
through the wilderness to avoid checkpoints, police posts, and military
hideouts. As a result, we had to spend the night in the forest. That

night, we were arrested by a group of armed men speaking with a Karen accent who we believed were under military control. Fortunately, they did not know me. To them, I looked Chinese. And we were able to convince them that I was, in fact, a Chinese merchant. So we were released. When we arrived on the other side of the river which separates the military controlled territory from liberated areas, we could not believe our luck. We had escaped. We were still alive.

I am not, however, the only one who could speak of such experiences. My story reflects the stories of millions of Myanmar people, many of whom faced the same life-threatening situations after the coup. Millions of people in Myanmar have fled to safety, and more than 17 million people are in need. These individuals and families are confronting a military that should be seen in the same light as the Russian army in Ukraine, an outside force actively trying to repress democracy. It must be recognized that Putin has supported the Myanmar military. Without Putin's Russia, the Myanmar army would have been afraid to commit such atrocities . . . but because Putin did this, the army did. The brutality has a similar source, and it has a similar result. The military has destroyed the lives of the Myanmar people. It has destroyed their dreams. It hopes to destroy their future.

The future of democracy is also at stake not just in Ukraine, then, but also Myanmar. Yet when I was appointed as a Visiting Researcher for the Democratic Futures Project (DFP) at the University of Virginia, I was surprised that many people in the university were not aware of the situation in Myanmar or the plight of Myanmar's people. Working with Democratic Futures Project founder Professor Steve Parks, we developed this book project with the goal of informing the public of what was happening in Myanmar. We decided that it would be published in English and Burmese, with my wife, Cho, who is also a democratic advocate and part of the movement, undertaking the translation.

We insisted that this story of Spring Revolution, a nationwide movement to restore democracy, be told through the authentic voices of the Myanmar people, from the very people who were suffering under military rule and actively working to restore democracy in the years between 2021 and 2022 and continuing through today. We then structured the project so that University of Virginia students could be actively involved in the research. We want students who have experienced democracy to understand how hard Myanmar is fighting for democracy. We wanted them to witness the difficult work of democratic advocacy. We wanted them to understand how their "schoolwork" could play a vital public role *for* democracy in Myanmar.

Through their work, we can share the experiences of Myanmar students and the people who are leading the Spring Revolution. We can see how democratic activists face a life-threatening situation. We can witness how their support of democracy has caused them to flee to the relative safety of the border. We can recognize how these young Myanmar students are speaking from their hiding places in the jungle but also continue to dream of a democratic future for their nation.

This book is about the history of Myanmar, the democratic struggle of Myanmar, the pain of Myanmar, and the hope of Myanmar.

Indeed, my hope, and the hope of the University of Virginia students, is that this book will help the world understand the situation in Myanmar better. Our hope is that it will make the world act as quickly and effectively as possible in the cries for democracy emerging from inside Myanmar.

Myo Yan Naung Thein

Introduction

Lauren Taylor, Pratha Purushottam, Peyton Russell, Gloria Wu

Opening
The first interview changed everything.

Prior to beginning this project, Myanmar was not well known to us. And at the outset, our work seemed more consumed with the typical processes of initiating an extended research project—a series of lists that would lead to the project being completed. We were committed to the work, but that commitment was perhaps a bit removed, perhaps a bit formal.

With the first interview, and the many that followed, we began to experience the humanity and courage of the Myanmar people who have suffered under essentially military rule since the founding of the nation.

Our collective team heard the voices of the people stifled under an oppressive regime, which, after a brief flowering of 5 years of democratic rule, seized power again February 1st, 2021. Their stories demonstrate the bravery required to stand against brutality while simultaneously being forced from their homes. Their voices expressed passionate commitment to ensuring their democratic and human rights be restored.

As we sat, listening to stories of bravery, sacrifice, and survival over Zoom from the comfort of a bedroom or home in a free and democratic country, we were embarrassed. Embarrassed for not knowing anything of what they had endured; embarrassed for not knowing the struggles they continued to face; embarrassed for the ease of our own lives that we took for granted. Perhaps seeing our lack of knowledge as speaking to a broader lack of attention to their struggles, they all expressed a desire to be recognized and supported. Collectively, these voices wanted a way past enforced silence to public support.

We became committed to providing a platform, not for our research, but for their stories. We grew determined to provide a platform for the Myanmar voices to share their experiences, stories, and hopes for the future to students, like us, who could learn their privilege as their loss and could come to see the value of engaging with the struggles of communities far from their own homes. The hope for this book is to bring readers through the same process we experienced in learning, caring, and being moved to action.

But first, some historical context is required.

A Brief History of Myanmar
The modern history of Myanmar/Burma began in 1885, when the British completed their colonization of the region. One year later, the British made Burma a province of India. During this period, the British eliminated the monarchy and disbanded the royal army. The Burmese people resisted these changes, principally through guerilla warfare led by former military officers. The British responded violently, destroying entire villages in order to halt guerilla activity and remain in power. Importantly, Burma's population was notable for its tremendous ethnic diversity. The British used this diversity as a weapon by employing a "divide-and-rule" tactic to increase tensions and incite conflict between ethnic groups, making it easier for the British to conquer and subjugate already weakened groups.

This remained the political state of Burma until after World War II, when Burma gained independence through the efforts of Aung Sun, founder of the Burmese military. When appointed as the Premier of the British Crown Colony of Burma, Aung Sun helped to negotiate the country's independence. Later, through the Panglong Conference, Aung Sun brought the Shan, Kachin, and Chin regions into the Burmese nation under the promise of full autonomy. Despite continued political conflicts with ethnic communities throughout the nation, there was hope that Burma would transform into a sustainable democratic human rights-based nation, as multiple viable political parties offered citizens a voice in their country's political workings for the first time in history.

However, the democratic government was weakened in 1947 when Aung Sun and several members of his cabinet were assassinated. U Saw, Burma's last pre-World War II Prime Minister, was convicted of the murders. The ensuing decade was a period marked by unstable national governments and increased conflicts between the ethnic minorities within Burma. In 1962, the Shan Federal Movement demanded a genuine federal union, as agreed upon in the Panglong Agreement, which was an agreement between the Burmese majority and ethnic minorities to form a federal union as equal entities. In response, the commander-in-chief Ne Win and his military allies staged a coup d'etat. The Burmese Socialist Program Party (BSPP) was quickly established as the single authorized political party. The BSPP established an authoritarian state which severely limited the civil rights of the population, restricting the freedoms of speech as well as the press, in the name of national "unity."

The BSPP's "Divide and Rule" policy was unable to withstand the nationwide anger at the BSPP's mismanagement of the Burmese economy. During the two decades of BSPP leadership, Burma had been transformed from a nation with a strong international economic profile to a consistently impoverished declining economy, often on the verge of collapse. It was within this context that in September 1987, the BSPP invalidated the currency of Burma. The stated rationale for this action was to widen the tax base, end inflation, and stop black market trades. The decision, however, angered the citizens who had suddenly lost all their savings. By December of that year, Myanmar's economic woes resulted in it earning "Least Developed Country" status. When the son of a BSPP official was released without charges after injuring a student, pro-democracy students used the incident to begin a series of mass protests. Building off the anger over the economy (as well as the currency policy), these protests soon engulfed Burma.

Beginning on August 8th, 1988, a series of civilian protests occurred demanding an end to the military dictatorship in Myanmar. Known as "8/8/88," these protests resulted in the resignation of then-BSPP leader Ne Win. He appointed Sein Lwin as the new leader of the government, although Ne Win was still widely considered to be making key decisions behind the scenes. Under their joint leadership, the military opened fire on the protestors, killing thousands of people. By September 1988, the BSPP was facing an existential crisis. It was at this point that General Saw Maung seized control of the government, establishing the State Law and Order Restoration Council (SLORC). A brutal campaign of killings and arrest of democratic advocates followed. In seizing power, however, SLORC had promised national elections. After changing the nation's official name to "Union of Myanmar" in 1989, national elections were held in 1990.

The National League for Democracy (NLD), led by Aung San Suu Kyi, daughter of Aung San, a hero of the independence movement, won an overwhelming majority of 392 out of 492 seats of the constitutional committee. However, SLORC refused to recognize the results and continued to rule the nation. In 1997, SLORC became the State Peace and Development Council (SPDC), with General Than Shwe taking on the role of chairman in 1997. In 2007, the military government raised oil and gas prices, leading to widespread discontent in an already suppressed population. Protests once again spread across the country, as tens and thousands were drawn to the streets of Yangon. At the forefront of the movement were Buddhist monks, who wore saffron-colored robes—the reason why this event became known as the "Saffron Revolution." The peaceful protests were met with troops, bullets, and tear gas. In addition, the SPDC resorted to "shutting off" the internet as one way to suppress communication between protesters and organizations. While this movement was extinguished by military violence, the event was not forgotten by the people, as protesters would remember their demands for a democratic government.

Facing international criticism for their actions, the military government drafted a new constitution which offered a limited form of democratic rule. The new constitution, for instance, created a bicameral legislature. But the constitution also mandated that one-fourth of the members of each legislative chamber were to be appointed by military leadership. The military would retain their dominant role in the Important Ministries and were appointed by Commander-in-Chief. The 2008 referendum to approve the constitution was disrupted by a powerful cyclone that struck the Irrawaddy delta region. In the wake of destruction and with over 100,000 people dead, the government was unable to provide adequate disaster relief. They did, however, ensure the referendum proceeded and the constitution was approved.

In 2011 Thein Sein, a former general who served previously as prime minister, was elected as the first president under the new constitution. Amongst various economic, social, and political reforms, Thein Sein released thousands of political prisoners, including Aung San Suu Kyi. In December of that year, her party, the National League for Democracy, was also allowed to register as an official party. In the 2012 elections, the NLD secured almost all the open seats. Following the April 2012 elections, Myanmar passed legislation that encouraged more foreign direct investment. The country also gained widespread access to the internet and social media platforms. Many aspects of life improved. Indeed, from education to consumer products, Myanmar experienced an average of over 7% yearly GDP growth rate between the 2012 to 2016 period. The government developed policies that would encourage sustainable development, stable business environments, education reformation, agriculture, and other wide scale programs.

During this same period of time, however, there was the development of greater polarization within mainstream and social media, which contributed to increased ethnic and religious tensions in a country with a long history of discrimination against its ethnic and religious minorities. As tensions increased and disinformation proliferated, 2016 saw the Rohingya population being targeted for religious-based attacks and violence. In particular, an attack of Rohingya on a military checkpoint was used as a cause for the military to invoke emergency powers and invade Rakhine State. The military then committed widespread mass killings against the Rohingya Muslims. Several administrations around the world have declared the Rohingya Muslim crisis as a genocide.

Indeed, the Myanmar military had a clear intent to destroy the Rohingya based on their ethnic background, as evidenced through the reports of killings, mass rape, and arson. More than 6,000 people were killed in the first month alone. Since the military crackdown, hundreds of thousands of Rohingya Muslims have also fled the country. Today, about 900,000 Rohingya are living in overcrowded refugee camps in Bangladesh. Those who still remain in the country, specifically in Rakhine State, are cut off from food, health care, education, and other basic human rights. Accusations of genocide were brought to the forefront of international attention as organizations such as the International Court of Justice (ICJ) and the United Nations condemned the military for their violations of human rights. Criticism was also targeted at Aung San Suu Kyi, who defended the military's actions before the ICJ in 2019 and rejected the involvement of international organizations.

Aung San Suu Kyi's defense of the military's action was controversial outside the country but welcomed by the majority of the people of Myanmar as an attempt to build trust and national reconciliation for a country which had been failing for 50 years due to instability and conflict. Others doubted this policy would stop the brutality of the military generals. While effectively becoming leader of the civilian government in Myanmar after the 2015 election, she was prohibited from becoming president due to the previous military government's unilaterally drafted constitution aimed at not allowing her the position. Instead, she became State Counselor, a new position created by her government, a government which she only partially controlled, as the military retained leadership of all ministries related to national security. Under NLD leadership, the government introduced constitutional amendments that would gradually reduce powers of the military, reducing the percentage of seats held and emergency powers. However, these movements were consistently blocked by the military who still held the power to veto through occupying 25 percent of the legislature. In 2020, when the NLD won a large majority of seats in both of Myanmar's legislative houses, the military seized power on February 1, 2021, under the name of the State Administrative Council (SAC).

The military's actions sparked immediate mass street protests nationwide. Healthcare workers went on strike, and by mid-March, only one-third of Myanmar's hospitals were fully operational. The healthcare workers were soon followed by teachers, shop owners, and government workers. Many others protested peacefully by banging pots and pans and honking their car horns. Many were joining the Civil Disobedience Movement (CDM), which was guiding the citizenry on how to shut down the economy and force the ruling military authority to step down. In a series of actions, Myanmar citizens collectively "stayed home," creating empty streets and shuttered stores. They boycotted and then bankrupted a Burmese brewer, whose company was owned by one of the military generals. Political leaders built new governance structures. 15 NLD members initiated a government in exile by creating the Committee Representing Pyidaungsu Hluttaw (CRPH), the site of the national legislature, to serve as the legitimate legislative authority in Myanmar. Along with the newly formed National Unity Consultative Council (NUCC), the CRPH formed the National Unity Government (NUG), uniting the pro-democracy political parties, minor parties, and ethnic insurgent group representatives. The NUG is now recognized by the International Trade Union, the ASEAN Parliamentarians for Human Rights, and the European Parliament as the legitimate representative of Myanmar.

SAC responded to these actions with violence and brutality. It published a list of "wanted" democratic advocates and government officials. They then began a massive campaign of arresting opponents, including NLD leader Aung San Suu Kyi. SAC ordered the military to fire on CDM protestors. As a result, over 1700 Burmese civilians were killed, and over 10,000 arrested, charged or sentenced (figures that have only expanded in the intervening years). In an effort to "cut off the head" of the democratic resistance, SAC has also been targeting protest leaders. Many of these leaders are students and ordinary civilians refusing to accept the loss of their democratic rights. These advocates are now faced with the threat of unjust arrest and torture. They are forced to confront a world where the bodies of advocates who have been tortured and disemboweled by the military are left on the doorsteps of family and friends. They have been forced to flee their homes as the military will scatter bombs on an entire village in the hopes of killing one democratic advocate. Indeed, they will habitually raid villages in opposition strongholds, torture people of all ages, and bury them in mass graves.

As a result, many of the democratic advocates leading the resistance have been forced to flee to Thailand or India. Yet immigration laws in Thailand prevent these refugees from entering the country legally, forcing them to stay on the border where the possibility of arrest is still very real and living conditions are harsh. They face the constant threat of government soldiers determining their location and arresting them. Many have been extorted by Thai police officers and forced to pay high bail prices to stop their being returned to the military. Finally, over a million Rohingya have had to flee Myanmar, adding suffering to an already decades long period of discrimination and oppression. In fact, the Rohingya's relocation to Bangladesh has created the world's largest refugee camp in Kutapalong.

As a result of the actions of the SAC and the military, the civilians of Myanmar have been forced to sustain a non-violent movement of civil disobedience while defending themselves against such brutal violence. It is within this context that the People's Defense Forces (PDFs) originated as a group of loosely organized militias engaging in asymmetric warfare in defense of their lives and human rights against a national military armed by China and Russia. Now partially organized under the NUG framework, PDFs have become the embryo of a new national army. Command structures have been put in place. Accountability systems are monitoring troop actions. And smaller militias, such as Local Defense Forces, continue to attack military convoys and assassinate officials responsible for acts of barbarity against Myanmar citizens—echoing resistance movements of WWII. And increasingly, the PDFs are forming into a new national military force through aligning with the NUG. In the process, the PDFs are beginning to adopt the recognized international protocols of warfare. They are learning to enact human rights protocols toward an enemy which daily demonstrates a lack of such humanity.

Written in the fall of 2021, this history of Burma/Myanmar appears to be one marked by military rule, repressive governments, and intentional stoking of ethnic conflict. At this moment, the people of Myanmar are united and dedicated to ending the military's rule once and for all, to beginning a new historical epoch. Indeed, this book hopes to illustrate, despite attempts by the military, that there is a rich tradition of democratic advocacy in Myanmar. There are democratic leaders in the form of mothers, fathers, sons, business leaders, non-profit directors, and legislators. Many of these leaders will probably never have their name featured in a newspaper or cited in a history book, yet they deserve to be recognized for the difficult work they have committed to undertake—building a new Myanmar. So while news articles are incredibly useful and history books vital, we believe the words of such individuals are uniquely powerful to represent this moment in time. It is for this reason that *The People Demand Democracy* relies upon the shared lived experiences of those who, in the face of unimaginable violence, have fought for their rights and their communities. Their honesty illuminates their fears and their hopes as they continue to work towards the historical goal of establishing a permanent democracy in Myanmar.

Structure

The People Demand Democracy was created in partnership with the *Burmese Democratic Futures Working Group* (BDFWG), an alliance of scholars and advocates producing research in support of Myanmar's struggle for democracy. To this end, the BDFWG both conducts research and produces policy proposals that are designed to directly impact the work of grassroot advocates, exiled political leaders, and displaced citizens. Throughout all these efforts, there is a consistent commitment to non-violent democratic strategies for change and political reform. Through the BDFWG's alliance with faculty at the University of Virginia, undergraduate students have been able to take part in these efforts. In the case of *The People Demand Democracy*, the original framework and outreach was conducted by students in Steve Parks' ENWR 2510 during the Spring of 2021. When the class concluded, the project was brought into the *Working and Writing for Change Series*, which oversaw the final manuscript development. We are grateful to the willingness of each of the organizations for understanding and supporting a project dedicated to amplifying the voices of those suffering under (and resisting) the brutal rule of the current military ruling authority in Myanmar.

Indeed, as discussed above, our goal as editors was to create a publication which centered the voices of these individuals, whose stories blend the horror of unchecked violence and the courage of continued struggle. For that reason, we begin the book by introducing each individual featured. We then created two opening chapters where these voices share the experience of living in Myanmar during the brief period of limited democratic rule, the period marked by the military coup, and the resulting humanitarian crisis. Our goal was to bring greater awareness regarding the current state of Myanmar and the various trials citizens have faced in the context of military authoritarianism. These stories are offered to illustrate how the lives of citizens have been impacted as many who have participated in protests were forced to flee their homes to find safety. For the reader unfamiliar with the history of Myanmar, each chapter also features a historical timeline to contextualize events referred to within the chapter.

While our goal was to maintain the authentic voice and experience of each individual featured in this publication, we were also highly aware of the personal risks each faced on a daily basis. Indeed, many of the participants have been forced to flee their homes and villages to be safe from military persecution. Many in this book were speaking from the jungles which mark the border of Thailand, refugee camps located on the borders of India, or locations which needed to be kept confidential. A lucky few were able to speak from the relative safety of being recognized as a refugee and having been allowed to enter the United States. For this reason, while many of the interviews which ground this book were conducted on Zoom, in certain instances third party contacts were used to receive written testimonies. In all cases, each participant had full editorial control of what appears in this book. They received both English and Burmese versions of the text as well as guidance from a Burmese democratic advocate and experienced editors within the *Working and Writing for Change Series* on the potential impact of publishing their stories. Finally, we also offered the use of pseudonyms to mask their identities and, again, arranged for them to speak with experienced Myanmar democratic advocates on this very issue. The individual safety of these individuals was the primary framework through which our work was done.

Given the courage displayed by the individuals in *The People Demand Democracy*, our goal was to do more than simply record their experiences, although the importance of such work should not be underestimated in the context of disinformation campaigns by the military ruling authority. Ultimately, our goal was also to amplify how individuals and communities are building a vision of a Myanmar where democracy is restored. For that reason, *The People Demand Democracy* ends with these voices calling on us to speak and act on their behalf. For ultimately, we are told, we all have a stake in the success of their struggle for democracy. As one participant reminds us, citing Martin Luther King, Jr., "Injustice anywhere is a threat to Justice everywhere."

Our hope is that after hearing and learning from these individuals about the political situation in their nation, you will be compelled to join their efforts to create a Myanmar structured as a democratic federation, premised on human rights, and worthy of their courageous struggle.

Glossary of Terms

All Burma Federation of Student Unions[1]: an organization at Rangoon University; advocates for academic freedoms, student rights, and democracy throughout the country.

Arakan Army (AA)[2]: an ethnic resistance organization based in Rakhine State; the military wing of the United League of Arakan, founded in 2009 in Kachin State.

Arakan Rohingya Salvation Army (ARSA)[3]: a Rohingya resistance group active in northern Rakhine state; formed in 2013, originally called Harakah al-Yaqin.

Asian Conference of Religions for Peace (ACRP)[4, 5]: a non-governmental organization affiliated with the United Nations; chapter of the World Conference on Religion and Peace; provides religious Asian people with a manifestation of their fellowship and concern for peace and disarmament issues.

Assistance Association for Political Prisoners (AAPP)[6]: a non-profit human rights organization based in Thailand; advocates and lobbies for the release of remaining political prisoners and for the improvement of their lives after release; keeps record of those detained and/or killed by Myanmar's military.

Association of Southeast Asian Nations (ASEAN)[7]: a political and economic union of ten member-states in Southeast Asia; promotes intergovernmental cooperation and facilitates integration between its members and other Asian countries in order to accelerate economic growth, social progress, and cultural development; promotes regional peace and stability based on the principles of the United Nations.

General Aung San[8]: a Burmese politician, independence activist, independence hero, and revolutionary; founder of the Myanmar Armed Forces; the Father of the Nation of modern-day Myanmar; assassinated while fighting to end British rule of Burma.

Aung San Suu Kyi[9]: a Burmese democratic political leader, diplomat, who stayed under house arrest for nearly two decades; a 1991 Nobel Peace Prize laureate; campaigned to restore democracy; led the National League for Democracy to victory in the 2015 general election; served as State Counselor and Minister of Foreign Affairs in Myanmar from 2016 to 2021; currently imprisoned by Myanmar's military for the fourth time.

Burma Socialist Programme Party (BSPP)[10]: the only legal party after the first military coup in 1962; dissolved in 1988; the precursor to the National Unity Party; dedicated to leading the "Burmese Way to Socialism."

Civil Disobedience Movement (CDM)**/Campaign for Civil Disobedience**[11]: a large movement launched by healthcare workers and civil servants in opposition to Myanmar's military.

Committee Representing Pyidaungsu Hluttaw (CRPH)[12]: an exiled, Burmese legislative body representing members of parliament ousted during the coup.

Gen Z Burma[13]: a youth movement involved in campaigns against the military junta.

Min Aung Hlaing[14]: a current military commander-in-chief; has been internationally condemned for his role in military attacks on ethnic minorities.

Ministry of Communications, Posts, and Telegraphs[15]: the military government's bureaucratic ministry; has been instrumental in restricting freedom of speech and press.

Junta[16]: a military or political group that rules a country after taking power by force.

Myint Swe[17]: the Vice President who was appointed by the Military representatives in Parliament before the coup; proclaimed a year-long state of emergency and declared power had been transferred to Min Aung Hlaing.

Myo Yan Naung Thein[18]: a Burmese pro-democracy advocate and internationally renowned human rights activist; former Chief Research Officer and Secretary of the National League for Democracy's Central Committee for Research and Strategy Studies; former political prisoner.

National League for Democracy (NLD)[19]: a liberal democratic political party in Myanmar; became the ruling party after a landslide victory in the 2015 general election; overthrown in a military coup in February 2021.

National Unity Consultative Council (NUCC)[20]: a broad-based inclusive platform attempting to unite different forces around a federal democracy objective; includes many NLD members, CDM groups, general strike committees, ethnic political parties, and civil society organizations.

National Unity Government of Myanmar (NUG)[21]: an exiled Myanmar government; recognized by the European Parliament as the legitimate government of Myanmar; includes representatives of the National League for Democracy, ethnic minority groups, and various minor parties; formed the People's Defense Force.

People's Defense Forces (PDF)[22]: pro-democracy armed units, many of which are aligned with the National Unity Government; formed in response to the military coup in May 2021.

Rohingya[23]: a stateless Indo-Aryan ethnic group who predominantly follow Islam; resides in northernmost part of Rakhine State; one of the most persecuted minority groups in the world; victims of a genocide committed by the Myanmar Military, who are regarded by the Myanmar military and many people in Myanmar as terrorists.

Special Advisory Council for Myanmar (SAC-M)[24]: an independent group of international experts and activists; promotes human rights, peace, democracy, justice, and accountability in Myanmar.

Spring Revolution[25]: the nationwide protest of the Myanmar people against military coup in 2021.

Tatmadaw[26]: the Myanmar's military; comprised of the Myanmar Army, the Myanmar Navy, and the Myanmar Air Force; regarded as a terrorist organization by the people of Myanmar.

United Nations Human Rights Council (UNHCR)[27]: a global organization dedicated to promoting and protecting human rights around the world.

Union Solidarity and Development Association[28]: a state-sponsored mass organization that served as an electoral vehicle for Burmese generals to enter civilian politics; established in 1993, transitioned into the Union Solidarity and Development Party in 2010.

Union Solidarity and Development Party[29]: the military's proxy party; won 33 out of 476 seats in 2020 election; evolved from the Union Solidarity and Development Association.

United Nations International Court of Justice (ICJ)[30, 31]: the judicial organ of the United Nations, AKA the World Court; imposed provisional measures to prevent genocidal acts against the Rohingya in 2020

8/8/88[32]: a national pro-democracy movement by the people of Myanmar against the military government in August 1988; helped to terminate the sinigle party authoritarian rule.

969 Movement[33]: a Buddhist extremist nationalist movement that attacks other religions in Myanmar, especially Muslim minorities, opposed to Islam's expansion in Burma; supports the Myanmar Military.

Works Cited

1. "All Burma Federation of Students." *Online Burma/Myanmar Library*, June 3, 2003, https://www.burmalibrary.org/en/all-burma-federation-of-student-unions.

2. "The Rapid Rise of the Arakan Army." *Mizzima*, July 21, 2021, https://mizzima.com/article/rapid-rise-arakan-army.

3. "Myanmar: Who are the Arakan Rohingya Salvation Army?" *BBC News*, September 6, 2017, https://www.bbc.com/news/world-asia-41160679.

4. "How the ARCP Came Into Being." *Asian Conference of Religions for Peace Thailand Chapter*, 2021, https://www.acrpthailand.com/acrp-background.

5. "Asian Conference of Religions for Peace." *Religions for Peace Australia*, https://religionsforpeaceaustralia.org.au/?page_id=1288.

6. "Assistance Association for Political Prisoners (Burma)." *Assistance Association for Political Prisoners*, August 2014, https://aappb.org/.

7. "The Founding of ASEAN." *Association of Southeast Asian Nations*, 2020, https://asean.org/the-founding-of-asean/.

8. "Aung San." *Britannica*, https://www.britannica.com/biography/Aung-San.

9. "Aung San Suu Kyi - Biographical." *The Nobel Prize*, https://www.nobelprize.org/prizes/peace/1991/kyi/biographical/.

10. Badgley, John H. "Burma: The Nexus of Socialism and Two Political Traditions." *Asian Survey*, vol. 3, no. 2, 1963, pp. 89–95. *JSTOR*, https://doi.org/10.2307/3023680.

11. Bociaga, Robert. "Life in Hiding: Myanmar's Civil Disobedience Movement." *The Diplomat*, June 22, 2021, https://thediplomat.com/2021/06/life-in-hiding-myanmars-civil-disobedience-movement/.

12. "Background." *The Committee Representing Pyidaungsu Hluttaw*, https://crphmyanmar.org/history-and-formation-of-crph/.

13. "Gen Z Burma." *Radio Free Asia*, April 28, 2021, https://www.rfa.org/burmese/program_2/genz-burma-free-burma-rang-

ers-04282021125753.html.

14. "Myanmar Coup: Min Aung Hlaing, the General Who Seized Power." *BBC News,* February 1, 2021, https://www.bbc.com/news/world-asia-55892489.

15. "Ministry of Communications, Posts, and Telegraphs." https://web.archive.org/web/20150629094936/http://www.mcit.gov.mm/.

16. "Junta." Merriam-Webster.com Dictionary, Merriam-Webster, https://www.merriam-webster.com/dictionary/junta.

17. "Myanmar's First Vice President Myint Swe Appointed as Acting President After Military Coup: Report." *ANI News,* February 1, 2021. https://www.aninews.in/news/world/asia/myanmars-first-vice-president-myint-swe-appointed-as-acting-president-after-military-coup-report20210201095405/.

18. Myo Yan Naung Thein, interviewed by the Burmese Democratic Futures Working Group, Charlottesville, March 2022.

19. "National League for Democracy." *Council for Asian Liberals and Democrats,* https://cald.org/members/observer-parties/national-league-for-democracy/.

20. "National Unity Consultative Council." https://nucc-federal.org/.

21. "National Unity Government of the Republic of the Union of Myanmar." https://www.nugmyanmar.org/en/

22. "People's Defense Force." https://mod.nugmyanmar.org/en/peoples-defence-force/.

23. "Rohingya." *Human Rights Watch,* https://www.hrw.org/tag/rohingya.

24. "Special Advisory Council for Myanmar." https://specialadvisory-council.org/.

25. Kapi, Saw. "Understanding Myanmar's Spring Revolution." *The Diplomat,* July 14, 2022, https://thediplomat.com/2022/07/understanding-myanmars-spring-revolution/.

26. "Tatmadaw: Myanmar's Notoriously Brutal Military." *BBC News,* February 2, 2022, https://www.bbc.com/news/world-asia-56660483.

27. "Human Rights Council." *United Nations Human Rights Council,* https://www.ohchr.org/en/hrbodies/hrc/home.

28. "'Union Solidarity Development Association:' Letters to the BBC." *Karen Human Rights Group,* March 7, 1994, https://www.khrg.org/1994/02/940307/union-solidarity-development-association-letters-bbc.

29. "Union Solidarity and Development Party." *Brittanica,* https://www.britannica.com/topic/Union-Solidarity-and-Development-Party.
30. "History." *International Court of Justice,* https://www.icj-cij.org/history.
31. "Developments in Gambia's Case Against Myanmar at the International Court of Justice." *Human Rights Watch,* February 14, 2022, https://www.hrw.org/news/2022/02/14/developments-gambias-case-against-myanmar-international-court-justice#:~:text=On%20January%2023%2C%202020%2C%20the,evidence%20related%20to%20the%20case.
32. "Timeline: Myanmar's '8/8/88' Uprising." *NPR,* August 8, 2013, https://www.npr.org/2013/08/08/210233784/timeline-myanmars-8-8-88-uprising.
33. Artinger, Brenna, and Michael Rowand. "When Buddhists Back the Army." *Foreign Policy News,* February 16, 2021, https://foreignpolicy.com/.

PART ONE

The People

Kyaw Min Htike

Prior to the coup d'état, Kyaw Min Htike owned a tea shop and a small portion of land designated for agricultural production. He and his family were comfortable and doing well overall. After the coup, he participated in the protests and convinced over 20 policemen to join his efforts. As a result of his "civil disobedience," soldiers tore down his home and tea shop. He and his family were forced underground. Today, they live in a camp in a part of Myanmar not controlled by the military junta. On a daily basis, they struggle for food and other necessities, often relying on donations in order to survive.

Min Naing (Parliamentarian)

Min Naing was born on December 5th, 1963 in a remote and unreachable village called Pan Satt, Leshi Township, Naga Area, Sagaing Region. He has 7 children. He worked for the General Administration Department from 1991 until 2012. He joined the National League for Democracy in 2012. He became a member of parliament for the upper house in 2015. He served in the parliament for 5 years and was re-elected in 2020. When the military made the coup in February 2022, Min Naing was forced to leave his hometown for the safety of his family. His journey to India was very rough. He and his family had to sleep in the jungles for a week to avoid Indian military posts. U Min Naing is currently living in a border area in India with his family. Since his presence in India is illegal, he and his family live under the constant threat of being deported.

Win Zaw Khaing

Before the coup, Win Zaw Khaing was working consistently with the

National League for Democracy as a member of "the 88 Generation Peace and Open Society" for human rights, democracy, equality, justice, peace. He was a member of Sagaing's Youth Committee to create the Myanmar's Youth Policy which was committed to improving the lives of young adults. He helped provide legal aid and protection to women and children in Sagaing. His particular focus was on protecting women and children who were victims of harassment or other forms of sexual violence. He was also an active regional leader in the peace process sponsored by National League for Democracy and was excited about the positive changes occurring under the democratic NLD government.

After the coup, Win Zaw Khaing worked to create an education system that is independent of the government in the northwestern part of Myanmar. He established a school in each township for children living in camps for internally displaced camps. Working with schoolteachers, he also organized a civil disobedience movement to protest the brutal and unlawful detainment of their peers. He dreams of a future where Myanmar is a harmonious, peaceful, and prosperous democratic nation where the children are taught the value of free and independent thought.

Khant
Khant was a young adult living in Myanmar prior to the coup. When the coup occurred, he joined the protests to both protect democratic rule and as a protest for how military rule had impoverished the country. As a result of taking part in the protests, he had to flee to India where he now struggles on a daily basis for everyday supplies. He believes that for Myanmar to become a country based on human rights, there needs to be broad educational initiatives to make the values of democracy clear to both the citizens of Myanmar as well as to those serving in the military, who should be protecting, not overthrowing, the nation's democratic government.

Thet Thet
Prior to the coup, Thet Thet was a first-year student at Dagon University specializing in Botany. She believed that the period of democratic rule had led to more opportunities for education and careers for the youth of Myanmar. After the coup, she became very discouraged about the

future of the country. She decided to join the Civil Disobedience Movement. Thet Thet believes that students need to redouble their efforts to secure a democratic future for Myanmar. She hopes to participate in the rebuilding of her country after the end of military rule.

Yhoon
Yhoon was a second-year student studying theology at Bago University. Following the coup d'etat and believing her future was being threatened, she decided to join the protests against the military ruling authority's seizure of power. In February 2022, she attempted to leave her home and go to Myawaddy, but she failed to reach the town. She hopes for the country to return to the way that it was before the coup.

Peter and Amy
Peter and Amy are minority Nagas (Christian) indigenous people. Before the military coup, Peter was working as a township law officer/legal advisor of Kalay Township in Sagaing. Amy was a tutor at the University of Co-operative and Management, Thanlyin. After witnessing the military violence against unarmed protestors and civilians, Amy joined the Civil Disobedience Movement (CDM). As a result of her participation, however, she was removed from the university and from university housing. Her government loans were also rescinded. After witnessing more and more abductions that were followed by the return of dismembered bodies, they decided to leave Myanmar and go to India. The journey was dangerous. They had to get past nine police checkpoints, where they could be caught and punished, before arriving in Nagaland, India. Now in India, they are unable to find employment due to their illegal status. They cannot leave their homes for fear of being discovered by the police and deported back to Myanmar. Amy looks forward to the time she can once again be a university teacher, this time emphasizing to her students the importance of political participation and democratic concepts. Peter looks forward to returning to his position as a law officer. They both intend to continue to advocate for Myanmar to become a true democratic country.

Moe Nay La
Before the coup in 2020, Moe Nay La was working in the media industry, and he was a university student studying in chemistry. As a student, he had been very active in the All-Burma Federation of Student Unions

and other political groups. In 2015, he participated in demonstrations to support a proposed education bill. As a result, he was arrested and put on trial by the military ruling authority. After spending half a year in prison, he was reinstated with bail in the political outcome of the 2015 election. Later, he joined and built a career in media. After the coup, Moe Nay La moved to the China and Myanmar border. He focused his efforts on maintaining an online platform for developing curriculum and constructing "classroom" activities to provide general education to displaced Myanmar children. In addition, the platform provides counseling in response to the trauma resulting from the military coup. He also works with Civil Disobedience Movement (CDM) teachers as well as National Unity Government's Ministry of Education. He worries about the education and future of young people in a country where the ruling military authority, and hence the federal education, is dysfunctional.

Han Zaw Latt

Han Zaw Latt was the founder and CEO of the Miss Golden Myanmar Organization and the national director of the international beauty contests. Involvement in the pageant helped create relationships with the younger generation of Myanmar. After the coup, he used these connections to start a movement working against the military, organizing peaceful protests and demonstrations. The military soon began to look for him, but he was able to escape. He was then placed in a safe place by the U.S. Embassy and protected. With the military searching for him, Han Zaw Latt was forced to change his appearance and begin hiding in and moving through the jungles. After approximately six months, he was given refugee status and came to the United States. There, he continues to fight for his country and hopes for greater international attention on the situation in Myanmar.

Captain Dr. Min Maung Maung

Captain Dr. Min Maung Maung was born in Yenangyaung, Magwe Region, central Myanmar. As a child, he was fortunate to live in a community that valued education. This led to a love of reading and success in school. As a result, he was able to attend the Institute of Medicine on a military sponsorship. Upon graduation, Min Maung Maung had earned both a medical degree and the rank of a military captain. His interest in politics led to more literary studies. His love of reading continued, leading him to discover books that demonstrated how the military was using propaganda to control the nation. Traveling across the country and within ethnic minority communities in his role as a physician, he also came to realize that the military was abusing civilians. He felt the need to speak out against the government and become a supporter of democracy. After making several influential posts on Facebook, he caught the attention of the military command. When he refused to delete the posts, he was restricted from being promoted. Captain Dr. Min Maung Maung eventually left the military. He is now a prominent leader of the Civil Disobedience Movement (CDM), organizing strikes and urging his junior military personnel to join the movement.

Sithu Maung

As a member of the Muslim minority in Myanmar, Sithu Maung's life has always been intertwined with politics. In the 2007 Saffron Revolution, when he was one of the student leaders in the All-Burma Federation of Student Unions. His entire family was also arrested for protesting during the Saffron Revolution. He served three years in the Buditong prison which is located at the border of Myanmar and Bangladesh, where most of the prisoners are Rohingya Muslims. After that, he was elected to be a parliamentarian in the 2020 Election. Then the military took over when the NLD won a landslide victory. Later, Sithu Maung worked for the Central Working Committee, which was created after the NLD leadership was arrested and imprisoned. Later as part of the Committee Representing Pyidaungsu Hluttaw, he often engaged in diplomatic affairs with other foreign ministers. After the coup, he fled to Bangkok, Thailand in order to avoid military persecution. He had hoped that the international community would show solidarity with the people of Myanmar and provide assistance. He does believe this has occurred and that, now, the people of Myanmar must rely on themselves.

Kyae Mone and Justin

Ma Kyae Mone is the mother of two sons: Justin, 16-years-old ,and Daniel, 12-years-old. Prior to the coup, she owned a Sein Lann Myae (Greenfield) company operating with more than 40 employees and lived with her parents. Having experienced fifty years of military rule, she highly valued the changes brought by five years of democratic rule in Myanmar. Unwilling to live again in fear under military rule, she and her family participated in the civil disobedience movement protests after the coup. After her niece's arrest for involvement with the People's Defense Forces (PDFs) in October 2021, Kyae Mone was forced to flee.

After a month of traveling, she returned home. Unfortunately, after the military apprehended another protester with whom she had worked, Kyae Mone was forced to leave again. Narrowly escaping the military police, she was forced to move from region to region within Myanmar. The danger of the military council informed her that everywhere she was evacuated was insecure. She currently lives on the Thai-Myanmar border. She dreams of proper education for her sons, who were forced to leave school after the military coup.

Aung Naing Myint

Aung Naing Myint is Rohingya and was studying as a high school student before the coup. As a result of the Rohingya crisis, beginning in 2012 the military forcibly relocated him to a camp for internally displaced people located in Rakhine State. The camp offered limited access to education, so he was still unable to attend university. After the coup, however, the ruling military authority barred the Rohingya people from gaining an education. Although those in the camp attempted to organize schools for young children, there was no longer any access to universities. Aung Naing Myint dreams of becoming a lawyer one day and to further his education in order to help the Rohingya people.

Win Ko Ko Aung

Win Ko Ko Aung has experienced growing up under the military junta and during the period of democratic transformation in Myanmar. He was a social entrepreneur who built a community of over 500,000 on his platforms. Additionally, he wrote and published the best-selling book *A 21st Century Burmese Guy*.

When the military coup occurred, he became a wanted person. His name, photograph, and age were featured on television and in newspapers. Unfortunately, some of his friends were arrested, tortured, and killed. His bank accounts were frozen, resulting in the loss of his life savings. With no choice, he fled to Hpa-An, a border region between Myanmar and Thailand. From there, he arranged to be smuggled illegally from Myanmar to Thailand, relying on Bitcoin and other digital currencies he had purchased for experience purposes during his survival adventure.

Subsequently, he applied for refugee status with the United Nations and was relocated to the United States. To protect his family still residing in Myanmar, the military threatened to attack them unless he deleted his social media presence. He promptly complied. Nowadays, he is attempting to rebuild his life from scratch in the United States.

May

Immediately prior to the coup in 2021, May was a District Joint Secretary for the Executive Committee of Yangon Southern District of the National League for Democracy and was very active in the party activities. She received a master's degree in computer science but could not continue towards a doctorate due to her political activities. Her mother was also a member of the NLD party and a former political prisoner who was imprisoned for 7 years for participating in the 2003 Tabayin uprising.

She has been working at the NLD party with her mother continuously since 2002 and has been a member of the party for more than 20 years. May became a campaign committee member for the party leader Aung San Suu Kyi in the 2015 and 2020 general elections. She also worked as a party-trainer for the organizing of the 2020 election campaign. From the moment of the coup to the present day, May's life has been at risk as she moves from place to place to avoid capture. May hopes to leave Myanmar during 2023 and to earn a master's degree in political science in the United States.

Myat Noe

Prior to the coup, Myat Noe was a university student as well as the owner of her own market shop. She was also very involved with her community. After the coup, she felt that the community's way of life in Myanmar had been completely destroyed. She decided to lead protests against the military junta. Her prominence in these demonstrations made her a target of local authorities. The threat this posed to her life forced Myat Noe to flee her beloved hometown. She spent a period of time in the jungle near the India border, trying to remain undetected, before successfully crossing over into the country. She considers her new situation almost as dangerous as being in Myanmar given her status as an illegal immigrant.

Kaung Kaung

Prior to the coup, Kaung Kaung was very aware of the political power dynamics in his country. He has been concerned about the military's history of atrocities, including its history of genocide and violence against ethnic minorities. When the coup occurred, he joined a protest where the military opened fire on the crowd. He managed to escape but felt shame and guilt at being one of the few to avoid being detained. Later, some military men dressed in civilian clothes knocked on his door. He realized that his home was no longer a safe place for him and his family. As a result, he left Yangon and started to travel to the Thai border. When a war broke out between the Karen National Liberation Army (KNLA) and Myanmar's military, he had to hide from the shooting and explosions, sometimes hiding in one place for a week. He hopes one day the civil war will be resolved in his country. He wants to see a future Myanmar government be based on equality, freedom, and democratic ideals.

Chaw Su San

Prior to the coup, Chaw Su San was a third-year university student majoring in English. She was also Vice-Chair of the Students Union of Monywa University. After the coup, she participated as a member of the leading committee for a general strike in Monywa. Given the military's brutal response, including shooting protesters, Chaw Suu San also ensured medical and mental health services were provided. In response to her efforts, she is forced to live in hiding, only being able to sleep several nights in one place before having to move on. More than arrest, Chaw Suu San is afraid of the barbaric torture political prisoners face. Given the military's actions, she understands the conflict in Myanmar as a battle between good and evil, justice and injustice. If U.S. students made the public aware of the genocidal policies of the military, Chaw Suu San believes the international community might respond and put the military leaders on trial.

Rofik Husson (Zarni Soe)

Prior to the coup, Rofik Husson (Zarni Soe) was a young adult of Rohingya descent living in Rakhine State. He experienced the systematic denial of Rohingya rights to stay in Myanmar, even after the democratic transition of the country in 2012. Rohingya Muslims were accused of being illegal immigrants. They had difficulty enrolling in higher education because of the maintenance of racial and ethnic divisions. Despite this, in 2016 he passed the National Matriculation Exam, which was required to enroll in a university. Then in 2017, the Rohingya genocide occurred. As a survivor, he advocated for international attention and assistance. After the military coup, the conditions for the Rohingya are even more intolerable. The military constantly accuses them of helping the Civil Disobedience Movement (CDM) and the People's Defense Forces (PDFs). He emphasizes, however, that Rohingyas are people who have a culture premised on peace, love, and democracy. He wants to continue his education to be a human rights defender. Rohingya in Myanmar have been living in dire and precarious situation for many decades even though the Myanmar junta military made them stateless, but he is neither hopeless nor dreamless—he is the one who never gives up on getting their fundamental human rights till his last breath and does independent studying through online platforms found on Facebook and Google. He is proud to be a Rohingya Muslim.

Ju Jue

Before the coup, Ju Jue had recently graduated from law school and was working as a law practitioner. Because she was from an ethnic minority and lived in an area with a significant Karen population, Ju Jue had already experienced the type of violence which marked Myanmar military's history. When the coup occurred, she felt a duty to protect the democracy that had been so hard to achieve. She immediately joined the protests, taking on a leadership role within her small town. She hoped to prevent the horrors experienced in her own childhood from spreading to the rest of Myanmar. When the military officials inevitably came to arrest her, she fled to Thailand. Unfortunately, she suffered a back injury as a result of an accident on her journey. She is still trying to get the necessary medical treatment.

Yel Baw Shadow (Little Panda)

Before the coup, Shadow was working at Food Panda to support his family. After the coup, he organized a protest group with his other Food Panda friends, using social media to highlight military atrocities and encouraging others to join the protests. Given the status of Food Panda workers, who are seen as honest dedicated young adults supporting their families, the military quickly arrested and imprisoned Shadow. Released in a national partial amnesty, he now lives with his family in a tiny apartment provided by a friend. No one will hire him due to his political activities. He thinks about his friends still in prison who told him to never give up fighting for democracy in Myanmar, and he continues to participate in the revolution.

Thuriya Nyein Chan Maung

Prior to the coup, Thuriya was a university student in China, studying on a full scholarship. When the COVID-19 pandemic started, he returned to Myanmar to be with his family. Before he could return to China, however, he became involved in the protests against the military ruling authority's coup. He believed that a democratic future had been stolen from him. Thuriya's involvement in the demonstrations put him and his family members in danger from the military authorities. They were forced to flee to Thailand where they survived through donations. He must also live in hiding because, lacking legal documentation, he is in constant threat of being deported.

Tun Ngwe

Tun is part of the Muslim minority. Prior to the coup, Tun had been active in the "8/8/88," a nationwide protest for increased democratic rights in Myanmar. When the military coup occurred, Tun fled to Myawaddy, on the border between Myanmar and Thailand. Once in Thailand, he experienced heart disease, then heart failure, but he could not afford an operation. Sent to a monastery, Tun oversees a small school for children in return for food and daily necessities. In the future, he hopes for Myanmar to be a country that is religiously tolerant and harmonious. And he hopes the international community will understand the struggles of the diaspora and the struggles of being a refugee.

Casper

Prior to the coup, Casper was a senior assistant teacher at the high schools on the outskirts of the city. During the period of democratic rule, she became politically educated and taught democratic values to her students. After the coup, she was encouraged by her boyfriend to become involved in the civil disobedience movement. She initially hesitated because of the inherent risks. Her parents forbade her from taking part in the protests. Despite this, she joined the movement. Unfortunately, her friend was imprisoned by the military for her involvement. So she tried to escape and fled to Thailand, where she now lives as an illegal immigrant. Casper is constantly afraid she will be returned to the Myanmar military authorities. She is also very worried that the police will target and arrest her parents in retaliation for her actions.

Kathy

Before the coup, Kathy owned a successful trading company in Myanmar. She had high hopes for what her children would be able to accomplish as adults. After the coup, she realized her children's generation would be growing up in fear of their military government. They would have no rights. She had to do all she could to protect their future. So, she became involved as a driver/supply carrier for the protests demanding a return to democracy in the Spring Revolution. Currently, she is in Thailand, having fled persecution for her continued financial support of the protests. Because of her background in successful business and her MBA, Kathy is continuing to work towards her dreams by founding a new nation.

Myanmar Historical Timeline

<u>1948</u>
Burma gained independence from Great Britain.[1]

The Constitution of the Union of Burma guaranteed freedom of expression.[2]

<u>1950</u>
The Emergency Provisions Act criminalized the intentional spreading of false news and the slandering of civil servants and military officials.[3]

<u>1957</u>
The Penal Code of Burma was enacted to suppress freedom of expression through prosecution of those considered treasonous. Section 122 of the code enforces sentences ranging from a maximum of 25 years of imprisonment to the death penalty.[4, 5]

<u>1962</u>
The first military coup occurred in March, ending Myanmar's parliamentary period.[6]

The Burma Socialist Programme Party was established as the only legal party.[7]

The Printers and Publishers Registration Law was enacted. It requires all printers and publishers to register and submit copies of their publications to the Press Scrutiny Board. It has been repeatedly expanded in scope and severity.[5]

1964

All political parties, aside from The Burma Socialist Programme Party, were abolished under the Law Protecting National Unity.[8]

1974

The newly drafted constitution established what is called the Pyithu Hluttaw, which was only represented by members of the Burma Socialist Programme Party.[9]

1975

The Memorandum to All Printers and Publishers Concerning the Submission of Manuscripts for Scrutiny was issued by the Printers and Publishers Central Registration Board. It set out guidelines prohibiting publication of anything harmful to the Burmese socialist program, state ideology, socialist economy, national unity, security, and peace and public order. It also censored media that was critical of the national government.[5]

The State Protection Law was issued, allowing authorities to imprison any persons who were suspected of disturbing national peace. Those suspected of violating this law may be detained for up to 5 years without a trial. This law has been the basis for arresting many journalists and writers.[5]

1987

The military's political party, the Burma Socialist Programme Party, announced the currency was invalid, leading to a revolt. The political party that the military called itself was the Burma Socialist Programme Party (BSPP). They made this move to invalidate the currency in order to widen the tax base, stop inflation, and stop black market trades.[10]

1988

On August 8th, an uprising occurred called "8/8/88." After weeks of planning, people chanted about ending the military dictatorship in favor of a democracy throughout the then-capital Rangoon. It was cited as the first time that people spoke out against the military's authoritarianism.[11]

The popular uprisings ultimately terminated the Burma Socialist Pro-

gramme Party's one-party rule.[10]
Martial law orders enforced night curfews, banned public gatherings of more than 5 people, and banned any activity or media publication "aimed at dividing the defense forces."[5]

1989
A martial law order made it a legal offense to publish any document without prior registration from the Ministry of Home and Religious Affairs.[5]

Aung San Suu Kyi was arrested by Burma's military government. She was held until 1995.[12]

1990
The Burma Socialist Programme Party (BSPP) officially dissolved after elections led to the installation of a semi-democratic government. [13]

The BSPP re-labelled itself the National Unity Party.[14]

The National League for Democracy won national elections by a landslide.[12]

1991
Refusing to honor the 1990 election results, the military regime announced a new constitution was needed for a transfer of power.[10, 12]

1993
The National Convention was convened to draft the new constitution. This process was prolonged until 2007.[12]

The Union Solidarity and Development Association was established by the military government to serve as the electoral vehicle for Myanmar's generals to enter civilian politics.[12]

1995
British Broadcasting Corporation and Voice of America radio broadcasts began being jammed. Foreign reporters were discouraged from reporting on Myanmar.[15]
Aung San Suu Kyi was released from her imprisonment.[11]

1996
A student-led uprising against the military regime occurred.

On June 7th, the Law Protecting the Peaceful and Systematic Transfer of State Responsibility and the Successful Performance of the Functions of the National Convention Against Disturbances and Oppositions was enacted. Chapter II prohibits "inciting, demonstrating, delivering speeches, making oral or written statements and disseminating in order to undermine the stability of the State, community peace and tranquility and prevalence of law and order." Those found guilty may be punished with a minimum sentence of five-year imprisonment and a maximum of 20 years. Organizations that violate the provisions may be suspended or abolished and risk the confiscation of property or funds.[5]

On July 31st, The Television and Video Act was issued, obliging owners of televisions, videocassette recorders, and satellite television to obtain a license from the Ministry of Communications, Posts, and Telegraphs. It required permission to be obtained for public showings of imported videos and charges Video Censorship Boards with scrutinizing all videos. Violators of any of the provisions face imprisonment for up to three years and fines of up to 100,000 kyats, or both.[5]

On September 20th, the Computer Science Development Law was enacted to restrict the communications equipment available to the press. It demands prior sanction from the Ministry of Communications, Posts, and Telegraphs before any computer equipment, networking or communication facilities can be possessed, imported, or utilized. Those found guilty of violations can be imprisoned for up to 15 years.[5]

In December, a student uprising against the military junta occurred. This marked the biggest pro-democracy movement since 1988. The military responded with brutal force; student leaders Soe Tun and Myo Yan Naung Thein were arrested and sentenced to seven years imprisonment each. [14]

1999
Aung Pwint, a high-profile journalist, was imprisoned for fax-machine ownership and "sending news" to banned papers.[16]
2000
The Ministry of Communications, Posts, and Telegraphs prohibited any

posts on the Internet that may be detrimental to the interests of the Union, its policies, or security affairs.[5]

Aung San Suu Kyi was imprisoned for the second time.[11]

2002
Aung San Suu Kyi was released.[11]

2003
After an attack on her convoy, Aung San Suu Kyi was imprisoned in her home for the third time.[11]

2007
The Saffron Revolution occurred. Tens of thousands of monks led protests which civilians joined. Although the government and military cracked down by using violence and raids, Burma's people continued to peacefully resist to defy the government.[17]

2008
The United Nations Working Group on Arbitrary Detention issued a statement claiming the renewed order to place Aung San Suu Kyi under house arrest violated international law and the national domestic laws of Myanmar.[11]

The military completed its new constitution, which had begun in 1993. The military retained control over the government under the new constitution. It mandated that serving military officers filled 25% of the parliamentary seats. Only serving military officers could be ministers of home, border affairs, and defense. Also, the military was allowed to appoint one of Burma's two vice presidents.[18]

Thet Zin, an editor for Myanmar Nation, was arrested for having a copy of a United Nations human rights report.[19]

2010
The government issued a political party registration law stating that political parties cannot legally be registered with the Electoral Commission with any members "who are convicts."[11,20]

On November 8th, the military's party won a fraudulent general election. Shortly after, Aung San Suu Kyi was released from her third house arrest sentence.[11]

10 local publications were suspended for "placing too much importance" on Aung San Suu Kyi's release in their articles.[21]

2011
Burma was listed as an "Internet enemy" by Reporters Without Borders, criticizing its harsh Internet censorship policies.[22]

2012
On April 1, during the by-elections, the National League for Democracy competed for over 40 seats and won all of them.[23]

2013
The 969 Movement began. Its adherents were Buddhist extremists who promoted violence against Muslims in Burma and nationalism.[24]

Rohingya Muslims were excluded from the national census, continuing the Burmese government's refusal to recognize them as a people deserving of civil rights.[25]

2014
In July, five journalists were jailed for 10 years after their publication accused the government of planning to build a new chemical weapons plant.[26]

2015
Conditions in Myanmar improved with the start of fair elections and Aung San Suu Kyi fighting for human rights.[27]

On November 8th, Aung San Suu Kyi's party swept the general election and won a supermajority of the seats in the national parliament.[27]

2016
Although Aung San Suu Kyi began ruling the government due to NLD's supermajority, the military-written constitution ensured she did not have power over the Burmese military. Twenty five percent of seats were still controlled by the military directly.[29]

2017

On August 26th, a military crackdown on the Rohingya people began after the Arakan Rohingya Salvation Army launched attacks on police posts. The military, backed by local Buddhist mobs, burnt down at least 288 Rohingya villages and attacked civilians. They also raped and abused Rohingya women and girls.[30, 31]

Over 6,000 people, including at least 730 children under the age of 5, were killed in the first month alone.[32]

2018

Hundreds of thousands of Rohingya fled to Bangladesh in response to systematic violence at the hands of the military.[31]

2019

On November 11th, Gambia filed a case against the Burmese government and military, accusing them of committing a genocide against ethnic Rohingya people.[33]

On December 11th, Aung San Suu Kyi defended Myanmar's military against accusations of genocide against the Rohingya at the International Court of Justice.[34]

2020

In January, the International Court of Justice ordered Burma to take measures to protect the Rohingya people. The Burmese military claimed it was only targeting Rohingya militants, not civilians.[35]

On November 8th, the Aung San Suu Kyi-led National League for Democracy won general elections and won 396 out of 476 seats in Parliament. The military's proxy party, the Union Solidarity and Development Party, only won 33 seats. This election was called fraudulent by the Union Solidarity and Development Party with no evidence.[36]

2021

On January 26th, Myanmar's military warned that the army will take action over the election dispute.[4, 35]

The People Speak

Prior to February of 2021, Myanmar experienced a five-year period of democratic governance led by the National League for Democracy under the leadership of Aung San Suu Kyi. This was a period marked by economic growth of between 6% to 10% per year. The nation's infrastructure was rebuilt, with electricity reaching a larger portion of the population than in any previous period, from roughly 48% to over 70% of the country. A national effort was also undertaken to improve the 157,000 kilometers of existing roads, of which less than 40% were paved. In addition, there was increased access to education and careers. While ethnic divisions still marked the society, particularly the persecution of the Rohingya, there was a clear sense that Myanmar was moving into a better, more open, and tolerant future. In this chapter you will hear from everyday Myanmar citizens about their lives as students, teachers, business owners, family members, and democratic advocates. You will also hear about the historical oppression of minority populations. You will learn from these citizens, of all backgrounds, what has been lost since the military coup d'etat. And you will learn about the trauma felt as these individuals had to leave their homes, professions, and personal belongings in a journey to find safety.

EDUCATION
Historically, university student leaders from Myanmar's universities had led the earlier democratic reform movements. Within an emerging democracy in Myanmar, education was now beginning to assume the important role of embedding the ideas of democratic governance and human rights within society at large. When the COVID-19 pandemic occurred, state as well as private primary and secondary schools were closed. After the coup in 2021, the military initially suspended over

125,000 teachers for protesting the coup. When the military then tried to reopen the schools, the National Unity Government stated parents should boycott the state schools to protect their children from being brainwashed through propaganda. This led to over 90% of students not attending classes. As a result, approximately 12 million children in Myanmar missed school for 18 months due to COVID-19, coup-related protests, and military conflict as reported by the United Nations Children's Fund (UNICEF).

"Under military rule, education is like memorization. It is like dogma. They just take that for granted. That's true. They do not encourage analysis or thinking. They encourage only memorization or learning by heart. And in democracy, the education system is more about analysis, about thinking, and about skill. Because of democracy, schools encourage the freedom of thought. In a dictatorship, the rulers like to limit the thinking of the people. That's the major difference between education in a militarily-ruled county and education in a democratic country."

—Win Zaw Khaing

"Before the coup, I had been a senior assistant teacher at a high school for two years. Five years before the coup, there was a democratic transition that transformed the country. It had opened up. At that time, I came to understand my rights and responsibilities. Every day I was learning new things thanks to the opening up of society. I was very active. My life was very cool. Every day I went to school to teach my students. I always learned new things for myself, like human rights, and was ready to share them with my students."

—Casper

"In 2010, I passed my matriculation examination and continued my studies in chemistry at the university.

When I was a university student, I joined the political movement. It must be said that I had an opportunity to obtain political experience and political knowledge. Then I joined the All-Burma Federation of Student Unions.

In 2015, I protested for students' rights and education. I faced a trial and was sentenced. Later, I chose my career as a media professional and joined the media's agency."

—Moe Nay La

"My name is Justin. I'm 16. I attended tenth grade this year. We had COVID-19 in our country before the coup, but it was starting to get better day by day because there were good vaccines everywhere. It was about to be over. I had to quit school, though, when my school closed after the coup. Then, my mother ran away from the military. So now my school is closed, I'm living in the jungle with my mother, and I have nothing to do."

—Justin

Image 1. Military coup destroy hopes and future of our Burmese people who have been enjoying short 5 years period of limited freedom and growing prosperity

"I walked from my village to the border of India to be able to talk to you.

Before the coup, I was in my third year of university, majoring in English. I was the Vice-Chairperson of the All-Burma Federation of Student

Unions, meaning I was very politically active before the coup. When the coup occurred, I went home to fight the injustice of the military takeover. I believe if you accept such an injustice, you are physically alive, but you are spiritually dead. We needed to fight back against this injustice.

Within five days of the military coup, I was organizing a general strike in Monywa, the capital city of Sagaing, which is one of 14 regions in Myanmar. When organizing the strike, I also made sure there was medical care and first aid to those who were being injured by the military. They were brutalizing and shooting at the non-violent protests. They are also driving cars into protestors. So when a car was coming, you did not know if you were safe. You didn't feel secure. During these protests, I also kept track of gender-based abuses by the military. Women were being attacked and sexually assaulted while in detention. This is a major concern of mine, beyond the military. I'm trying to work for gender equality on a day-to-day basis while also working for the Spring Revolution.

I've faced mental and physical insecurity as a result. I'm in hiding, moving from place to place. I do not have any place to sleep for more than two or three days. And at night if I hear a car in front of the house, I wonder if it's the terrorist military coming to arrest me. But they don't just arrest you. Normally, they torture you. What they do is to open you up at the chest and take out your organs while you are alive. Then they burn the cavity that remains. That's very normal. So it's not the fear of being arrested but the torture. That is what I have been facing on a day-to-day basis for the past year and one-half.

Many people might portray the situation in Myanmar as a civil war or ideological division between military and the civilian. It's not at all a civil war or ideological division between [the] military and the civilian. It is the civilian people who are defending their rights and their existence against the bullying of the military with their weapons. So it's not about ideology. It's not about a civil war. It is about right and wrong. It is about justice and injustice. I want the international community to know that it's not ideological. It's not political at all. It's not political. It's just about injustice and justice. It is about good and evil."

—Chaw Su San

"The military coup took place after the second wave of COVID-19 struck Myanmar. The Myanmar economy suffered a lot with the coup compared to the lesser damage the pandemic had beforehand. Before the coup, I was a first-year student at Dagon University, studying botany. After the coup, everything is dictatorial in Myanmar: economy, education, health. Medical doctors and students face arrest and torture. I could continue through online education during the second wave of COVID-19 before the coup, but currently the military government controls and limits the internet access and raises the mobile data rate so it becomes difficult to continue study. Electricity is not sufficient even in our daily life, so our studies seem to move farther and farther away. University students are struggling to topple down the military dictators instead of studying in the university. We need to make a double effort to reconstruct the country after we win. University students need many education opportunities to make up the time they lost so that they can be good leaders in building the nation again."

—Thet Thet

ECONOMY

In the space of 2 years, from 2015 to 2017, Myanmar managed to nearly halve the number of people living in poverty. This progress has been tragically destroyed after the coup, as many citizens of Myanmar have had to abandon their well-established jobs and, consequently, a steady source of income. The country's economy shrunk by 18 percent in 2021 according to the World Bank. Poverty, joblessness, and hunger are now rampant. Family networks are disrupted. Small businesses, which provide the majority of jobs and incomes for the poorer segments of the urban population, have been hit hard. In addition, the United Nations Development Program projects that women and children will bear the heaviest brunt, with more than half of Myanmar's children projected to be living in poverty within a year.

"In the United States, everything is systematic. In Myanmar, everything was run by people at the top of the system. It was according to these people's wishes and desires that the system operated. Therefore, it is extremely important that we have good relations with those responsible and officials who are responsible for the smoothness of our people's daily lives (health, education, social, and economic affairs). Our people, who grew up with the conclusions of adult parents, said,

'Whether you like it or not, you don't have to be comfortable with everyone or not.' When our people saw that they were wrong around us, we had to turn a blind eye, silence the truth, and try to make things better for everyone. It is the consequence of 60 years of dictatorship that the people themselves have not noticed that they are shaped by this misguided "culture of fear."

—Kyae Mone

"We knew our country was not developed because of the previous military coups, but the country began developing gradually in 2015 under the civilian government. There were more opportunities for jobs and education for the youth. When the coup happened, we understood that our country would be thrust back into darkness. We lost our futures and our country's future. I participated in the revolution with the student union group every day, as soon as the protest started. We believe we will receive our future back only when the military dictatorships end."

—Thet Thet

"I was a business owner. I had more than 40 employees. I'm also a single mother of two sons. In my country, people live with their extended family, with their sisters, brothers, and parents. That's our way. My life was very easy and happy."

—Kyae Mone

"Before the coup I had four family members: two children and a couple. We had a tea shop in my home city; it was like a cafeteria. And I also got a patch of land for agriculture. Everything was very cool."

—Kyaw Min Htike

"Before the coup, actually my life was totally normal. I came from a middle-class family. I received a scholarship from China to attend university there. When COVID-19 started, I came back to Burma."

—Thuriya Nyein Chan Maung

"Before the coup, I had graduated from law school. So I was working as a lawyer. Of course I had to struggle, but the conditions were not very bad. As a newly graduated lawyer, that was a good situation. My life was quite good as a law practitioner."

—Ju Jue

"Before the coup, I served as a Founder and CEO of Miss Golden Land Myanmar Organization, which creates the national beauty pageant to select Myanmar representatives to international beauty pageants. This is one of the biggest national events in my county. I extensively traveled across Myanmar, planning these events. I also hosted my television show. In Myanmar, beauty pageants transcend mere aesthetics; they showcase the beauty of our people to the nation and the world. It was so peaceful out there, before the coup happened. We had a partial democracy for five years. During this time, especially among the youth, dreams and aspirations flourished. We envisioned contributing to our nation and the international community. However, the coup shattered our dreams. Subsequently, the military has deliberately severed international ties, hindering communication between Myanmar and the global community, including international media. Ordinary citizens lack access to international media, leading to a disconnect. Despite the international media's interest in Burma, there is currently no avenue for regular individuals to share their experiences what is happening in Burma."

—Han Zaw Latt

"Before the military coup, I was a social entrepreneur with over 500,000 followers on Facebook, mainly young people and university students. I created content about technology, empowerment, and youth development, envisioning a bright future for our country.
I believed that military rule and the need for nationwide uprising, like those in 1988, were things of the past.
When the coup happened on February 1st, I was taken by surprise. Suddenly, we lost telecom, internet, and mobile phone services. The military took control, and we were faced with an unprecedented situation. We couldn't believe it and became frightened. Aung San Suu Kyi and other elected leaders were arrested. We had to figure out what to do. After discussing it with friends, I decided to join the fight.

Using my social media platforms, I promoted support for the move-ment. Later, I became a 'wanted person' featured on TV and in newspa-pers. I was warned that my face, name, and address were now public. To be honest, I became scared witnessing the arrests of many friends who were subjected to torture and even lost their lives. It was then that I made the difficult decision to leave Myanmar."

—Win Ko Ko Aung

ROHINGYA

In 2015, fair democratic elections took place in Myanmar. It seemed like conditions were finally improving. Unfortunately, this period of emerg-ing harmony was short-lived. In 2017, during the period of democratic governance, the Myanmar military unleashed a brutal crackdown on Rohingya civilians, sending at least 700,000 fleeing into neighboring Bangladesh amid reports of killings, torture, rape, and arson. Most remain there trying to rebuild their lives. In 2019, the Republic of the Gambia brought a case to the International Court of Justice accusing Myanmar of violating the Genocide Convention. On December 11th, Myanmar leader Aung San Suu Kyi testified in front of the ICJ in de-fense of Myanmar. In court, Aung San Suu Kyi claimed that Myanmar's military justice system would prosecute those who had committed war crimes and that the international community should allow Myanmar's own government to conduct the proper investigations and prosecu-tions on their own. The international community and Myanmar citi-zens were not satisfied with this response.

"When Aung San Suu Kyi went to the ICJ, we thought that she went to defend the country. I did not agree with her going because she was ac-tually defending the military generals. In her statement at the ICJ, she said she had the wish, [the] will, and the capacity to take action if the military generals commit military crimes. But in reality, these are only words. She did not and does not have any ability to take action. So, she took responsibility for something she could not do." —Sithu Maung

Image 2. Military generals have committed crime against humanity and genocide on Rohingya Muslim minorities

"I am a Rohingya youth. I also worked as a human rights defender. As you know very well, here in Arakan, there are two majority people: one is the Rakhine and the other is Rohingya. I'd like to talk about the situation before the military coup. We, the Rohingyas, were the inhabiting people of Arakan but faced great discrimination from the Myanmar military since the military dictatorship began in 1962. They had a strategic plan to deny the rights and the existence of Rohingya. Even at that time, in 1962, the first dictatorship government of Myanmar led by U Ne Win, there were systematic plans and chauvinistic mechanisms for the Rohingya to say that we Rohingyas are illegal immigrants. That we have no right to stay here in Burma against the dictator's military government but history of Rohingya can't be denied by even these brutal military practices such as the Rohingya language(s) were broadcasted from Burma Radio Broadcasting Program from 1961 to 1965 in Myanmar."

— Rofik Husson (Zarni Soe)

ADVOCACY

Myanmar's history has been marked by strong advocates for democratic, ethnic, and human rights. Prior to the coup, progress had been made on these issues, yet more work was still required as evidenced by the 2017 attack on the Rohingya. The coup has further exacerbated the suffering of the Rohingya, with harsher punishments and more violence being directed at them. The military has also directly attacked those now arguing for the return to democratic rule. In July 2022, four pro-democracy advocates were executed, the first use of capital punishment in the country after more than thirty years, though killings and nonformal executions by the military have been ongoing. It is important to note that Myanmar citizens and advocates are now joining the rights of ethnic minorities to a broad call for human and democratic rights.

"I was born in a small, historic city in the middle of Myanmar. It is filled with many educated people and many famous authors. I read a lot since I was a kid; I have been an outstanding student for all of my life. In matriculation, I passed with flying colors in all subjects except for one. At that time, there were all these universities and schools that were closed because of the 1996 student uprising against military rule. So as an outstanding student in the village, in a small city, I did not know all the tricks the city dwellers knew. So, I applied for the Defense Service Medical Academy that the military sponsors. When I finish[ed] school, I [became] a doctor and captain at the same time. Later, I found that it is also important to have political knowledge, so I dedicated myself to my work.

While I was reading books outside my curriculum, I came to understand that the propaganda of the military rulers is just propaganda. The military said, 'Only the military is your father and your mother.' In reality, that is not true. I began to realize that military generals were abusing civilians for their own interests. As I traveled and served as a doctor in Myanmar, I also learned about the problems ethnic minorities faced in Myanmar.

In 2013, Facebook had already become popular in Myanmar. I wrote a post on Facebook that the people in power are using religion—Buddhism—as a political tool. They were organizing what we call [the] 969 movement, which is the national Buddhist movement. These people were starting to use and abuse the religion for their own interests. Someone in the military chiefs commented on my post, asking me to take it down, but I refused. This got the attention of the military chiefs again.

Then, in the 2015 and the 2020 general election, I voted for the National League for Democracy and for Aung San Suu Kyi. I did so despite a lot of pressure from superiors. Despite this risk, I voted for the NLD. At that time I also wrote about the political changes happening, including the move towards democracy, on my social media accounts. Military superiors watch the social media accounts of regular military soldiers. The senior office noticed my posts. As a result, they did not promote me. With my history of service, I should have been promoted, but I was always suspended and never promoted.

Due to all the fighting after the coup, my command was asked to go around from village to village and treat the injured. But that is just a psychological campaign to convince the villagers the military is on their side. So the military leaders of the time asked me to start a PhD and other fellowship [program] at the same time they asked me to work for them on the campaign trips into the villages. I had asked to study for a doctorate in Britain, but now I dedicate myself to social and political changes."

—Captain Dr. Min Maung Maung

"I am a member of the Rohingya minority. I had been living in a camp for Internally Displaced People in the west of Myanmar even before the coup. The situation was bad before, but it has gotten worse since the coup. I was a student, but since the coup, there is no access to education. We do not support the military, but since we are in this camp, we are not able to join the resistance. But in other parts of Myanmar, the Rohingya are joining with others to resist the military. They have joined the CDM.

The Rohingya are taking part in the Spring Revolution. They are fighting in order to have equality with other ethnicities. Now, the Rohingya people do not have equal status with the Burmese people. Since Burma's independence in 1948, the Rohingya do not have the equal status, equal rights, and freedom with the other ethnicities. Despite that, we have joined other ethnicities in a fight against the military coup. They have joined the Burmese and other ethnicities in fighting the military junta."

—Aung Naing Myint

"When Aung San Suu Kyi came into power, we were given hardly any basic rights. Unfortunately, after the military coup, the country has been in turmoil. We're facing increasing instability and now worsening civil war across the country. And after the coup, we, the Rohingya, have nowhere to go. We have no rights. We don't even have the right to breathe with our lives.

To be honest, Rohingyas really love democracy. We are a peaceful community. We have no history of supporting any dictatorship. Historically, Rohingyas have supported human rights. But we have suffered a tremendously heartbreaking situation after, and even before, the military coup. For instance, before the 2021 coup, we could move. We could feel that we were human. After the coup, however, some of our youths were accused of supporting the revolutionary campaigns, such as silent strikes and three finger raising campaigns, and also [of] helping the PDF or CDM people. After the coup, they were more oppressive to the Rohingyas in Arakan.

But today is also the social media age. There are various ways to connect with everyone, such as CDM advocates, even foreigners. There are many spring revolutionary CDM students with whom I have a strong connection and communication. I shared knowledge with them and provided human rights concepts, new ideologies, and advice. I tried a pathway to connect with them. They can hear us. We can hear from them. So I study and learn from the internet. I share my knowledge and learn from others. Currently, I'm good. I'm thinking. I'm feeling good. People all over the world are paying attention to us. I am proud of myself, being a Rohingya. I'm one of the revolutionary peaceful campaigners against the military dictatorship."

—Rofik Husson (Zarni Soe)

"I have been involved in politics since I was 18-years-old. Fifteen years ago, in 2007, I was arrested as a student activist. My whole family was arrested and imprisoned. The military cracked down. I was in Buthidaung Prison for three years. The Rohingya are the Muslim people concentrated in the north, in the Buthidaung area. I understand the conditions of the Rohingya people, but I'm not a Rohingya. I'm called Myanmar Muslim, a Muslim of Myanmar ethnicity. There are many ethnic minorities including Kachin, Shan, and Kayin. I was a student leader. I was the Vice President of All-Burma Federation of Student Unions. Before I became a Parliamentarian, I was a trainer of the Friedrich Democratic team. I've always been training. I received an internship in Political Science, the institute founded by former political prisoners. In one way or another, I have always been involved in politics."

—Sithu Maung

"I am at the China-Myanmar border with other men, like me, from the media. We work together to create some online and on-ground programs, especially focusing on education in partnership with the NUG Ministry of Education. Normally, we use social media platforms. We are especially active on Facebook and Instagram. We try to educate people about political issues as well as offer some vocational training for the on-ground activities. For on-ground people, they can copy and download. They can also do something with the online activities together with the students nearby. However, this does not just happen from our side. We have to be constantly aware that the military guys can also make contact with our students by using these same social media platforms, such as Facebook and Telegram."

—Moe Nay La

"I was involved in democratic struggle for many years before the coup, since 1988. In 2015, there were some democratic changes, so I decided to retire from political struggle. Everything was going good, and then the coup happened."

—Tun

Myanmar Historical Timeline

Image 3. Lone star in reg flag was during anti-fascist campaign in Myanmar during World War II and it symbolized anti-fascist freedom movement. The same flag is used in Spring revolution to fight against fascist Myanmar military terrorist. Thousands of people took to the streets in protest of the military coup and military regime.

<u>2021 February 1</u>
Myanmar's military took power and detained Aung San Suu Kyi, President Win Myint, and other senior political figures from the NLD.[36]

Vice President Myint Swe declared a 1-year state of emergency.[36]

Numerous communications channels, including the Democratic Voice of Burma (DVB) and Mizzima TV, were shut down. The military disrupted cellular and Internet services throughout the country.[37]

February 2
Army General Min Aung Hlaing said the military takeover was inevitable.[36]

People protested by banging pots and pans and honking car horns.[36]

Min Aung Hlaing established the State Administration Council as the executive governing body.[38]

February 3
The Myanmar military occupied, raided, and shot at hospitals and other health care facilities, including those who have focused on providing voluntary medical and social assistance and those involved with religious organizations.[39]

Humanitarian aid, including medical supplies, to displaced populations was blocked.[37]
Health care workers were beaten and arrested while providing care.[40]

Military warned them not to provide care to civilian protesters.

Health workers at 70 hospitals and medical departments initiated a labor strike as a protest against the military's actions.[40]

Criminal charges were filed against Aung San Suu Kyi and President Win Myint.[36, 40]

The junta ordered a block on Facebook and WhatsApp.[36]

February 4
Protests erupted in Mandalay. At least 3 were arrested.[36]

The UN Security Council called for release of political prisoners, including Aung San Suu Kyi, but did not condemn the coup.[36]

70 NLD members of Parliament took oaths of office, in clear defiance of the coup.[41]

As of that point, the Assistance Association for Political Prisoners had identified 133 officials and lawmakers and 14 civil society activists in detention by the military.[42]

February 5
Teachers and some government workers joined the civil disobedience movement.[36]

February 6
Blockages were ordered on Twitter and Instagram, where protesters had been sharing information. Then, the junta ordered an Internet shutdown.[36]

Sean Turnell, the Australian economic advisor to the civilian government, was arrested.[43]

February 7
Protests swept Myanmar in the biggest show of mass anger since the Saffron Revolution in 2007.

Internet access was restored, but social media platforms remained blocked.[36, 40]

February 8
The military-government imposed curfews from 8 PM—4 AM in major cities and restricted gatherings of 5 or more people in the public spaces.[44]

February 9
The police used excessive and lethal force against protesters in Naypyitaw, Myanmar's capital, firing guns, water cannons, and rubber bullets. [38]

Mya Thwe Thwe Khaing, a protestor in Naypyitaw, was shot in the head while protesting (and died 10 days later).[36]

The military banned gatherings in townships across 10 regions.[36]

The NLD's headquarters in Yangon was raided by Myanmar police.[45]

The regime distributed a draft of a Cyber Security Law to internet service providers. It was widely criticized for violating human rights by putting citizens under digital surveillance and severely limiting freedom of speech because it would ban the use of virtual private networks (VPNs), get rid of certain evidentiary proof required at trial, and require online service providers to block or remove online criticism of junta leaders.[46]

February 10
Civil servants at Kayah State protested against the coup. When they refused orders to work, police officers were stationed there.[47]

February 11
The U.S. imposed sanctions on Myanmar's acting president and several other military officers. The federal government warned of more economic punishment for the coup.[36]

February 12
Massive nationwide pro-democracy demonstrations continued. Several were wounded in clashes with the police and soldiers.[36]

The UN Human Rights Council held a special session for the human rights implications of Myanmar's crisis.[36]

Facebook said it would cut visibility of content run by Myanmar's military, stating they had "continued to spread misinformation" after seizing power.[36]

The military and police arrested government ministers, election officials, senior NLD members and leaders, and activists.[48]

February 13
Security forces began detaining suspects and searching private property without court approval. [36, 40]

The military ordered the arrest of key figures in pro-democracy protests including Min Ko Naing, Ko Jimmy (Kyaw Min Yu), and Myo Yan Naung Thein.[36]

The military-run Ministry of Information pressured the press not to use the words "junta" or "regime" in the media. This was the military's first attempt to restrict the freedom of the press.[49]

February 14
The civil disobedience movement spread.[36]

Nationwide strikes brought air and train travel to a halt in protest.[36]

Police opened fire to disperse protesters.[36]

February 15
Daily nationwide internet shutdown between 1—9 AM commenced.[36]

Armored vehicles were deployed in major cities.[36]

Internet access was blocked across the country.[36]

February 16
Aung San Suu Kyi was given a new criminal charge.[50]

February 17
The military issued arrest warrants for six celebrities for urging civil servants to join the civil disobedience movement. Those with warrants were Wayne, Lu Min, Ko Pauk, Na Gyi, Pyay Ti Oo, and Anagga.[51]

February 19
Mya Thwe Thwe Khaing succumbed to injuries from a gunshot wound at a protest ten days prior.[52]

February 20
At least two peaceful protesters were shot dead, and several were injured by riot police in Mandalay.[36]

February 21
By this date, 640 people had been arrested, charged, or sentenced since the coup.[36]

At least 593 were actively being persecuted.[53]

February 22
General strikes shut down businesses and large crowds gathered across

the country.[40] Millions of people took part in the nationwide general strike called 22222 movement which was held on February 22, 2022. [54]

February 23
Malaysia defied court orders and deported 1,086 Burmese detainees, including asylum seekers and children.[36]

February 24
Indonesia's Foreign Minister met with her Myanmar military-appointed counterpart Minister Wunna Maung Lwin in Bangkok, pushing for an ASEAN-led resolution to the crisis in Myanmar.[36]

February 25
Facebook blocked the Myanmar military from their platforms.[36]

About 1,000 supporters of the military attacked opponents of the coup in Yangon.[40]

February 26
Myanmar's UN envoy, Kyaw Moe Tun, urged the United Nations to use "any means necessary" to end the coup.[40]

The first known detention of a foreign reporter was recorded.[36]

February 27
Myanmar's UN envoy who boycotted the coup was fired by the military government.[40]

The People Speak

Image 4. People's dreams of Democracy are threatened and destroyed by military coup.

In response to the coup d'etat by the military junta and their installation of the State Administration Council, led by Min Aung Hlaing, the people of Myanmar took part in massive civil disobedience protests. The goal of these actions was to make the military generals suffer economically for their actions. A boycott of Myanmar beer, which had ties to the generals, was initiated. Silent Strikes, where businesses stayed closed and customers stayed home, took place. The hoped for effect was to make the military coup "unprofitable" and to force the junta to step down. The response of the military junta, however, has been swift and brutal. The military shot into the protest crowds. They arrested and tortured democratic advocates. As a result, People's Defense Forces (PDFs) have spontaneously formed to protect communities from military violence. To the communities, the PDFs are often seen as important elements in the resistance movement's ultimate success. And today, many of these forces are now aligned with the National Unity Government, the recognized government-in-exile. In this chapter, then, you will again hear the voices of everyday Myanmar citizens. They will speak to their motivations in creating or participating in protests against the military coup d'etat. They will share how the military response has impacted their lives. Some of this content may be deemed graphic as these individuals discuss the brutality of the military that has led to the loss of innocent life and forced citizens to live in continuous fear of being arrested, tortured, or killed by the military. Taken collectively, you will hear the bravery of a population unwilling to abandon their democratic aspirations.

PROTESTS

On November 8th, 2020, the liberal democratic party NLD, led by Aung San Suu Kyi, won the general election along with a majority of the seats in Parliament. The Union Solidarity and Development Party, a creation of the military junta, claimed the election was fraudulent and disputed the election. The conflict dragged on until January 26th, 2021, when the military threatened to take action. Then on February 1st, 2021, the military coup d'etat occurred. Aung San Suu Kyi was detained along with president-elect Win Myint and other senior figures in the NLD. The newly installed State Administration Council released a "wanted" list of government and ethnic leaders, forcing many of the individuals into hiding or having to flee to the Myanmar/Thai border. Protests led by civilians soon erupted throughout Myanmar. It was not, however, the first time the military had seized power and crushed the democratic hopes of Myanmar's citizens.

"After the coup, I played the leading role in the protest in Dala Township in the Southern District in March 2021. Six people from Dala Township were shot and killed by the army on March 27, which is also The Revolution Day. Despite the military shooting and severe crackdown, I continued to take part, actively standing in the front and holding the flag

Image 5. Banging pots and pans is one of the samples of Spring revolution together with 3 fingers solute. Every day at 8 o'clock at night people across the country banged pots and pans to show their protest to the military coup, a lovely initiate of non-violence movement. Traditionally banging pots and pans exorcise demons and bad spirits.

in my hands. I was charged with Section 505-A for writing strongly criticizing the military because people in her hometown were killed."

—May

"In 1987, the military regime announced that the currency was not valid anymore. I was a university student. We were very angry with the military government and revolted against them. Since then, I have been taking part in the struggle for democracy. In 2015, there were some changes, but that was not democracy. When this protest happened against the coup d'etat by the military, I took part. In a situation like this, I am always going to have to be involved."

—Tun

"There is a difference between the 1988 uprising and the 2021 Spring Revolution. In 1988, a coup happened but elections were promised.

In 1988, everybody accepted the coup and that promise. This time, the military canceled the election and then they made a coup. People don't believe in the future election anymore, so they protested. Now the ethnic resistance groups in the border area are fighting against the Myanmar military. All the youngsters nationwide are going to these areas and fighting back."

—Sithu Maung

"Since the coup, I have taken part in the protests. My fellow teacher said that if I participate in the Civil Disobedience Movement (CDM), I will lose everything. At the end of day, I will be jobless. Participating in CDM is like risking everything. I was hesitant, but finally I decided to join the movement. My boyfriend is politically educated and was already very active in the movement. He showed me the way and gave me the encouragement and the wisdom of how to take part in the revolution. In addition to CDM, I also joined the demonstration on the ground. People are risking their lives, demonstrating every day in the street. I would like to join with my fellow countrymen in risking my life.

My parents did not want to let me go to the protests, but I insisted. In my country, culturally, we believe in magic that happens when some powerful events occur. So my parents gave me this magical charm to take along with me to the protests to make me safe. It is like they believed they could protect me from any harm. Regardless of whether I believed it or not, I took the magical charm. Maybe they just wanted to be sure, psychologically, that their daughter would be home after demonstrations every day."

—Casper

"It is impossible to live with dignity under dictatorship and military rule. Under the dictatorship, people struggled through fear and daily life without any security or protection. Hence, I participated in this revolution because I wanted to avoid fear.

Changes brought by the democratic government over a period of five years have resulted in freedom of speech and dignity. We have gained the opportunity to experiment, to understand and awaken the human rights that our people have lost.

For the United States, it will be difficult to understand what the dictatorship is and what the people of Myanmar are experiencing."

—Kyae Mone

Image 6. People from all walks of life including farmers and villagers of rural areas which represent 70 % of Myanmar population.

"Before the coup, I had quit school to support my family. My mother was not well, so it was my responsibility to take care of them. I was a delivery person for Food Panda.

When the coup occurred, I took part in the protests. At that time, I was working for Food Panda. So after I was done working, I would go to the protests. I was very noticeable in my Food Panda uniform. So my friends who also worked at Food Panda decided to make a group of "Food Panda" protestors. Food delivery boys in Myanmar represent the "real." We are young men struggl[ing] just to survive and to support their families. We are seen as very honest people. We are sacrificing [our] lives to support [our] families. Having us take part in the protest was very symbolic. And since we were young, we also used social media to persuade people to take part in the protests. Every day our group recorded the atrocities of the military coup. We always publicly post these atrocities and explain to people what is happening. We told people, 'It's your responsibility to take part in defending our future.'

This is why the military put a warrant out for my arrest. It was officially announced by the government on radio and television. One day, I went to deliver some food and the military intelligence as well as the police were waiting for me. I was arrested and put in Insein prison. I was charged for violating Section 505-A – Defamation Against the Country. I was convicted and sentenced to two years. The political prisoners were abused and treated very badly in living, eating, and drinking. Health care in prison is absolutely poor. There have also been human rights violations of medical treatment of the Prisons Department under the control of the Military and the loss of unjustly arrested citizens' lives in prison.

I was released after five months. The military commander-in-chief, who is the coup leader, announced a partial amnesty, which included me. When I went back home, my family was no longer there. Since they could not afford to pay for the apartment, they had to leave. Food Panda also fired me because of my involvement in politics. Actually, no one will hire me now, which means I cannot support my family. We are now living together in a small apartment, thanks to a friend who has not abandoned us. I cannot forget my friends who are still in prison. I think about them every night. They asked me not to give up. I will never give up."

—Yel Baw Shadow (Little Panda)

"I have been taking part in the protests against the military for future generations. I know that the consequences abroad are very bad, so I take part in the revolution and do all things possible against the military regime. So after demonstrations, I pick up all the trash left behind in order to make sure that everything is clean. I do everything possible in an effort to show the military regime what they are against."

—Kyaw Min Htike

"I am used to all these hardships and political things, so I'm going on this deep political journey after the coup. I work as the main board member of CRPH, Central Committee Representative in the Parliament. I am also a member of the International Relations Committee of

CRPH. As a member of CRPH, as a member of International Relation Committee of the CRPH, I'm talking with the European Union Parliament, and all the other Parliamentarians from other countries. I was

Image 7. Rohingya people have always been insecure as the military soldiers are always following, tracking, keeping eyes on even their routine daily lives

also assigned to be a member of NUCC. I'm the busiest of the staff, but it has become normal to me."

—Sithu Maung

"I cannot let these things happen, you know? I don't want this. I felt like our rights and our democracy [were] stolen. Then on February 1st, I participated without any hesitation. If everyone was involved, it would be nice, but people are different so you cannot expect everyone to join in. But I wish most business leaders, doctors, even military generals would help. I want everyone to join in."

—Thuriya Nyein Chan Maung

HARDSHIPS

"Due to my writing on social media about the cruelty of the military, the ruling military junta issued a warrant for my arrest in April 2021, under the Criminal Code Section 505-A which made such comments illegal. Fifty military soldiers raided my house to try to find me. As a result, I went into hiding. Now I am facing danger every moment. I had

to move constantly and hide in my friend's houses inside the

Image 8. Women in Myanmar are living in constant fear of being arrested, raped, tortured, and finally killed. Survivors of arrest and torture face everlasting trauma.

country. During this period, I stayed in over 20 houses and, sometimes, I had to sleep on the streets at night because there was nowhere to go. Then, after the military council tightened up household registration lists, since I was one of the warranted persons, I was not allowed to live under my real name. I am now living in hiding in the country and have faced 9 life-threatening moments and 2 household registration list checks while I have been on the run for 1 year and 8 months. Fortunately I have escaped those dangerous situations. But the military continues to search for me everywhere day after day. My friends do not want to accept me anymore because they realize they could be in danger by helping me. I was frequently moving from place to place, evading arrest by the military council and my daily life becomes more

and more difficult."   —May

"While I was fleeing, a young protester I supported was arrested, and the army entered my shop and took the manager of the shop when they could not get me. My parent's house was searched again. The next day, my shop was closed.

On the night the manager was arrested, the fear was so overwhelming that I could hear my heart beating.

Not knowing that it was my heartbeat at first, I thought from a distance and listened attentively to the sound, and I realized that my heart was beating. When I realized that my body was shaking with the sound of my heart beating loudly, I tried to calm my emotions because I was

Image 9. Military soldiers often arrest villagers to extort them, and they loot the villagers' houses and torture them.

afraid I would collapse.

I am not the only one who is experiencing such trauma, but all those who are involved in the revolution and who serve as much as possible. Even a person like me, who has friends to help and is mentally strong enough to face anything, is trying hard not to break down. If only those who are helpless and experiencing difficulties, how will they cope, how weak will they be? These are the negative results of the dictatorship. To overthrow the dictator, we must do more than we can."

—Kyae Mone

Image 10. Military soldiers often come in neighborhoods at night, arrest people, torture them and send the dead body back home to their family.

INHUMANITY

During the military seizure of Myanmar, the military coup organized raids on the homes of anyone suspected of dissent. As of the start of this project, this campaign has resulted in the imprisonment of over 11,000 citizens, with reports of over 300 people, including 16 children, dying in detention. The campaign has also resulted in the murder of over 2,000 citizens and death by torture of over 200 citizens. This campaign has also led to the illegal execution of democratic advocates Ko Jimmy (Kyaw Min Yu), Phyo Zeya Thaw, Hla Myo Aung and Aung Thura Zaw. If the goal of this campaign was to break the will of the Myanmar people, the military has clearly failed. The people appear to be recommitting to work towards the goal of a democratic Myanmar.

"Life in a country like Myanmar has never been easy. I think you will be familiar with our country's history of genocide, violence, and the actions of the military that had already happened before the coup. I always thought there must be people who were thinking that these cruel actions were unnecessary, that those who witnessed the bitter truth of our country wanted something different. But I think because of the coup, we have lost our right to life, liberty, security of person, and freedom of expression in the whole country. So, I thought, 'I must oppose the coup for my sake.'

On the first week of March, I was part of a long march. I was in the back. At one moment, the march became chaotic. It seemed to be about two blocks ahead of me. The people in the front had suddenly realized they were surrounded by the military, that the military was opening fire, brutally, on the marchers. I began to run like my life depended on it. Later that day, I discovered that over 300 citizens, including my closet friends, got detained. Running away and leaving my friends behind was one of the most selfish decisions I have ever made in my life. This encounter truly left me with spiraling shame and regret. On the same night, some strangers dressed as commoners came and knocked on my door, asking my parents my whereabouts. I had dropped my identification card, which had my address on it. I suddenly realized that my home was no longer a safe space, not only for myself, but also for my family. It's a shame to put them in danger with my mere presence. But I believed our military was an ominous regime, so I continued to protest despite the struggles.

Then I got contacted by one of my friends who was in the same situation as me. We decided to leave our hometown. Every time we arrived at a checkpoint when traveling on the road, me and my friend had to step out of the bus and were interrogated with questions like, 'Who are you? Where do you live?' Those questions repeated to me. After spending a night on the road, I reached a small town which is located along the border, with the help of some friends. I was able to rest and get some supplies. But then a war broke out between the anti-military resistance forces and Myanmar's military which is also known as Tatmadaw. They (Tatmadaw) acted brutally, using drones and opening fire at random against civilians. The brutality was at its peak. Never in my life have I thought that I would experience this sort of ferocity."

—Kaung Kaung

"We strongly oppose the military coup in Burma and are advocating for the restoration of democracy and fundamental human rights. Initially, we expressed our dissent peacefully through organized events and demonstrations. Given the military's harsh response to peaceful protests, we had to devise innovative methods of protest in Myanmar. Unfortunately, the situation escalated, with the military resorting to brutal crackdowns, resulting in the tragic loss of innocent lives."

—Han Zaw Latt

"Because everybody took part in the protests, I took part. The military shot all the peaceful protesters with snipers and machine guns. They arrested people during the daytime and sent back their dead bodies at night. I could not be retired from my activism anymore, so I came back and took part in the protests. There was a famous composer and singer called Nway Oo. Together, we sang for the protesters in order to encourage them. But every day, heroes were falling. I recorded some of the deaths during the protests. I tried to get a photo of a fallen hero, and then I put it on social media. On March 6th, seeing all these things, I had a sudden heart attack. I was hospitalized. I couldn't walk anymore. And I could no longer post on social media."

—Tun

"The Sagaing region is one of the areas that are defending themselves the most against these military terrorists. Villages are burned up every day. Young people have left the villages. So, the military gathers the old people and even children, then they are set on fire and burned alive. When the young people return, all of their families and relatives they see are dead bodies. That happens again and again. These things are rarely noticed. It's like the genocide committed against the Rohingya people. The same thing is happening in Sagaing region. What is happening in Myanmar is genocide. They are committing crimes against humanity. But the military is intentionally cutting off internet access to the Sagaing, so they can commit these atrocities without being noticed. And the news about Myanmar has faded away from international media. Ukraine and Russia are the big stories. The international community is not giving enough attention to what is happening inside Myanmar. They do not notice what is happening."   —Chaw Su San

"I was born in a Karen ethnic minority area. In that area, wars often happen. So ever since I was a child, I always heard people talking about the killings, the villages being burned down, and women being raped. All these actions were being committed by military soldiers. Every day, I am hearing which village, how many girls are raped, how many people are killed. This has been happening forever, ever since I was a child. Sometimes I saw bodies floating down the river because they were shot down by the soldiers. So I do not want this to continue to happen. This should not happen in the 21st century anymore.

There was a brief period of partial democracy, then there was a coup, and the military were in charge again. This time, though, I cannot accept it anymore. It is our duty, our responsibility, that we should not let that happen anymore. All these killings, all this torture, all these villages burning down, all this rape. The soldiers arrest anyone who is active in the protests against them. But it's not only the people who protest against them. Even those people who can't protest, like the handicapped, their lives are at risk as well because the military does not care who takes part or who does not take part. If they want to kill, they kill. If they want to burn down the village, they burn down the village. So it's all the civilians. Almost everybody who is active in the protest is arrested across the country. Not only me. But not only those who take part, but also anybody. No one has any security in Myanmar.

In Myanmar, everybody is hoping for the basics to live on. Everybody is not sure whether they will live tomorrow or not. So it's the hope of everybody, the wish of everybody, to live on. "

—Ju Jue

"There is one interrogation center created by the military where they torture people. If their father ran to escape the military, the military put the children and wife in prison. They caught her and put her in prison, you know? They rape the women. They even kill the children. These things are happening a lot. Can you imagine how you would feel if the state government started a terror campaign against your people? I feel like it was some army from other countries that invaded our country."
—Thuriya Nyein Chan Maung

"I'm one of the Rohingya youths, so I don't get to attend university because of racial and ethnic discrimination. I can't even speak freely now. So on behalf of all Rohingya people, I would like to say to you all that we are living in either the semi-genocidal condition inside the country or subhuman state across the world. It is longtime overdue to have the citizenship rights and basic fundamental rights and my message to the world and Burmese Democracy lover to stand up with the world's most persecuted Rohingya known as Genocide Survivors. We have no rights, nothing to do, nothing special offered to us. We do not even dare to call our ethnicity its ethic name, to say Rohingya here in Arakan. Even now the Burmese military is secretly negotiating with the Arakan Army. They're discussing how to deny the peaceful coexistence and social harmony between Rakhine and Rohingya and how to destroy the remaining Rohingya in northern Arakan. But it is really proud to see that Arakan Army and its Rakhine people didn't agree to start and lead racial conflict again in Arakan with Rohingya and also another thing to see proudly that Arakan Army is trying to restore the peaceful social cohesion and social harmony. Furthermore, leading the whole community to live peacefully with diverse communities as far as I know however, till today not a single Rohingya has allowed to visit from one village to another villages by junta military. This is our critical situation under the military. The Burmese military uses brutal and cruel acts against civilians. We have to fear them because we are in an area under their control. They surround us with informal, formal, injustice, and inhuman chauvinistic policies. "

—Rofik Husson (Zarni Soe)

"On April 12th 2021, the police and soldiers came and dismantled my home as well as my shop. They tore it down. Then on May 7th, when the military discovered that a man was helping my family hide, a soldier came and shot the man in the head. "

—Kyaw Min Htike

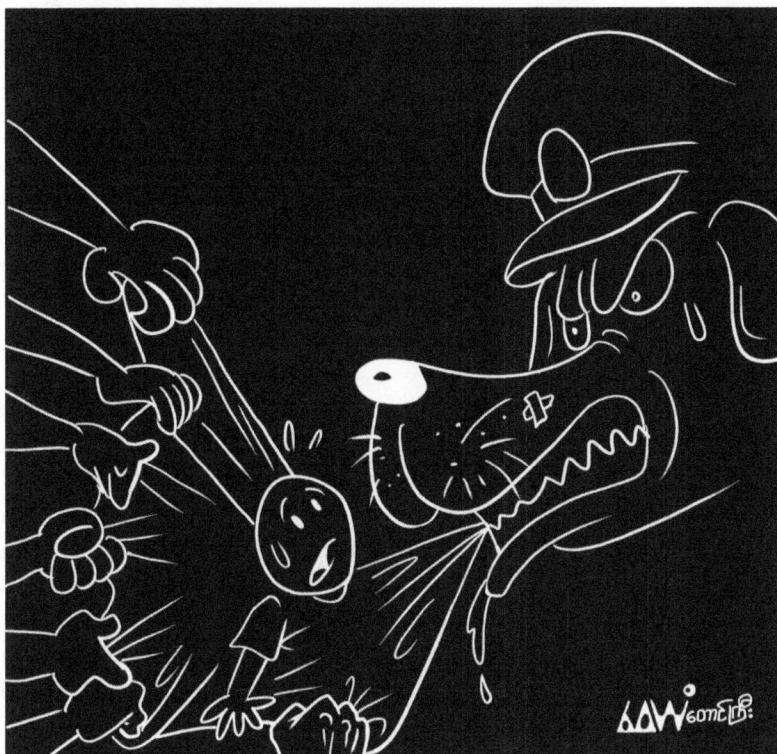

Image 11. There are many stray dogs in Myanmar that are very aggressive and dangerous to the people. Military soldiers are always portrayed as dog soldiers. Whenever a stray dog attacks a man, other people need to help the victims by striking the dog. In the Spring Revolution, people are helping one another against the attacks of military soldiers.

"This time is a very critical time for our country. People participated in the protests in a non-violent way. But finally, the military attacked these people very severely, and we had to defend ourselves. So now, some of the people are in jail, and others are fighting back against it. It is not using weapons and fighting back, but just defending against military brutality. We need support for the revolution."

—Moe Nay La

"This is challenging for me. The things happening in Myanmar are things that I cannot control by myself. My family is still inside the country facing the military. The propaganda 'news' mentioned that the military were targeting my family. The military wants to stop my pro-democracy movement. And I think about my family. They're very traumatized by these threats. I'm carrying this stress all the time. I am physically and mentally exhausted, but I'll never give up until I can achieve the restoration of our democracy."

—Han Zaw Latt

I am worrying about the future, my personal future, my country's future. It's getting really depressing."

—Thuriya Nyein Chan Maung

ESCAPE

The military junta's violent response to the democratic protests has led to massive internal displacements of Myanmar citizens. As reported by the Council on Foreign Affairs, the United Nations estimates that approximately "230,000 people have been displaced by fighting in Myanmar and need assistance." The UN also reported that 177,000 people were displaced along the Thai - Myanmar border in the Karen State bordering Thailand. In addition, the UN estimates that, as a result of fighting among PDFs and the Myanmar military in the Chin State bordering India, more than 20,000 people are now living in 100 established displacement zones.

"I could predict the coup would happen judging from what the military was beginning to say publicly. At the Graduation Ceremony of Defense Services Academy in Pyin Oo Lwin, the military chief said that the military needs to protect the 2008 constitution. The military spokesperson had also said at a press conference that the military will not deny they might undertake a coup against the government.

Judging from what police were doing two to three days after the protest, I realized that parliamentarians would soon be arrested. The soldiers were killing the arrested parliamentarians in lower Burma. The parliamentarians were sure to be killed if arrested under Criminal Code Section 505. Worried of being detained and killed, I left my home with my family to go to India. We could not enter legally since the Indian government would not issue any entry documents for us. Instead, we had to go into the jungle for a week, avoiding nine Indian military posts along the way, before finally arriving in Nagaland in india."

—Min Naing

"I want you to know that I'm not a member of NLD. And I am not a blind admirer of Aung San Suu Kyi. I am just an ordinary Myanmar citizen. I never regret what I have done for the country, for the revolution. I did what I needed to do for the country.

Before the coup, my life was stable, safe. I had a lot of hope that my children would not live in fear like my generation. I had hoped that they would have more chances and more chances for education and so on. When the coup happened, I did not know what to do. My internet was cut off, so I decided to go outside where I saw hundreds of protestors. They were so young, but they were protesting very loudly and openly. I knew the soldiers would be armed, but then I saw that they were shooting at the protestors. I was very worried about them because they were the same age as my children. So I decided to protect them. I drove a car full of medical supplies and water for the protestors. Then, when the protestors had to go into hiding to escape military violence, I was part of a rescue team that found them and brought them to safe areas.

When the military began to arrest members of our team, as part of the crackdown on protests, my team became worried for me. During this time, I had to hide my phones. I had to delete my contacts, I had to delete my conversations. I had to make it clear then when I drove that I would drive alone. I do not let my family or my children come along with me. Because of what I am doing, they are in danger also. These moments are very hard for me. They are quite intense. They're checking everywhere, checking everywhere, for me. Sometimes the police ask to open my car doors, look inside, take something they want. So I have to let them go for my safety. It is very hard to live with such fears because you don't have any experience in your life like this before.

Finally, I am the last one who didn't run and hide. My friends advised me to go to Thailand. And eventually, I had to go to Bangkok. I had to leave my 7-year-old daughter in Myanmar. Even now in Thailand, at night, when someone knocks on our door, my other children are afraid to open the door. Now I am struggling in Thailand, but I am still helping the resistance in Myanmar."

—Kathy

"Since we both joined the CDM, the police made a warrant for our arrest. The police claimed we violated the government service law. The police came and searched for us, but we were not home. Peter's father was also charged . He was charged with violating 505-A, defamation against the state. Together, we decided that all of us had to leave Myanmar for India. We had to stay in the forest for three days and nights because there's no way into India. The Indian government did not support the Myanmar people's resistance to the military coup. We had to bypass the military posts on the India side, all along the way. When we finally arrived in Nagaland, India, we were not officially allowed to stay. We had some savings from Myanmar that we used to rent the apartment and to eat. But we cannot go outside. We have to hide in our rented apartment. We are here illegally. The police know we are here and could arrest us at any moment. They could send us back to Myanmar and perform certain executions. They have not arrested us but now, every day, it is like we have lost our future. We do not know what to do. It's like we have lost our future."

—Peter and Amy

"When my niece was arrested in October 2021, I left home for the first time and escaped for a month. About a month after returning home, the UG activist I supported was arrested and forced to leave my home for a second time. The army searched for me at my shop the next day, and I am not going back home to this day.

When I was in hiding, I was afraid that the administrator of every community would inform the army if they found me and would be arrested, so I had to move to the PDF camp, in fields, and in many villages. During my hiding, I felt terrified and always felt insecure about whether I was investigating when I met a stranger and talked to me.

On the third day while I was hiding in the PDF camp, the army raided, and I had to flee into the forest at 3 am. During the military's large force and drones, they are shooting with heavy weapons all day long in the mountains. Running through village after village, I was fortunately able to escape from the army with the help of another PDF camp and reached a safe place at 8pm.

Because of my own experience I had that day, we bow down with great sadness, admiration and respect to the PDF comrades who have insufficient food and weapons, but work hard on the battlefield in such a life-threatening conditions. "

—Kyae Mone

"I had to leave. I just had to leave. There was nothing my parents could do. They could not keep me in our own home. It was not safe. My parents said not to leave them, but they could not help. So I had to leave eventually. Leaving home, it's very difficult. The journey to the border is a very risky trip, a very risky and dangerous trip because it's illegal. But all my mom and dad could do was to embrace me in their hearts. They try to make me safe by embracing me. It's the only protection they could give. They believed it would make me safe during my travel, my journey to the border. So they just tried to embrace me closer to their hearts and then let me go."

—Khant

"We left all our properties when we ran away from our home. Now we don't have anything. Even in the very cold season, in December, we didn't have warm clothes to cover our bodies. We had to just face the weather. When we ran, we left home without anything. I had to leave my parents in their homes. My parents are old. They are not very well. And since I left, my parents could become targets of the military. My parents could be arrested any day, anytime. So I worry about my parents being arrested and tortured. I worry every day."

—Casper

"There are 186 people in this camp. We are not in the border; we are in the country, the central part of Myanmar, in the forests. Not in the deep forest, but in the area the military cannot control. So, we made the camp there. We were 86 people, but the numbers keep growing. On a daily basis we have to struggle even to have food. We try to grow our food, but we depend a lot on the donations of the people to supply food daily."

—Kyaw Min Htike

"The police came to arrest me on June 29th. Fortunately, I was not home. These days, protesters usually don't sleep at home since the soldiers normally come at night. So I also did not stay at home. After the soldiers came to arrest me, I moved to Panntanaw in the Ayeyarwady region. Then I moved to another area called Bago and next to Shwegyin, in the east of Myanmar. I stayed in each area for two or three months. On December 22nd, I moved to Myawaddy, the bordering city with Thailand.

When my niece and I first arrived at Myawaddy on the Myanmar side, there were many military spies there as well. We had to be very careful in order so the military spies would not know about our arrival. There is a group managing the passage from Myanmar to Thailand, through the forest, across the river, and over the mountain. Normally, the journey would start very early in the morning, like just after midnight and go in silence. On the first day, we crossed a small river, then a small mountain, and found a woman who was waiting for us with a motorbike. This woman helped us. If the soldiers from the Thailand side saw somebody crossing the border, they would shoot at us. Everything had to be done in secret, such as the time and place to meet our guides. If we made a mistake, the consequences can be bad.

When we finally arrived at the Thai-Myanmar border, I heard from my niece that she had been struck by a motorbike as she crossed the border. As a result, part of my niece's spinal cord broke. When I set off from my home, I had some money with me. Throughout this period, after crossing the border, I had no money left. Without any money, I couldn't move anymore. I could not help her. Later, when people I had met discovered I had heart disease, heart failure, they sent me to a monastery. Now I live there."

—Tun

"When the coup happened, I was in a city with my father. No sooner did the coup happen than I took part in the protest against the military in that city. Then I returned to my home, where I also took part in more protests. My hometown is small, so everybody knows each other. Everybody knows that I had an active role in leading the protests.

Then, I got the news that the police were planning to arrest me, so I tried to stay away from home. One day the police did come to arrest me. But I got the news ahead of their arrival, so I was not at home. I escaped. I have not been home since May 2021. I had to move around, always hiding. Finally, I got to the Thai/Myanmar area, to a town called Myawaddy. There I crossed the border to Thailand. Now I live inside of Thailand."

—Ju Jue

"I believe the only true prison is fear. The only true freedom is freedom from fear. When I was sleeping in my village, I would hear car sounds. And I would think there are not too many cars in the village, maybe three or four in the whole village. So, I'm just thinking that it's 2am in the morning. No cars should be out. So I began to believe that the cars were full of soldiers to arrest us. That was my prison. And when I arrived somewhere safe, after fleeing [my] village, I feel I am free. I have nothing to be scared of now. That's real freedom."

—Justin

BORDERLANDS

"I was one of the leaders in these campaigns in my community. I am known to the police because of my leadership role in the demonstrations. Local authorities and police came to my home to arrest me, but fortunately, I was not there. They threatened my parents. So finally, I had to leave my home to go into the remote area. I moved from place to place until I arrived at the India/Myanmar border. Currently, I live in a place near the border in the jungle where the internet connection is very poor.

I'm on the Indian side of the border between India and Myanmar. I'm considered an illegal immigrant because I crossed the border without legal papers. I stay in a place with other immigrants like me, male and female. It's not very convenient for me as a woman to be in a small place packed with other people. I do not feel safe as a woman. But I cannot leave the house. I'm hiding here not only as an illegal immigrant but also as someone hiding from the military. If I go out, I'm not safe. Every day I face insecurity. Psychologically, I'm not very happy. I'm depressed. I do not have a specific passion or ambition in my life, given all the struggle in Myanmar. I do not have any passion or ambition."

—Myat Noe

"On a daily basis, we are struggling to get everyday supplies, like food and shelter. It's a big challenge for us. Since we are illegal immigrants living on the Thai border, we cannot go out from where we live. There are many people living in the same area in small rooms. It's like a prison for us. Depression, stress, we're facing these issues every day."

—Khant

"Even though we live with understanding in the Naga region of India, it is not a 100% safe situation.

Even though the government, police, and intelligence allow us to live with understanding, we do not have the right to move freely. We need to stay inside our homes."

—Min Naing

"Certainly, when the coup happened, it was a surprise and destroyed everything. All my dreams were destroyed abruptly in a day. I couldn't do anything. It's like the coup buried my hopes and ambitions. It was like a nightmare. Now I am worried, living every day in danger. As an illegal immigrant here in Thailand, I cannot go very far away. We can just go to the neighborhood to maybe buy food. Sometimes when we are sick, we don't even know where to find medicine. If we even find a pharmaceutical shop, it is difficult to communicate. People in Thailand don't speak English or Burmese. Communication is very difficult for us. We cannot get access to the medication we want, let alone get a doctor and get treatment. We also face the danger of being arrested anytime, since we are illegally here. If we are arrested, but if we can be bailed out of jail through corrupt mean, then it's good. But if we are sent back to Burma, we could face persecution, will be prosecuted and even being killed. My life isn't necessarily good, but there are a lot of people out there who are in a worse situation. There are many people who are refugees, especially internally displaced people, who are running from their villages because of war breaking out. The military are bombarding these areas, using heavy weaponry and killing people who are running from the villages. These people, they do not even have what we have in Thailand because the terrorist military is ruling the country. "

—Casper

"On the Thai border, the refugees are very miserable. There's no healthcare for them. There is not even an organization working for healthcare. So if the refugees are sick, there's no one to help. The refugees had to abandon their homes to escape the military in Myanmar and are now illegally in Thailand. This means they cannot move out of their places. If they do, it must be very secret. On one occasion, I went out to buy medicine for myself and was arrested by Thai police. The Assistance Association for Political Prisoners (AAPP) in Thailand said that 'If police arrest you, give us a call.' They gave us three phone numbers. But when I was arrested and put in jail, I tried to call and nobody picked up the phone. At that point, I called the UNHCR people, but nobody picked up the phone. I had to stay in custody at the police station.

I think my only real concern at that moment was to get my medicine. Imagine somebody who just doesn't want to die, who's living on medicine, and has to go get the medicine. Then when they went to get the medicine, they were arrested by the police. That was me. I was in police custody. I had some money with me to buy the medicine. Thai police are very corrupt. So I gave my money to them, and I was released. That day, though, I got no medicine. After I was hospitalized, I received no treatment. I worry because I need the medicine, but I know nobody who can help. If there's an organization that cares, who just simply gives medical care to people in need, it would be nice. The refugees there are very miserable."

—Tun

"In February 2021, following the military coup, I actively participated in various campaigns and movements against the military coup to restore democracy and fundamental human rights in Burma (Myanmar). I actively involved in GenZ movements and peaceful protests. I had helped to organize the Civil Disobedience Movement. As a prominent figure, I had made it to the top of the military's hitlist and they were getting closer to finding me.

One night, the Burmese Military was hunting me, I hid in the basement of car parking in my friend's apartment before I got a connection with Free Burma Rangers (FBR). I had to move around and eventually reached the border area of Burma (Myanmar) with the help of FBR.

After staying in a safe house in Yangon for over three weeks, I decided to move out to the border area since I still wanted to continue my mission against the Burmese military coup.

I established a connection with the Free Burmese Rangers. They arranged for me to move out from the safehouse and to the jungle. Since I am well-known inside of Burma, I had to change my appearance in case people recognized me. I also had to carry all my belongings very secretly. I stayed in the jungle for nearly two months. I wanted to continue my movement work but living in the jungle made this very difficult. So, I decided to move to a new location, where I lived for about six months. Then, finally, I was accepted into the Refugee Resettlement Program for the U.S. Government. I have now arrived in the U.S.A.

As soon as I got here as a refugee, I had to follow certain protocols like finding a job. I really appreciate the U.S Government since I'm safe, but my real intention is to fight for the revolution in my country. I'm working in the daytime here to take care of myself, but in the nighttime, I have to fight for my country's revolution. Honestly, I only get two or three hours of sleep some days."

—Han Zaw Latt

SWITCHING SIDES
If they are to successfully control Myanmar, the military junta must maintain control of the primary pillars of society, such as the schools, the police, and the military. They must ensure that cultural institutions appear to be neutral or unconcerned about the change in government. And they must attempt to create a social media environment which gives the appearance of support for their actions. It is clear at this moment, however, that the military junta has failed on almost all accounts. Confidence in the nation's government fell from over 85% under the period of democratic rule to under 30% for the current military leadership. In addition, teachers, police, and soldiers have begun to openly shift their allegiance to the movement to restore democratic rule. Leaders of cultural institutions and social media platforms are announcing their loyalty to the resistance movement. The following are only several of many such examples.

"The Civil Disobedience Movement organized the police to take part in the movements. I convinced 26 policemen to join my group which was attempting to open camps in stadiums for CDM people to come."

—Kyaw Min Htike

"There were two possible ways that I could take part in the demonstrations. As I am a teacher, I took part in CDM with the demonstrations of my fellow teachers. We made a group with the banner, 'We are the teachers that make a demonstration.' Then our school's teachers took to the street, where I joined the group as well."

—Casper

"I had a career in media prior to the 2021 military coup. Since the coup, there is no place to be safe in Myanmar. I am now living on the Myanmar-China border. And I am working to support Civil Disobedience Movement aligned teachers who are creating curriculum for students now that the state-funded schools are controlled by the military junta. This is very difficult because teachers and students need to move so much to be safe. There is no real place for a proper education. So we create the platforms for the lessons to be accessed and downloaded from wherever. Then for on-the-ground teachers, they can copy, download, and do something with the students who are nearby. So they are working together with the lecture and syllabuses by the Ministry of Education for our national unity government. This work is part of an effort by the National Unity Government (NUG). We are all working together to make a curriculum that provides educational activities that replaces the state's vision of education."

—Moe Nay La

"The night of the coup I was shocked. Actually, I was asked to be on military guard that night, since I was still a captain in the military. I was caught by surprise because I did not think there would be a coup. After the coup, I was silenced. Then after a couple of days, I thought that there should be a strike against the coup, so I asked people to move forward. I insisted. I started to prepare for my desertion from the military. I was still completing my training to be a military surgeon. That would take about three months. I used my position to convince other military personnel to join the Civil Disobedience Movement (CDM). I ultimately convinced over 700 to be part of the CDM. When my training was complete, I left my camp. Now I am one of the prominent leaders of the movement".

—Captain Dr. Min Maung Maung

"As soon as the coups happened, our dreams were completely destroyed, especially for the youth. We lost everything. As the beauty pageant organizer of Mister and Miss Myanmar, I was very public about my opposition to the military coup. Through the pageant, I also had a connection with the youth. I'm one of the leaders from the GenZ Burma, which is actively involved in various media and campaigns against the military coup. I used this platform to let my opposition be known and to work against the military. As soon as I got involved, however, the Burmese military targeted me. They tried to stop my movement against the military coup. I managed to move out of my home before the military came and broke down my door and destroyed my properties. I have had a kind of experience as I never have before."

—Han Zaw Latt

Myanmar Historical Timeline

Image 12. Protesters take part in an anti-coup protest as they hang women's Hta-mains(Sarongs) on ropes which are stretched above across main roads in cities; military generals are really afraid of that action as they strongly believe that they lose their spiritual power if they go under the rope where women bottom wears are hung to slow down the riot forces.

2021

March 1

Three former UN experts launched the Special Advisory Council for Myanmar (SAC-M).[36]

March 2

The Association of Southeast Asian Nations foreign ministers held a call with a junta representative, urging Suu Kyi's release and the end to lethal force against protesters. [36, 40]

March 4

At least 19 Burmese police officers crossed the border into India, claiming they did not wish to take orders from the junta.[40]

March 5

US officials froze a $1 billion Myanmar account at the Federal Reserve Bank of New York. The U.S. also blocked Myanmar's defense and interior ministries and top military conglomerates from certain trade.[40]

March 8

Protesters take part in an anti-coup protest as they hang women's skirts on International Women's Day on March 8, 2021, in Yangon.[59]

State-controlled channel MRTV announced that the Ministry of Information revoked the licenses of five local media outlets. They were prohibited from publishing and broadcasting in any kind of media and by using any kind of technology. The outlets were Myanmar Now, 7 Days News, Mizzima, DVB, and Khit Thit Media.[60]

Prominent NLD members Zaw Myat Linn and U Khin Maung Latt died in police custody.[55, 56]

March 9

Kyaw Zwar Minn, the Burmese ambassador to the UK, was recalled after he called for Aung San Suu Kyi's release.[61]

March 15

The military's Martial Law Order 3/2021 gave military tribunals the right to try civilians through summary proceedings without the right to appeal.[62]

March 17

Myanmar no longer has a single independent newspaper in publication.[63]

The Standard Time (San Taw Chain) joined The Myanmar Times, The Voice, 7 Days News, and Eleven in suspending operations.[63]

March 22

The European Union froze the assets and instituted travel bans on 11 leaders in the coup, including Min Aung Hlaing and acting president Myint Swe.[40]

March 27
The military killed at least 160 people during their Armed Forces Day parade.[40]

March 28
Around 3,000 civilians fled from Karen State to Thailand after the army launched air strikes in a territory controlled by ethnic armed groups.[40]

Security forces opened fire at a funeral in Bago town for 114 of the people they had killed the previous day.[40]

April
The junta agreed with ASEAN that peace must be restored in Myanmar.

April 16
The National Unity Government was formed. It included representatives of the NLD, ethnic minority armed groups, and various minor parties. It aimed to end the military's authoritarian rule and restore democracy.[40]

April 24
Southeast Asian leaders claimed to have agreed on a plan with Min Aung Hlaing to end the crisis.[40]

April 27
After the KNU army captured a military base near the Thai border, the military responded with air strikes.[40]

Junta-controlled media announced a ban on satellite television receivers.[40]

May 5
The NUG announced the formation of the People's Defense Force.[64]

May 24
Aung San Suu Kyi appeared in court for the first time since the coup began.[40]

<u>June 8</u>
The United Nations claimed around 100,000 people in Kaya (Karenni) State were displaced by the fighting, facing "indiscriminate attacks by security forces" in civilian areas.[40]

<u>June 18</u>
The United Nations General Assembly formally condemned the February 1 coup and called for an end to arms-dealing with the country. This resolution was approved by a vote of 119 to 1, with 36 countries abstaining. The condemnation stopped short of imposing an arms embargo. Notably, Russia and China abstained from the UN's vote. They are two of the Myanmar military's largest weapon suppliers. Also, several members of ASEAN abstained, including Brunei, Cambodia, Thailand, and Laos. [65]

Myanmar's military government rejected the resolution and accused the UN of infringing on Myanmar's sovereignty. [66]

<u>June 21</u>
Min Aung Hlaing and the secretary of Russia's Security Council, Nikolai Patrushev, committed to strengthening security and political and economic ties at a meeting in Moscow.[40]

<u>July 2021</u>
At least 40 men were tortured to death as a collective punishment for attacks by militia groups in the Kani Township, an opposition stronghold in Sagaing District in Central Myanmar.[67]

12 mutilated bodies were found buried in shallow mass graves in Zee Bin Dwin village. The body of a man in his sixties was found tied to a nearby tree.[67]

<u>August 1</u>
Min Aung Hlaing became the prime minister and pledged to hold elections by 2023.[40]

<u>August 18</u>
The death toll since the coup topped 1,000 as a result of security force crackdowns on protests.[40]

September 2021
As of this month, the NUG had established representative offices in the United States, United Kingdom, France, Czech Republic, Australia, and South Korea.[69]

September 7
The NUG announced the launch of a "defensive war" and nation-wide revolution against the military junta.[68]

October 5
The French Senate unanimously passed a resolution to formally recognize the NUG as the official government of Myanmar.[70]

October 7
The European Parliament adopted a resolution recognizing the CRPH and the NUG as the only legitimate representatives of Myanmar.[71]

October 16
ASEAN countries excluded Min Aung Hlaing from a summit. This was a rare departure from their traditional non-interference policy due to the junta's failure to honor their promise to ASEAN to end the crisis.[40]

October 18
Min Aung Hlaing announced the release of 5,636 prisoners jailed for protesting. However, over 7,300 protesters remained imprisoned across the country.[72]

October 29
Win Htein, a 79-year-old aide to Aung San Suu Kyi, was jailed for 20 years, ostensibly for high treason.[40]

December 5
Aung San Suu Kyi was found guilty of incitement and breaching coronavirus restrictions. She was sentenced to two years in detention at an undisclosed location.[73]

2022

January 7

Hun Sen, the Prime Minister of Cambodia, met Min Aung Hlaing in a two-day visit to Myanmar. This marked the first visit by a head of a government since the coup began.[40]

January 10

Aung San Suu Kyi was convicted and sentenced to four more years in prison for possessing walkie-talkies in her home and for violating CO-VID-19 protocols.[40]

January 14

Aung San Suu Kyi faced five more corruption charges.[40]

January 31

By this point, an estimated 441,500 people were internally displaced across Myanmar due to the military's actions. This is in addition to the 370,400 people who were displaced before the coup occurred in February 2021.[74]

By this point, around 3,500 civilian properties had been destroyed since the coup, including homes, schools, churches, and monasteries.[70]

February 2

The first cabinet meeting of the year was held by the military government. Min Aung Hlaing, the leader of the junta, discussed his priorities for 2022. He claimed his goals were to: improve the economy; set up a fully functioning, multi-party democracy by 2023; and to enforce conscription, requiring 1 or 2 years of military service by civilians.[75]

February 15

Maung Zin Min Khaing, aged 21, was shot and killed by SAC troops while riding his motorbike to his family's home in the Nwapangyi village. His body was cremated without his family's knowledge.[76]

March 20

Troops ransacked and looted five homes in the Pe Yin Taung village.[72]

March 21

The United States government formally announced that the Burmese military's actions against the Rohingya people constituted genocide and crimes against humanity.[77]

March 22
The Indian government violated international law by forcibly returning a Rohingya refugee to Myanmar. The Human Rights Watch criticized this decision, claiming it displayed a "cruel disregard for human life."[78]

March 23
As of this date, at least 1700 people were murdered by the military junta.[79]

By this point, 9,873 people were in detention. Of the 868 people who were sentenced in person, 52 have been sentenced to death, including 2 children.[79]

April 9
By this date, 10,161 people were recorded arrested, charged, or sentenced. 1741 had been killed by the junta.[80]

April 19
Nine male villagers from the Pe Yin Taung village were brutally tortured and shot by military forces. Their corpses were burned together in a pile. They were discovered and buried by other villagers the next day. The villagers were: Ko Tin Phay (aged 48), Ko Hla Soe (aged 30), Ko Tun Oo (aged 43), Ko Thet Aung (aged 37), Ko Myo Htwe (aged 27), Ko Win Naing (aged 50), Ko BaTu, Ko Hla Shwe, and Ko Pho Byaung.[76]

April 26
50 military troops arrived in Lekaing village and checked the phones of the young people in the area. 21 youths were arrested and held incommunicado.[76]

May 5
According to the National League for Democracy, 7 party members and 7 party supporters had been abducted from their homes, brutally murdered, and abandoned on the side of the road by extrajudicial pro-military groups.[81]

May 10

The National League for Democracy announced that a total of 701 members remained in the military's custody since the start of the coup. 18 party members have died due to poor medical care in prison.[81]

May 18

At least 28 air strikes from the military hit the Thay Baw Boh village, Kaw T'Ree Township, near the Thai-Myanmar border. Although the military rationalized this attack by claiming to target "terrorists," civilians were the main casualties; civilian areas were bombed indiscriminately.[82]

May 27

By this point, at least 274 child political prisoners were still detained.[83]

June 7

Military forces in the Moebye township, Southern Shan State, fired into civilian homes at random, killing one and injuring two more. Local villagers coordinated with PDF to flee to safety.[84]

June 12

About 80 junta soldiers torched houses in three villages in the Sagaing region's Salingyi Township. Over 200 of the 300 homes in the area were burned down. Over 100 villagers were taken hostage to prevent the People's Defense Forces from responding.[85]

June 29

The United Nations Child Rights Committee warned the international community about the toll the coup and subsequent conflict has taken on Burmese children. By this point, at least 382 children had been maimed or killed by the military junta. Over 1,400 children were arrested by the military police. The Committee said 7.8 million children, more than half the country's child population, remained out of school by this point. 250,000 children were internally displaced. Furthermore, children were abducted and forced to fight in the armed conflict.[83]

July 13

The military arrested the founder, Kaung Thaik Soe, and two teachers, Thant Sin Htike and Win Bo, of Kaung For You, an online school service providing free education for students boycotting the military

government-affiliated schools.[86]
July 22
The International Court of Justice ruled the case Gambia filed accusing the military of committing genocide against the Rohingya people can proceed. [87]

July 25
After secretive court proceedings, the military announced it had carried out the first official executions in decades. Among those dead included: Phyo Zeya Thaw, a former member of the National League for Democracy; Kyaw Min Yu Jimmy, a prominent democracy activist; Hla Myo Aung; and Aung Thura Zaw.

The international community responded with shock, denouncing the military junta's actions as barbarous and atrocious. These proceedings violated international law prohibiting the arbitrary deprivation of life.[1,88]

To this date, 2,114 Burmese civilians have been murdered by security forces since the military coup. 115 other people have been sentenced to death, primarily for opposing the military's violent and undemocratic actions.[10,89]

The People Speak

The voices in this anthology emerge from hiding, from the jungle, from border towns who do not welcome their presence. The voices continue to speak out against a military dictatorship, brutal in its seizing of power, brutal in its repression of democratic aspirations. But these voices also call upon all of us to speak. They call upon you to share these experiences, speak to the need of the international community to respond to violence enacted upon them. They insist that we do more than listen. They insist that we act. They insist you share their vision of a new Myanmar with your friends, your family, your professional networks, and beyond.

And in this final chapter, you will learn what message they hope you will circulate, spread, and demand be listened to by those in power, those with the capacity to act. They begin by articulating a new vision of a democratic federal Myanmar, based in human rights, founded on justice, promising opportunity to all regardless of heritage or background. Then these same voices announce a call to action, actions ranging from an overarching need for international recognition of their right to democracy to announcing support for their democratic government in exile. There are also calls to specific actions, such as providing aid and supporting policies which expand refugee status to the U.S.A. for those facing political persecution in Myanmar. Collectively, their voices are a call for the international community to recognize the humanity of those suffering under a vicious military regime and to act in support of their political and democratic aspirations.

ASPIRATIONS

Despite the complete erasure of democratic norms in Myanmar, the citizens remain hopeful about the future. Many of them have been involved in political activism and understand what is required to build a country worthy of its people. While all the interviewees mentioned different goals, there was a common desire running through all their voices: for a return to what Myanmar used to be, a peaceful expanding democratic nation. In January of 2022, the UN Secretary General stated that he "stands in solidarity with the people of Myanmar and their democratic aspirations for an inclusive society and the protection of all communities, including the Rohingya." The world must work together to ensure these aspirations come true soon.

"In my life, in 1987, I have been involved in politics. After 1988, I crossed the border to Thailand; then I went to Australia and Japan. I stayed in Australia and Japan for many years. In 2007, I came back to Thailand and returned to Myanmar. I soon became involved in a campaign for democracy. For that, I was put in prison. Now I'm 55, and I am back in Thailand. When I was in Thailand three decades ago, I was young and full of hope. When I was in other countries and came back to Myanmar, everything seemed to be good. Now, I must be in Thailand again.

In Thailand, I see the Muslim minority population are living in harmony. I want Myanmar to be a country like Thailand, with peace and harmony. That would be very good. For me, I do not have many hopes for myself; I just want to be in good health. Every day I'm struggling. I could have a stroke at any time due to high blood pressure. And although I'm not healthy, I have to work for the country because it is our responsibility to work. So I hope that I will live on, and I hope that Myanmar would be a country based in harmony like Thailand."

—Tun

"I want our country to be a federal democratic nation. I want the country to be free from military dominance. I want the students in Myanmar to have peace, the same as students in the United States. I hope you will help in whatever way is possible to make sure that Myanmar students, people of your age, are studying at their universities peacefully as well."

—Myat Noe

"My dream is to have the opportunity to educate my sons. They have not studied for two years, and I want them to have the opportunity to learn their passion for football.

The dream for the country is to root out the dictatorship that has been deeply rooted in the fear of the people for many years."

—Kyae Mone

"I don't want to be a soccer player. I just want to change people's minds to be honest, concerned for others. For my country, I want it to be a place where people can speak freely. A place where they can buy everything they want. Where they can do everything they want."

—Justin

"I wish to return to my country as soon as possible and reunite with my family, resuming my regular life. It's essential for my country to gain recognition on the global stage. Once that happens, I aspire to ensure that all Burmese citizens enjoy equal rights, opportunities, and chances similar to global citizens. I want the world to acknowledge that we, the Burmese people, can contribute positively and are global citizens. This is my goal for my country."

—Han Zaw Latt

"I want Myanmar to be a country with no discrimination against any religion or any ethnicity. I want us to live in a federal nation. This is my vision of Myanmar."

—Thuriya Nyein Chan Maung

"After earning a Masters Degree in Political Science, I would like to teach those interested in politics. As I could not take part in armed struggle, it is my dream to take part in reconstruction after the military coup through providing people with a strong education.

The situation in Myanmar is becoming more and more difficult every day. People are arrested, tortured, and put in prisons. Many people are on the run and in hiding. I would like students from the United States to understand the hopes and desires of people confronting such conditions in Myanmar. I want them to know about how our people are demanding democracy while facing the dangers of a powerful, brutal, military dictatorship."

—May

"I want my country to be peaceful. I want my country to be as it was before the coup. We elected a people's government. I want the election results to be respected. I want college students in the U.S. to work for democracy in Myanmar. I want them to tell people across the world about what has happened. That is my wish.

I want my life back. That is my dream."

—Yhoon

"My ambition was to be a surgeon. That's already accomplished. Now my ambition is for the generations to come and for Myanmar to have the end of the military rule."

—Captain Dr. Min Maung Maung

"I hope that for my community, the Rohingyas, that the international community views us as survivors of genocide. I hope they see that we are lovers of democracy. We have never supported dictators. That is why I am supporting CDM and those who love democracy and human rights. There are many other Rohingya activists who are fighting against military dictatorship peacefully in Myanmar and abroad. I am one of them, working abroad and inside the country to lead and restore our democracy in Myanmar as I am one of the Rohingya students.

We don't want any military control. We are peace lovers. We love peace. We love democracy. I love the people, those in the world, who are fighting against the military dictatorship. In this world, no country, no government, has been successful if controlled by military dictators. This is why I'm supporting my brothers and sisters who are doing civil disobedience, supporting the youths who are really condemning dictatorships, and supporting the civil disobedience movement."

—Rofik Husson (Zarni Soe)

"I want our country, Myanmar, to be totally opposite of what's happening now. Political education is needed in order for people of Myanmar to know what they should do to have a peaceful and just country. I have two brothers; one is in high school, one is in kindergarten. I want my brothers to be educated in such a way that they can lead their life well. These children have their dreams. But now, their dreams have been taken away from them. So I want the children to have the right to dream for themselves and to materialize their dreams. That's what I want.

And for myself, I want to live a peaceful, some kind of peaceful life."

—Khant

"In Myanmar, culturally, the family restricts the children's liberty. Their rights and values are limited by their parents and family whose rights are limited by the government. It's the whole system. So I just want the children, the next generation, to have liberty that I did not enjoy in my life. And I want the children of that generation to know and appreciate human rights. I want them to know how to understand, to appreciate, to analyze, and to evaluate their own decisions. That's what I want the students to know."

—Casper

"I do not have ambitions for myself, only for my children. My generation is finished. We are working now for the future generations. We want to make the country a peaceful, democratic, and federal nation. So that's why we are struggling very hard. Now everything is for the future of the country."

—Kyaw Min Htike

"Since I passed the matriculation examination with high marks in 2016, I have applied to attend university many times. Since I'm Rohingya, however, I am not given any chance to attend. This does not mean I am hopeless and dreamless. I dream like you. Like everyone. I have big goals. My purpose is to be a great human rights defender, not only for the Rohingya people, but for all those who are suffering like us in tremendous and horrific situations." —Rofik Husson (Zarni Soe)

"As a teacher, I have a vision for myself and also my students. Of course, I want to improve myself every day. It's very important that we get a proper education before we educate other people. It's very important that we are politically aware and know what is happening in Myanmar. It's very important that teachers have enough training so that we can educate our students properly. That's what's needed now in the country. I also want my students to have their own vision for their lives. I've been a teacher for only two years, and as a new teacher, I'm assigned to very remote areas. In these rural areas, the people normally do not have such ambitions, such dreams. They just try to live day to day. My ambition is to give my students hope and faith in their life."

—Casper

"People voted in the election. Then the people protested against the military when they took power, overruling the election. As a result, people are now taking up arms against the military. It's all for one cause. The cause is a federal democratic nation. That's our vision."

—Sithu Maung

"My priority is to solve the difficulties facing my family. My younger sister has not yet finished middle school. I wish her to earn a degree from a university, establish a career, and be able to look after my family. I believe our country's future will be good if our youth's futures are good. I would like to participate and assist in rebuilding our new country when the military dictatorships end. I would like to see Myanmar recognized by the other western countries. There are many youths who are smart and intelligent in our country but they are not recognized by the world."

—Thet Thet

ACTIONS

There is only so much the people of Myanmar can do by themselves. It is understandable, then, that the Myanmar people are calling for international attention and aid. Some of the voices below compare the Myanmar crisis to the Ukrainian conflict. They stress how the world so rapidly responded to their European neighbor in the name of a human right to self-governance but have left Myanmar to fend for itself. When

Image 13. The people of Myanmar need international support and assistance.

discussing what we can do to assist their efforts, awareness and advocacy are consistently highlighted. First, they believe that by simply raising public awareness of atrocious actions by SAC and the military that more countries will feel pressured to step in to advance the cause for democracy and justice in Myanmar. Second, these voices insist on direct action through advocating directly to U.S government officials for humanitarian assistance and support. As residents of a democratic nation, they argue it is our duty to help other countries secure the basic human rights.

"Americans are very lucky. You are very fortunate that you are born in the United States and have become a citizen of the United States. You are treated as a human being. In Myanmar, although we have eyes and ears, we are not treated as human beings. It is like we are blindfolded. That we are deaf. We have to pray for our basic human rights. You are very lucky."

—Peter

"Yes, I would like you to understand that you are in heaven. You really live in heaven, and you can evolve your life, and you can change your life any time, and you can do anything you want. This is heaven.
We lost our rights to speak, our rights to live. Sometimes I doubt myself that I am even a human being because I am afraid, so much, for myself and my children.

But I didn't do anything for the United States or your college students, so I don't dare to ask you for help. But I want you to understand what we are facing and what we have been through. But if you stand with us, I would really, really appreciate it. Because this is our battle, and we have to fight it till the end."

—Kathy

"Myanmar has been ruled by the military for more than 50 years. The people have never had safe and secure lives. Now the people in Myanmar are fighting in order to have the type of life of those living in western democratic countries. The Spring Revolution cannot be successful without NUG leadership and without PDFs. The terrorist soldiers would continue to burn down villages if not for the PDFs' protection. We need their protection. But we also need the help of other countries.

I would like to ask the students in the United States to help us by making your government aware of our plight. Ask your government to help our Spring Revolution. Ukraine and Myanmar share the same situation. The Russian military invaded Ukraine and destroyed cities. Thousands of people have died. Millions have fled. The Myanmar military has also bombarded villages. Thousands of people have also died. Millions are running away from their homes. The United States government should help Myanmar as they are helping Ukraine. If we were provided such aid, we would soon win the Spring Revolution."   —Min Naing

"I am very glad and relieved that I can talk to somebody like you in a place where it's a different situation from my own. You gave me the chance to describe my situation, and I'm very glad and very thankful. I want you to know that what's happening now in Myanmar is like hell. I want that to stop. If that stops happening, then everything will be okay, for me and for the whole country. I hope that you students in the United States do whatever you can do to help."

—Ju Jue

"At the beginning of the Spring Revolution, I hoped a lot of the international community would support our efforts, but they didn't help much. Now we know that we are the ones who really have to struggle for our freedom, so we don't expect a lot from the international community anymore. But we understand that we need to make an alliance, specifically, an alliance of people from oppressed societies. Once we make an alliance with all these people, then we can talk with the important figures of the international community and the normal civilian people.

The Ukraine conflict happened well after the Myanmar conflict, yet the international community responded quickly to that issue. We still do not have that international attention. This is because Ukraine is in Europe, but it really shouldn't matter whether it is in Asia or in Europe. Martin Luther King said, 'Injustice somewhere is a threat to justice anywhere.' So the international community should put their attention wherever injustice is happening. That's my message, the message I want you, the students, to carry over to the world.

If the people of the world, global citizens, pressure their governments, the Myanmar government will have to change. So I will rely on the people of the world, citizens of the countries, to create pressure in order to move for justice."

—Sithu Maung

"We, the Rohingya people, don't get enough support from the international community or from any group. We have been suffering for many decades, even surviving attempted genocide, yet we have received no effective support from international. We are human beings with knowledge, we have our own identity, we have our own ideology, so we can live through everything. We can do anything. We have a strong confidence. Even now, as one of the Rohingya youths, I can lead the people with knowledge, education, and advice on how to develop our community, country, and other communities as well. As a community, we need to learn how to support the CDM, how to support those who love democracy, and how to support all the people, regardless of their religion, ethnicity, or race. And it would be so much better for us if the international community provided any aid effectively. We are not in the hunger of humanitarian aid; honestly, we are in extreme hunger of international most effective practical action at all. If you had a way to make a platform to run education through online social media, this would be great for us. Ultimately, the only way to win the revolution is for everyone to be educated."

—Rofik Husson (Zarni Soe)

"I would like to say that people are dying every day in Myanmar. When the military regime cannot find the people who they want to kill, they just burn the villages down instead, killing any people they see on the way. Yet the International community is ignoring what is happening in Myanmar. But what is happening in Myanmar is the same thing as what is happening in Ukraine. The international community is deeply concerned about Ukraine and committed to supporting the Ukrainian people. But that same international community is ignoring Myanmar, whose people are resisting the military regime backed by China and Russia. Our people are fighting against a military which has 21st century weapons and airplanes with 19th century weapons. The international community should be supporting our struggle for our rights and freedom as they are in Ukraine. I want the international community to do whatever possible to stop all these atrocities and to also give aid to the people, because sometimes I feel lost."

—Kyaw Min Htike

"I hope U.S. college students will spread the news about the difficulties being faced by Myanmar's people as they struggle for democracy. I would like them to inform the United States Government as well as the international community.

This is a long-term revolution, so I would like the international community to help for the long term as well. One time aid will not be enough. If necessary, I hope to form a Burmese aid committee to help.

I sincerely request you to do whatever you can to help."

—May

"It is impossible for the people who protested the actions of the military regime and the recent coup to remain in Myanmar. They had to leave their homes and flee for their safety. We need more international aid for these refugees. We need more international asylum. You can support these individuals by presenting this situation to the international community."

—Khant

"I want to ask the United States college students to advocate for what is happening in Burma. We have been so isolated and neglected by the international community. Because of this history, the international community is allowing what is happening inside Burma to occur. The Burmese military targets the innocent civilians who oppose them. They can arrest whoever they want without any punishment or any proper reason. They are brutally massacring and killing innocent civilians as well as burning down villages. We have no organizations to protect our civilians. That is why some are trying to assemble defense forces for civilians. I want to make clear that we are not having a regional war. We are fighting to protect the civilians from the military. We urge you all to stand with us as we fight for democracy, for human rights. As a developed country, the U.S. is a very inspiring democratic country. We want to urge U.S. students to reach out to the U.S. senators and your government officers and ask them to pay more attention to Burma and to the civilians who are being murdered by the military."

—Han Zaw Latt

"The people living in liberty and democracy should help Myanmar restore its democracy and liberty. So I would like to request that college students make what is happening in Myanmar known around the world and effectively engage with the people who are trying to defend and restore democracy in Myanmar."

—Casper

"Students from across countries should stand with us to support the people in Myanmar. The scenario is almost the same as in Ukraine's case. We are also fighting to retain our democracy. We also worry that a military authoritarian government is going to banish the value of our democracy, the project of liberty, the justice of liberty. We are trying to achieve these values. That's why we are also asking students like you and students in other countries. We have the same beliefs as you and the same values as you, so we need you to care about us as you care about Ukraine.

In our country, the leadership is bullying our citizens, our people, our honest people. We believe in democracy. We believe democracy will give us freedom, equal rights, and human dignity. We need countries, like the U.S., to support getting Myanmar achieving real democracy, to promote the dignity and humanity of our people. If your country values democracy and preserves the values of the world's democratic values, you really need to apply it and appreciate it. Foreign countries need to be able to really see how bare hands are trying to lift their hands out of their hands. So let me ask you to stand up and help one another."

—Moe Nay La

"International aid and awareness are very important. Our experience is very similar to Ukraine, but we do   not receive the same international attention or international media coverage. Our refugees are in very desperate and miserable conditions. Our refugees need media attention. We need more international help and international attention. I want the international community to know about all the atrocities committed by the military. I want them to know about the misery faced by displaced people and refugees who are being targeted by this same terrorist military. I would like you to speak out for these people and to make the international community aware of their stories. Whatever you can do for these people, that is what I would request."

—Casper

"I want college students to make the international community aware of what is happening in Myanmar, especially the atrocities caused by the military. I also want college students to campaign for Myanmar and for the National Unity Government—the democratic government of Myanmar. And I want justice to be brought to the people of Myanmar and the military to be judged."

—Myat Noe

"We would like the next generation in Myanmar to be people like you, to be educated, to be free. If you could help the world know more about what is happening in Myanmar, you could contribute to the knowledge of the international community. My wish is that generations of Myanmar people will be like you. It's not only people of Myanmar, but the whole world to be people like you, advocates, that's my wish."

—Captain Dr. Min Maung Maung

"Spread what we are feeling and what is happening in Myanmar to your other friends, then your friends will tell other friends, and eventually the whole world will know and cannot ignore the situation we are in."

—Justin

Works Cited

1. "Myanmar: Who Are the Rulers Who Have Executed Democracy Campaigners?" *BBC News*, 25 July 2022, https://www.bbc.com/news/world-asia-55902070.
2. Constitution of the Union of Burma. Article 16, Section i. https://www.ilo.org/dyn/natlex/docs/ELECTRONIC/79573/85699/F1436085708/MMR79573.pdf.
3. 1950 Emergency Provisions Act, Act No. 17, 9 March 1950, https://www.burmalibrary.org/docs19/1950-Emergency_Provisions_Act-en.pdf.
4. Penal Code of Burma, Section 122, 1957, http://hrlibrary.umn.edu/research/myanmar/Annex%20K%20-%20Myanmar%20Penal%20Code.pdf.
5. "Chronology of Burma's Laws Restricting Freedom of Opinion, Expression and the Press," *Irrawaddy*, 1 May 2004, https://www2.irrawaddy.com/article.php?art_id=3534&page=2.
6. Lindsay Maizland, "Myanmar's Troubled History: Coups, Military Rule, and Ethnic Conflict," *Council on Foreign Relations*, 31 January 2022, https://www.cfr.org/backgrounder/myanmar-history-coup-military-rule-ethnic-conflict-rohingya.
7. Kyan Zaw Win, "A History of the Burma Socialist Party (1930-1964). *University of Wollongong*, 2008, https://ro.uow.edu.au/cgi/viewcontent.cgi?article=1106&context=theses.
8. Latt, Kay. "Here Today, Gone Tomorrow." *Irrawaddy*, November 2009, https://www2.irrawaddy.com/article.php?art_id=17136&page=1.
9. Constitution of the Union of Burma, Article 11, 1974, https://www.burmalibrary.org/docs07/1974Constitution.pdf.
10. Karthikeyan, Ananth. "A Ne Win Situation: Burma's Three Demonetizations," *Mint*, 28 October 2017, https://www.livemint.com/Sundayapp/LO3bemtSxzcHa2lodLxIDI/A-Ne-Win-situation-Burmas-three-demonetizations.html.
11. Wallace, Bruce et al. "As Myanmar Opens Up, a Look Back on a 1988 Uprising." *NPR*, 8 August 2013, https://www.npr.org/2013/08/08/209919791/as-myanmar-opens-up-a-look-back-on-a-1988-uprising.
12. "Burma: Chronology of Aung San Suu Kyi's Detention," *Hu-

man Rights Watch, 13 November 2010, https://www.hrw.org/news/2010/11/13/burma-chronology-aung-san-suu-kyis-detention.

13. "Burma: 20 Years After 1990 Elections, Democracy Still Denied," *Human Rights Watch*, 26 May 2010, https://www.hrw.org/news/2010/05/26/burma-20-years-after-1990-elections-democracy-still-denied.

14. Linter, Bertil. "Myanmar Military's Long History of Electoral Fraud." *The Irrawaddy*, 19 July 2022, https://www.irrawaddy.com/opinion/guest-column/myanmar-militarys-long-history-of-electoral-fraud.html.

15. "BBC: Burmese Broadcasts Jammed." *United Press International,* August 21, 1995, https://www.upi.com/Archives/1995/08/21/BBC-Burmese-broadcasts-jammed/6211808977600/.

16. Lom, Petr and Khin Aung Aye, "Maung Aung Myint Places Empathy at the Heart of His Work," *The Irrawaddy,* 17 November 2017, https://www.irrawaddy.com/news/burma/maung-aung-pwint-places-empathy-heart-work.html.

17. "Myanmar's Saffron Revolution: 10 Years Later," *Radio Free Asia,* 2017, https://www.rfa.org/english/news/special/saffron/.

18. Myanmar's Constitution of 2008, https://www.constituteproject.org/constitution/Myanmar_2008.pdf?lang=en.

19. "Thet Zin Released," *Committee to Protect Journalists,* https://cpj.org/data/people/thet-in/.

20. Zeldin, Wendy, "Burma: New Political Parties Registration Law and Other Election Laws Adopted," 2010, https://www.loc.gov/item/global-legal-monitor/2010-05-14/burma-new-political-parties-registration-law-and-other-election-laws-adopted/.

21. "Burmese Media Combatting Censorship: Investigation Report November/December 2010," *Reporters Without Borders for Press Freedom,* https://web.archive.org/web/20130518064223/http://en.rsf.org/IMG/pdf/birmanie_ang.pdf.

22. "Burma Remains 'Enemy of the Internet,'" *Radio Free Asia,* 12 March 2012, https://www.rfa.org/english/news/myanmar/enemies-of-the-internet-03122012133743.html.

23. Fuller, Thomas. "From Prisoner to Parliament in Myanmar," *The New York Times,* 1 April 2012, https://www.nytimes.com/2012/04/02/world/asia/myanmar-elections.html.

24. Marshall, Andrew. "Special Report: Myanmar Gives Official Blessing to Anti-Muslim Monks," *Reuters,* 26 June 2013, https://www.

reuters.com/article/us-myanmar-969-specialreport/special-re-
port-myanmar-gives-official-blessing-to-anti-muslim-monks-idUS-
BRE95Q04720130627.

25. "Burma Census is not Counting Rohingya Muslims, Says UN Agen-
cy," *The Guardian,* 2 April 2014, https://www.theguardian.com/
world/2014/apr/02/burma-census-rohingya-muslims-un-agency.

26. "Five Reporters in Myanmar Sentenced to 10 Years in Jail,"
BBC News, 10 July 2014, https://www.bbc.com/news/world-
asia-28247691.

27. "Myanmar Election: Suu Kyi's NLD Wins Landslide Victory," *BBC
News,* 13 November 2015, https://www.bbc.com/news/world-
asia-34805806.

28. Thuzar, Moe. "Understanding Democracy, Security, and Change
in Post-2015 Myanmar." *Contemporary Postcolonial Asia,* vol. 22,
no.1, 2017, https://www.asianstudies.org/publications/eaa/ar-
chives/understanding-democracy-security-and-change-in-post-
2015-myanmar/.

29. "Myanmar's 2015 Landmark Elections Explained," *BBC News,* 3 De-
cember 2015, https://www.bbc.com/news/world-asia-33547036.

30. McPherson, Poppy. "Dozens Killed in Fighting Between Myanmar
Army and Rohingya Militants," *The Guardian,* 25 August 2017,
https://www.theguardian.com/world/2017/aug/25/rohingya-mil-
itants-blamed-as-attack-on-myanmar-border-kills-12.

31. "Myanmar: No Justice, No Freedom for Rohingya 5 Years On," *Hu-
man Rights Watch,* 24 August 2022, https://www.theguardian.
com/world/2017/aug/25/rohingya-militants-blamed-as-attack-
on-myanmar-border-kills-12.

32. "Report: Over 700 Rohingya Children Killed by Myanmar Military,"
TeleSUR, 14 December 2017, https://www.telesurenglish.net/
news/MSF-Over-700-Rohingya-Children-Killed-by-Myanmar-Mili-
tary-20171214-0004.html.

33. "Gambia Brings Genocide Case Against Myanmar," *Human
Rights Watch,* 11 November 2019, https://www.hrw.org/
news/2019/11/11/gambia-brings-genocide-case-against-myan-
mar.

34. "Aung San Suu Kyi Defends Myanmar from Accusations of Geno-
cide, at Top UN Court." *United Nations News,* 11 December 2019,
https://news.un.org/en/story/2019/12/1053221.

35. "International Court of Justice Orders Burmese Authorities to Pro-
tect Rohingya Muslims from Genocide," *Democracy Now!,* 24 Janu-

ary 2020, https://www.democracynow.org/2020/1/24/burma_ro-hingya_genocide_icj_ruling.

36. "#WhatsHappeningInMyanmar." Asian Forum for Human Rights and Development, www.forum-asia.org/uploads/wp/2021/04/Myanmar-Coup-Timeline.pdf

37. "News Stations Still Closed in Myanmar, Some Other Channels Reopen," *Radio Free Asia,* 2 February 2021, https://www.rfa.org/english/news/myanmar/stations-02022021181731.html.

38. "Press Releases: Treasury Sanctions Governing Body, Officials, and Family Members Connected to Burma's Military." *United States Department of the Treasury,* 17 May 2021, https://home.treasury.gov/news/press-releases/jy0180.

39. 'Our Health Workers Are Working in Fear;' After Myanmar's Military Coup, One Year of Targeted Violence against Health Care," *Physicians for Human Rights, https://phr.org/our-work/resources/one-year-anniversary-of-the-myanmar-coup-detat/.*

40. "Timeline: Myanmar's Year of Turmoil Since the Military Took Power in a Coup," *The Wire,* 25 January 2022, https://thewire.in/south-asia/timeline-myanmars-year-of-turmoil-since-the-military-took-power-in-a-coup.

41. "70 NLD MPs Sign Oath in Nay Pyi Taw Sipin Housing," *Eleven Media Group,* 4 February 2021, https://elevenmyanmar.com/news/70-nld-mps-sign-oath-in-nay-pyi-taw-sipin-housing-2.

42. "Statement on Recent Detainees in Relation to the Military Coup," *Assistance Association for Political Prisoners,* 4 February 2021, https://aappb.org/?p=12997.

43. Crouch, Melissa. "Will Sean Turnell's Jail Term in Myanmar Force Australia into Action on a Country at War with its Own People?" *ABC News Australia,* 29 September 2022, https://www.abc.net.au/news/2022-09-30/sean-turnell-arrest-myanmar-military-australian-government-act/101487792.

44. Treisman, Rachel. "Myanmar Coup: Military Defends Takeover and Enacts Curfew as Protests Intensify," *NPR,* 8 February 2021, https://www.npr.org/2021/02/08/965413876/myanmar-coup-military-defends-takeover-and-enacts-curfew-as-protests-intensify.

45. "Soldiers and Police Seize Documents from NLD Head Office During Evening Raid," *Myanmar Now,* 10 February 2021, https://www.myanmar-now.org/en/news/soldiers-and-police-seize-documents-from-nld-head-office-during-evening-raid.

46. "Myanmar: Scrap Draconian Cybersecurity Bill," *Human Rights Watch,* 15 February 2022, https://www.hrw.org/news/2022/02/15/myanmar-scrap-draconian-cybersecurity-bill.

47. "In Rural Myanmar, Residents Protect Police Who Reject Coup," *10 News,* 10 February 2021, https://www.wsls.com/news/world/2021/02/11/in-rural-myanmar-residents-protect-police-who-reject-coup/.

48. "Military Casts a Wide Net with a Series of Late-Night Raids," *Myanmar Now,* 12 February 2021, https://www.myanmar-now.org/en/news/military-casts-a-wide-net-with-a-series-of-late-night-raids.

49. "Myanmar Military Bans Use of 'Regime,' 'Junta' by Media," *The Irrawaddy,* 13 February 2021, https://www.irrawaddy.com/news/burma/myanmar-military-bans-use-regime-junta-media.html.

50. Lockwood, Pauline, et al. "Detained Myanmar Leader Aung San Suu Kyi Hit with New Charge as Military Junta Pledges New Election," *CNN,* 16 February 2021, https://www.cnn.com/2021/02/16/asia/myanmar-aung-san-suu-kyi-coup-charges-intl.

51. "Regime Issues Arrest Warrants for Celebrities Who Urged People to Join Civil Disobedience Movement." *Myanmar Now,* 17 February 2021, https://www.myanmar-now.org/en/news/regime-issues-arrest-warrants-for-celebrities-who-urged-people-to-join-civil-disobedience.

52. Heard, Jonathan, "Myanmar Coup: Woman Shot During Anti-Coup Protests Dies," *BBC News,* 19 February 2021, https://www.bbc.com/news/world-asia-56122369.

53. @aapp_burma (Assistance Association for Political Prisoners Burma). "DAILY UPDATE! (21/02) Big jump! Situation must not be allowed to deteriorate further. International support urgent. 640 people arrested, charged or sentenced since coup. 593 actively persecuted. List _aappb.org/wp-content/upl... Brief aappb.org/?p=13211 #WhatsHappeninginMyanmar." *Twitter,* 21 February 2021, https://twitter.com/aapp_burma/status/1363520199002001409?lang=en.

54. "Large '22222' Crowds Fill Myanmar Streets Despite Dire Warning From Junta." *Radio Free Asia,* 22 February 2021, https://www.rfa.org/english/news/myanmar/dire-warning-02222021145232.html.

55. "Second Myanmar Official Dies After Arrest, Junta Steps Up Media Crackdown," *Reuters,* 7 March 2021, https://www.reuters.com/article/APAC/idUSKBN2B005P?il=0.

56. "Myanmar Coup: Party Official Dies in Custody After Security

Raids," *BBC News,* 7 March 2021, https://www.bbc.com/news/world-asia-56312147.

57. "Medics, Aid Volunteers Become Latest Targets of Myanmar Junta's Brutality," *Radio Free Asia,* 4 March 2021, https://www.rfa.org/english/news/myanmar/emergency-care-workers-03042021172046.html.

58. Regan, Helen. "Myanmar Military Occupies Hospitals and Universities Ahead of Mass Strike," *CNN,* 8 March 2021, https://www.cnn.com/2021/03/08/asia/myanmar-military-hospitals-mass-strike-intl-hnk/index.html.

59. Khan, Umayma. "The Women of Myanmar: Our Place is in the Revolution," *Aljazeera,* 25 April 2021, https://www.aljazeera.com/features/2021/4/25/women-of-myanmar-stand-resilient-against-the-military-coup.

60. "Myanmar Military Strips Five Media Companies of Licenses," *Voice of America,* 8 March 2021, https://www.voanews.com/a/east-asia-pacific_myanmar-military-strips-five-media-companies-licenses/6203033.html

61. Wintour, Patrick. "Myanmar Recalls Ambassador to UK Who Spoke Out against Coup," *The Guardian,* 9 March 2021, https://www.theguardian.com/world/2021/mar/09/myanmar-recalls-ambassador-uk-spoke-out-against-coup.

62. "Myanmar: Martial Law is Another Dangerous Escalation of Repression," *International Commission of Jurists,* 17 March 2021, https://www.icj.org/myanmar-martial-law-is-another-dangerous-escalation-of-repression/.

63. "Myanmar Becomes a Nation Without Newspapers," *Myanmar Now,* 18 March 2021, https://www.myanmar-now.org/en/news/myanmar-becomes-a-nation-without-newspapers.

64. "Myanmar's Shadow Government Forms People's Defense Force," *The Irrawaddy,* 5 May 2021, https://www.irrawaddy.com/news/burma/myanmars-shadow-government-forms-peoples-defense-force.html.

65. Taylor, Adam and Sammy Westfall. "U.N. Adopts Resolution Condemning Myanmar's Military Junta." *The Washington Post,* 18 June 2021, https://www.washingtonpost.com/world/2021/06/18/un-set-adopt-resolution-condemning-myanmars-military-junta/.

66. Peters, Cameron. "The UN Condemned Myanmar's Coup. Will that Matter?" *Vox,* 20 June 2021, https://www.vox.com/2021/6/20/22542370/myanmar-coup-united-nations-un.

67. Henschke, Rebecca et al., "Tortured to Death: Myanmar Mass Killings Revealed." *BBC News,* 20 December 2021, https://www.bbc.com/news/world-asia-59699556.

68. Regan, Helen and Kocha Olarn, "Myanmar's Shadow Government Launches 'People's Defensive War' against the Military Junta," *CNN,* 7 September 2021, https://www.cnn.com/2021/09/07/asia/myanmar-nug-peoples-war-intl-hnk/index.html.

69. "NUG Representative Office Opened in the Czech Republic," *Mizzima,* 29 October 2021, https://mizzima.com/article/nug-representative-office-opened-czech-republic.

70. "French State Recognizes Myanmar National Unity Government." *International Trade Union Confederation,* 10 June 2021, https://www.ituc-csi.org/french-senate-recognises-myanmar.

71. "European Parliament Throws Support Behind Myanmar's Shadow Government," *The Irrawaddy,* 8 October 2021, https://www.irrawaddy.com/news/european-parliament-throws-support-behind-myanmars-shadow-government.html.

72. Head, Jonathan. "Myanmar to Release 5,000 Prisoners Held Over Coup," *BBC News,* 18 October 2021, https://www.bbc.com/news/world-asia-58929644.

73. Regan, Helen. "Myanmar's Aung San Suu Kyi Faces Two Years in Jail After Her Sentence is Halved," *CNN,* 6 December 2021, https://www.cnn.com/2021/12/06/asia/suu-kyi-verdict-sentence-myanmar-intl-hnk.

74. Myanmar Humanitarian Update No. 15, *United Nations Office for the Coordination of Humanitarian Affairs Myanmar,* 15 February 2022, https://themimu.info/sites/themimu.info/files/documents/Sitrep_Humanitarian_Update_No.15_OCHA_15Feb2022.pdf.

75. "Myanmar Military Junta Discusses Economy, Voting System, and Controversial Conscription," *Mizzima,* 8 February 2022, https://www.mizzima.com/article/myanmar-military-junta-discusses-economy-voting-system-and-controversial-conscription.

76. "Extrajudicial Killing, Torture, Arbitrary Arrest, Looting, Torching of Houses by SAC Troops in Ywangan, Southern Shan State, February-April, 2022," *Shan Human Rights Foundation,* 11 May 2022, https://shanhumanrights.org/extrajudicial-killing-torture-arbitrary-arrest-looting-torching-of-houses-by-sac-troops-in-ywangan-southern-shan-state/.

77. "Myanmar Rohingya Violence is Genocide, US Says," *BBC News,* 21 March 2021, https://www.bbc.com/news/world-asia-60820215.

78. "India: Rohingya Deported to Myanmar Face Danger," *Human Rights Watch,* 31 March 2022, https://www.hrw.org/news/2022/03/31/india-rohingya-deported-myanmar-face-danger.

79. "Daily Briefing in Relation to the Military Coup, *Assistance Association for Political Prisoners,* 23 March 2022, https://aappb.org/?p=20718.

80. "Myanmar's Military Reportedly Suffers Heaviest Casualties Since Coup," *Radio Free Asia,* 11 April 2022, https://www.rfa.org/english/news/myanmar/casualties-04112022201052.html.

81. "NLD Announces that 701 Party Members Are Still Detained and 18 Have Died," *Eleven Media Group,* 12 May 2022, https://elevenmyanmar.com/news/nld-announces-that-701-party-members-are-still-detained-and-18-have-died.

82. "Dozens of Military Airstrikes Hit Near Thai-Myanmar Border, Karen Human Rights Groups Say," *Thai Enquirer,* 19 May 2022, https://www.thaienquirer.com/40258/dozens-of-military-airstrikes-hit-near-thai-myanmar-border-karen-human-rights-groups-say/.

83. "Myanmar: Crisis Taking an Enormous Toll on Children, UN Committee Warns," *United Nations Human Rights Office of the High Commissioner,* 29 June 2022, https://www.ohchr.org/en/statements/2022/06/myanmar-crisis-taking-enormous-toll-children-un-committee-warns.

84. "One Civilian Killed, Two Injured by the Junta Shelling in Moebye," *Shan Herald Agency for News,* 9 June 2022, https://english.shannews.org/archives/25089.

85. "Myanmar Regime Troops Torch Villages and Hold Civilians Hostage in Sagaing," *The Irrawaddy,* 16 June 2022, https://www.irrawaddy.com/news/burma/myanmar-regime-troops-torch-villages-and-hold-civilians-hostage-in-sagaing.html.

86. "Myanmar Junta Arrests Nine Striking Teachers Working for NUG Online School," *The Irrawaddy,* 14 July 2022, https://www.irrawaddy.com/news/burma/myanmar-junta-arrests-nine-striking-teachers-working-for-nug-online-school.html.

87. "Myanmar's Rohingya Genocide Case Can Proceed, Top UN Court Rules," *The Irrawaddy,* 22 July 2022, https://www.irrawaddy.com/news/burma/myanmars-rohingya-genocide-case-can-proceed-top-un-court-rules.html.

88. "Myanmar: First Executions in Decades Mark Atrocious Escalation in State Repression," *Amnesty International,* 25 July 2022, https://www.amnesty.org/en/latest/news/2022/07/myanmar-first-execu-

tions-in-decades-mark-atrocious-escalation-in-state-repression/.

89. "Myanmar Carries Out its First Executions in Decades, Including Democracy Activists," *NPR*, 25 July 2022, https://www.npr.org/2022/07/25/1113369138/in-its-first-executions-in-nearly-50-years-myanmar-executes-4-democracy-activist.

ပြည်သူတွေက
ဒီမိုကရေစီတောင်းဆိုကြပြီ

မြန်မာ့နွေဦးတော်လှန်ရေးမှအသံများ

အယ်ဒီတာများ

ပရာတာ ပူရှရှွောတ်တန်
ပေတွန် ရက်ဆဲလ်
လော်ရန် တေလာ
ဂလော်ရီရာ ဂူး
ဂျက်စီကာ လင်း
ကန်ဒယ်လ် မဂ်ဒေါနယ်လ်

ဝေယံ(တောင်ကြီး) ၏ အတွင်းသရုပ်ဖော်ပုံများ

စာအုပ်ဒီဇိုင်း - Justin Lewis // justinlewis.me

ကျေးဇူးတင်လွှာ

ကျွန်တော် တို့ကို သူတို့ရဲ့ ဘဝဇာတ်ကြောင်းများပြောပြပေးပါတဲ့ မြန်မာနိုင်ငံသားတွေကို ကျေးဇူးတင်ကြောင်း ပြောကြား လို
ပါတယ်။ စစ်အာဏာရှင် လက်က လွတ်မြောက်အောင် ထွက်ပြေး ပုန်းရှောင်နေတဲ့ကြားကနေ အခုလို ပါဝင်ပြောပြ ပေးတာ
ကို အထူး ကျေးဇူး တင်မိပါတယ်။ သူတို့ရဲ့ ဇွဲစွမ်း သတ္တိဟာ မြန်မာနဲ့ ကမ္ဘာတစ်လွှားမှာ ဒီမိုကရေစီကို ကာကွယ်ဖို့ အတွက် လုပ်
ဆောင်မှုတွေကို အား ဖြစ် စေမယ်လို့ ယုံကြည်ပါတယ်။ ကျွန်တော် တို့တွေဟာ ပူးတွဲ အယ်ဒီတာများဖြစ်ကြတဲ့ ဂျက်စီ ကာ
လင်း နဲ့ ကန်ဒယ်လ် မက်ဒေါယ်လ် တို့ ကို ကျေးဇူးတင်ပါတယ် ။ ထို့အတူ လက်ထောက် အယ်ဒီတာများဖြစ်တဲ့ မဒ် အဗ္ဗိုဝါ၊
ကလယ် ဘရောဒရ်၊ ဆိုဗီယာ ဗေးလ်ဘရန်း၊ အစ္စယ်လ်ကင်မ်၊ ထာလာ လမ့်ဘ်၊ ဘန် မက်ကားချိန်း၊ ဝီလီယ် မက်တင်းလီ
၊ကလယ်လ် ဆော်ကင်း၊ ဆာမာသာ သောမတ် တို့ကိုလည်း ကျေးဇူးတင်ပါတယ်။

"ပြည်သူတွေကဒီမိုကရေစီတောင်းဆိုကြပြီ " ဆိုတဲ့ စာအုပ် အကြောင်းအရာဟာ ဟာ့ဗီးနီးယား တက္ကသိုလ်ရဲ့တာဝန်ရှိ သူတွေ
ရဲ့ ကူညီ ထောက်ပံ့မှု မရခဲ့ရင် အကောင်အထည် ဖော် ဖြစ်ခဲ့မှာ မဟုတ်ပါဘူး။ ကျွန်တော်တို့တွေဟာ တက္ကသိုလ်ရဲ့ ကမ္ဘာ
ရေးရာ ဒုတိယ ပါမောက္ခချုပ် စတီဗ်မာလ် ကို ကျေးဇူးတင်ပါတယ်။ ကမ္ဘာရေးရာ စုံစမ် မေးမြန်းမှု နှင့် ဆန်းသစ် တီထွင်မှု စင်
တာ မှ အဓိရိုင်ဘန်း အိုင်စံစ်ဘီ ကိုလည်း ကျေးဇူးတင်ပါတယ်။ ပညာရေးဆိုင်ရာ ထုတ်ဝေမွေ့ဌာနက လူးဝစ်နယ်လ်ဆင် ကိုလည်း
ကျေးဇူးတင် ပါတယ်။ ငြိမ်းချမ်းရေး အယူခံ ဖောင်ဒေးရှင်း မှ ဒဲရစ်ဘရောင် ကိုလည်း ဦးမျိုးရန်နောင်သိန် နှင့် မချိုချိုအောင်
တို့ ကို ဟာ့ဗီးနီးယား တက္ကသိုလ် နှင့် ပိတ်ဆက်ပေးတဲ့ အတွက် ကျေးဇူး တင်ပါတယ်။ ဒဲရစ်ဘရောင် ဟာ ဒီ လုပ်ငန်းစဉ် တစ်ခု
လုံးမှာ တသားတည်း ရှိနေပြီ အကြံဉာဏ်များလည်း ပေးခဲ့ ပါတယ်။ နောက်ဆုံး အနေနဲ့ ကျွန်တော်တို့တွေမှာ အင်္ဂလိပ်စာဌာန
ရဲ့စကားပြေနဲ့ အရေးအသား အစီအစဉ် ကိုလည်း သူတို့တွေရဲ့ ဒီ စာအုပ် ဖြစ်မြောက်ရေး ကြီးပမ်မှု အတွက် ကျေးဇူး တင်
ပါတယ်။ အထူးသဖြင့် စတေစီထရေးဒါ နဲ့ ဆာရာအာ့ရင်တန် တို့ကို ခက်ခဲ ရှုပ်ထွေးလှတဲ့ ဗျူရိုကရေစီ လုပ်ငန်းရပ်တွေ အကြား
ရအောင် ကြီးစားပေးတဲ့ အတွက် ကျေးဇူးတင်ပါတယ်။ ကျွန်တော် တို့တွေဟာ ဒီလုပ်ငန်းစဉ် တစ်လျှောက်လုံးမှာ ပါဝင် ကူညီ
ကြတဲ့ လူ ပုဂ္ဂိုလ် တစ်ဦးချင်းစီ ကို အသိအမှတ်ပြု ကျေးဇူးဇူးတင်ရှိပါတယ်။

ပရာတာ ပူရှရှှော်တ်တန်

အမှန်တရားကို စဉ်းစား တွေးခေါ်တတ်ဖို့ အမှားနှင့် အမှန်ကို ခွဲခြမ်း စိတ်ဖြာတတ်အောင် သင်ပေးတဲ့ ကိုယ့်ရဲ့ အသံတွေ
အသုံးပြုပြီ အားနည်းတဲ့ မတရား ခံနေရတဲ့ ဘက်မှ ဝင်ရောက် ပြောဆိုတတ်အောင် သင်ပေးတဲ့ ဖခင် ပန်ဒိန်နဲ့ မိုဒီနဲ့မိခင် ဝီနက်
အာဝရာငို တို့ကို ကျေးဇူးတင်တယ် ။ ဆရာ စတီ ရဲ့အတန်းမှာ သင်ယူဖို့ ဆုံးဖြတ် ခဲ့တာ အရမ်း ကျေးနပ်တယ်။ ပြီး တော့
စာသင်ရံ သက်သက် မဟုတ်ပဲ တကယ့်ကမ္ဘာကြီး အပြောင်းအလဲ အတွက် ကြီးစားခွင့် ရခဲ့တာကိုလည်း ကျေးဇူးတင်တယ်။
ကျောင်းသား တွေ အနေနဲ့ တကယ့် လက်တွေ့၊ ဘဝမှာ တကယ် သက်ရောက်တဲ့ အကျိုးကျေးဇူး ရရှိအောင် ဖန်တီးပေး တဲ့
အတွက် ကျေးဇူးတင်တယ်။ ဦးမျိုးရန်နောင်သိန်း (ဆရာ) ရဲ့ ဇာတ်လမ်းက ကျွန်မ ကြားဖူးနေကျ ဇာတ်လမ်းတွေနဲ့ မတူညီတဲ့
တခုတည်းသော ဇာတ်လမ်းပါဘဲ။ ဆရာနဲ့ အလုပ်တွဲ လုပ်ခွင့်ရတဲ့ ဆရာရဲ့ ဒီမိုကရေစီရေး ကြီးပမ်မှုတွေ က ကျွန်မ အတွက်
စိတ်ဓာတ် ခွန်အား ရစေတဲ့ အတွက် ကျေးဇူးတင်တယ်။ နောက်ဆုံး အနေနဲ့ အင်တာဗျူးခွင့် ပေးတဲ့ မြန်မာပြည်သူ ပြည်သား
တွေကိုလည်း ကျေးဇူး တင်တယ်။ သူတို့ရဲ့စွမ်း သတ္တိကို ကျွန်မလေးစား ဂုဏ်ယူသလို မြန်မာနိုင်ငံ အနာဂတ် အတွက် ဒီစာ
အုပ်က ပြောင်းလဲမှု သေးသေးလေး ဖြစ်ဖြစ် လုပ်ပေးနိုင်စွမ်းမယ်လို့ လည်း မျှော်လင့်မိပါတယ်။

115

ပေတွန် ရက်ဆဲလ်

ကမ္ဘာကြီးကို ပြောင်းလဲဖို့ အတွက် ပါဝင်နိုင်တဲ့ နေရာ တစ်နေရာမှာ ကျွန်မကို တည်ရှိခွင့်ပေးတဲ့ အတွက် မိဘနှစ်ပါး ကို ကျေးဇူး တင်တယ်။ ကျွန်မကို အမြဲတမ်း ယုံကြည်တဲ့ အတွက်ရော ကျွန်မကို အိပ်မက် အကြီးကြီး မက်ခွင့် ရအောင် ခွင့် ပြုခဲ့တဲ့ အတွက်ရော မိဘနှစ်ပါးကို ကျေးဇူးတင်ပါ တယ်။

လော်ရန် တေလာ

ပထမဦးဆုံး အနေနဲ့ ဘေးဖယ်ခံထားရတဲ့သူတွေ၊ နှုတ်ပိတ်ခံထားရတဲ့သူတွေဖက်ကနေ ကူညီခြင်းကို ကျွန်မ ချစ်မြတ် နိုး သလို လုပ်ဆောင်ခွင့် ပေးတဲ့ ဘုရားသခင်ကို ကျေးဇူးတင်ပါတယ်။ အခက်အခဲတွေ ရှိပေမဲ့လည်း ရန်ကန်ကြီးစားဖွဲ့ အမှန် တရားကို ချစ်မြတ်နိုးဖွဲ့ သင်ကြားပေးတဲ့ ကျွန်မရဲ့ မိဘများဖြစ်ကြတဲ့ **အန်အိုနာတေလာ** နဲ့ **ဘီအိုနာတေလာ** ကိုလည်း ကျေး ဖူး တင် ပါတယ်။ မိခင်နဲ့ ဖခင်ရဲ့ စဉ်ဆက်မပြတ် ကူညီမှုသာ မရှိခဲ့ရင် ကျွန်မအခုလို ဖြစ်လာမယ် မထင်ပါဘူး။ ကျွန်မကို အမြဲတမ်း ချစ်ပြီး ရယ်အောင် အမြဲ လုပ်ပေးတဲ့ အကိုကြီး ဘရန်ဒန် ကိုလည်း ကျေးဖူးတင်ပါတယ်။ အားလုံးကို ချစ်ပါတယ်။ ဆရာ စတီဗ် ကိုလည်း ကျေးဖူးတင်ပါတယ်။ **ဆရာ စတီဗ်** ရှင့် အမှန်တရား အတွက် ကြီးစား တိုက်ပွဲဝင်တဲ့ နေရာက ကျွန်မကို အသုံးပြု တဲ့ အတွက်ရော ဒီ ပရောဂျက်ထဲမှာ ပါဝင်ခွင့်ပေးတဲ့ အတွက်ရော ကျေးဖူးတင်ပါတယ်။ ကျေးဖူးအတင်ဆုံး ကတော့ ကျွန်မ တို့ အင်တာဗျူး တဲ့ အခါမှာ သူတို့၊ အတွေ့အကြုံ တွေကို မျှဝေပေးတဲ့ အလွန်နဲ့ ရဲ့ရင့်တဲ့ မြန်မာပြည်သူ တွေ ဖြစ်ပါတယ်။ ဒီ ပရောဂျက် မစခင် ကဆိုရင် ကျွန်မဟာ အကိုတို့၊ အမတို့ နိုင်ငံမှာ ဘာတွေ ဖြစ်နေမှ မသိခဲ့ဘူးဆိုတာ ရှက်ရှက် နဲ့ ဝန်ခံပါရစေ။ အမ တို့ ဆီက သင်ယူခွင့်ရတဲ့ အတွက်ရော ကျေးဖူး တင်ပါတယ်။ ကျွန်မ အကိုတို့၊ အမတို့ကို အရမ်း လေးစား ပါတယ်။ ပြီးတော့ ဒီစာ အုပ်လေးက အမတို့ နိုင်ငံ အတွက် ပြောင်းလဲမှုတွေကို ဖြစ်စေမယ်လို့လည်း ယုံကြည် ပါတယ်။

ဂလော်ရီရာ ပူး

ကျွန်မရဲ့ ကမ္ဘာအပေါ် မြင်တဲ့ အမြင်ကို ပြောင်းလဲပေး နိုင်စွမ်းရှိတဲ့ မိသားစုထဲမှာ ကြီးပြင်းခဲ့ရတဲ့အတွက် မိဘနှစ်ပါးကိုကျေး ဖူး တင်ပါတယ်။ ပိုမိုကောင်းမွန်တဲ့ ကျောင်းသား တစ်ယောက် ဖြစ်ဖို့ ၊ လူသား တစ်ယောက်ဖြစ်ဖို့ အဖေနဲ့အမေက ကျွန်မကို မတိုက်တွန်းခဲ့တဲ့ မဆုံးမခဲ့ပဲနဲ့ သေတ်ခြင်းနဲ့ကျွန်မ အခုလို အခြေအနေရောက်လာခဲ့မှာမဟုတ်ပါဘူး။ ဒီပရောဂျက်ထဲ မှာပါ ဝင် ပြီး လုပ်ခွင့်ရတဲ့ အခွင့်အရေးကိုပေးတဲ့ဆရာ Steve ကိုကျေးဖူးတင်ပါတယ်။ ဦးမျိုးရန်နောင်သိန်း နဲ့ မချို တို့ရဲ့ ၂၀၂၁ ခု နှစ် ဆောင်ရာသီမှာကြားခဲ့တဲ့ သူတို့ဇာတ်လမ်းတွေကိုလည်း မေ့မှာမဟုတ်ပါဘူး။ကျွန်မတို့ အရွယ် လူငယ်လေးတွေဟာ စာသင်ခန်းမှာ နေမဲ့ အစား သူတို့ကိုယ် သူတို့ ကာကွယ်ဖို့အတွက် လက်နက်ကိုင် တိုက်ပွဲဝင်ရတယ်လို့ မချို ပြောတဲ့ အချိန်၊ ဘုန်း က ဒီ လူငယ်လေးတွေရဲ့မျှော်လင့်ချက်၊ ရည်ရွယ်ချက်တွေက ကျွန်မရဲ့ ခံစား ချက်နဲ့ နက်ရှိုင်းစွာ ချိတ်ဆက်နေတယ်လို့ သိလိုက် ရပါတယ်။ ဒီအုပ်ထဲမှာ အင်တာဗျူးထားတဲ့ လူတွေ၊ ပြောပြတဲ့ ဇာတ်လမ်းတွေ ကနေ သိရှိခဲ့ရတဲ့ ခွန်အားတွေ၊ ရန်ကန် မှု တွေ ၊ ဗိတ်ခံစားချက်တွေ အားလုံးက ကျွန်မကိုဆက်လက် ပြီးတော့မှဝိတ်ဖတ်တဲ့ခွန်အားတွေရခဲ့ပါတယ်။ မြန်မာပြည်သူ တွေနဲ့ အင်တာဗျူး ဖြေကြားခဲ့တဲ့သူတွေ အားလုံးအတွက် အကောင်းဆုံးတွေ ဖြစ်လာပါစေ။ မြန်မာနိုင်ငံမှာ ငြိမ်းချမ်းရေးနှင့် ဒီမို ကရေစီ ပြန်လည် ထွန်းကား ပါစေလို့ ဆန္ဒပြု လိုက် ပါတယ်။ အားလုံးကို ထာဝရ ကျေးဖူးတင်နေမှာပါ။

မာတိကာ

စကားချီး

မြန်မာနိုင်ငံမှာ ဒီမိုကရေစီ နည်းကျ ရွေးကောက် တင်မြှောက်ထားတဲ့ အစိုးရကို ဖမ်းဆီးပြီး စစ်တပ်က အာဏာသိမ်းခဲ့ပါတယ်။ အဲဒီ အာဏာသိမ်းတဲ့ ညက ကျွန်တော့် အိမ်ကို စစ်သား တွေက ဝင်ရောက် စီးနင်းတဲ့ အခါ ကျွန်တော်က အိမ်မှာ မရှိပါဘူး။ မေမေ ဆုံးသွားပြီး တစ်လပြည့်တဲ့နေ့ဖြစ်တဲ့အတွက် အာဏာသိမ်းတဲ့ ညကကျွန်တော်နဲ့ ဇနီးဖြစ်သူဟာအမေ့ရဲ့ တစ်လပြည့် ဆွမ်းကပ်ဖို့ အတွက် အမေ့ အိမ်ကို ရောက်နေပါတယ်။ အဲ့ဒီနေ့ည သန်းခေါင်ကျော်၊ မနက် ၃ နာရီမှာ messenger ကနေ " ဆရာရေ ပြေးတော့၊ အာဏာ သိမ်း လိုက်ပြီ " လို့ ပြောလာပါယ်။ ကျွန်တော်လည်း အမေ့အိမ်ကနေ ချက်ချင်း ထွက်လာခဲ့ ပြီး နောက် သုံးလကြာအောင် ပုန်းရှောင် နေခဲ့ရပါတယ်။

စစ်တပ်က အာဏာ သိမ်းလိုက်ချိန်မှာ မြန်မာ ပြည်သူများ မယုံကြည်နိုင်ပဲ အရှိက် မိသွားခဲ့တယ်။ ဒါကြောင့် ကျွန်တော့် အနေနဲ့ ပြည်သူတွေကို " အာဏာ သိမ်းမှုကို ပြတ်ပြတ် သားသား ဆန့်ကျင်ကြောင်း ပြသရမယ် " လို့ စတင် နှိုးဆော်ခဲ့ပါတယ်။ ကျွန် တော်ရဲ့ဖွေဘုတ်ပ် အစရှိတဲ့ ဆိုရှယ်မီဒီယာက တဆင့် ပြည်သူတွေကို နေ့စဉ် ဆက်တိုက် စည်းရုံး လှုံ့ဆော်ခဲ့ပါတယ်။ မြန်မာနိုင် ငံလုံး ဆိုင်ရာ ပြည်သူ၊ အချုပ်အခြာ အာဏာ ကွန်ရက်ကို ဖွဲ့စည်းပြီး စစ်တပ်ရဲ့ အာဏာသိမ်းမှု ကို ဆန့်ကျင်ခဲ့ ကြပါတယ်။ ကျွန် တော့် တို့တွေ လမ်းမပေါ် ထွက်ပြီး အာဏာ သိမ်းမှုကို ဆန့်ကျင်ကြောင်း ဆန္ဒပြကြပါတယ်။ ကျွန်တော်ရဲ့ ရှင်းပြ ပြောဆို၊ စည်းရုံး မှုများကို ပြည်သူများ သဘောကျ၍ နားထောင်ကြ၊ လိုက်နာကြပါတယ်။ ဒါကြောင့် လည်း အာဏာ သိမ်း စစ်တပ်က ကျွန် တော့်ကို ဖမ်းဝရမ်း ထုတ်ပါတယ်။ အဲဒီ ဖမ်းဝရမ်းဟာ အာဏာသိမ်း စစ်တပ် ရဲ့ ပ ထမဆုံး ဖမ်းဝရမ်း ဖြစ်ပါတယ်။

အာဏာ သိမ်းပြီးနောက်ပိုင်း စစ်တပ်ဟာ ဆန္ဒပြသူများကို ဖမ်းဆီးကာ၊ ငြိမ်းချမ်းစွာ ဆန္ဒပြမှုများတွင် ပစ်ခတ်ကာ လူများကို အရှင်လတ်လတ် မီးရှို့ခဲ့တဲ့အထိ ဖြစ်လာပါတယ်။ အာဏာသိမ်း စစ်တပ်ဟာ ငြိမ်းချမ်းသောတက်ကြွ လှုပ်ရှားသူများကို သေသည့် အထိ ညှဉ်းပန်း နှိပ်စက်ကြပါတယ်။ ပါးစပ်ထဲ အက်ဆစ်လောင်းထည့် သတ်ဖြတ်၊ ဗိုက်ဖောက် သတ်ဖြတ် ပြီး အလောင်းကို အိမ် တံခါးဝ သွားထားကြပါတယ်။ အဲဒီလို အခြေအနေ အလွန် ဆိုးရွားလာပြီး ပြည်တွင်းမှာ ဆက်လက် ပုန်းရှောင်ဖို့ လုံးဝ မဖြစ်နိုင်တော့တဲ့ အခြေ အနေမှာ ထိုင်းနယ်စပ်ကို ထွက်ခွာခဲ့ရပါတယ်။

118

နယ်စပ် ခရီးဟာ သာမန်အချိန်မှာ တစ်ရက် ခရီးဖြစ်သော်လည်း စစ်ဆေးရေးဂိတ်များ၊ ရဲကင်းစခန်းများ၊ စစ်တပ် ကင်းပုန်းများကို ရှောင်ကွင်းသွားရတဲ့ တောလမ်း ဖြစ်တဲ့ အတွက် တောထဲ မှာ ညအိပ် ခဲ့ရပါတယ်။ တောထဲမှာ ည အိပ် စဉ် လက်နက်ကိုင်ထား တဲ့ အဖွဲ့တစ်ဖွဲ့ရဲ့ ဖမ်းဆီးခြင်းကို ခံခဲ့ရပါတယ်။ ကရင် လေသံဝဲဝဲနှင့် အဖွဲ့ဖြစ်ပါတယ်။ စစ်တပ် လက် အောက်ခံ ပြည်သူ့စစ်အဖွဲ့ လို့ ယူဆရပါတယ်။ ကံကောင်းစွာနဲ့ အဲဒီ အဖွဲ့မှ ကျွန်တော့်အား မသိပါ။ ထို့အတူ တရက် မျက်နှာပေါက်ရှိနေသော ကျွန်တော့်မှ တရက် ကုန်သည် ဖြစ်ကြောင်း ပြောပြကာ ယုံကြည် သွားကြပါတယ်။ ဒါကြောင့် ကျွန်တော် တို့ကို လွတ်ပေး လိုက်ပါတယ်။ မြစ်ကို ဖြတ်ပြီး လွတ်မြောက် နယ်မြေ ဖက်ခြမ်း ရောက်ရှိလာတဲ့ အခါ " ငါတို့ အသက် ဆက်ရှင် နေသေးတယ် " ဆိုတဲ့ အသိက တကယ့် မယုံနိုင်စရာ ဖြစ်ပါတယ်။ ကံကြမ္မာက ကျွန်တော် တို့ နှစ်ယောက်ကို အသက် ဆက်ရှင်ခွင့် ပေးတာက တကယ့် မယုံနိုင် ဖွယ်ရာ ဖြစ်ပါတယ်။

ဒါပေမယ့် အဲဒီလို အတွေ့အကြုံတွေကို ပြောပြနိုင်တာ ကျွန်တော် တစ်ယောက်တည်း မဟုတ်ပါဘူး။ ကျွန်တော်တို့ရဲ့ ဇာတ် လမ်းဟာ အာဏာသိမ်းပြီး ကျွန်တော်တို့လို အသက် အန္တရာယ်နှင့် ရင်ဆိုင်ခဲ့ရတဲ့ သန်းနှင့်ချီသော မြန်မာပြည်သူများ ရဲ့ ဇာတ် လမ်းများကို ရောင်ပြန် ဟပ်ပါတယ်။ မြန်မာနိုင်ငံမှာ သန်းနှင့် ချီသော လူများ ဘေးလွတ်ရာသို့ ထွက်ပြေးနေကြပြီး လူဦးရေ ၁၇ သန်းကျော်ဟာ အကူအညီများ လိုအပ်နေပါသည်။ အဲဒီထွက်ပြေးနေရတဲ့ မိသားစု တွေဟာ ဒီမိုကရေစီကို နင်းခြေ ဖျက်ဆီးနေတဲ့ မြန်မာစစ်တပ်ကို ရင်ဆိုင် တိုက်ပွဲဝင်နေကြသူတွေ ဖြစ်ပါတယ်။

ရှရား စစ်တပ်ဟာ ယူကရိန်းနိုင်ငံ အပေါ် ကျူးလွန်သလိုမျိုး မြန်မာစစ်တပ်ဟာ မြန်မာပြည်သူတွေ အပေါ် ကျူးလွန် နေပါတယ်။ ပူတင်က မြန်မာစစ်တပ်ကို ထောက်ခံ အားပေးလျက် ရှိပါတယ်။ ပူတင်လိုမျိုး ထောက်ခံတဲ့ နိုင်ငံမရှိရင် မြန်မာ စစ်တပ်ဟာ အခု လို ရက်စက် ကြမ်းကြုတ်မှုတွေကို ကျူးလွန်ရဲမှာ မဟုတ်ပါဘူး။ အဲဒီ ရက်စက်ကြမ်းကြုတ်မှုတွေဟာလည်း အလားတူ ရင်းမြစ် တစ်ခု ဖြစ်သလို အလားတူ ရလာဒ်လည်း ရှိပါတယ်။ စစ်တပ်ဟာ ပြည်သူတွေရဲ့အသက် အိုးအိမ်တွေကို ဖျက်ဆီးပါတယ်။ ပြည် သူတွေရဲ့အိမ်မက်တွေကို ဖျက်ဆီးခဲ့တယ်။ ပြည်သူတွေရဲ့အနာဂတ်ကို ဖျက်ဆီးနေပါတယ်။

ဒီမိုကရေစီ အနာဂတ်ဟာ ယူကရိန်းနိုင်ငံ မှာသာ ခြိမ်းခြောက် ခံနေတာ မဟုတ်ပဲ မြန်မာနိုင်ငံရဲ့ ဒီမိုကရေစီ အနာဂတ်ဟာ အန္တရာယ် ရှိနေပါတယ်။ ဘာဂျီးနီးယား တက္ကသိုလ် မှာ ဒီမို ကရက်တစ် အနာဂတ် စီမံကိန်း Democratic Futures Project - DFP အတွက် ည့်သုတေသနပညာရှင် Visiting Researcher အဖြစ် ခန့်အပ် ခံချိန်မှာတော့ တက္ကသိုလ်က လူတော်တော် များများက မြန်မာနိုင်ငံရဲ့ အခြေအနေ ဒါမှ မဟုတ်မြန်မာ ပြည်သူတွေရဲ့ အကျပ်အတည်းကို သတ် မပြုဝဲတဲ့ အတွက် အုံ့ဩ မိပါတယ်။ DFP တည်ထောင်သူ ပါမောက္ခ စတီဗ်ပါဝဲ နှင့် လက်တွဲ၍ မြန်မာနိုင်ငံမှာ ဖြစ်ပျက်နေတဲ့ အကြောင်းအရာတွေကို အများသူှာ အသိပေးလိုဝဲ့ ရည်ရွယ်ချက်နဲ့ ဒီအစုပ်ကို ပြုခဲ့ခြင်းဖြစ် ပါတယ်။ အင်္ဂလိပ်နှင့် မြန်မာ ဘာသာဖြင့် ထုတ်ဝေရန် ဆုံးဖြတ်ခဲ့ပြီး ရွေးဦးတော်လှန်ရေးမှာ ကိုယ်တိုင် ကိုယ်ကျ ပါဝင်ခဲ့တဲ့ ကျွန်တော့်ရဲ့ ဇနီး ဖြစ်သူ ချို က ဘာသာပြန်ဆိုခဲ့ပါတယ်။ ဒီစာအုပ်က ၂၀၂၁ ခုနှစ်မှ ၂၀၂၂ ခုနှစ်တွင် မြန်မာပြည်မှာ ဒီမိုကရေစီပြန်လည် ထွန်းကားရေး အတွက် တက်ကြွစွာလုပ် ဆောင်ခဲ့ကြတဲ့ စစ်အာဏာရှင်တွေ၊ ဖိနှိပ်မှုကို ကိုယ်တိုင် ကိုယ်ကျ ခံစားခဲ့ရတဲ့ မြန်မာပြည်သူများ ကိုယ်တိုင်ပြောပြ တဲ့ နွေ ဦး တော်လှန်ရေး အကြောင်း ဖြစ်ပါတယ်။ ယခု စာအုပ်ကို ပြု ရေးသားရာမှာ ဘာဂျီးနီးယား တက္ကသိုလ်မှ ကျောင်း သားများ သုတေသနပြုရာမှာ တက်ကြွစွာ ပါဝင်နိုင်စေရန် စီစဉ်ခဲ့ပါတယ်။ ဒီမိုကရေစီကိုဘယ်လောက်ခက်ခက်ခဲခဲတိုက်ယူနေရလဲ ဆိုတာ ဒီမိုကရေစီကို အေးအေးဆေးဆေး ရရှိထားကြတဲ့ ကျောင်းသားတွေ နားလည်စေချင်တယ်။ ဒီမိုကရေစီ ထောက်ခံ အားပေးမှုရဲ့လုပ်ငန်းတွေဟာ ဘယ်လောက် ခက်ခဲတယ် ဆိုတာကို ကျောင်းသား တွေကို မျက်မြင် သက်သေ ဖြစ်စေ ချင်တယ်။ နောက်ပြီး သူတို့ရဲ့ လုပ်ဆောင်ချက်ဟာ မြန်မာပြည် ဒီမိုကရေစီအရေး အတွက် ဘယ်လောက် အထောက်အကူ ဖြစ်တယ် ဆို တာ သိစေချင်တယ်။

သူတို့ ရေးသားပြုစုတဲ့ ဒီစာအုပ်က တဆင့် ဒီမိုကရေစီ ပြန်လည် ထူထောင်ရေး အတွက် မြန်မာတစ်နိုင်ငံလုံးရဲ့ လှုပ်ရှားမှုကြီး ဖြစ်တဲ့ နွေဦးတော်လှန်ရေး ကို ဦးဆောင်နေတဲ့ မြန်မာကျောင်းသား ကျောင်းသူတွေ၊ မြန်မာ ပြည်သူတွေရဲ့ကြိုးပမ်း ဆောင်ရွက် ခဲ့တဲ့ အတွေ့အကြုံတွေကို ကမ္ဘာကသိလာအောင် မျှဝေခဲ့ပါ တွင်ဖြစ်ပါတယ်။ ဒီမိုကရေစီရေးကြိုးပမ်းလှုပ်ရှားသူတွေ ဘယ် လို အသက် အန္တရာယ်နဲ့ ရင်ဆိုင်ခဲ့ရတယ် ဆိုတာတွေကြုံရပါမယ်။ အန္တရာယ် အမျိုးမျိုးကြားက နယ်စပ်ကို တိမ်းရှောင် လာခဲ့ကြရ

တဲ့ တက္ကသိုလ် ကျောင်းသား ကျောင်းသူတွေဟာ သူတို့နဲ့ အသက်တူအရွယ်တူ ဖြစ်တဲ့ ဟာဂျီးနီးယားတက္ကသိုလ် ကျောင်းသား၊ ကျောင်းသူတွေ မေးတဲ့ အင်တာဗျူးကို သူတို့ရောက်ရှိနေတဲ့ တောတွင်းကနေ ဖြေကြားခဲ့ကြတာပါ။ သူတို့ တွေ ဟာ မြန်မာပြည် ဒီမိုကရေစီရေးကို ဦးဆောင်ခဲ့ကြသူတွေဖြစ်ပြီး မြန်မာပြည် အတွက် ဒီမိုကရေစီ အနာဂတ် အိပ်မက် ဆက်မက် နေ ကြဆဲ ဖြစ် ပါတယ်။

ဒီ စာအုပ်ဟာ မြန်မာ့သမိုင်း ဖြစ်သလို၊ မြန်မာ့ ဒီမိုကရေစီရေး တိုက်ပွဲအကြောင်း ဖြစ်ပါတယ်။ မြန်မာပြည်သူတွေ ခံစားခဲ့ရ တဲ့ ဒုက္ခတွေ အကြောင်းဖြစ်သလို၊ မြန်မာ ပြည်သူတွေရဲ့ မျှော်လင့်ချက် အကြောင်းဖြစ်ပါတယ်။

ဒီ စာအုပ်ကို ပြစုရာမှာ ကျွန်တော် နှင့် ဟာဂျီးနီးယား တက္ကသိုလ် ကျောင်းသူ၊ ကျောင်းသားတွေရဲ့ တူညီသော မျှော်လင့်ချက်က ဒီစာအုပ်က တဆင့် မြန်မာပြည် အကြောင်းကို ကမ္ဘာက ပိုသိလာ၊ ပိုနားလည်လာပြီး မြန်မာပြည်တွင်းကနေ လွိုင်ထွက်လာတဲ့ မြန်မာပြည်သူတွေရဲ့ဒီမိုကရေစီ တောင်းဆိုသံတွေ အတွက် ကမ္ဘာကြီးက တတ်နိုင်သမျှ မြန်မြန် ဆန်ဆန်၊ ထိထိ ရောက်ရောက် ကူညီပေးကြဖို့ပဲ ဖြစ်ပါတယ်။

မျိုးရန်နောင်သိမ်း

နိဒါန်း

လော်ရန် တေလာ၊ပရာတာ ပူရုရှော့တ်တန် ၊ ပေတွန် ရက်ဆဲလ် ၊ ဂလော်ရီရာ ဝူး

အဖွင့်

ပထမဆုံးသော အင်တာဗျူးက အရာရာကို ပြောင်းလဲပစ်လိုက်တယ်။

ဒီလုပ်ငန်း မလုပ်ခင်က မြန်မာပြည် အကြောင်းကို ကျွန်မတို့ဘာမှမသိကြပါဘူး။ အပြင်ပိုင် အမြင်နဲ့ ကြည့်မယ်ဆို လို့ရှိရင် ဒါက သမားရိုးကျ သုတေသနလုပ်ငန်းတစ်ခုပါပဲ။ ပရောဂျက် တစ်ခုလုံး ပြီးမြောက်သွားတဲ့အထိ အလုပ် စာရင်းထဲကတဲ့ အတိုင်း တစ်ခုပြီး တစ်ခု လုပ်ကြမယ်ပေါ့။ ကျွန်မတို့တွေက ကျွန်မတို့ လုပ်ရမဲ့ အလုပ်ကို ဖောက်ချ လုပ်လေ့ရှိကြတယ်။ ဒါပေမဲ့ အဲဒီ ဖောက်ချပြီး လုပ်တယ်ဆိုတာ ကျွန်မတို့က ပုံစံခွက်ကြီးထဲမှာ လုပ်တဲ့ ပုံစံမျိုးပါဘဲ။ မူဘောင် တကျ ဝင်အောင် လုပ်ကြ တဲ့ သဘောမျိုးပါဘဲ။

ပထမဦးဆုံး အင်တာဗျူးတွေနဲ့ နောက်ပိုင်းဆက်လုပ်တဲ့ အင်တာဗျူးတွေက တဆင့် လွတ်လပ်ရေးရပြီးကတည်းက စစ်တပ် ရဲ့ လက် အောက်မှာ အမြဲနေခဲ့ရတဲ့ မြန်မာပြည်သူတွေရဲ့ လူသား ဆန်မှုနဲ့ သူတို့ရဲ့ သတ္တိကို ကျွန်မတို့ စုပြီး တော့ ထိတွေ့ခံစား ခဲ့ရတယ်။ ကျွန်မတို့ အဖွဲ့ဟာ စစ်တပ်ရဲ့ တင်းကြပ် ပြင်းထန်တဲ့ အုပ်ချုပ်မှု အောက်မှာ တိမ်မြုပ် နေခဲ့တဲ့ သူတို့ရဲ့ အသံတွေကို နားထောင် ခဲ့ရပါတယ်။ မြန်မာပြည်ဟာ ၅ နှစ်တာမှ တစ်ဝက်တစ်ပျက် ဒီမိုကရေစီ အစိုးရ စနစ်တစ်ခု ကို ကြုံတွေ့ခဲ့ပြီး ဖေဖော် ဝါရီလ (၁)ရက်နေ့ ၂၀၂၁ ခုနှစ်မှာ အာဏာ ပြန်သိမ်းတာ ခံလိုက်ရပါတယ်။ သူတို့ အိမ်ကနေ ထွက်ပြေး လာရတဲ့ အခါမျိုးမှာ တောင် ရက်စက်ကြမ်းကြုတ်မှုတွေကို ဆန့်ကျင်ရဲတဲ့ သူတို့ရဲ့ရဲင့် စွန့်စားတဲ့ ရုပ်တည်မှုတွေကို တွေ့ရပါတယ်။ သူတို့ရဲ့စကားသံ တွေထဲမှာ ဖော်ပြနေပါတယ်။ သူတို့ရဲ့ အသံ တွေထဲမှာ ဒီမိုကရေစီနဲ့ လူ့အခွင့်အရေး မြန်မာပြည်မှာ ပြန်လည်ထွန်းကားအောင် လုပ်မယ် ဆိုတဲ့ ပြင်းထန်တဲ့ ယုံကြည် ရုပ်တည်ချက်ကို တွေ့ရပါတယ်။

လွပ်လပ်တဲ့ဒီမိုကရေစီလူ့အဖွဲ့အစည်းနိုင်ငံကအေးဆေးသက်သာတဲ့ အိမ်ထဲမှာနေရင်။ အိမ်ခန်း ထဲမှာနေရင်းသူတို့ ရဲ့ရွမ်း သတ္တိ စွန့်လွှတ် စွန့်စားမှုနဲ့ ရှင်သန်နေမှု အကြောင်းကို သူတို့ရဲ့ zoom ပေါ်ကနားထောင်ရတဲ့အခါ ကျွန်မတို့ ရှက်မိပါ တယ်။ သူ တို့တွေ ဖြတ်ကျော်ခဲ့ရတဲ့ ခံစားခဲ့ရတဲ့ အကြောင်းအရာတွေကို တစ်ခုမှ မသိခဲ့ရမိဖို့အတွက်ရှက်မိပါတယ်။ သူတို့တွေ လက်ရှိ အချိန်ထိ ရင်ဆိုင်နေရတဲ့ ရန်းကန်မှုတွေကို မသိတဲ့ အတွက်လည်း ရှက်မိပါတယ်။ အေးအေးဆေးဆေးသက်တောင့်သက် သာနေရတဲ့ဘဝကို အေးအေးဆေးဆေးလို့ မှတ်ယူနေတာကိုလည်း ရှက်မိပါတယ်။ သူတို့ ပြောနေတဲ့ သူတို့တွေရဲ့ ရန်ကန် ကြီးစားမှုတွေကို ကျွန်မတို့ အားလုံး မသိရှိထားတာကို သူ တို့ ရိုပ်မိသွားတဲ့ အခါ သူတို့တွေရဲ့ရန်ကန် ကြီးစားမှု အခပ်ဖျာ အသိ အမှတ် ပြုစေလို့မှုနဲ့ အကူအညီ ပေးစေလိုမှုကို ဖော်ပြလာကြပါတယ်။ အားလုံး ရှိုကြည့်လို့ ရှိရင် သူတို့တွေရဲ့ပြောစကားတွေက အတင်း ဓမ္မေ နှုတ်ပိတ်ခြင်း ခံထား ရတဲ့ အခြေအနေကနေပြီးတော့ သူတို့ရဲ့ အတူ ရုပ်တည်ကြတယ်။ သူတို့ကို အားလုံး ဝိုင်းပြီး ကူညီနေကြတယ် ဆိုတဲ့ အနေအထားကို လိုချင်နေတယ် ဆိုတာ သိသာပါတယ်။

တဖြည်းဖြည်းနဲ့ ကျွန်မတို့ဟာ သုတေသနအနေနဲ့ မဟုတ်တော့ပဲ၊ ကျောင်းစာအနေနဲ့ မဟုတ်တော့ပဲ သူတို့ရဲ့ရင်ဖွင့်ရာ ရပ်ဝန်းအဖြစ် ပိုပြီး ရပ်တည် ပေးဖြစ်လာကြတယ်။ မြန်မာပြည်က အသံတွေ၊ သူတို့ရဲ့ အတွေးအကြံတွေ၊ မျှော်လင့်ချက်တွေကို နောင် အနာဂတ် ကျောင်းသားတွေ အတွက် မျှဝေ ပေးမယ်။ သူတို့နာကျင်မှုတွေ၊ ဆုံးရှုံးမှုတွေ က တစ်ဆင့် ကျွန်မတို့ သင်ယူ ခဲ့ရသလို နောင် အနာဂတ် ကျောင်းသား၊ ကျောင်းသူတွေ သင်ယူရုံးမယ်။ ရပ်ဝေးဒေသ၊ ရပ်ဝေးနိုင်ငံ တစ်ခုရဲ့ ရှန်းကန် တိုက်ပွဲ ဝင်မှုမှာ ပူးပေါ်ဝင် ပါဝင် ဆောင်ရွက်ရင်း ရရှိလာခဲ့တဲ့ တန်ဖိုးတွေကို သိရှိလာမယ်။ မြန်မာ နိုင်ငံနဲ့ ပက်သက်ကြပြီး ကျွန်မတို့ သင်ယူ ခဲ့ရသလို၊ ကျွန်မတို့ ဂရုစိုက် မိသလို၊ ကျွန်မတို့ ပါဝင် ဆောင်ရွက်ခဲ့မိသလို ဒီစာအုပ်ကို ဖတ်ကြတဲ့ သူတွေလည်း ဖြစ်လာကြမယ်လို့ မျှော်လင့် မိပါတယ်။ ဒါပေမဲ့ ပထမဆုံးအနေနဲ့ သမိုင်းဆိုင်ရာ အခြေအနေတချို့ သိဖို့ လိုအပ်ပါတယ်။

မြန်မာနိုင်ငံ၏ သမိုင်းအကျဉ်းချုပ်

မြန်မာပြည်၏ ခေတ်သစ် သမိုင်းသည် ၁၈၈၅ ခုနှစ်တွင် စတင်ခဲ့သည်။ ဗြိတိသျှတို့မှ မြန်မာနိုင်ငံအား ကိုလိုနီပြု သိမ်းပိုက် ပြီး တစ်နှစ်အကြာ အိန္ဒိယနိုင်ငံ၏ ပြည်နယ် တစ်ခု အဖြစ် ထည့်သွင်းခဲ့သည်။ မြန်မာနိုင်ငံ၏ ဘုရင်စနစ်ကို ဖျက်ရှားပစ်ခဲ့ပြီး မြန် မာ ဘုရင့် တပ်မတော်အား ဖျက်သိမ်းခဲ့သည်။ မြန်မာ တပ်ခေါင်းဆောင် များသည် အင်္ဂလိပ် တို့အား ပျောက်ကျား နည်းဖြင့် ခုခံ တိုက်ခိုက်ခဲ့သည်။ ဗြိတိသျှတို့မှ ရွာများကိုဖျက်ဆီးကာ အကြမ်းဖက်နိုင်ကွပ်ခဲ့ပြီး ပျောက်ကျား စစ်ကိုနိုင်နင်းခဲ့သည်။ ထို့နောက် အချင်းချင်း ရန်တိုက်ပေးပြီး သွေးခွဲ အုပ်ချုပ်သည့် စနစ်ကို ကျင့်သုံးခဲ့သည်။ ထိုနည်းအားဖြင့် အချင်းချင်း ပဋိပက္ခများဖြစ်ကာ အင်အားချိနဲ့ လာကြသည်။ ဗြိတိသျှသည် မြန် မာ တစ်ပြည်လုံး အလွယ်တကူ အနိုင်ရခဲ့ပြီး အင်အားစုများ အားလုံးကို အနိုင် ယူ သိမ်းသွင်းနိုင်ခဲ့သည်။

ဒုတိယကမ္ဘာစစ် အပြီးတွင် မြန်မာတပ်မတော်ကို စတင်တည်ထောင်ခဲ့သူ ဗိုလ်ချုပ်အောင်ဆန်း၏ ကြီးပမ်းမှုဖြင့် လွတ်လပ် ရေး ရရှိလာသည့် အချိန် အထိ မြန်မာနိုင်ငံရေး အခြေအနေသည် အပြောင်းအလဲ သိပ်မရှိခဲ့ပေ။ ဗြိတိသျှကိုလိုနီ လက်အောက် တွင် ဘုရင်ခံ့အတိုင်ပင်ခံကောင်စီဥက္ကဌ ဖြစ်လာသော ဗိုလ်ချုပ်အောင်ဆန်းသည် မြန်မာပြည်လွတ်လပ်ရေး အတွက် ပင်လုံ ညီလာခံပြုလုပ်ကာ ရှမ်း၊ ကချင်၊ ချင်း စသည့် တိုင်းရင်းသားများကို ကိုယ်ပိုင် အုပ်ချုပ်ခွင့် အပြည့်အဝမည်ဟူသော ကတိ ဖြင့် စည်းရုံး နိုင်ခဲ့ပြီး ပြည်ထောင်စုအဖြစ် လွတ်လပ်ရေးကို ရယူနိုင်ခဲ့သည်။ တိုင်းရင်းသားများကြားတွင် ပဋိပက္ခများရှိ နေ ခဲ့သော်လည်း မြန်မာပြည်သည် လူ့အခွင့်အရေးကို အခြေခံသည့် ဒီမိုကရေစီ နိုင်ငံဖြစ်ထွန်းလာမည့် အလားအလာ များစွာ ရှိ ခဲ့သည်။ ထိုအချိန်က ရှိနေခဲ့သည် နိုင်ငံရေးပါဝင် များသည် နိုင်ငံသားများကို လွတ်လပ်စွာ တွေးခေါ် ပြောဆိုနိုင်ခွင့်ကို ပေးထား ခဲ့ပြီး ပြည်သူများ လွတ်လပ်ရေး၏ အရသာ ခံစားခဲ့ကြသည်။

သို့သော် ၁၉၄၇ တွင် ဗိုလ်ချုပ်အောင်ဆန်း နှင့် အစိုးရအဖွဲ့ဝင် ဝန်ကြီးများ လုပ်ကြံခံလိုက်ရသည့်အခါ ဖြစ်ထွန်းကာစ ဒီမို ကရေစီ အစိုးရ အားပျောက်သွားပါသည်။ ဒုတိယ ကမ္ဘာစစ် မတိုင်မီ နန်းရင်းဝန် ဖြစ်သော ဦးစော (ဂျွန်ၢ ဦးစော)သည် နိုင်ငံတော် လုပ် ကြံမှုဖြင့် ပြစ်ဒဏ်ချမှတ် ခံခဲ့ရသည်။ ထို့နောက်ကိုပင်၊ ဆယ်စုနှစ်အတွင်း အစိုးရ အဖွဲ့သည် မတည်ငြိမ်ဖြစ်ခဲ့ ရပြီး တိုင်းရင်း ပြဿနာများနှင့် မတည်ငြိမ်မှု အခြေအနေများကိုမြန်မာပြည်တွင် ကြုံတွေ့ခဲ့ရပါသည်။ ၁၉၆၂ ခုနှစ်တွင် ရှမ်း တိုင်းရင်းသားများမှ ဦးဆောင်၍ ပင်လုံ စာချုပ်တွင် ကတိထား သည့် အတိုင်း တန်းတူ ညီမျှမှုနှင့် ကိုယ်ပိုင် ပြဌာန်းခွင့် ရှိသည့် ဖက်ဒရယ်ပုံစံကို တောင်းဆိုခဲ့သည်။ ထိုအချိန်တွင် ကာကွယ်ရေး ဦးစီးချုပ် ဖြစ်သော နေဝင်းမှ ရှမ်း တိုင် ရင်းသားများ၏ တောင်းဆိုချက်အား လက် မခံပဲအာဏာသိမ်းခဲ့သည်။ ထို့နောက် မြန်မာ့ဆိုရှယ်လစ်လမ်းစဉ်ပါတီကို တည်ထောင်ကာ တစ်ပါတီ အာဏာရှင်စနစ် ဖြင့် အုပ်ချုပ်ခဲ့သည်။ မြန်မာ့ဆိုရှယ်လစ် လမ်းစဉ် ပါတီသည် တိုင်းရင်းသား စည်းလုံး ညီညွတ်ရေးဟူသော ခေါင်းစဉ်အောက် တွင် လွတ်လပ်စွာ ပြောဆိုခွင့်၊ လွတ်လပ်စွာ ရေးသားထုတ်ဝေခွင့် စသည့် အခြေခံလူ့အခွင့်အရေးများကို အကုန်လုံး ကန့်သတ် တားမြစ်ခဲ့သည်။ မြန်မာ့ဆိုရှယ်လစ် လမ်းစဉ်ပါတီသည် ဗြိတိသျှတို့၏ သွေးခွဲ အုပ်ချုပ်သည့် စနစ်ကို ကျင့်သုံးကာမြန်မာပြည် ကို အုပ် ချုပ် သည်။

သို့သော် မဆလပါတီ အုပ်ချုပ်ခဲ့သည့် နှစ်နှစ်ဆယ်ကာလအတွင်း မြန်မာနိုင်ငံ၏ စီးပွားရေးသည် နိုင်ငံတကာ အဆင့်မီ စီးပွား ရေး အနေအထားမှ တဖြည်းဖြည်း ဆုတ်ယုတ် ကျဆင်းလာကာ စီးပွားရေး လုံးဝလိုင်နှင့်ပြိုလဲမည့် အခြေအနေသို့ ရောက်ရှိ ခဲ့သည်။ ထိုသို့သော အခြေအနေများကြောင့် ၁၉၈၇ စက်တင်ဘာတွင် မဆလပါတီသည် ငွေ စက္ကူများကို တရား ဝင် ကြေ ငြာခဲ့သည်။ ထိုသို့ တရားမဝင် ကြေငြာရသည့် အကြောင်းအရင်းကို မှောင်ခိုရေးကွက်ကို နှိမ်နင်းရန်၊ ငွေကြေးဖောင်ပွမှု ကို အဆုံးသတ်ရန်၊ အခွန်ငွေစက်ကိုပြုပြင်ရန် စသည်ဖြင့် အကြောင်းပြချက်များပေးခဲ့သည်။ မိမိတို့ စုဆောင်းထားသမှုကို ဆုံးရှုံး ခဲ့ရသည့် ပြည်သူများသည် လွန်စွာ ဒေါသထွက်ခဲ့ကြသည်။ ထိုနှစ် ဒီဇင်ဘာလတွင် မြန်မာနိုင်ငံသည် ဖွံ့ဖြိုးမှု အနိမ့်ကျဆုံး နိုင်ငံ အဖြစ်သို့ ရောက်ရှိသွား သည်။ ထိုကာလတွင် ရန်ကုန် စက်မှု တက္ကသိုလ် ကျောင်းသား တစ်ဦးကို ရိုက်နှက်ခဲ့သော မဆလ အရာရှိတစ်ဦး၏ သားသည် မည်သည့် အပြစ်မှ မခံရဘဲ ပြန်လည် လွတ်မြောက်လာသည့်အခါ ဒီမိုကရေစီ လိုလားတောင်းဆို သော ကျောင်းသားများသည် ထိုအဖြစ်အပျက်ကို အသုံးချ ကာ ဆန္ဒကျင် ဆန္ဒပြ များ ပြုလုပ်ခဲ့သည်။ စီးပွားရေး ချွတ်ခြုံကျမှု အပေါ်နှင့်ငွေစက္ကူများ ဖျက် သိမ်းခဲ့မှု အပေါ်၌ ပြည် သူများသည် ဒေါသ ထွက်နေကြသောကြောင့် လူထု ဆန္ဒပြများသည် မြန် မာပြည် အနှံ့အပြားတွင် ပေါ်ပေါက်ခဲ့သည်။

၁၉၈၈ ခုနှစ် သြဂုတ်လ ၈ ရက်နေ့မှ စတင်၍ စစ်အာဏာရှင် စနစ်ကို ဆန့်ကျင်သည့် ၈၈၈၈ အရေးတော်ပုံကြီး ပေါ်ပေါက်လာခဲ့ပြီး မဆလ တစ်ပါတီ အာဏာရှင် နေဝင်း နုတ်ထွက်သွားရသည်။ နေဝင်းမှ စိန်လွင်အား ခေါင်းဆောင်သစ်အဖြစ် ခန့်အပ်ပြီး နောက်ကွယ်မှ ကြိုးကိုင်ခဲ့သည်။ နေဝင်း နှင့် စိန်လွင်သည် ဆန္ဒပြသူများကို ပစ်ခတ်သတ်ဖြတ်ခဲ့ရာ ဆန္ဒပြသူ ထောင်ပေါင်း များစွာ သေဆုံး ခဲ့ရသည်။

၁၉၈၈ ခုနှစ် စက်တင်ဘာတွင် ထွက်ပေါက်လုံးဝ ပိတ်သွားပြီဖြစ်သော မဆလ ခေါင်းဆောင် နေဝင်းသည် သူ၏ တပည့်ဖြစ်သူ စောမောင်အား အာဏာသိမ်းရန် အမိန့်ပေး လိုက်တော့သည်။ စောမောင်သည် အာဏာ သိမ်းယူပြီး နိုင်ငံတော်ငြိမ်ဝပ်ပိပြားမှု တည်ဆောက်ရေး အဖွဲ့ကို ဖွဲ့စည်းခဲ့သည်။ ထို့နောက်ဒီမိုကရေစီ တက်ကြ လုပ် ရှားသူများကို ရက်စက်စွာ ဖမ်းဆီး သတ် ဖြတ်ခြင်းများကို ဆောင်ရွက်ခဲ့သည်။ ဒီမိုကရေစီ တက်ကြ လုပ်ရှားသူ ၆၀၀၀ ကျော် ဖမ်းဆီးခဲ့သည်။ ၁၉၈၇ တွင် " ပြည် ထောင်စု မြန်မာနိုင်ငံတော် " ဟု တရားဝင် အမည်ပြောင်းပြီးနောက် အာဏာ သိမ်းစစ်တပ် ပြောထားသည့် အတိုင်း နိုင်ငံတော် ငြိမ်ဝပ်ပိပြားမှု တည်ဆောက်ရေး အဖွဲ့သည် ၁၉၉၀ ပြည့်နှစ် တွင် ရွေးကောက်ပွဲကို ကျင်းပ ခဲ့သည်။

လွပ်လပ်ရေးခေါင်းဆောင် ဗိုလ်ချုပ်အောင်ဆန်း၏ သမီးဖြစ်သူ ဒေါ်အောင်ဆန်းစုကြည် ဦးဆောင်သော အမျိုးသား ဒီမိုကရေစီ အဖွဲ့ချုပ်သည် စုစုပေါင်း လွှတ်တော်ကိုယ်စားလှယ် ၄၉၂ နေရာတွင် ၃၉၂ နေရာ အနိုင်ရရှိခဲ့သည်။ သို့သော် စစ်အစိုးရနိုင်ငံ တော် ငြိမ်ဝပ်ပိပြားမှု တည်ဆောက်ရေး အဖွဲ့သည် NLD ရရှိခဲ့သည့် ရွေးကောက်ပွဲ ရလာဒ်ကို အသိအမှတ်မပြုဘဲ ဆက်လက် အုပ်ချုပ်ခဲ့သည်။ ၁၉၉၇ ခုနှစ်တွင် အာဏာထိန်းချုပ်ထားသော ဗိုလ်ချုပ်မှူးကြီး သန်းရွှေ နိုင်ငံတော် ငြိမ်ဝပ်ပိပြားမှု တည် ဆောက်ရေး အဖွဲ့ကို နိုင်ငံတော် အေးချမ်း သာယာရေးနှင့် ဖွံ့ဖြိုးရေး ကောင်စီအဖြစ် အမည်ပြောင်း လိုက်သည်။ ၂၀၀၇ ခုနှစ်တွင် စစ်အစိုးရသည် လောင်စာဆီ ဈေးနှုန်းများကို အဆမ တန် မြှင့်တင်လိုက် သည့် အတွက် ဖိနှိပ်ခံနေရသည့် ပြည် သူများ ဒေါသ ပေါက်ကွဲကာ တစ်နိုင်ငံလုံး အနှံ့ ဆန္ဒပြ များ ထွက်ပေါ်ခဲ့သည်။ အဆိုပြဆန္ဒပြပွဲကို ဦးဆောင်နေသူများမှာ ဗုဒ္ဓဘာသာ ဘုန်းတော်ကြီးများဖြစ်ပြီး သူတို့ဆင်မြန်သည့် ရွှေဝါရောင်သင်္ကန်းကိုအစွဲပြုကာ ရွှေဝါရောင်တော်လှန်ရေးဟု ခေါ်တွင် ခဲ့သည်။ ငြိမ်ချမ်းစွာ ဆန္ဒပြသူများကို သေနတ်များ၊ မျက်ရည်ယိုဗုံးများဖြင့် နှိမ်နင်းခဲ့သည်။ ထိုအပြင် ဆန္ဒပြသူများ နှင့် ဦးဆောင် သူများ ကြား အဆက်အသွယ် ပြတ်တောက်စေရန် အင်တာနက် လိုင်းများ ဖြတ်တောက်ခဲ့သည်။ ရွှေဝါရောင် တော်လှန် ရေးသည် နှိမ် နင်းခံလိုက် ရသော်လည်း ပြည်သူများ ရင်ထဲတွင် ဒီမိုကရေစီသည် အထိ ရအောင် တိုက်မည် ဟူသော ဆုံးဖြတ်ချက်သည် ပို၍ မြဲမြံသွားခဲ့သည်။

နိုင်ငံတကာ ဖိအားများနှင့် အပြင်အထန် ရင်ဆိုင်လာရသောကြောင့် စစ်အစိုးရသည် ဖွဲ့စည်းပုံ အခြေခံဥပဒေ တစ်ခု ကို ရေး ဆွဲ ပြီး အတုအယောင် ဒီမိုကရေစီ အုပ်ချုပ်မှုကို အသက်သွင်း ခဲ့ရသည်။ ဖွဲ့စည်းပုံ အခြေခံ ဥပဒေသစ် အရ လွှတ်တော် ၂ ရပ်ရှိပြီး ထိုလွှတ်တော်များ၏ လေးပုံတစ်ပုံကို တပ်မတော် ကာကွယ်ရေး ဦးစီးချုပ်မှ တိုက်ရိုက်ခန့်အပ်ထားသည်။ထိုအပြင်စစ်

တပ်မှ နေရာအနှံ့အပြားတွင် ချုပ်ကိုင်ထားပြီး အရေးကြီးသည့် ဝန်ကြီးဌာနများကိုလည်း ကာကွယ်ရေး ဦးစီးချုပ်မှ ခန့်အပ်ထား သည်။ ၂၀၀၈ ခုနှစ် ဖွဲ့စည်းပုံအခြေခံဥပဒေအတည်ပြုရေး လူထုဆန္ဒခံယူပွဲသည် ရောဝတီမြစ်ဝကျွန်းပေါ်ဒေသကို ဝင်ရောက် တိုက်ခတ်ခဲ့သော အင်အားပြင်း ဆိုင်ကလုန်းမုန်တိုင်းကြောင့်အတားအဆီး ဖြစ်ခဲ့သည်။လူပေါင်း တစ်သိန်းကျော် သေကြေခဲ့ ရသည့် အဆိုပါ အဖြစ်ဆိုးကြီး အတွက် စစ်အစိုးရမှ မကယ်ဆယ် မကူညီနိုင်ခဲ့ပေ။ ထိုသို့ပြည်သူလူပေါင်း မြောက်မြားစွာ သေကြေ ပျက်စီးသည့် ကြားမှပင် သူတို့ အာဏာ တည်မြဲရေး အတွက် အစီအစဉ် ဖြစ်သည့် ၂၀၀၈ ဖွဲ့စည်းပုံ အခြေခံဥပဒေကို မဖြစ်ဖြစ် သည့်နည်းဖြင့် အတည်ပြုခဲ့ကြ သည်။

၂၀၁၁ ခုနှစ်တွင် စစ်အစိုးရမှ ဝန်ကြီးချုပ် ဖြစ်သော ပိုလ်ချုပ်ကြီး သိန်းစိန်သည် ဖွဲ့စည်းပုံအခြေခံ ဥပဒေ အသစ် အောက်တွင် သမ္မတ ဖြစ်လာခဲ့သည်။ စီးပွါးရေး၊ လူမှုရေး၊ နိုင်ငံရေး ပြောင်းလဲမှုများနှင့် အတူ ဒေါ်အောင်ဆန်းစု ကြည့် အပါအဝင် နိုင်ငံရေး အကျဉ်းသားများကို လွှတ်ပေးခဲ့သည်။ ၂၀၁၁ ခုနှစ် ဒီဇင်ဘာတွင် အမျိုးသား ဒီမိုကရေစီ အဖွဲ့ ချုပ်သည် ပြန်လည် မှတ်ပုံတင် ခဲ့ပြီး ၂၀၁၂ ကြားဖြတ် ရွေးကောက်ပွဲတွင် လစ်လပ် နေရာ အားလုံး နီးပါး အနိုင်ရရှိ ခဲ့သည်။ ကြားဖြတ် ရွေးကောက်ပွဲ ပြီးနောက် တွင် မြန်မာနိုင်ငံသည် နိုင်ငံတကာကုန်းနီး မြှုပ်နှံမှုကို အားပေးထားသည့် ဥပဒေများကို ပြဋ္ဌာန်းခဲ့ပြီး အင်တာနက်နှင့် လူမှုကွန် ရက် စာမျက်နာများ ဖွင့်ပေးခဲ့ပြီး ပိုမိုကျယ်ပြန့်စွာ အသုံးပြုလာနိုင် ခဲ့ သည်။ ပညာရေးမှ နေစဉ် ဘ၀ စားသုံး ကုန်များ အထိ ပြည် သူနှင့် လူမှုဘ၀ အနေအထားများ ဖွံ့ဖြိုး တိုးတက်ခဲ့သည်။ ၂၀၁၂ နှင့် ၂၀၁၆ ကြားထဲတွင် စီးပွါးရေး ဖွံ့ဖြိုးမှုနှုန်း ၇ ရာခိုင်နှုန်းကျော် ရရှိခဲ့သည်။ အစိုးရ အဖွဲ့သည် ရေရှည် ဖွံ့ဖြိုးတိုး တက်မှု၊ တည်ငြိမ်သည့် စီးပွါးရေး ရုပ်ဝန်း၊ ပညာရေး ပြုပြင် ပြောင်းလဲမှု၊ လယ်ယာ ကဏ္ဍ နှင့် အခြား ကျယ်ပြန့်သော အစီအစဉ် များကို အားပေး မြှင့်တင် ပေးမည့် မူ၀ါဒ များကို ဆောင်ရွက်ခဲ့သည်။

ထို့အတူ ထိုနှစ်ကာလ အပိုင်းအခြားထဲတွင် လူမှုကွန်ရက် မီဒီယာနှင့် ပင်မ မီဒီယာ ရေစီးကြောင်းများက ဘာသာရေး နှင့် လူမျိုးရေး လုံ့ဆော် ရေးသားမှုများက လူမျိုးရေး၊ ဘာသာရေး၊ နိုင်ကွပ် ခွဲခြား ဆက်ဆံသည့် အစဉ်အလာ ရှိသည့် မြန်မာနိုင်ငံ တွင် လူမျိုးရေး၊ ဘာသာရေး တင်းမာမှုများကို ပိုမို ဖြစ်ပွါးလာစေခဲ့သည်။ ၂၀၁၆ ခုနှစ်တွင်အပါ သတင်းအမှားများကြောင့် ရှိဟင်ဂျာ လူနည်းစုများသည် ဘာသာရေးနှင့် အမုန်းတရား အခြေထားသည့် တိုက်ခိုက်မှုများနှင့် အကြမ်းဖက်မှုများကို ကြို တွေ့ခဲ့သည်။ အထူးသဖြင့် ရိုင်းစိုင်း များကို ရှိဟင်ဂျာများက ဝင်ရောက် တိုက်ခိုက်သည်ကို အကြောင်းပြု၍ ရခိုင်ပြည် နယ် တွင် အရေးပေါ် အခြေအနေ ပြဋ္ဌာန်း၍ စစ်တပ်မှ အုပ် ချုပ်ခဲ့သည်။ စစ်တပ်မှ ရှိဟင်ဂျာများအား အစုလိုက် အပြုံလိုက် သတ် ဖြတ် ခဲ့သည်။ ကမ္ဘာ့နိုင်ငံအသီးသီးမှ အပါအ၀င် ရှိဟင်ဂျာ မွတ်ဆလင်များ၏ သတ်ဖြတ်ခံသည့် ဖြစ်စဉ်အား လူမျိုးတုံး သတ်ဖြတ်မှု အဖြစ် သတ်မှတ်ခဲ့သည်။

မြန်မာ စစ်တပ်သည် ရှိဟင်ဂျာ လူနည်းစုများ အပေါ် ဘာသာရေး၊ လူမျိုးရေး အပေါ် အခြေခံ၍ ချစ်လိုသည့်မှာ သူ တို့၏ သတ်ဖြတ်မှု၊ လူအစုလိုက် အပြုံလိုက် မုဒိမ်းကျင့်မှု၊ မီးရှို့ မှတ်တမ်းများ စသည့် ရရှိသည့် အထောက်အထားများ အရ အလွန် သိသာ ထင်ရှားပါသည်။ ပထမ တစ်လထဲတွင်ပင် လူပေါင်းခြောက်ထောင်ကျော် အသတ်ခံခဲ့ရသည်။ စစ်တပ်မှတင် နိမ် နင်းသည့် အချိန်မှ စ၍ ရှိဟင်ဂျာမွတ်စလင် ထောင်ပေါင်းများစွာ သူတို့၏ နေအိမ်များ စွန့်ခွါခဲ့ကြသည်။ ထို့ပြင် ရှိဟင်ဂျာ (၉) သိန်း နီးပါးသည် ဘင်္ဂလားဒေ့ရှ်ရှိ အလုပ် ပျွတ်သိပ် နေသည့် ဒုက္ခသည် စခန်းများတွင် နေထိုင်နေကြရသည်။ ပြည် တွင် တွင် ရှိနေသော ရှိဟင်ဂျာများ၊ အထူးသဖြင့် ရခိုင် ပြည်တွင်တွင် ရှိနေသည့် ရှိဟင်ဂျာများ အစားအသောက်၊ အနေအထိုင်၊ လူအ ခွင့် အရေးများ ဖြတ်တောက်ခံခြင်း ခံခဲ့ရသည်။ လူမျိုးတုံး သတ်ဖြတ်မှု စွတ်စွဲချက်များသည် နိုင်ငံတကာ တရားရုံး နှင့် ကုလ သမဂ္ဂ ကဲ့သို့သော အဖွဲ့အစည်းများမှ လူ့အခွင့်အရေး ချိုးဖောက်မှုများ အတွက် စစ်တပ်အား ပြစ်တင် ရှုတ်ချခဲ့ပြီး အပြည်ပြည် ဆိုင်ရာ အာရုံ စိုက်မှုကို ရှေ့တန်းသို့ ရောက်ရှိခဲ့သည်။ စစ်တပ်အား ၂၀၁၉ ခုနှစ် နိုင်ငံတကာ တရားရုံးတွင် သွားရောက် ကာကွယ် ပြောဆို ခဲ့ရန်၊ နိုင်ငံတကာ အဖွဲ့အစည်းများ၏ ပါဝင်ပြောဆိုမှုကို ဆန့်ကျင် ငြင်းဆိုခဲ့သည့်အတွက် ဒေါ်အောင်ဆန်းစုကြည်သည် နိုင်ငံ တကာမှ ဝေဖန် အပြစ်တင်သည်များကိုလည်း ခံခဲ့ရသည်။

ဒေါ်အောင်ဆန်းစုကြည်၏ စစ်တပ်ကို ခုခံကာကွယ်ခြင်းသည် နိုင်ငံပြင်ပတွင် အငြင်းပွါးဖွယ်ရာ ဖြစ်နေသော်လည်း မြန်မာ နိုင်ငံတွင်း အနှစ် ၅၀ကျော်ကြာ မတည်ငြိမ်မှုများနှင့် ပဋိပက္ခများကြောင့် ချွတ်ခြိုကျနေရသည့် တိုင်းပြည်အတွက် အချင်းချင်း ယုံကြည်မှုနှင့် အမျိုးသား ပြန်လည် သင့်မြတ်ရေး တည်ဆောက်ရန် ကြိုးပမ်းမှုဖြစ် ပြည်သူအများစုက ကြိုဆိုခဲ့ကြသည်။ သို့

သော် တချို့သော ပြည်သူများက ဒေါ်အောင်ဆန်းစုကြည်၏ စစ်တပ်ကို အလျှော့ပေးသည့် ပေါ်လစီသည် ရက်စက် ကြမ်းကြုတ်သော စစ်ခေါင်းဆောင်များကို ပြုပြင် ပြောင်းလဲနိုင်သည်ဟု မယုံကြည်ကြပါ။ ၂၀၁၅ ရွေးကောက်ပွဲပြီးနောက် ဒေါ်အောင် ဆန်းစုကြည်သည် မြန်မာနိုင်ငံ၏ အရပ်ဘက် အစိုးရ၏ ခေါင်းဆောင် ဖြစ်လာသော်လည်း စစ်တပ်မှ တဖက်သတ် ပြဋ္ဌာန်း ရေးဆွဲ ထားသည့် ဖွဲ့စည်းပုံ အခြေခံ ဥပဒေတွင် သူအား သမ္မတဖြစ်ခွင့်မရှိစေရန် ရည်ရွယ်ချက် ရှိ့ရေးဆွဲကာ သူ့ကို တားဆီး ထားသည့် အတွက် သမ္မတ မဖြစ်ခဲ့ပါ။ နိုင်ငံတော် အတိုင်ပင်ခံ ဟူသော ရာထူးကို ဖန်တီးကာ အစိုးရအဖွဲ့ကို စီမံခန့်ခွဲခဲ့ သည်။ နိုင်ငံတော် လုံခြုံရေးနှင့် စပ်ဆိုင်သည့် ဝန်ကြီးဌာနများအား စစ်တပ်မှ တိုက်ရိုက်ထိန်းချုပ် ထားသောကြောင့် အစိုးရ အဖွဲ့ တစ်ခုလုံးအား သူမ စီမံခန့်ခွဲခွင့်ရှိသည် မဟုတ်ဘဲ တစ်စိတ်တစ်ပိုင်းသာ အုပ်ချုပ်ခွင့် ရခဲ့သည်။

အမျိုးသား ဒီမိုကရေစီ အဖွဲ့ချုပ် အစိုးရ လက်ထက်တွင် ဦးဆောင်မှု အောက်တွင် လွှတ်တော်ထဲ စစ်တပ် ပါဝင်မှု လျှော့ချခြင်း နှင့် အရေးပေါ် အခြေအနေဆိုင်ရာ အာဏာ ပြဋ္ဌာန်းချက် များတွင် ပေးအပ်ထားသော လုပ်ပိုင်ခွင့်များကို လျှော့ချခြင်းဖြင့် စစ်တပ်၏ အာဏာအား တဖြည်းဖြည်းချင်း လျှော့ချမည့် ဖွဲ့စည်းပုံ အခြေခံ ဥပဒေဆိုင်ရာ ပြုပြင်ပြောင်းလဲမှု များအား စတင် ကြီးစား ပြုလုပ် ခဲ့သည်။ စစ်တပ်သည် ဥပဒေပြု လွှတ်တော်၏ ၂၅ ရာခိုင်နှုန်းကို ပိုင်ဆိုင် ထားသောကြောင့် ဗီတို အာဏာရှိ နေသည့် အတွက် ထိုကြီးစား လုပ်ရှားမှုများကို ပိတ်ဆို့ တားဆီး နိုင်ခဲ့သည်။ ၂၀၂၀ ရွေးကောက်ပွဲတွင် အမျိုးသား ဒီမိုကရေစီ အဖွဲ့ချုပ်သည် လွှတ်တော် နှစ်ရပ်လုံး နေရာ အများစု ထပ်မံ အနိုင် ရရှိပြီးနောက် စစ်တပ်သည် ၂၀၂၁ခုနှစ် ဖေဖော်ဝါရီလ ၁ ရက်နေ့တွင် အာဏာ မတရား ထပ်မံ သိမ်းယူကာ နိုင်ငံတော် စီမံအုပ်ချုပ်ရေး ကောင်စီ ဆိုသည့်ကို ဖွဲ့စည်းလိုက်သည်။

ထိုကဲ့သို့ စစ်တပ်မှ အာဏာသိမ်းလိုက်သည် အတွက် ပြည်သူများ၏ လမ်းမပေါ်တွင် ဆန္ဒပြခဲ့ကြသည်။ ဆရာဝန်များ၊ ကျန်းမာ ရေး လုပ်သားများသည်လည်း ဆန္ဒပြထဲတွင် ရှေ့ဆုံးမှ ပါဝင်ခဲ့ပြီး တစ်လကျော် အကြာ မတ်လ အလယ်တွင် မြန်မာပြည် တွင် ရှိသော ဆေးရုံများ၏ သုံးပုံ တစ်ပုံသာ လည်ပတ်နိုင်တော့သည်။ ဆရာဝန်များ၊ သူနာပြုများနှင့် အတူ ကျောင်းဆရာ ၊ ဆရာမ များ၊ ကုန်သည်များနှင့် အစိုးရ ဝန်ထမ်းများ ပါလာကြသည်။ ပြည်သူများသည် အိုးခွက် ပန်းကန်များကို တီး၊ ကားဟွန်များကို တီးကာ စစ်တပ် အာဏာသိမ်းမှုကို အလိုမရှိကြောင်း ပြသခဲ့သည်။ ပြည်သူ အများစုသည် အကြမ်းမဖက် အာဏာ ဖီဆန် ရေး လုပ်ရှားမှု Civil Disobedience Movement (CDM) ထဲတွင် ပါဝင်ခဲ့သည်။ အစပါ၌ အကြမ်းမဖက် CDM လုပ်ရှားမှု အား ဖြင့် စီးပွားရေးကို ရပ်ဆိုင်း ပျိုလဲအောင် ပြုလုပ်ပြီး စစ်တပ်အား အာဏာမှ ဖယ်ရှားအောင် ပြုလုပ်မည့် အစီအစဉ် ဖြစ်သည်။ ထို့ ကဲ့ သို့ အကြမ်းမဖက် လုပ်ရှားမှုကို ဆက်လက် ဆောင်ရွက်ခဲ့ရာ ပြည်သူများသည် အသက်တိုကို ပြုလုပ်ခဲ့ပြီး တစ်နိုင်ငံ လုံး လမ်းမများ၊ ဆိုင်ခန်းများ အားလုံး ခြောက်ကပ်သွားသည့် အနေအထားရောက် ရှိခဲ့သည်။ ထို့အပြင် မြန်မာသီယာ အစရှိ သကဲ့ သို့ စစ်တပ်ပိုင် ဆိုင်ခန်းများ ဒေဝါလီခံရသည်အထိ သတိုင်းမောက်ခဲ့သည်။ NLD လွှတ်တော် ကိုယ်စားလှယ် ၁၅ ယောက် သည် CRPH ဟု ခေါ်သော ပြည်ထောင်စု လွှတ်တော် ကိုယ်စားပြု ကော်မတီကို ဖွဲ့စည်းခဲ့သည်၊ မြန်မာနိုင်ငံ၏ တရားဝင် ဥပဒေပြု အဖွဲ့ အဖြစ် ကြေညာခဲ့သည်။ ထို့အပြင် CRPH သည် နိုင်ငံရေးပါတီများ၊ လူနည်းစု တိုင်းရင်းသား ပါတီများ၊ တိုင်းရင်းသား လက် နက် ကိုင် အဖွဲ့အစည်းများနှင့်အတူ စုပေါင်းပြီး အမျိုးသား ညီညွတ်ရေး အတိုင်ပင်ခံ ကောင်စီ NUCC နှင့် အမျိုးသား ညီညွတ်ရေး အစိုးရ NUG တို့အား ဖွဲ့စည်းခဲ့သည်။ ယခု အချိန်တွင် အမျိုးသား ညီညွတ်ရေး အစိုးရကို နိုင်ငံတကာ ကုန်သွယ်ရေး၊ သမဂ္ဂ၊ အာဆီယံ၊ လူ့အခွင့်အရေး အတွက် လွှတ်တော် ကိုယ်စားလှယ်များ အဖွဲ့၊ ဥရောပ သမဂ္ဂတို့မှ တရားဝင် မြန်မာပြည်၏ ကိုယ် စားပြု လွှတ်တော် အဖြစ် သတ်မှတ်ခဲ့သည်။

နိုင်ငံတော် စီမံအုပ်ချုပ်ရေး ကောင်စီ တဖြစ်လည်း အကြမ်းဖက် စစ်တပ်မှ ထိုကဲ့သို့ လုပ်ရှားမှုများကို အကြမ်းဖက်မှုနှင့် လူ မဆန်စွာ ရက်စက် ကြမ်းကြုတ်မှုများဖြင့် တုန့်ပြန်ခဲ့သည်။ ဒီမိုကရေစီရေး လုပ်ရှားသူများနှင့် CDM တွင် ပါဝင်ခဲ့ကြသည့် အစိုးရ အရာရှိများကို ဖမ်းဝရမ်းများ ထုတ်ခဲ့ကြသည်။ ထို့နောက် ဒေါ်အောင်ဆန်းစုကြည် အပါအဝင် ခေါင်းဆောင်များ အားလုံးကို ဖမ်းဆီး ထောင်ချခဲ့သည်။ အကြမ်းဖက် စစ်တပ်သည် CDM ပြုလုပ်သူများ ဆန္ဒပြသူများအား ပစ်မှတ်ထားရန် အမိန့်ပေးခဲ့သည်။ ထို့ကြောင့် အပြစ်မဲ့ ပြည်သူ ၁၄၀၀ ကျော် သည် အသတ်ခံခဲ့ပြီး ၁၀၀၀၀ ကျော် တရား စွဲဆိုခံရ၊ အဖမ်းခံရ၊ ထောင်ဒါဏ်ခံ အပြစ် ပေးခံ ခဲ့ရသည်။ ဆန္ဒပြ ဦးဆောင်သူများအား ပစ်မှတ် ထားခဲ့သည်။ အစပါ၌ ခေါင်းဆောင် အများစုသည် ကျောင်းသားများ နှင့် အာဏာသိမ်းမှုအား ဆန့်ကျင်သည့် အရပ်သားများ ဖြစ်ကြသည်။ ထိုအရပ်သားများသည် မတရားသည့် ဖမ်းဆီးမှုနှင့် နှိပ်စက်မှု အန္တရာယ်ကို ကြီ့ တွေ့နေရသည်။ စစ်တပ်သည် ဆန္ဒပြ ခေါင်းဆောင်များကို ဖမ်းဆီးကာ လူမဆန်စွာ နှိပ်စက် သတ်ဖြတ်ပြီး ရုပ်

ပျက် ဆင်းပျက် ဖြစ်နေသည့် ခန္ဓာကိုယ်ကို အိမ်ရှေ့ တံခါးပေါက်ဝတွင် ထားခဲ့ကြသည်။ ဆန္ဒပြ ခေါင်းဆောင်များသည် မိမိ တို့ နေရာ၊ အိုးအိမ်များကို စွန့်ခွာပြီး ထွက်ပြေးကြရသည်။ စစ်တပ်သည် သူတို့ကို ဆန့်ကျင်သူများ ရှိသည်ဟု ယူဆသော ရွာများကို ဖုံးကြခဲ့သည်။ ထို့အပြင် သူတို့ကို ဆန့်ကျင်သည်ဟု ယူဆသော ရွာများကို စစ်ပွဲ တခု အလား ဝင်ရောက် ပစ်ခတ်တိုက်ခိုက်ခဲ့ပြီး မီးတင်ရှို့ကြသည်။ ထို့နောက် ရွာထဲမှာ ရှိသည့် ရွာသားများ အားလုံးကို ဖမ်းဆီး သတ်ဖြတ်ပြီး ထိုရွာ အနီးနားတွင်ပင် အစုလိုက် အပြုံလိုက် မြေမြှုပ်ခဲ့ကြသည်။

အကျိုးဆက် အဖြစ် ဆန္ဒပြများကို ဦးဆောင်နေကြသည့် ဒီမိုကရေစီ ခေါင်းဆောင် အများစုသည် ထိုင်း သို့မဟုတ် အိန္ဒိယ သို့ ထွက်ပြေး တိမ်းရှောင်ခဲ့ရသည်။ ထိုင်နိုင်ငံ၏ လုဝင်မှု ကြီးကြပ်ရေး ဥပဒေများကြောင့် ဒုက္ခသည် များသည် ထိုင်နိုင်ငံ တွင် တရားဝင် နေနိုင်ရန် လုံး ဝ မဖြစ်နိုင်ရေ။ ထို့ကြောင့် သူတို့သည် ထိုင်းမြန်မာ နယ်စပ်တွင် နေကြသည်။ အဆိုပါ နေရာတွင် မြန်မာ စစ်တပ်သည် သူတို့ကို အချိန်မရွေး လာရောက် ဖမ်းဆီးနိုင်သည်၊ သူတို့၏ နေမှုသည် အခြေအနေမှာလည်း အလွန်ဆိုး ရွားလှသည်။ စစ်သားများမှ သူတို့ တည် ရှိသည့် နေရာကို အချိန်မရွေး လာရောက် ဖမ်းဆီးသွားနိုင်မှု အန္တရာယ်လည်း အလွန် ကြီးမားလှသည်။ ထို့အပြင် ထိုင်ရဲများလည်း သူတို့အား စဉ်ဆက် မပြတ် ခြိမ်းခြောက်ကာ ငွေ တောင်းခံလေ့ ရှိပြီး သူတို့အား မြန်မာပြည် ပြန်ပို့မည့် အန္တရာယ်မှ ကာကွယ်နိုင်ရန် ထိုင်ရဲများကို အမြဲတမ်း ငွေပေးနေသည်။ ထို့အပြင် ရိုဟင်ဂျာ ဒုက္ခသည် သန်း တစ်ဝက်လောက်သည်လည်း မြန်မာမှ ထွက်ပြေးသွားကြမှု အတွက် ဆယ်စုနှစ် တစ်ခုကျော် တည်ရှိခဲ့သည့် ရိုဟင်ဂျာ ပြဿနာအား ပိုမို ဆိုးရွားလာစေသည်။ အမှန်တကယ် အားဖြင့် ဘင်္ဂလားဒေ့ရှ်တွင် တည်ရှိသည့် ကူတာပါလောင်းမှို ရိုဟင်ဂျာ ဒုက္ခသည် စခန်း သည် ကမ္ဘာ့အကြီးဆုံး ဒုက္ခသည် စခန်းဖြစ်လာသည်။

နိုင်ငံတော် စီမံအုပ်ချုပ်ရေးကောင်စီဟု ခေါ်သော စစ်တပ် ရက်စက် ယုတ်မာရှိင်းစိုင်းမှုများကို ကာကွယ်နိုင်ရန် မြန်မာပြည် သူ လူထုများသည် အကြမ်း မဖက်သော အာဏာဖီဆန်ရေး လမ်းကြောင်းကိုသာ ကျင့်သုံး မရတော့ပဲ မိမိကိုယ် မိမိ ခံကာ ကွယ်ရန် ပြင်ဆင်ခဲ့ရသည်။ ပြည်သူ့ကာကွယ်ရေး တပ်ဖွဲ့ People's Defense Forces (PDF) ဟူသော ခေါင်းစဉ်အောက် တွင် မြန်မာပြည်သူများသည် သူတို့၏ အသက် အိုးအိမ်စည်းစိမ်နှင့် သူတို့ကျေးရွာ၊ သူတို့ ပတ်ဝန်းကျင်အား တရစ္ဆာန်နှင့် ရှရားမှ လက်နက် အပြည့်အစုံတပ်ဆင် ပေးထားသည့် စစ်တပ်ကြီးမှ ဝင်ရောက် နောက်ယုက် သတ်ဖြတ်ခြင်းမှ ကာကွယ်နိုင်ရန် မိမိ ကိုယ်တိုင် မိမိလက်နက်တပ်ဆင်ထားသည့် ပြည်သူ့ စစ် ပုံစံတပ်ဖွဲ့လေးများအဖြစ် စတင်ခဲ့သည်။ ယခု အချိန်တွင် အမျိုးသား ညီညွတ်ရေး အစိုးရ၏ ဦးဆောင်မှု အောက်တွင် တဖြည်းဖြည်း ပိုမို့စနစ်ကျလာသော အဖွဲ့အစည်းဖြစ်လာခဲ့ပြီး PDF ပြည်သူ့ကာ ကွယ်ရေး တပ်မတော်သည် နောင်လာမည့် ဖက်ဒရယ် တပ်မတော် ဖြစ်လာသည်။ အမိန့်ပေးမှု စနစ်ကို တည်ဆောက် လာနိုင် ခဲ့သည်။ တာဝန်ယူမှု၊ တာ်ခန်ခံမှ စနစ်များက တပ်ဖွဲ့များ၏ လုပ်ရှားမှုများကိုစောင့်ကြည့်လာနိုင်သည်။ ထို့အတူဒေသဆိုင် ရာ အဖွဲ့လေးများ ဖြစ်သည့် Local Defense Forces ဒေသ ပြည်သူ့ကာကွယ်ရေး တပ်ဖွဲ့များက စစ်တပ်၏ ကားတန်းများကို မိုင်း ဖောက်ခွဲခြင်း၊ မြန်မာပြည်သူ ပြည်သားများအား ရက်စက်မှုများ ကျူးလွန်ခဲ့သည့် စစ်တပ် အရာရှိများကို လုပ်ကြံ သတ်ဖြတ် ခြင်း များကို ပြုလုပ်ခဲ့သည်။ ဒုတိယ ကမ္ဘာ့စစ် အတွင်း ပြုလုပ်ခဲ့သော တော်လှန်ရေး တပ်သားများ၏ နည်းလမ် အတိုင်း ပြုလုပ် ခြင်း ဖြစ်သည်။ အဆိုပါ ပြည်သူ့ ကာကွယ်ရေး တပ်ဖွဲ့များသည်လည်း အမျိုးသား ညီညွတ်ရေး အစိုးရ လက်အောက်သို့ ဝင် ရောက်ကာ စနစ်တကျ ဖွဲ့စည်းထားသော တပ်ရင်း တပ်ဖွဲ့များအဖြစ် ပိုမို ဖွဲ့စည်းလာကြသည်။ ထိုကဲ့သို့သော ဆောင်ရွက် လာသော ဖြစ်စဉ် အတွင်းတွင် ပြည်သူ့ကာကွယ်ရေးတပ်ဖွဲ့များသည် နိုင်ငံတကာ ချမှတ်ထားသည့် စည်းမျဉ်း စည်းကမ်းများကို အသိ အမှတ်ပြု လိုက်နာရန် သင်ကြား ပျိုးထောင်ခဲ့ကြသည်။ ပြည်သူ့ကာကွယ်ရေး တပ်မတော်သည် သူတို့အား နေ့စဉ် ရက်စက် စွာ ညှင်းပန်း နှိပ်စက်နေသည့် သူတို့၏ ရန်သူ့အကြမ်းဖက် သမားများအပေါ် လူ့အခွင့်အရေး စံချိန် စံညွှန်းနှင့်အညီ ဆက်ဆံရန် လေ့ကျင့်သင်ကြားခဲ့ကြသည်။

၂၀၂၀ ခုနှစ် ဆောင်းဦး ရာသီတွင် ရေးသားခဲ့သော ဤစာအုပ်သည် စစ်တပ်၏ အုပ်ချုပ်မှု၊ ဖိနှိပ် ချုပ်ချယ်သော စစ်အစိုးရ အဆက်ဆက်နှင့် လူမျိုးရေး ပဋိပက္ခများကို တမဟ ဖန်တီးယူခြင်း တို့ကို မှတ်တမ်း တင်ထားသည့်မြန်မာ့မိုင်း တခုဖြစ်သည်။ သမိုင်းဝင် ခေတ်သစ်ကို စတင်ရန် ယခု အကြိမ်တွင် မြန်မာနိုင်ငံသားများသည် စစ်အုပ်၏ အုပ်ချုပ်မှု ကို အပြီးတိုင် အဆုံးသတ် ရန် ရည်စူးပြီး စည်းလုံး ညီညွတ်ချက် ရှိကြသည်။ မြန်မာနိုင်ငံတွင် စစ်တပ်၏ ရက်စက် ကြမ်းကြုတ် ဖိနှိပ်မှုများကို အံတုကာ ဒီမိုကရေစီရေး အတွက် ကြိုးပမ်း ဆောင်ရွက်ကြသည် သမိုင်း အစဉ်အလာများ ရှိကြောင်း ယခု စာအုပ်က ပြောပြပေးနိုင် ပါ

လိမ့်မည်။ ဒီမိုကရေစီရေး လှုပ်ရှားနေသော ခေါင်းဆောင်များ ထဲတွင် မိခင်များ၊ ဖခင်များ၊ သားများ၊ စီးပွားရေး ခေါင်းဆောင် များ၊ အကျ်ိအမြတ် အတွက် မဟုတ်ဘဲ ဖွဲ့စည်းထားသော အဖွဲ့များ၏ ဒါရိုက်တာများနှင့် ဥပဒေပြု လွှတ်တော် အမတ်များပါဝင်ပါ သည်။ ထို ခေါင်း ဆောင်များစွာ၏ အမည်များကို သတင်းစာ သို့မဟုတ် သမိုင်း စာအုပ်ထဲတွင် တွေ့ကောင်းမှ တွေ့ရ ပါလိမ့်မည်။ သို့သော် မြန်မာနိုင်ငံ အသစ် တခု တည်ဆောက်ရန် အတွက် သူတို့၏ ဇက်ဇက်ခဲခဲ ကြီးပမ်း ဆောင်ရွက်နေမှုများကို အသိအမှတ် ပြုရမည် ဖြစ်ပါသည်။ သတင်း ဆောင်းပါးများ၊ သမိုင်း စာအုပ်များ အရေးကြီးသကဲ့သို့ နွေဦးတော်လှန်ရေး ထဲမှာ ကိုယ်တိုင် ပါဝင် ဦးဆောင် နေကြသော လူပုဂ္ဂိုလ်များ ကိုယ်တိုင် ပြန်ပြောပြထားသည့် သူတို့ ကိုယ်တွေ့မှတ်တမ်းများသည်လည်း ယခုကဲ့သို့ သမိုင်းဝင် အချိန်အခွ်တွက် ထူးထူးခြားခြား အရေးပါအရာကောင်သည်ဟု ယုံကြည်ပါသည်။

ထို့ကြောင့် “ ပြည်သူတွေကဒီမိုကရေစီတောင်းဆိုကြပြီ ” စာအုပ်သည် မထင်မှတ်ထားလောက်အောင် လူမဆန်သော အကြမ်းဖက်မှုများကို ရင်ဆိုင်ပြီး သူတို့ ရပိုင်ခွင့် အခွင့်အရေး များနှင့် သူတို့၏ ရပ်ရွာ အကျ်ိး စီးပွား အတွက် တိုက်ပွဲဝင် နေ ကြသူများမှ ပြန်လည်မျှဝေ ပြောပြထားသည့် သူတို့ အသက်ရှင် နေထိုင်ခဲ့သော၊ အတွေ့အကြုံများ အပေါ် အခြေခံထားခြင်း ဖြစ်ပါသည်။ မြန်မာနိုင်ငံတွင် ထာဝရ တည်တံ့သော ဒီမိုကရေစီ စနစ် တခု တည်ဆောက်ရန် သူတို့၏ သမိုင်းဝင်ရည်မှန်းချက် ဆီသို့ ဆက်လက်လျှောက်လှမ်းလျှက် ရှိနေကြသော သူတို့၏ရဲရင့်ရ်ိးမာန်များထဲတွင် သူတို့ စိုးရိမ် ကြောက်ရွံ့မှုများနှင့် မျှော်လင့် ချက် များက အသင်းသား ရောင်ပြန် ဟပ်လျှက်ရှိနေသည်ကို မြင်တွေ့နေရမည်ဖြစ်ပါသည်။

တည်ဆောက်ပုံ

“ပြည်သူတွေကဒီမိုကရေစီတောင်းဆိုကြပြီ” စာအုပ်ကို မြန်မာ့ ဒီမိုကရေစီ အနာဂတ် လုပ်ငန်း အဖွဲ့၊ BDFWG နဲ့ လက် တွဲ ထုတ် ဝေခဲ့တာ ဖြစ်ပါတယ်။ BDFWG ဆိုတာ မြန်မာပြည် အရေး အတွက် ဆောင်ရွက်နေတဲ့ ပညာရှင်တွေနဲ့ ဒီမိုကရေစီ ရေး တက်ကြွသူတွေ စုဖွဲ့ထားတဲ့အဖွဲ့ ဖြစ်ပါတယ်။ BDFWG က သုတေသနလုပ်ငန်းများနှင့် မူဝါဒဆိုင်ရာ စာတမ်းများကို ထုတ် ဝေလျှက် ရှိပါတယ်။ အဆိုပါ သုတေသန လုပ်ငန်းများနှင့် မူဝါဒဆိုင်ရာ စာတမ်းများဟာ မြေပြင်မှာ အမှန်တကယ် ဆောင်ရွက် နေတဲ့ ဒီမိုကရေစီရေးတက်ကြွလှုပ်ရှား နေသူတွေနဲ့ ပြည်ပကိုထွက်ပြေး ဒိမ်းရှောင်နေတဲ့ နိုင်ငံရေး ခေါင်းဆောင်များနဲ့ မိမိ နေရပ်ကို စွန့်ခွါခဲ့ရတဲ့ နိုင်ငံသားတွေရဲ့ လုပ်ဆောင်တဲ့ လုပ်ငန်းကို အကျ်ိုးပြုလျှက် ရှိပါတယ်။အဲဒီ လုပ်ငန်းတွေက တဆင့် နိုင်ငံရေး ပြုပြင်ပြောင်းလဲမှု အတွက် အကြမ်းမဖက် ဒီမိုကရေစီ အပြောင်းအလဲအတွက် မဟာဗျူဟာ တွေကို စဉ်ဆက် မပြတ် ဆောင်ရွက်လျှက်ရှိပါတယ်။ BDFWG နဲ့ ဟချိန်းသား တက္ကသိုလ် ကျောင်းသူ ကျောင်းသားတွေက ဒီမိုကရေစီရေးကြိုးပမ်းမှု လုပ်ငန်းတွေမှာ ပါဝင်ဆောင်ရွက် ခွင့် ရရှိခဲ့ပါတယ်။ “ ပြည်သူတွေက ဒီမိုကရေစီ တောင်းဆို ကြပြီ ” ဆိုတဲ့ စာအုပ်မှာ မူလ ပုံသဏ္ဌာန်နဲ့ ဆောင်ရွက်မှု တွေဟာ ဆိုင်ပါမောက္ခ စတိဗ် ပါဉ်ရဲ့ ENWR ၂၅၁၀ ဆိုတဲ့ ၂၀၂၁ ခုနှစ် နွေဦးကာလ တက္ကသိုလ် ကောင် ချိန် လုပ်ငန်း တွေထဲက တစ်စိတ်တစ်ပိုင်း ဖြစ်ပါတယ်။ နွေဦးစာသင်ချိန်ကာလ ပြီးသွားတဲ့ အခါမှာ ဒီပရောဂျက်ဟာ **working and writing for changes series** လို့ ခေါ်တဲ့ “ အပြောင်းအလဲ အတွက် အလုပ် လုပ်ကြမယ်၊ စာရေးကြမယ်” ဆို တဲ့ လုပ်ငန်းစဉ်ထဲမှာ ပါဝင်လာပြီးတော့ ဆက်လက်ပြီး နောက်ဆုံး အချောသတ် စာမူအတွက် ဆက်လက် ပြင်ဆင် ဆောင်ရွက် ခဲ့ကြပါတယ် ။ မြန်မာပြည်မှာ စစ်တပ်ရဲ့ ရက်စက် ကြမ်းကြုတ်တဲ့ အုပ်ချုပ်နေမှု အောက်မှာ ခံစားနေကြတဲ့၊ တွန်းလှန်နေကြတဲ့ အသံတွေကို ကမ္ဘာက ကြားရအောင် ဆောင်ရွက်တဲ့ ဒီပရောဂျက်ကို နားလည် လေးစားပြီး ထောက်ပံ့ ကူညီခြင်းအတွက် ပါဝင် ကူညီခဲ့ကြသူ အားလုံး၊ အဖွဲ့အစည်း အားလုံးကို ကျေးဇူး အများကြီးတင်ရှိပါတယ်။

အပေါ်မှာ ဆွေးနွေးခဲ့တဲ့ အတိုင်းပါဘဲ စာရေးသူတွေ၊ အယ်ဒီတာတွေ ဖြစ်တဲ့ ကျွန်တော်တို့၊ ကျွန်မ တို့ဟာ ဒီမိုကရေစီရေး လုပ် ရှား နေကြသူတွေရဲ့ ဆောင်ရွက်ရဲ့တဲ့ သတ္တိတွေရောပြန်နေတဲ့ သူတို့တွေရဲ့အသံတွေ အပေါ်မှာ စာအုပ်ကို ထုတ်ဝေခဲ့ခြင်း ဖြစ် ပါတယ်။ ဒါ့ကြောင့်လည်း ဒီ စာအုပ်အစမှာ တစ်ဦးချင်းစီရဲ့အကြောင်းကို ဖော်ပြထားတာ ဖြစ်ပါတယ်။ နောက်ပြီး မြန်မာပြည် ဒီမို ကရေစီ အစိုးရ၊ လက်အောက်မှာ သူတို့ဘ၁၁၀ ၊ စစ်အာဏာသိမ်းမှု လက်အောက်မှာ သူတို့ရဲ့ တွန့်ပြန်နဲ၊ သူတို့ ဘဝနဲ့ နောက် ဆက်တွဲ လူ့အခွင့်အရေး ချ်ိဖော်မှုတွေ အကြောင်းကို ဖော်ပြခဲ့တာ ဖြစ်ပါတယ်။ ကျွန်တော်တို့ အားလုံးရဲ့ ရည်ရွယ်ချက်ဟာ မြန်မာနိုင်ငံရဲ့ လက်ရှိ အခြေအနေနဲ့ စစ်အာဏာရှင် လက်အောက်မှာ မြန်မာ နိုင်ငံသား တွေရဲ့၊ ကြုံတွေ့နေရတဲ့ အခြေအနေ တွေကို ကမ္ဘာ့ ပြည်သူလူထုက သတိပြုမိစေဖို့ပါ။ သူတို့ ပြောပြတဲ့ ဇာတ်လမ်း တွေဟာ စစ်တပ်ရဲ့အကြမ်းဖက် အာဏာသိမ်းမှု

နောက်ပိုင်းမှာ မြန်မာပြည်ကနေ နွေဦးတော်လှန်ရေးမှာ ပါဝင်ခဲ့ကြတဲ့ လူပုဂ္ဂိုလ်များစွာ ထွက်ပြေး တိမ်းရှောင်ခဲ့ကြရတဲ့ အခြေ အနေက သူတို့ရဲ့၊ ဘဝတွေကို လက်ရှိ အခြေအနေတွေက ဘယ်လိုမျိုး သက်ရောက်မှု ရှိတယ် ဆိုတာကိုပြော ပြနေတာပယ်။ မြန်မာပြည် သမိုင်းနဲ့ သိပ်မရင်းနီးတဲ့ သူများ အတွက်လည်း မြန်မာ့သမိုင်း ရက်စွဲ မှတ်တမ်းများကိုလည်း ဖော်ပြထား ပါတယ်။

ကျွန်တော်တို့ရဲ့၊ ရည်မှန်းချက်က ဒီ စာအုပ်ထဲမှာပါတဲ့ တစ်ဦးချင်းစီရဲ့အတွေ့အကြုံနဲ့ ပြောကြားသံတွေကို ရယူ ဖော်ပြဖို့ဖြစ်တယ် ဆိုပေမဲ့၊ ကျွန်တော် ကျွန်မ တို့တွေက ဒီထဲမှာပြောဆို ထားကြတဲ့ သူတွေရဲ့ နေ့စဉ် ကြုံတွေ့ရတဲ့ အခက်အခဲတွေနဲ့ အန္တရာယ် တွေ ၊ ခြိမ်းခြောက်မှုတွေကိုလည်း ထည့်သွင်း စဉ်းစားရပါတယ်။ ဒီစာအုပ်ထဲမှာ ဆွေးနွေးပြောဆိုကြတဲ့သူ အများစုက သူ တို့ အိမ်တွေ၊ သူတို့ရဲ့ ကျေးရွာတွေကို ထွက်ပြေး စွန့်ခွါလာကြတဲ့ သူတွေ ဖြစ်ပါတယ် ။ ဒီ စာအုပ်ထဲက ဆွေးနွေး ပြောဆိုကြ တဲ့ သူတွေဟာ ထိုင်း မြန်မာ နယ်စပ် ၊ အိန္ဒိယနယ်စပ်နဲ့ မြန်မာနိုင်ငံ အတွင်းက လျှို့ဝှက်ထားရတဲ့ နေရာတွေကနေ ပြောဆိုခဲ့ကြ တာပါ။ တချို့တလေကပဲ ကံကောင်းစွာနဲ့ ဒုက္ခသည် အဖြစ် လုံခြုံတဲ့ချရတဲ့ နေရာနဲ့ တချို့ကလည်း အမေရိကန် ပြည်ထောင်စု ကို ရောက်ရှိလာကြတာပါ။ ဒါကြောင့်မို့လည်း ဒီ အင်တာဗျူး အများစုကို zoom ကနေ ပြုလုပ်ခဲ့တာ ဖြစ်သလို မြေပြင် နဲ့ စာချင်း ချိတ်ဆက် ပြီးတော့မှ ပြုလုပ်ခဲ့တာလည်း ရှိပါတယ်။ ဒီစာအုပ်မထုတ်ဝေခင်မှာ ဒီထဲမှာပါဝင်တဲ့ တစ်ဦးချင်းစီကို သူတို့ ပြောထား တဲ့ အကြောင်းအရာတွေနဲ့ ပတ်သက်ပြီး သူတို့မှာ ပြည့်စွက် ပိုင်ခွင့်၊ မထုတ် ဝေရန် တားဆီး ပိုင်ခွင့် အပြည့် ပေးထားပါတယ်။ သူတို့တွေက မြန်မာ့ဒီမိုကရေစီရေး တက်ကြွ လူ့ရပာနေသူတွေနဲ့ အတွေ့အကြုံရဲ့ အယ်ဒီတာတွေ့ဆီကနေနေပြီး တော့ မှ အကြံပြုချက် လမ်းညွှန်ချက်ကို အင်္ဂလိပ်လိုရော မြန်မာလိုရော ရရှိခဲ့ပါတယ်။ အဲဒီထဲမှာ " အပြောင်းအလဲ အတွက် အလုပ် လုပ်ကြမယ်၊ စာရေးကြမယ် " ထဲမှ ထည့်သွင်းဖော်ပြခြင်း အားဖြင့် ဖြစ်နိုင်ခြေတဲ့ ရလာဒ်တွေ နောက်ဆက်တွဲ အကျိုးဆက် တွေကို ဖော်ပြထားပါတယ်။ ဒါ့အပြင်သူတို့တွေရဲ့ နာမည်တွေကို အတိအကျဖော်ပြရာမလိုဘဲ ခမည်ဝှက်တွေကို သုံးဖို့လည်း ပဲ အကြံပြုခဲ့ပါတယ်။ ထို့အတွေ့ အတွေ့အကြုံရဲ့ မြန်မာပြည်က ဒီမိုကရက်တစ်ခေါင်းဆောင်တွေကတဆင့် ဒီမိုကရေစီ ရေး တက်ကြွလှုပ်ရှားသူတွေမှတဆင့် စကားပြောဖို့လည်း စီစဉ်ပေးနိုင်ခဲ့ပါတယ် ဒီစာအုပ်ထဲမှာပါဝင် ပြောကြားခဲ့ကြ တဲ့ သူတွေရဲ့ လုံခြုံရေးက ဒီ စာအုပ်ကို ရေးသားတဲ့ တလျှောက်မှာ အရေးကြီးဆုံး လုပ်ငန်းစဉ်လည်း ဖြစ်ခဲ့ပါတယ်။

" ပြည်သူတွေ ဒီမိုကရေစီ တောင်းဆိုကြပြီ " ဆိုတဲ့ စာအုပ်ထဲမှာပါဝင်တဲ့ လူပုဂ္ဂိုလ်တစ်ဦးချင်းစီရဲ့ ရဲစွမ်းသတ္တိကို အခြေပြုပြီး ပြောရရင် ကျွန်တော်တို့ ကျွန်မတို့တွေရဲ့ဒီ စာအုပ် ရည်ရွယ်ချက်ဟာ သူတို့တွေရဲ့ အတွေ့အကြုံတွေကို မှတ်တမ်း ပြုတာ ထက် ပိုပါတယ်။ အခုလို မှတ်တမ်း ပြုစုတာကလည်းပဲ အကြမ်းဖက် စစ်အစိုးရရဲ့ သတင်းမှား၊ သတင်းဖျက် လုပ်ငန်းစဉ်ရဲ့ အန္တရာယ် ကြီးမှုကို ထောက်ရှုလို့ ရှိရင် အခုလို အတွေ့အကြုံကို မှတ်တမ်းတင်ခြင်းဟာလည်း အတော် အရေးကြီးပါတယ်။ ကျွန်တော် တို့ ရဲ့၊ ရည်ရွယ်ချက်က မြန်မာပြည်မှာ ဒီမိုကရေစီ ပြန်လည် ထွန်းကားမှုရမယ်ဆိုတဲ့ ကြီးစားနေကြ တဲ့ လူပုဂ္ဂိုလ် တစ်ဦးချင်းစီရဲ့ အဖွဲ့အစည်းတွေရဲ့ရည်ရွယ်ချက်တွေ့ရဲ့ လူ ပိုမိုသိလာအောင်၊ ဝိတ် ဝင်စား လာအောင် ပြုလုပ်ခြင်း ဖြစ် ပါတယ်။ ဒါကြောင့်လည်း "ပြည်သူတွေ ဒီမိုကရေစီ တောင်းဆိုကြပြီ" စာအုပ်ကို သူတို့ ကိုယ်စား ပြောကြားပေးဖို့ အတွက် တော - ၁ဆို သံတွေနဲ့ အဆုံး သတ်ထားပါတယ်။ ကျွန်တော်တို့ ကျွန်မတို့တွေ သူတို့တွေရဲ့အားလုံးဝီက တစ်သံတည်း ကြားရတာ က သူတို့ အောင်မြင်မှ သေချာတယ် ဆိုတာပါဘဲ။ ဒီ စာအုပ်ထဲက ပါဝင် ပြောဆိုသူ တစ်ယောက်က မာတင်လူသာကင်း ရဲ့ အဆို အမိန့် ကို ကိုးကားပြီး ကျွန်တော်တို့၊ ကျွန်မတို့တွေကို ပြောသွားတာက " Injustice anywhere is a threat to Justice everywhere"၊ " နေရာ တနေရာမှာ မတရားမှ ဖြစ်နေရင် အဲ့ဒါသည် ကမ္ဘာနေရာ အားလုံးရဲ့၊ တရားမျှတမှု အတွက် ခြိမ်းခြောက်ခြင်း ပါဘဲ" တဲ့ ။

သူတို့ နိုင်ငံရဲ့ အကြောင်း။ အခြေအနေကို သူတို့ တစ်ယောက်ချင်းစီကနေ ကြားရ၊ သိရှိပြီးတဲ့ အခါမှာ သူတို့နဲ့ ထိုက်တန် တဲ့၊ လူ့အခွင့်အရေး အပြည့်အဝ ရရှိတဲ့ သူတို့ရဲ့၊ ဖက်ဒရယ်ဒီမို ကရေစီ နိုင်ငံတော် တည်ဆောက်ရေး လုပ်ငန်းစဉ်ထဲမှာ မိတ်တွေ အနေနဲ့ ပါဝင်ပူးပေါင်း လာလိမ့်မယ်လို့ မျှော်လင့်မိပါတယ်။

ဝေါဟာရ အသုံးအနှုန်းများ

ပမာ နိုင်ငံလုံး ဆိုင်ရာ ကျောင်းသား သမဂ္ဂများ အဖွဲ့ချုပ် [1] - ရန်ကုန်တက္ကသိုလ်တွင် တည်ထောင်ခဲ့သော အဖွဲ့အစည်း တစ်ခုဖြစ် သည်။ နိုင်ငံတစ်လုံးတွင် ပညာရေး လွတ်လပ်ခွင့်၊ ကျောင်းသား အခွင့်အရေးနှင့် ဒီမိုကရေစီ အရေးတို့ကို အစဉ်တစိုက် ထောက်ခံ အားပေးဆောင်ရွက်ခဲ့သည့် ကျောင်းသားအဖွဲ့အစည်း ဖြစ်သည်။

ရက္ခိုင့် တပ်တော် (အေအေ) [2]: ရခိုင် ပြည်နယ်တွင် အခြေချထားသော ရခိုင်အမျိုးသားရေး အဖွဲ့အစည်း တစ်ခု ဖြစ်သည်။ ၂၀၀၉ ခုနှစ်၊ ကချင် ပြည်နယ်တွင် တည်ထောင် ခဲ့သော ရက္ခိုင့် အမျိုးသား အဖွဲ့ချုပ်၏ စစ်တပ် ဖြစ်သည်။

အာရကန် ရိုဟင်ဂျာ ကယ်ဆယ်ရေး တပ်မတော် [3] - ရခိုင်ပြည်နယ် မြောက်ပိုင်းတွင် လှုပ်ရှား နေသော ရိုဟင်ဂျာ တော်လှန်ရေး အဖွဲ့ဖြစ်ပြီး ၂၀၁၃ ခုနှစ်မှာ ဖွဲ့စည်းခဲ့သည်။ မူလက ဟာရာကာ အယ် - ယာကင် ဟု ခေါ်သည်။

အာရှနိုင်ငံများ၏ ငြိမ်းချမ်းရေး အတွက် ဘာသာရေး ဦးလာခံ (အေစီအာပီ) [4, 5] - ကုလသမဂ္ဂနှင့် ဆက်နွယ်နေသော အစိုးရ မဟုတ် သည့် အဖွဲ့အစည်းတစ်ခုဖြစ်သည်။ ကမ္ဘာ့ငြိမ်း ချမ်းရေး အတွက် ဘာသာရေး ဦးလာခံ၏ အာရှတိုက် ဆိုင်ရာအဖွဲ့ဖြစ် သည်။ ဘာသာ ရေးအခြေပြု အာရှတိုက်သားများအား ထောက်ခံ ပူးပေါင်း ဆောင်ရွက်မှုများ နှင့် ငြိမ်းချမ်းရေးနှင့် လက်နက် ဖျက် သိမ်းရေး ကြိုးပမ်းဆောင်ရွက်နေသော အဖွဲ့ဖြစ်သည်။

နိုင်ငံရေး အကျဉ်းသားများ ကူညီ စောင့်ရှောက်ရေး အသင်း (အေအေပီပီ) [6] - ထိုင်းနိုင်ငံတွင် အခြေစိုက်ထားသော အကျိုးအ မြတ်မယူမည့် လူအခွင့်အရေး အဖွဲ့အစည်းဖြစ်သည်။ မြန်မာစစ်တပ်မှထိန်းသိမ်းခံရသူများ သို့မဟုတ် အသတ်ခံရသူများအား မှတ်တမ်းပြုထားပြီး နိုင်ငံရေးအကျဉ်းသားများလွတ်မြောက်ရေးနှင့် လွတ်မြောက်ပြီးနိုင်ငံရေး အကျဉ်းသားများ ဘဝ တိုးတက် ရေး အတွက် ကြိုးစားဆောင်ရွက်နေသော အဖွဲ့ဖြစ်သည်။

အရှေ့တောင် အာရှနိုင်ငံများ အသင်း [7] - အရှေ့တောင် အာရှရှိ အဖွဲ့ဝင် နိုင်ငံ ၁၀ နိုင်ငံ၏ နိုင်ငံရေးနှင့် စီးပွားရေး ပေါင်းစည်းမှု၊ စီးပွားရေး တိုးတက်မှု၊ လူမှုရေး တိုးတက်မှု နှင့် ယဉ်ကျေးမှု ဖွံ့ဖြိုးတိုးတက်မှု တို့ကို အဆင့်မြှင့်ရန် အလို့ငှာ ၎င်း၏ အဖွဲ့ဝင်များနှင့် အခြား အာရှနိုင်ငံများ အကြား ပေါင်းစပ်မှုကို လွယ်ကူစေရန် နှင့် ကုလသမဂ္ဂမှုများ အပေါ် အခြေခံ၍ ဒေသတွင်း ငြိမ်းချမ်းရေးနှင့် တည်ငြိမ်မှုကို မြှင့်တင်ပေးရန် ဖွဲ့စည်းထားသည်။

ဗိုလ်ချုပ်အောင်ဆန်း [8] - မြန်မာနိုင်ငံရေးသမား၊ လွတ်လပ်ရေးလှုပ်ရှားသူ၊ လွတ်လပ်ရေးသူရဲကောင်း၊ တော်လှန်ရေးသမား မြန်မ့လက်နက်ကိုင် တပ်ဖွဲ့များ တည်ထောင်သူ၊ မျက်မှောက်ခေတ် မြန်မာနိုင်ငံ၏ ဖခင်အဖြစ် သတ်မှတ် လေးစားကြသူ ဖြစ် သည်။ မြန်မာနိုင်ငံ ပြိတိသျှ အုပ်ချုပ်ရေးကို အဆုံးသတ်ရန် တိုက်ပွဲဝင် နေစဉ် လုပ်ကြံ သတ်ဖြတ် ခံခဲ့သည်။

<u>ဒေါ်အောင်ဆန်းစုကြည်</u> [9] – မြန်မာ့ဒီမိုကရေစီ နိုင်ငံရေး ခေါင်းဆောင်၊ သံတမန် တဦး ဖြစ်ပြီး ဆယ်စုနှစ် နှစ်စု နီးပါး နေ အိမ် အကျယ်ချုပ်တွင် နေထိုင်ခဲ့ရသူ ဖြစ်သည်။ ၁၉၉၀ ခုနှစ် တွင် ငြိမ်းချမ်းရေး နိုဘယ်လ် ဆုရှင် ဖြစ်လာခဲ့သည်။ ဒီမိုကရေစီကို ပြန်လည် ထူထောင်ရန် စည်းရုံး လှုံ့ဆော်ပြီး အမျိုးသား ဒီမိုကရေစီ အဖွဲ့ချုပ်ကို ဦးဆောင်ခဲ့ပါသည်။ ၂၀၁၅ ခုနှစ် ၂၀၂၀ အထွေ ထွေ ရွေးကောက်ပွဲ များတွင် အမျိုးသား ဒီမိုကရေစီ အဖွဲ့ချုပ်ကို အောင်မြင်စေရန် ဦးဆောင်နိုင်ခဲ့သည်။ ၂၀၁၆ ခုနှစ်မှ ၂၀၂၁ ခုနှစ် အထိ မြန်မာနိုင်ငံတွင် နိုင်ငံတော် အတိုင်ပင်ခံ ပုဂ္ဂိုလ် နှင့် နိုင်ငံခြားရေး ဝန်ကြီး အဖြစ် တာဝန် ထမ်းဆောင်ခဲ့ပါသည်။ လက်ရှိတွင် မြန်မာ စစ်တပ်၏ ၄ ကြိမ်မြောက် အကျဉ်းချ ခံနေရသည်။

<u>မြန်မာ့ ဆိုရှယ်လစ် လမ်းစဉ် ပါတီ (BSPP)</u> [10] – ၁၉၆၂ ခုနှစ် ပထမဆုံး စစ်တပ်က အာဏာသိမ်း အုပ်ချုပ်ပြီး နောက် တစ်ခုတည်း သော တရားဝင် ပါတီ ဖြစ်သည်။ ၁၉၈၈ ခုနှစ်တွင် ဖျက်သိမ်းပြီး တိုင်းရင်းသား စည်းလုံး ညီညွတ်ရေး ပါတီ အဖြစ် ပြောင်းလဲဖွဲ့ စည်းခဲ့သည်။ "မြန်မာ့ ဆိုရှယ်လစ် လမ်းစဉ်" ကို အကောင်အထည် ဖော်ရန်ဟု ဆိုကာ တည်ထောင်ခဲ့ခြင်း ဖြစ်သည်။

<u>အကြမ်းမဖက် အာဏာဖီ ဆန်ရေးလှုပ်ရှားမှု ၊ စည်းရုံး လှုံ့ဆော်မှု</u> [11] – မြန်မာ စစ်တပ်ကို ဆန့်ကျင် တော်လှန်ခဲ့သည် ဆရာဝန် များ၊ သူနာပြုများ၊ ကျန်းမာရေး ဝန်ထမ်းများ၊ လုပ်သား များနှင့် အစိုးရ ဝန်ထမ်းများမှ စတင် လုပ်ဆောင် ခဲ့သော ကြီးမားသော အကြမ်း မဖက် အာဏာ ဖီဆန်ရေး လှုပ်ရှားမှု တစ်ခု ဖြစ်သည်။

<u>ပြည်ထောင်စုလွှတ်တော်ကိုယ်စားပြုကော်မတီ(စီအာရ်ပီအိတ်ချ်)</u> [12] – စစ်တပ်ကအာဏာသိမ်းပြီးနောက် ဖွဲ့စည်းခဲ့သည်။ ပြည် ထောင်စု လွှတ်တော် ကိုယ်စား တာဝန်များကို ထမ်းဆောင်ရန် ဖွဲ့စည်းခဲ့သည် လွှတ်တော် ကိုယ်စားလှယ်များအဖြစ် ဖြစ်သည်။

<u>ဂျန်ဇီဘားမား</u> [13] – စစ်တပ် ဆန့်ကျင်သော လှုပ်ရှားမှုများတွင် ပါဝင်ခဲ့သော လူငယ် လှုပ်ရှားမှု တစ်ခု ဖြစ်သည်။

<u>မင်းအောင်လှိုင်</u> [14] – လက်ရှိ တပ်မတော် ကာကွယ်ရေး ဦးစီးချုပ် ဖြစ်ပြီး တိုင်းရင်းသား လူနည်းစုများ အပေါ် စစ်ရေး တိုက်ခိုက် မှုများကြောင့် နိုင်ငံတကာတွင် ပြစ်တင် ရှုတ်ချ ခံနေရ သူ ဖြစ်သည်။

<u>ဆက်သွယ်ရေး၊ စာတိုက်နှင့် ကြေးနန်း ဝန်ကြီးဌာန</u> [15] – လွတ်လပ်စွာ ပြောဆိုခွင့်နှင့် ပုံနှိပ် ထုတ်ဝေခွင့်ကို ကန့်သတ်ရာတွင် အဓိကဖြစ်သော စစ်အစိုးရ၏ပျူရှိ ကရေစီ ဝန်ကြီးဌာန ဖြစ်သည်။

<u>စစ်အစိုးရ</u> [16] – လက်နက် အင်အားဖြင့် အာဏာရပြီးသည့်နောက် နိုင်ငံတခုကို အုပ်ချုပ်သော စစ်အုပ်စု သို့မဟုတ် နိုင်ငံရေး အုပ်စု တစ်ခု ဖြစ်သည်။

<u>မြင့်ဆွေ</u> [17] – အာဏာ မသိမ်းမီ လွှတ်တော်တွင် စစ်တပ် ကိုယ်စားလှယ်များက ရွေးအုပ်ထားသော ဒုတိယ သမ္မတ ဖြစ်သည်။ တစ် နှစ်ကြာ အရေးပေါ် အခြေအနေကို ကြေညာခဲ့ပြီး အာဏာအား မင်းအောင်လှိုင် ထံသို့ လွှဲပြောင်း ပေးခဲ့သည်။

<u>မျိုးရန်နောင်သိန်း</u> [18] – မြန်မာ့ ဒီမိုကရေစီရေး တက်ကြွလှုပ်ရှားသူ ဖြစ်ပြီး ၊ နိုင်ငံ တကာတွင် ကျော်ကြားသော လူ့အခွင့်အရေး လှုပ် ရှားသူ တစ်ဦး ဖြစ်သည်။ သုတေသန နှင့် မဟာဗျူဟာ လေ့လာမှုများ အတွက် အမျိုးသား ဒီမိုကရေစီ အဖွဲ့ချုပ် ဗဟို ကော် မတီ၏ အတွင်းရေးမှူး နှင့် သုတေသန အကြီးအကဲ အရာရှိဟောင်း၊ နိုင်ငံရေး အကျဉ်းသားဟောင်း ဖြစ်သည်။

<u>အမျိုးသားဒီမိုကရေစီအဖွဲ့ချုပ် (အန်အယ်လ်ဒီ)</u> [19] – မြန်မာနိုင်ငံ လစ်ဘရယ် ဒီမိုကရေစီ နိုင်ငံရေး ပါတီဖြစ်သည်။ ၂၀၁၅ အထွေ ထွေ ရွေးကောက်ပွဲ တွင် သောင်ပြို ကမ်းပြို အနိုင် ရပြီးနောက် အစိုးရ ဖြစ်လာခဲ့ပြီး ၂၀၂၁ ဖေဖော်ဝါရီလတွင် စစ်တပ် အာဏာ သိမ်းပြီး ဖယ်ရှား ခံခဲ့ရသည်။

<u>**အမျိုးသား ညီညွတ်ရေး အတိုင်ပင်ခံကောင်စီ (အန်ယူစီစီ)**</u> [20] – ဖက်ဒရယ် ဒီမိုကရေစီ ရည်မှန်းချက် တစ်ခု ဖြစ်သော မတူညီ သည့် အင်အားစုများအား စည်းလုံးစေရန်၊ အန်အယ်ဒီ အဖွဲ့ဝင်များစွာ၊ စီစီအမ် အုပ်စုများ၊ အထွေထွေ သပိတ်ကော်မတီများ၊ တိုင်း ရင်းသား ပါတီများနှင့် အရပ်ဖက် လူမှု အဖွဲ့အစည်းများ ကျယ်ကျယ်ပြန့်ပြန့် ပါဝင်သော ပလက်ဖောင်း တစ်ခု ဖြစ်သည်။

<u>**မြန်မာနိုင်ငံ အမျိုးသားညီညွတ်ရေး အစိုးရ (အန်ယူဂျီ)**</u> [21] – နွေဦးတော်လှန်ရေး အစတွင် ပြည်ထောင်စု လွှတ်တော် ကိုယ်စား လှယ်များစတင် ဖွဲ့စည်းခဲ့သော တရားဝင် မြန်မာအစိုးရဖြစ်သည်။ ဥရောပပါလီမန်မှ မြန်မာနိုင်ငံ တရားဝင် အစိုးရ အဖြစ် အသိ အမှတ် ပြုထားပါသည်။ အမျိုးသား ဒီမိုကရေစီ အဖွဲ့ချုပ်၏ ကိုယ်စားလှယ်များ၊ တိုင်းရင်းသား လူနည်းစု အဖွဲ့များနှင့် လူနည်းစု ပါဝင်ပါသည်။ NUG မှ ပြည်သူ့ကာကွယ်ရေး တပ်မတော် ကို ဖွဲ့စည်းခဲ့သည်။

<u>**ပြည်သူ့ ကာကွယ်ရေး တပ်မတော် (ပီဒီအက်ဖ်)**</u> [22] – ဒီမိုကရေစီအရေး ဆောင်ရွက်နေသော လူငယ်များမှ ဖွဲ့စည်းခဲ့ခြင်း ဖြစ် သည်။ အမျိုးသား ညီညွတ်ရေး အစိုးရ၏ လက်နက် ကိုင် အင်အား ဖြစ်ပြီး ၂၀၂၁ ခုနှစ် မေလတွင် အကြမ်းဖက် စစ်တပ် တပ်ဖွဲ့ကို တုံ့ပြန်သည့် အနေနဲ့ ဖွဲ့စည်းခဲ့သည်။ မိမိရပ်ရွာကို ကာကွယ်ရန် ဖွဲ့စည်းခဲ့ခြင်း ဖြစ်သည်။

<u>**ရိုဟင်ဂျာ – အစ္စလာမ် ဘာသာ ကိုးကွယ်သော အင်ဒို**</u> [23] – အာရှိယန် လူမျိုးစု တစု ဖြစ်သည်။ ရခိုင်ပြည်နယ်၏ မြောက် – ဘက် အစွန်ဆုံး ဒေသတွင် နေထိုင်ကြသည်။ ကမ္ဘာ့ပေါ်တွင် နိုင်ငံကင်းသွင်းပစ်ခံ ရမှု အများဆုံး လူနည်းစုတွေ့ထဲက တစ်ခု ဖြစ် သည်။ အကြမ်းဖက် အဖွဲ့အစည်းအဖြစ် သတ်မှတ်ထားသော မြန်မာစစ်တပ်၏ ကျူးလွန်ခဲ့သော လူမျိုးတုံးသတ်ဖြတ်ခံရ သည့် ဒုက္ခသည်များ ဖြစ်သည်။

<u>**မြန်မာနိုင်ငံ အတွက် အထူး အကြံပေး ကောင်စီ (SAC-M)**</u> [24] – မြန်မာနိုင်ငံတွင် လူ့အခွင့်အရေး၊ ငြိမ်းချမ်းရေး၊ ဒီမိုကရေစီ၊ တရားမျှတမှု နှင့် တာဝန်ခံမှု တို့ကို မြှင့်တင်ပေးရန် နိုင်ငံ တကာ ပညာရှင်များနှင့် တက်ကြွ လှုပ်ရှားသူများ ပါဝင် ဖွဲ့စည်းထား သည့် လွတ်လပ်သော အဖွဲ့တစ်ခု ဖြစ်သည်။

<u>**နွေဦးတော်လှန်ရေး**</u> [25] – ၂၀၂၁ ခုနှစ် စစ်တပ် အာဏာသိမ်းမှုကို ဆန့်ကျင်သော မြန်မာနိုင်ငံသားများ၏ နိုင်ငံလုံးဆိုင်ရာ ဆန္ဒပြ တော်လှန်ရေးကြီး။

<u>**တပ်မတော်**</u> [26] – မြန်မာ့ ကြည်းတပ်၊ မြန်မာ့ရေတပ်နှင့် မြန်မာ့ လေတပ်တို့ ပါဝင်သော မြန်မာ နိုင်ငံသားများက အကြမ်းဖက် အဖွဲ့အစည်း အဖြစ် သတ်မှတ်ထားသော လက်နက်ကိုင် မြန်မာ့ စစ်တပ် ဖြစ်သည်။

<u>**ကုလသမဂ္ဂ လူ့အခွင့်အရေး ကောင်စီ (UNHCR)**</u> [27] – ကမ္ဘာတဝှမ်းမှ လူ့အခွင့်အရေး မြှင့်တင်ရေးနဲ့ ကာကွယ်ရေး အတွက် ရည် စူးထားသော ကမ္ဘာလုံး ဆိုင်ရာ အဖွဲ့အစည်း တခု ဖြစ်သည်။

<u>**ပြည်ထောင်စုကြံ့ခိုင်ရေးနှင့် ဖွံ့ဖြိုးရေး အသင်း**</u> [28] – မြန်မာ ဗိုလ်ချုပ်များအတွက် အရပ်ဘက်နိုင်ငံရေးထဲ ဝင်ရောက်ရန် ရွေးကောက်ပွဲ အသုံးချအဖြစ် ဆောင်ရွက်ခဲ့သော၊ စစ်အစိုးရမှ စီမံခန့်ခွဲထားသော အဖွဲ့အစည်းကြီးတခုဖြစ်သည်။ ၁၉၉၃ ခုနှစ် တွင် တည်ထောင်ခဲ့ပြီး ၂၀၁၀ ခုနှစ်တွင် ပြည်ထောင်စုစည်းလုံးညီညွတ်ရေးနှင့်ဖွံ့ဖြိုးရေးပါတီအဖြစ် ဖွဲ့စည်း ခဲ့သည်။

<u>**ပြည်ထောင်စု ကြံ့ခိုင်ရေးနှင့် ဖွံ့ဖြိုးရေးပါတီ**</u> [29] – ပြည်ထောင်စုကြံ့ခိုင်ရေးနှင့် ဖွံ့ဖြိုးရေး အသင်း မှ ဆင်းကဲ ဖြစ်ပေါ်လာခဲ့သော စစ် တပ်၏ လက်အောက်ခံ ပါတီဖြစ်ပြီး ၂၀၂၀ ရွေးကောက် ပွဲတွင် နေရာ ၄၇၆ နေရာထဲမှ ၃၃ နေရာသာ အနိုင်ရခဲ့သည်။

ကုလသမဂ္ဂ အပြည်ပြည်ဆိုင်ရာ တရားရုံး (ICJ) [30, 31] – ကုလသမဂ္ဂ၏ တရားရေး အဖွဲ့အစည်း (ခေါ်) ကမ္ဘာ့တရားရုံး ၊ ၂၀၂၀ ခုနှစ် တွင် ရိုဟင်ဂျာ ဆန့်ကျင်သော လူမျိုးတုံး သတ် ဖြတ်မှု လုပ်ရပ်များအား ကာကွယ်ရန် ယာယီ လုပ်ဆောင်မှုများ ချမှတ် ခဲ့သည်။

၈၈၈၈ [32] – ၁၉၈၈ ခုနှစ် သြဂုတ်လတွင် အမြင့်ဆုံး ရောက်ခဲ့သော စစ်အစိုးရအား ဆန့်ကျင်သော မြန်မာနိုင်ငံသားများ၏ တစ် နိုင် ငံလုံးပါဝင်သည့် ဒီမိုကရေစီရေး လှုပ်ရှားမှုဖြစ်သည်။ တစ်ပါတီ အာဏာရှင်စနစ်ကို အဆုံးသတ်ပေးခဲ့သည်။

၉၆၉ လှုပ်ရှားမှု [33] – မြန်မာနိုင်ငံရှိ အခြား ဘာသာများ၊ အထူးသဖြင့် မွတ်စလင် လူနည်းစုများကို ဆန့်ကျင် တိုက်ခိုက် သည့် ဗုဒ္ဓဘာသာ အစွန်းရောက် အမျိုးသားရေး လှုပ်ရှားမှုတစ်ခုဖြစ်သည်။ မြန်မာနိုင်ငံတွင် အစ္စလာမ် တိုးချဲ့လာမှုကို ဆန့်ကျင်ပြီး မြန်မာ စစ် တပ်ကို ထောက်ခံ အားပေးသည်။

SOURCES

1. "All Burma Federation of Students." Online Burma/Myanmar Library, June 3, 2003,
    https://www.burmalibrary.org/en/all-burma-federation-of-student-unions.
2. "The Rapid Rise of the Arakan Army." Mizzima, July 21, 2021,
    https://mizzima.com/article/rapid-rise-arakan-army.
3. "Myanmar: Who are the Arakan Rohingya Salvation Army?" BBC News, September 6, 2017,
    https://www.bbc.com/news/world-asia-41160679.
4. "How the ARCP Came Into Being." Asian Conference of Religions for Peace Thailand
    Chapter, 2021, https://www.acrpthailand.com/acrp-background.
5. "Asian Conference of Religions for Peace." Religions for Peace Australia,
    https://religionsforpeaceaustralia.org.au/?page_id=1288.
6. "Assistance Association for Political Prisoners (Burma)." Assistance Association for Political
    Prisoners, August 2014, https://aappb.org/.
7. "The Founding of ASEAN." Association of Southeast Asian Nations, 2020,
    https://asean.org/the-founding-of-asean/.
8. "Aung San." Britannica, https://www.britannica.com/biography/Aung-San.
9. "Aung San Suu Kyi - Biographical." The Nobel Prize,
    https://www.nobelprize.org/prizes/peace/1991/kyi/biographical/.

10. Badgley, John H. "Burma: The Nexus of Socialism and Two Political Traditions." Asian
    Survey, vol. 3, no. 2, 1963, pp. 89–95. JSTOR, https://doi.org/10.2307/3023680.
11. Bociaga, Robert. "Life in Hiding: Myanmar's Civil Disobedience Movement." The Diplomat,
    June 22, 2021, https://thediplomat.com/2021/06/life-in-hiding-myanmars-civil-disobedience-movement/.
12. "Background." The Committee Representing Pyidaungsu Hluttaw,
    https://crphmyanmar.org/history-and-formation-of-crph/.
13. "Gen Z Burma." Radio Free Asia, April 28, 2021,
    https://www.rfa.org/burmese/program_2/genz-burma-free-burma-rangers-04282021125753.html.
14. "Myanmar Coup: Min Aung Hlaing, the General Who Seized Power." BBC News, February 1,
    2021, https://www.bbc.com/news/world-asia-55892489.
15. "Ministry of Communications, Posts, and Telegraphs."
    https://web.archive.org/web/20150629094936/ http://www.mcit.gov.mm/.
16. "Junta." Merriam-Webster.com Dictionary, Merriam-Webster,
    https://www.merriam-webster.com/dictionary/junta.
17. "Myanmar's First Vice President Myint Swe Appointed as Acting President After Military
    Coup: Report." ANI News, February 1, 2021. https://www.aninews.in/news/world/asia/myan-
    mars-first-vice-president-myint-swe-appointed-as-acting-president-after-military-coup-report20210201095405/.
18. Myo Yan Naung Thein, interviewed by the Burmese Democratic Futures Working Group, Charlottesville,
    March 2022.
19. "National League for Democracy." Council for Asian Liberals and Democrats,
    https://cald.org/members/observer-parties/national-league-for-democracy/.

20.   "National Unity Consultative Council." https://nucc-federal.org/.

21.   "National Unity Government of the Republic of the Union of Myanmar."
       https://www.nugmyanmar.org/en/

22.   "People's Defense Force." https://mod.nugmyanmar.org/en/peoples-defence-force/.

23.   "Rohingya." Human Rights Watch, https://www.hrw.org/tag/rohingya.

24.   "Special Advisory Council for Myanmar." https://specialadvisorycouncil.org/.

25.   Kapi, Saw. "Understanding Myanmar's Spring Revolution." The Diplomat, July 14, 2022,
       https://thediplomat.com/2022/07/understanding-myanmars-spring-revolution/.

26.   "Tatmadaw: Myanmar's Notoriously Brutal Military." BBC News, February 2, 2022,
       https://www.bbc.com/news/world-asia-56660483.

27.   "Human Rights Council." United Nations Human Rights Council,
       https://www.ohchr.org/en/hrbodies/hrc/home.

28.   "'Union Solidarity Development Association:' Letters to the BBC." Karen Human Rights
       Group, March 7, 1994,
       https://www.khrg.org/1994/02/940307/union-solidarity-development-association-letters-bbc.

29.   "Union Solidarity and Development Party." Brittanica,
       https://www.britannica.com/topic/Union-Solidarity-and-Development-Party.

30.   "History." International Court of Justice, https://www.icj-cij.org/history.

31.   "Developments in Gambia's Case Against Myanmar at the International Court of Justice."
       Human Rights Watch, February 14, 2022, https://www.hrw.org/news/2022/02/14/developments-gam-
       bias-case-against-myanmar-international-court-justice#:~:text=On%20January%2023%2C%202020%2C%20the,evi-
       dence%20related%20to%20the%20case .

32.   "Timeline: Myanmar's '8/8/88' Uprising." NPR, August 8, 2013, https://www.npr.org/2013/08/08/210233784/
       timeline-myanmars-8-8-88-uprising.

33.   Artinger, Brenna, and Michael Rowand. "When Buddhists Back the Army." Foreign Policy News, February
       16, 2021, https://foreignpolicy.com/.

ပြည်သူများ

ကိုကျော်မင်းထိုက်

အာဏာ မသိမ်းခင်က ကိုကျော်မင်းထိုက်သည် လက်ဖက်ရည်ဆိုင် ပိုင်ရှင်ဖြစ်ပြီး လယ်ယာမြေ များလည်း ပိုင်ဆိုင်သည်။ သူ၏ မိသားစုသည် ချောင်လည်သော မိသားစုဖြစ်သည်။ အာဏာ သိမ်းပြီးနောက် လှုပ်ရှားမှုများတွင် ပါဝင်ခဲ့သည်။ ကိုကျော် မင်းထိုက်သည် ၏ ဝန်ထမ်းများကို CDM ဝင်လာအောင် စည်းရုံးလှုပ်ရှား နိုင်ခဲ့သည်။ ထို့ကြောင့် အကြမ်းဖက် စစ်သား များက သူ၏ အိမ်နှင့် လက်ဖက်ရည်ဆိုင်အား ဖျက်စီးခဲ့သည်။ သူနှင့် သူ၏သားစုလည်း ရှောင်ပုန်းခဲ့ရသည်။ အကြမ်းဖက် စစ်သားများမှ သူ တို့ မိသားစုအား ထောက်ပံ့နေသော သူအား သတ်ဖြတ်ခဲ့သည်။ သူတို့ မိသားစုသည် အကြမ်းဖက် စစ်တပ် အုပ်ချုပ်မှု အောက် တွင် မရှိသော ဒေသ မှ ဒုက္ခသည် စခန်း တခုတွင်နေသည်။ နေ့စဉ် ဘဝတွင် ပြည်တွင်းမှ အလှူရှင် များ၏ အကူအညီဖြင့် အစား အစာ နှင့် အခြား လိုအပ်ချက်များ အပေါ် ရှင်းကန် စားသောက်ရင်း ရှင်သန်နေရသည်။

ဦးမင်းနိုင် - အမျိုးသား လွှတ်တော် ကိုယ်စားလှယ်

ဦးမင်းနိုင်ကို ၁၉၆၃ ခုနှစ် ဒီဇင်ဘာလ ၅ ရက်နေ့တွင် ပန်ဆတ်ရွာလို့ခေါ်သော ဝေးလံခေါင်ပါးသောရွာတရွာမှာ မွေးဖွား ခဲ့ပါ သည်။ သားသမီး ၇ ယောက်ရှိပါသည်။ ၁၉၉၃ ခုနှစ် မှ ၂၀၁၂ ခုနှစ် အထိ အထွေထွေ အုပ်ချုပ်ရေး ဦးစီးဌာနတွင် အလုပ်လုပ် ခဲ့သည်။ ၂၀၁၂ ခုနှစ်တွင် အမျိုးသား ဒီမိုကရေစီ အဖွဲ့ချုပ်သို့ ဝင်ရောက်ခဲ့သည် ။ ၂၀၁၅ ခုနှစ်မှာ အမျိုးသား လွှတ်တော် အတွက် ကိုယ်စားလှယ် ဖြစ်လာခဲ့သည်။ သူသည် ၂၀၂၀ ခုနှစ် တိုင်အောင် လွှတ်တော်တွင် ၅ နှစ် ကြာ တာဝန် ထမ်းဆောင်ခဲ့ပြီး ၂၀၂၀ ရွေးကောက်ပွဲ တွင်လည်း ထပ်မံ အနိုင်ရခဲ့သည် ။ ၂၀၂၂ ခုနှစ် ဖေဖော်ဝါရီလတွင် စစ်တပ်မှ အာဏာသိမ်း အုပ်ချုပ်ခဲ့ချိန်တွင် ဦးမင်းနိုင်သည် သူ၏ မိသားစု လုံခြုံရေးအတွက် မိမိ၏ ဇာတိမြို့မှ အိန္ဒိယ နိုင်ငံသို့ ထွက်ခွာခဲ့ရသည်။ သူ၏ အိန္ဒိယ သို့သွားသော ခရီးမှာ အလွန်ခက်ခဲခဲ့။ သူတို့သည် အိန္ဒိယ စစ်တပ်ကို ရှောင်ရှားရန် တောထဲတွင် တပတ်ကြာ အိပ်ခဲ့ရသည်။ ဦးမင်းနိုင်သည် အိန္ဒိယနိုင်ငံ နယ်စပ် ဒေသတွင် သူ့မိသားစုနဲ့ အတူ နေထိုင် နေလျှက်ရှိသည်။ အိန္ဒိယတွင် တရားမဝင် နေထိုင် နေရသော ကြောင့် သူနှင့် သူ့မိသားစုသည် မြန်မာပြည်သို့ ပြန်ပို့မည့် အန္တရာယ်ကိုလည်း နေ့စဉ်နှင့် အမျှ ရင်ဆိုင် ကြုံတွေ့နေရသည်။

ကိုဝင်းဇော်ခိုင်

အာဏာသိမ်းမှုမဖြစ်ခင်က ကိုဝင်းဇော်ခိုင်သည် လူ့အခွင့်အရေး၊ ဒီမိုကရေစီ အရေး၊ တန်းတူ ညီမျှရေး၊ တရားမျှတရေး၊ ငြိမ်းချမ်းရေး အတွက် ၈၈ မျိုးဆက် (ငြိမ်းချမ်းရေးနှင့်ပွင့်လင်း လူ့အဖွဲ့အစည်း) မှ အဖွဲ့ဝင်တစ်ဦးအဖြစ် အမျိုးသားဒီမိုကရေစီ အဖွဲ့ချုပ် (NLD) နဲ့ လက်တွဲကာ အစဉ်တစိုက် ဆောင်ရွက်နေသူ ဖြစ်သည်။ မြန်မာနိုင်ငံလူငယ်ရေးရာမူဝါဒ ဖြစ်ပေါ်လာအောင် စစ်ကိုင်းတိုင်း လူငယ်ရေးရာ ကော်မတီအဖွဲ့ဝင် တစ်ဦး အဖြစ် ကြီးစား ဆောင်ရွက်ခဲ့ကာ လူငယ်လူရွယ်များ၏ ဘဝတိုးတက် ရေး လုပ် ငန်းများကို ဆောင်ရွက်နေသူတစ်ဦးလည်း ဖြစ်သည်။ ကိုဝင်းဇော်ခိုင်သည် စစ်ကိုင်းတိုင်း အတွင်းတွင် အမျိုးသမီးနှင့် ကလေး သူငယ်များအား ဥပဒေပိုင်ဆိုင်ရာ အကာအကွယ်များပေးသည် အလုပ်ကို လုပ်ကိုင်ခဲ့သည်။ သူသည် အမျိုးသမီးများ နှင့် ကလေး သူငယ်များအား လိင်ပိုင်ဆိုင်ရာ စော်ကားမှု ပြုခြင်းအား ကာကွယ်ပေးရသည့် လုပ်ငန်းကို အာရုံစိုက် လုပ်ကိုင် - ခဲ့သည်။ အမျိုးသား ဒီမိုကရေစီအဖွဲ့ချုပ် အစိုးရ လက်ထက်တွင် ငြိမ်းချမ်းရေး ဆွေးနွေးပွဲများ၌ စစ်ကိုင်းတိုင်း ဒေသ၏ ဒေသ ဆိုင်ရာ ခေါင်းဆောင် တစ်ယောက်အဖြစ် ပါဝင်ခဲ့သည်။ အမျိုးသားဒီမိုကရေစီအဖွဲ့ချုပ် အစိုးရလက်ထက်တွင် အပြုသဘော ဆောင်သည် တိုးတက်မှုများစွာ ရရှိခဲ့သည့်အပေါ် များစွာအားရကျေနပ်ခဲ့မိသည်။

အာဏာသိမ်း ပြီးနောက် ဝင်းဇော်ခိုင်သည် မြန်မာနိုင်ငံ အနောက်မြောက်ပိုင်း စစ်ကိုင်းဒေသမှ စစ်အစိုးရ၏ အုပ်ချုပ်မှုမှ လွတ် ကင်းသောပညာရေးစနစ်တစ်ခုကို တည်ထောင်ခဲ့သည်။ သူသည် အဆိုပါဒေသရှိစစ်ဘေးရှောင်စခန်းရှိကလေးများအတွက် စာသင်ကျောင်းများ ဖွင့်လှစ်ခဲ့သည်။ ထို့အတူ စစ်အာဏာရှင် အကြမ်းဖက်များ၏ အကြမ်းဖက် ရက်စက်မှုများကို ဆန့်ကျင်ရန် နှင့် ခေါင်းဆောင်များအား ဖမ်းဆီးထားမှုကို ဆန့်ကျင်ရန် အတွက် ဆရာများနှင့် အတူ CDM လုပ်ရှားမှုကို ဆောင်ရွက်ခဲ့သည်။ အနာဂတ်တွင် ကလေးငယ်များအား လွတ် လပ်၍ အမှီအခို ကင်းမဲ့သော ရှင်သန်ဖွံ့ဖြိုးမှုကို အားပေးသည့် ငြိမ်းချမ်းကြွယ်ဝ၍ ပြည့်စုံသော ဒီမိုကရေစီ အနာဂတ် တခုကို ပေါ်ပေါက်လာမည်ဟု မျှော်လင့်ထားသည်။

ကိုခန့်

ကိုခန့်သည် အာဏာသိမ်းမှု မတိုင်ခင်က မြန်မာပြည်တွင် နေထိုင်လျှက်ရှိသည့် လူငယ် တစ်ယောက် ဖြစ်သည်။ အာဏာသိမ်း လိုက်ပြီးနောက် စစ်အုပ်ချုပ်ရေး အဆက်ဆက်က မြန်မာပြည်အား ဆင်းရဲမွဲပြာကျအောင် လုပ်လေ့ရှိသည့် စစ်တပ်ကို ဆန့် ကျင်ရန် မြန်မာပြည် ဒီမိုကရေစီ အစိုးရကို ကာကွယ်ရန် စစ်အာဏာသိမ်းမှု ဆန့်ကျင် ဆန္ဒ ပြပွဲများတွင် ပါဝင်ခဲ့သည်။ ထို သို့ ပါဝင်ခဲ့သောကြောင့် အိန္ဒိယနိုင်ငံသို့ ထွက်ပြေး တိမ်းရှောင်ခဲ့ရပြီး တရားမဝင် နေထိုင်သူ အဖြစ် အိန္ဒိယနိုင်ငံတွင် နေ့စဉ် ဘဝ စားဝတ် နေရေး အတွက် ခက်ခဲစွာ ရုန်းကန် နေရသည်။ မြန်မာပြည်တွင် လူ့အခွင့်အရေး စံနှုန်းများကို အခြေ ထားသည် နိုင်ငံ တနိုင်ငံ ဖြစ်လာစေရန် ဒီမိုကရေစီ စံနှုန်းများကို အခြေခံထားသည့် ပညာရေး စနစ်တရပ် တည်ထောင်ရန် လိုသည်ဟု သူက ယုံကြည် သည်။ အဆိုပါ ပညာရေး စနစ်သည် နိုင်ငံသားများ သာမက နိုင်ငံသားများအား ကာကွယ်ပေးသည့် စစ်မှုထမ်းများ အတွက်လည်း ပြဋ္ဌာန်း ရမည် ဖြစ်သည်။ အမှန်မှာ စစ်တပ်သည် ဒီမိုကရေစီ အစိုးရအား ဖယ်ရှား ပစ်ရမည် မဟုတ်ဘဲ ကာကွယ် ပေးရမည် ဖြစ်သည်။

မသက်သက်

အာကာ မသိမ်းမီက မသက်သက်သည် ဒဂုံ တက္ကသိုလ်မှ ရုက္ခဗေဒ အထူးပြု ကျောင်းသူတစ်ဦး ဖြစ်သည်။ ဒီမိုကရေစီ အစိုးရ လက်ထက်တွင် မြန်မာနိုင်ငံ၏ လူငယ်များ အတွက် ပညာရေးနှင့် အလုပ်အကိုင် အခွင့်အလမ်းကောင်းများ ရှိခဲ့သည်ဟု သူမ ယုံကြည်သည်။ အာကာသိမ်းမှု ဖြစ်ပြီး နောက်ပိုင်း မြန်မာနိုင်ငံ အနာဂတ် အတွက် အလွန်ပင် စိတ်ဓာတ်ကျသွားခဲ့သည်။ ထို ကြောင့် သူမသည် အကြမ်းမဖက် အာကာဖီဆန်ရေး လှုပ်ရှားမှု CDM တွင် ပါဝင် လှုပ်ရှားခဲ့သည်။ မြန်မာနိုင်ငံတွင် ဒီမိုကရေစီ ပြန်လည်ထွန်းကားရေး အတွက် ကျောင်းသား ကျောင်းသူများမှ မိမိတို့၏ အာကာရှင် ဆန္ဒကျင်ရေး လုပ်ငန်းများကို နှစ်ဆ သုံးဆ မြှင့်တင်ရမည်ဟု ယုံကြည်သည်။ အာကာရှင်စနစ် အဆုံးသတ်သွား ချိန်တွင် မြန်မာနိုင်ငံ ပြန်လည် တည်ဆောက်ရေး လုပ်ငန်းများ တွင်လည်း သူမ ပါဝင်ဆောင်ရွက်နိုင်မည်ဟု မျှော်လင့်လျှက်ရှိသည်။

မယွန်း

အာကာ မသိမ်းမီက မယွန်းသည် ပဲခူး တက္ကသိုလ်တွင် သိအော်လိုဂျီ သင်ကြားနေသည့် ဒုတိယနှစ် ကျောင်းသူ တစ်ဦးဖြစ် သည်။ အာကာသိမ်းပြီး နောက် သူမ၏ အနာဂတ် ခြိမ်းခြောက်ခံရ သည်ဟု ယုံကြည် သဖြင့် အာကာသိမ်းမှု ဆန့်ကျင်ရေး ဆန္ဒ ပြပွဲများတွင် ပါဝင်ခဲ့သည်။ ၂၀၂၂ ခုနှစ် ဖေဖော်ဝါရီလတွင် သူမသည် မြဝတီသို့ သွားရောက်ခဲ့သော်လည်း အဆင်မပြေခဲ့ပေ။ မြန်မာ နိုင်ငံ အာကာ မသိမ်းမီက ရရှိခဲ့သည့် တိုးတက်မှုများပြန်လည် ရရှိမည်ဟု မျှော်လင့်လျှက်ရှိသည်။

ကိုဗီတာ နှင့် မအေမီ

ကိုဗီတာ နှင့် မအေမီ တို့သည် လူနည်းစု နာဂ (ရခိုင်ယာန်) တိုင်းရင်းသားများ ဖြစ်သည်။ အာကာမသိမ်းခင်က ကိုဗီတာ သည် အစိုးရ အရာရှိအဖြစ် ဆောင်ရွက်ခဲ့သည်။ မအေမီသည် နည်းပြ ဆရာမအဖြစ်ဆောင်ရွက်ခဲ့သည်။ စစ်တပ်မှလက်နက် မဲ့ အရပ်သားများအား ရက်ရက်စက်စက် ပစ်ခတ် သတ်ဖြတ်သည်ကို မြင်ရပြီးနောက် သူသည် CDM လှုပ်ရှားမှုတွင်ပါဝင် ခဲ့သည်။ ထိုကြောင့် သူမကို တက္ကသိုလ်မှဆရာမ အဖြစ်မှ ရပ်ဆိုင်းခြင်းခံရပြီး တက္ကသိုလ် အိမ်ယာဝင်းမှလည်း မောင်းထုတ် ခံရသည်။ အစိုးရ ပေးထားသည့် ရေးငွေများကိုလည်း ပြန်လည် ရုပ် သိမ်း ခြင်း ခံရသည်။ စစ်တပ်မှ လူများကို တိတ်တဆိတ် ဖမ်းဆီးပြီး အလောင်းများကို နောက်နေ့ မနက် တွင် အိမ်ပြန်ပို့သည့် ကို တွေ့ရသည့် အခါ ကိုဗီတာတို့ ဇနီးမောင်နှံသည် အိန္ဒိယ ဘက်သို့ ထွက်ပြေးရန် ဆုံးဖြတ်ခဲ့သည်။ အဆိုပါ ခရီးသည် အလွန် အန္တရာယ်များသည်။ အိန္ဒိယနိုင်ငံ နာဂဒေသသို့ မရောက်မီ ရဲ့ စစ်ဆေးရေး ဂိတ်(၉)ခုကို ဖြတ်ကျော်ခဲ့သည်။ ရဲများက သူတို့ ကို တွေ့လျှင် ဖမ်းဆီးပြီး အပြစ်ပေးခံရမည် ဖြစ်သည်။ အိန္ဒိယ နိုင်ငံတွင် တရားမဝင် နေထိုင်ရခြင်းကြောင့် အလုပ် အကိုင်လည်း လုပ်ခွင့် မရှိဘဲ ဖြစ်နေသည်။ ရဲတွေ့လျှင် ဖမ်းဆီးပြီး မြန်မာပြည် ပြန်ပို့မွဲ စိုးသောကြောင့် နေထိုင်သောအိမ် အပြင် မထွက်ရဲ ဖြစ် နေသည်။ ကိုဗီတာသည် အစိုးရ အရာရှိ အဖြစ် နှင့် မအေ မီသည် တက္ကသိုလ် ဆရာမအဖြစ် ပြန်လည် အလုပ်လုပ်မည့်နေ့ကို မျှော်လင့်လျှက်ရှိသည်။ သူတို့ နှစ်ဦးစလုံးသည် မြန်မာနိုင်ငံ စစ်မှန်သော ဒီမိုကရေစီ နိုင်ငံတစ်ခု ဖြစ်လာသည် အထိ ဆက်လက် လှုပ်ရှား ဆောင်ရွက်ရန် ရည်ရွယ်ထားကြသည်။

ကိုမိုးနေလ

ကိုမိုးနေလသည် အာကာမသိမ်းမီ ၂၀၂၀ ကမီဒီယာ ကုမ္ပဏီတစ်ခုတွင် အလုပ်လုပ်ပြီး၊ ဓာတုဗေဒ ကျောင်းသား တစ်ယောက် ဖြစ်သည်။ ကျောင်းသားဘဝက သူသည် ပကသ နှင့် အခြား နိုင်ငံရေး အဖွဲ့အစည်းများတွင် ပါဝင်၍ နိုင်ငံရေး လှုပ် ရှားမှုများ ဆောင်ရွက်ခဲ့သည်။ ၂၀၁၅ ခုနှစ်တွင် ပညာရေး ဥပဒေကြမ်းကို ထောက်ခံသည့် ဆန္ဒပြမှုများ ပြုလုပ်ခဲ့ရာ စစ် တပ်၏ ဖမ်းဆီး ခြင်း ခံခဲ့သည်။ ထောင်ထဲတွင် နှစ်ဝက်မျှ နေပြီးနောက် ၂၀၁၈ ရွေးကောက်ပွဲ ရလာဒ် နိုင်ငံရေး အပြောင်းအလဲ တွင် အာ မခံနှင့် ပြန်လည် လွတ်မြောက်ခဲ့သည်။ ထောင်မှလွတ်လာချိန်မှ စပြီး မီဒီယာ လုပ်ငန်းကို ဇောက်ချ လုပ်ကိုင်ခဲ့သည်။ အာကာ သိမ်းပြီး နောက်ပိုင်းတွင် ကိုမိုးနေလသည် တရုတ် မြန်မာနယ်စပ်တွင်နေထိုင်ပြီး မြန်မာပြည်ရှိ စစ်ဘေးရောင် ကလေး သူငယ်များ အတွက် အွန်လိုင်းမှတဆင့် စာသင်ခန်းတွင် သင်ကြားခြင်းနှင့်သင်ရိုး ညွှန်တမ်းများ ပြုစုခြင်း လုပ်ငန်းများကို ဇောက်ချလုပ်ကိုင်ခဲ့သည်။ ၎င်းအပြင်သူ၏ အွန်လိုင်း ပလက်ဖောင်းတွင် စစ်အာကာသိမ်းပြီး နောက်ပိုင်း စိတ်ပိုင်းဆိုင်ရာ ဒါက် ရာများ (trauma) အတွက် အကုံပေး ဆွေးနွေးခြင်း (counseling) လုပ်ငန်းများလည်းပါဝင်သည်။သူသည် အကြမ်းဖက် အာကာသိမ်းမှု ဆန့်ကျင်ရေး CDM ကျောင်း ဆရာများနှင့် အမျိုးသား ညီညွတ်ရေး အစိုးရ ပညာရေး ဝန်ကြီးဌာနနှင့် ပူးပေါင်း ဆောင်ရွက်လျက် ရှိသည်။ မြန်မာပြည် အနာဂတ်နှင့် မြန်မာပြည် လူငယ်များ အတွက် လွန်စွာစိုးရိမ်လျက် ရှိသည်။ စစ်အ စိုးရ အောက်တွင် ဇက်ဒရယ် ပညာရေးစနစ် ပျက်စီးလျက်ရှိသောကြောင့် မြန်မာပြည်ပညာရေးနှင့် လူငယ်များ၏ အနာဂတ် အတွက် စိုးရိမ်ပူပန်လျက်ရှိသည်။

ကိုဟန်ဇော်လတ်

အာကာမသိမ်းခီက ကိုဟန်ဇော်လတ်သည် နိုင်ငံတကာအလှမောင် အလှမယ်ပြိုင်ပွဲများ၏ National Director / Miss Golden Land Myanmar အဖွဲ့အစည်း တည်ထောင်သူနှင့် CEO ဖြစ်သည်။ ထိုကဲ့သို့ Pageant နယ်ပယ်တစ်ခုကို တည်ထောင်ခြင်းအား ဖြင့် မြန်မာပြည်လူငယ်များနှင့် အချိတ်အဆက်ရအောင် ဆောင်ရွက်ပေးခဲ့သည်။ အာကာသိမ်းပြီး နောက်ပိုင်းတွင် ကိုဟန် ဇော်လတ်သည် သူ၏အချိတ်အဆက် အဆက်အသွယ်များကို အသုံးပြုကာ အာကာသိမ်းမှုကို ဆန့်ကျင်သည့် လှုပ်ရှားမှုများကို ပြုလုပ်ခဲ့သည်။ ငြိမ်းချမ်းစွာ ဆန္ဒပြမှုများကို စည်းရုံး လှုံ့ဆော်နိုင်ခဲ့သည်။ အာကာသိမ်း စစ်တပ်သည် သူ့ကို ဖမ်းဆီးရန် လိုက်လံ ရှာဖွေခဲ့သော်လည်း လွတ်မြောက်လာခဲ့သည်။ ထို့နောက်အမေရိကန်သံရုံးမှ သူ့အားလုံခြုံသောနေရာတွင် ထားကာ အာကာ ကွယ် ပေးခဲ့သည်။ စစ်တပ်မှ ဆက်လက် ရှာဖွေနေသည့် အတွက် ရုပ်ဖျက်ကာ တောထဲသို့ထွက်ခွါခဲ့ရသည်။ တောထဲ တွင် ၆ လမျှ ရှောင်ပုန်းခဲ့ရပြီးနောက် အမေရိကန်ပြည်ထောင်စုတွင် ခိုလှုံခွင့်ရရှိကာ အမေရိကန်ပြည်ထောင်စုသို့ ရောက်ရှိ ခဲ့ သည်။ အမေရိကန်ပြည်ထောင်စုမှလည်း မြန်မာပြည် အတွက် ဆက်လက်လှုပ်ရှား ဆောင်ရွက်လျက်ရှိသည်။ မြန်မာပြည် အတွက် နိုင်ငံတကာမှ ပိုမို အာရုံစိုက်လာရန်လည်း မျှော်လင့်လျက်ရှိသည်။

ဗိုလ်ကြီး ဒေါက်တာမင်းမောင်မောင်

ဗိုလ်ကြီးဒေါက်တာမင်းမောင်မောင်အား မြန်မာပြည် အလယ်ပိုင်း မကွေးတိုင်း၊ ရေနံချောင်းမြို့တွင် မွေးဖွားခဲ့သည်။ ကံကောင်း စွာဖြင့် ပညာရေးကို တန်ဖိုးထားသည့် မိသားစုတွင် ကြီးပြင်းခဲ့သည်။ ကျောင်းပညာရေးတွင် ထူးချွန်ခဲ့သည်။ ထို့ ကြောင့် တပ် မတော် ဆေးတက္ကသိုလ်တွင် ပညာသင်ကြားခွင့်ရခဲ့သည်။ ကျောင်းပြီးသည့်နောက် ကိုမင်းမောင်မောင်သည် ဆရာဝန် ဖြစ် ရုံသာမက စစ်ဗိုလ် တစ်ယောက်လည်း ဖြစ်လာခဲ့သည်။ နိုင်ငံရေးတွင် စိတ်ဝင်စားလာသည့် အတွက် စာပေ လေ့ လာမှုများကို ပို မို ပြုလုပ်ခဲ့သည်။ စာပေလေ့လာဖတ်ရှုမှုမှ တဆင့် စစ်တပ်မှ ဝါဒဖြန့်ချီမှုများ ပြုလုပ်ကာ နိုင်ငံကို မည်ကဲ့သို့ ထိန်းချုပ် ထားသည် ကိုသိရှိခဲ့သည်။ ဆရာဝန် တစ်ယောက်အဖြစ် မြန်မာ ပြည်အနှံ့တွင် တိုင်းရင်းသား လူနည်း စု နေရာများသို့ လှည့်လည် ခရီးသွား လာ ဆေးကုခြင်းဖြင့် အရပ်သားများအား စစ်တပ်မှ မည်ကဲ့သို့ အနိုင်ကျင့်နေ သည် ကို သိလာခဲ့သည်။ ထို့ ကြောင့် စစ် တပ် အား ၎င်းတို့ ကျူးလွန်မှုများနှင့်ပတ်သက်၍ ပြောဆိုရန်လိုအပ်သည်ဟု ယုံကြည် လာမိ ပြီး ဒီမိုကရေစီ ထောက်ခံသူ တစ် ဦး ဖြစ် လာခဲ့သည်။ ထို့ကြောင့် လူမှုကွန်ရက် မီဒီယာများပေါ်တွင် မိမိ ယုံကြည်ချက် များကို ရေးတင်ခဲ့သည်။ ထိုသို့ ရေးတင် ခဲ့သောကြောင့် စစ်တပ်ခေါင်းဆောင်ပိုင်မှ သူ့အားသတိထား မိလာသည်။ သူ၏ ရေးသား ချက်များကို လူမှုကွန်ရက် မီဒီယာမှ ဖျက်ပြစ်ရန် ခြင်းဆန်ခဲ့နှောင့် သူ့အား ရာထူးတိုးမှုအား ရပ်ဆိုင်ခဲ့သည်။ နောက် ဆုံး ဗိုလ်ကြီး ဒေါက်တာ မင်းမောင်မောင် သည် စစ်တပ်မှ ထွက်ခဲ့ကာ CDM လှုပ်ရှားမှုတွင် ထင်ရှားသော ခေါင်းဆောင် တစ်ဦး အဖြစ် ပါဝင်ခဲ့သည်။ ယခုအခါ ဗိုလ်ကြီး ဒေါက်တာမင်းမောင်မောင်သည် စစ်အာဏာရှင် ဆန့်ကျင်ရေး လှုပ်ရှားမှုများ အတွက် စည်းရုံး လှုံ့ဆော်မှုများ ပြုလုပ်လျှက်ရှိပြီး သူ၏ လက်အောက်ရှိ စစ်သားများအား CDM လှုပ်ရှားမှုတွင် ပူးပေါင်း ပါဝင်လာအောင် စည်းရုံးလျှက်သည်။

ကိုစည်သူမောင်

မြန်မာနိုင်ငံရဲ့ မွတ်စလင် လူနည်းစုဝင်တစ်ဦး အနေဖြင့် စည်သူမောင်၏ ဘဝသည် နိုင်ငံရေးနှင့် အမြဲရောယှက်နေခဲ့သည်။ ၂၀၀၇ ရွှေဝါရောင် တော်လှန်ရေးတွင် သူသည် ဗဟသ ကျောင်းသား ခေါင်းဆောင်များထဲမှ တစ်ဦးအဖြစ်ပါဝင်ခဲ့သည်။ ရွှေ ဝါရောင် တော်လှန်ရေးတွင် ပါဝင်ခဲ့သည့်အတွက် သူ မိသားတစ်စုလုံး ဖမ်းဆီးခံခဲ့သည်။ မြန်မာဘင်္ဂလားဒေ့ရှ်နယ်စပ် တွင် ရှိ သော ဘူးသီးတောင် ထောင်တွင် ၃နှစ် အကျဉ်းကျ ခံခဲ့ရသည်။ ဘူးသီးတောင် ထောင်တွင် ရှိသော အကျဉ်းသား အများ စုသည် ရိုဟင်ဂျာများ ဖြစ်ကြသည်။ ၂၀၂၀ ရွေးကောက်ပွဲတွင် လွှတ်တော် ကိုယ်စားလှယ်အဖြစ် ရွေးကောက်ခံရသည်။ အမျိုး သား ဒီမိုကရေစီအဖွဲ့ချုပ်မှ သောင်ပြိုကမ်းပြိုနိုင်ခဲ့သည့်အခါ စစ်တပ်မှ အာဏာသိမ်းသည်။ NLD ခေါင်းဆောင်များကို ဖမ်းဆီး ထိန်းသိမ်းခံရပြီးနောက်ပိုင်း ဖွဲ့စည်းခဲ့သော ပရဟိုလုပ်ငန်း ကော်မတီတွင် အဖွဲ့ဝင်အဖြစ် တာဝန် ထမ်းဆောင်ခဲ့သည် ။

ပြည်ထောင်စုလွှတ်တော် ကိုယ်စားပြု CRPH အဖွဲ့ဝင်အဖြစ် နိုင်ငံတကာမှ နိုင်ငံခြားရေး ဝန်ကြီးများနှင့် သံစင်း တမန်ခင်း ဆက်ဆံရေးများ ပြုလုပ်ခဲ့သည်။ အာဏာသိမ်းနောက်ပိုင်းတွင် စစ်တပ်၏ဖမ်းဆီး နှိပ်စက်ခြင်းမှ ရှောင်ကြဉ်ရန် ထိုင်းနိုင်ငံ ဘန်ကောက်မြို့သို့ ထွက်ပြေး တိမ်းရှောင်ခဲ့သည်။ နိုင်ငံတကာမှ မြန်မာပြည်သူများနှင့် တစ်သားတည်း ရပ်တည်ပြီး အထောက် အပံ့ ပေးမည်ဟု မျှော်လင့်လျှက် ရှိသည်။ ထိုကဲ့သို့ ကူညီမှုများ နိုင်ငံတကာ၏ အထောက်အပံ့များ မရရှိသေးဘဲ မြန်မာပြည် သူများ ကိုယ့်အား ကိုယ်ကိုးပြီး တိုက်ပွဲဝင်နေလျှက်ရှိသည်။

<u>မကြေးမုံနှင့် သားဖြစ်သူ ကိုဂျစ်စတင်</u>

မကြေးမုံသည် အသက် ၁၆နှစ် ရှိပြီဖြစ်သောသားကြီး ဂျစ်စတင်၊ အသက် ၁၂နှစ် ရှိပြီဖြစ်သော ဒန်နီယယ်တို့၏ အမေ ဖြစ်သည်။ အာကာ မသိမ်းခီက ဝန်ထမ်း ၄၀ ကျော်နှင့် လည်ပတ်နေသော စိမ်းလန်းမြေ ကုမ္ပဏီလုပ်ငန်းကိုပိုင်ဆိုင်ထားပြီး ၆၁ နှစ်ပါးနှင့်အတူ နေထိုင်ခဲ့သည်။ စစ်တပ်အုပ်စိုးမှုအောက်တွင် နှစ်ပေါင်း ၅၀ ကျော် နေခဲ့ရသည့်အတွက် ဒီမိုကရေစီ အစိုး ရမှ ၅ နှစ်တာ ကာလ အတွင်း ယူဆောင်ပေးခဲ့သော အပြောင်းအလဲကို သူမသည်လွန်စွာ တန်ဖိုးထားခဲ့သည်။ စစ်တပ် အုပ် ချုပ်မှု အောက်တွင် အကြောက် တရားနှင့် ဆက်လက် မနေထိုင် လိုသောကြောင့် သူမနှင့် သူမသားစုသည် အကြမ်း ဖက် အာဏာဖီဆန်ရေး CDM လှုပ်ရှားမှုတွင်ပါဝင်ခဲ့သည်။ ၂၀၂၁ ခုနှစ် အောက်တိုဘာလတွင် သူမ၏ တူမလေးအား စစ်တပ် မှ ဖမ်းဆီးပြီး နောက် မကြေးမုံသည် နေအိမ်ကိုစွန့်ခွါခဲ့ရသည်။ တစ်လခန့်အကြာမှာ အိမ်သို့ပြန်လာခဲ့သည်။ သို့သော် သူမနှင့် လက်တွဲလုပ်ကိုင် ဆောင်ရွက်နေသူ တစ်ယောက်ကို စစ်တပ်ကဖမ်းဆီးသွားပြီးနောက် သူမထပ်မံထွက်ပြေးခဲ့ရသည်။ စစ်တပ် မှ လာရောက် ဖမ်းဆီးမှုမှ သီသီလေး လွတ်မြှောက်သွားပြီး မြန်မာပြည်ဒေသများအတွင်း ဒေသတစ်ခုမှတစ်ခုသို့ ပြောင်းရွှေ့ နေထိုင်ခဲ့ရသည်။ စစ်ကောင်စီ သတင်းပေးအရာယ်ကြောင့် သူမတိမ်းရှောင်ရာ နေရာတိုင်းတွင်စိတ်မလုံရှိ ဖြစ်ခဲ့ရသည်။ ယခုအချိန်တွင် မကြေးမုံသည် ထိုင်းမြန်မာ နယ်စပ်တွင် နေထိုင်လျက်ရှိသည်။ အာဏာသိမ်းကာတည်းက ကျောင်းထွက် ခဲ့ရသော သူမ၏ သားများအတွက် ပညာသင်ကြားခွင့် ရနိုင်မည့်ရက်ကို မျှော်လင့်လျက်ရှိသည်။

<u>ကိုအောင်နိုင်မြင့်</u>

ကိုအောင်နိုင်မြင့်သည် ရိုဟင်ဂျာ တစ်ယောက်ဖြစ်သည်။ အာဏာမသိမ်းခင်က အထက်တန်း ကျောင်းသားတစ်ဦး အ ဖြစ် ပညာ သင်ကြားနေသည်။ ၂၀၁၂ခုနှစ်တွင်စတင်ခဲ့သော ရိုဟင်ဂျာ အရေးအခင်းကြောင့် သူတို့သည် IDP စခန်းသို့ စစ်တပ်မှ အတင်းအကြပ်ရွှေ့ပြောင်းနေထိုင်စေခဲ့သည်။ စခန်းထဲတွင် ၁၀ တန်းအထိ ပညာသင်ကြားခွင့်ရသည်။ စခန်းမှရိုဟင်ဂျာ ပညာ သင်ကြားခွင့်ကို ကန့်သတ် ပိတ်ပင်ခဲ့သောကြောင့် တက္ကသိုလ် တက်ရောက်ခွင့်မရခဲ့ပါ။သို့ရာတွင် အာဏာသိမ်းပြီး နောက် စစ်အာဏာပိုင်များက ရိုဟင်ဂျာ လူမျိုးများ အတွက် ပညာရေးအား တားမြစ်ခဲ့သည်။ စခန်းထဲတွင် ကလေးငယ်များ အတွက် ကျောင်းများကို ဖွင့်လှစ်ရန်ကြိုးစားခဲ့သော်လည်း တက္ကသိုလ်ပညာရေးတွင် မဖြစ်နိုင်ခဲ့ပေ။ ကိုအောင်နိုင်မြင့်သည် တစ်နေ့တွင် ဥပဒေ ပညာရှင်တစ်ယောက် ဖြစ်လာမည်ဟုမျှော်လင့်ထားပြီး သူတို့စခန်းထဲရှိ ရိုဟင်ဂျာပြည်သူများကို သူ၏ ပညာဖြင့် ကူညီ ပေးနိုင်ရန် မျှော်လင့်လျက်ရှိသည်။

ကိုဝင်းကိုကိုအောင်

ဝင်းကိုကိုအောင်သည် စစ်အာဏာရှင်လက်အောက်နှင့်မြန်မာနိုင်ငံဒီမိုကရေစီပြောင်းလဲမှု ကာလအတွင်းတွင် ကြီးပြင်း လာခဲ့ သည်။ သူသည် လူမှုကွန်ရက် လုပ်ငန်းရှင် တစ်ယောက် ဖြစ်လာခဲ့ပြီး သူ၏ လူမှုကွန်ရက် ပလက်ဖောင်း ဖြစ်သော ဖေစ်ဘုတ် တွင် follower ၆သိန်းကျော် ရှိသည်။ ၄င်းအပြင် "၂၀ ရာစု လူငယ်တစ်ယောက်အကြောင်း " စာအုပ် ရေးသားခဲ့ရာ ထိုစာအုပ် သည် ရောင်းအား အကောင်းဆုံး ဖြစ်သွားခဲ့သည်။ အာဏာ သိမ်းပြီးနောက် ကိုဝင်းကိုကိုအောင်အား စစ်တပ်မှ အလိုရှိသူ တစ်ယောက်ဖြစ်လာခဲ့သည်။ ထို့နောက်အစိုးရပိုင် ရုပ်မြင်သံကြားနှင့်သတင်းစာထဲတွင်သူ၏ အမည်၊ အသက်နှင့် ဓာတ်ပုံ ဖြင့် ဖမ်း ဝရမ်းထုတ် ထားသည်ကို တွေ့လိုက်ရသည်။ သူ၏ သူငယ်ချင်းများသည် ဖမ်းဆီးခံရပြီး သေဆုံးသည် အထိ နှိပ်စက်ကာ သတ် ဖြတ်ခြင်း ခံရသည်။ ဘက် အကောင့်များ ပိတ်သိမ်းခံရသောကြောင့် သူ့ဘဝ အတွက် စုဆောင်းထားသော ငွေများ ဆုံးရှုံး ခဲ့ရသည်။ ရွေးချယ်စရာ မရှိတော့သည့်အဆုံး မြန်မာနှင့်ထိုင်းနိုင်ငံ ကြားသွားရာ ဒေသတစ်ခုဖြစ်သည့် ဘားအံသို့သွားရောက် ပုန်းအောင်ခဲ့သည်။ ထိုမှတဆင့် ထိုင်းမြန်မာနယ်စပ်သို့စိုးထွက်ခဲ့သည်။ သူ၏ ရှင်သန်နေထိုင်မှု အတွက် သူ ဝယ်ယူထားသော သစ်ကျွင်းနှင့် အခြားအဖိုးတန်ယ် ငွေကြေးများကို မိုခိုရုပ်တည်ခဲ့ရသည်။ ထိုမှ တဆင့် UN ထံသို့ ဒုက္ခသည်အဖြစ် လျှောက်ထား ခဲ့ပြီး အမေရိကန် နိုင်ငံသို့ ရောက်ရှိခဲ့သည်။ သူ၏ လူမှုကွန်ရက် မီဒီယာကို မဖျက်ပါက မိသားစုများကို ဖမ်းဆီး နှိပ်စက်မည်ဟု စစ်တပ်မှ ခြိမ်းခြောက်ခဲ့သည်။ သူ့၏မြန်မာပြည်တွင် ကျန်ရှိနေသောမိသားစုဝင်များကို ကာကွယ်ရန်အတွက် ချက်ချင်းဖျက် ပေးခဲ့သည်။ ယခု အချိန်တွင် ကိုဝင်းကိုကိုအောင်သည် အမေရိကန် ပြည်ထောင်စုတွင် ဘဝ အသစ်ကို ပြန်စရန် ကြိုးစားလျက် ရှိသည်။

မဓေမ

၂၀၂၁ ခုနှစ် အာဏာမသိမ်းမီက မဓေမသည် အမျိုးသားဒီမိုကရေစီအဖွဲ့ချုပ် (NLD)ပါတီ၏ ရန်ကုန်တိုင်း၊ တောင်ပိုင်းခရိုင် အလုပ် အမှုဆောင်၊ တွဲဖက် အတွင်းရေးမှူး တစ်ယောက်ဖြစ်သည်။ ပါတီ၏လုပ်ငန်းများကို တက်ကြွစွာ ပါဝင်လုပ်ရှားခဲ့သည်။ သူမသည် ကွန်ပျူတာ မဟာသိပ္ပံဘွဲ့ ရရှိခဲ့သော်လည်း နိုင်ငံရေးတွင် ပါဝင် လုပ်ရှားမှုများကြောင့် PhD ဒေါက်တာဘွဲ့ကို ဆက်လက် တက် ရောက်ခွင့် မရခဲ့ပါ။ မိခင်ဖြစ်သူမှာလည်း NLD ပါဝင်ဝင် တစ်ဦး ဖြစ်ခဲ့ပြီး ၂၀၀၃ ခုနှစ် ဒီပဲယင်း အရေးတော်ပုံတွင် ပါဝင်လုပ်ရှားမှု ဖြင့် ထောင်ဒါဏ် (၇)နှစ် တစ်ကျဉ်း ချခံခဲ့ရသော နိုင်ငံရေး အကျဉ်းသူဟောင်း တစ်ယောက် ဖြစ်သည်။ မဓေမသည် မိခင်နှင့်အ တူ ပါဝီလုပ်ငန်းများကို ၂၀၀၂ ခုနှစ်မှ စ၍ စဉ်ဆက်မပြတ်လုပ်ကိုင်ခဲ့ကာ ယခုအချိန်ထိဆိုလျှင် ပါဝီတီက သက် တမ်းမှာ နှစ် ပေါင်း ၂၀ ကျော်ပြီ ဖြစ်သည်။ ၂၀၁၅ နှင့် ၂၀၂၀ ရွေးကောက်ပွဲ ကာလများတွင်လည်း ပါတီ ခေါင်းဆောင် ဒေါ်အောင်ဆန်းစုကြည်၏ အောင်နိုင်ရေး အဖွဲ့တွင်လည်း တာဝန်ယူခဲ့သည်။ ၂၀၂၀ ရွေးကောက်ပွဲ အောင်နိုင်ရေးတွင် သင်တန်းနည်းပြ ဆရာမ အဖြစ်လည်း ပါတီ တာဝန်ယူခဲ့သည်။ အာဏာသိမ်းချိန်မှ ယနေ့ အထိ မဓေမသည် အဖမ်းမခံရစေရန် တစ်နေရာမှ တစ်နေ ရာသို့ ပြောင်းရွှေ့ နေထိုင်ရင်း အသက်အန္တရာယ်ကို ရင်ဆိုင်လျှက်ရှိသည်။ ၂၀၂၃ ခုနှစ်တွင် ပြည်ပ ထွက်ပြီ အမေရိကန်နိုင်ငံ တက္ကသိုလ် တစ်ခုခုမှ နိုင်ငံရေး သိပ္ပံ မဟာဘွဲ့တက်ရောက်ရန် ရည်မှန်းထားသည်။

မမြတ်နိုး

အာကာမသိမ်းမီက မမြတ်နိုးသည် တက္ကသိုလ်ကျောင်းသူတစ်စီးဖြစ်ပြီး ဈေးဆိုင်ပိုင်ရှင်တစ်ယောက်လည်း ဖြစ်သည်။ သူမ သည် ရပ်ရွာလုပ်ငန်းများတွင် တက်ကြွစွာပါဝင်သူတစ်ယောက်ဖြစ်သည်။ အာကာသိမ်းပြီး နောက်ပိုင်းတွင် စစ်တပ်မှ မြန်မာ ပြည်သူလူထု၏ ဘဝကို လုံးဝ ဖျက်စီးလိုသည်ဟု ခံစားလိုက်ရသည်။ ထို့ကြောင့် သူမသည် စစ်အာကာသိမ်းမှုကို ဆန့် ကျင် သည့် လှုပ်ရှားမှုများကို ဦးဆောင်ရန်ဆုံးဖြတ်ခဲ့သည်။ သူမ၏တော်လှန်ရေးတွင် ဦးဆောင်ဦးရွက်ပြုခြင်းကြောင့် ဒေသဆိုင်ရာ အာကာပိုင်များ၏ ပစ်မှတ်ထားရာဖြစ်လာခဲ့သည်။ အန္တရာယ်ရှိသောကြောင့် သူမချစ်သောသူမ၏ အတ္တဘြိုက်စွန့်ခွါပြီး အိန္ဒိယ နယ်စပ် တောထဲတွင် ပုန်းအောင်းနေခဲ့ရသည်။ အချိန်အနည်းငယ်ကြာပြီးနောက် အိန္ဒိယနိုင်ငံသို့ ဆက်လက် ထွက်ခွါ ခဲ့ရသည်။ အိန္ဒိယနိုင်ငံတွင်လည်း သူမ၏ အခြေအနေသည် တရားမဝင် ဝင်ရောက်နေထိုင်ရသူ ဖြစ်ခြင်းကြောင့် မြန်မာနိုင်ငံ ကဲ့သို့ပင် အန္တရာယ်ရှိပြီး မလုံခြုံဟု ခံစား နေရသည်။

ကိုကောင်းကောင်း

အာကာ မသိမ်းခင်က ကိုကောင်းကောင်းသည် နိုင်ငံရေး ကိစ္စများကို သတိထားမိခဲ့သည်။ စစ်တပ်၏ အကြမ်းဖက်မှုများ၊ လူ မျိုးတုံး သတ်ဖြတ်ခဲ့သည် Genocide ရာဇဝတ်မှုများ၊ လူနည်းစု တိုင်းရင်းသားများအား အကြမ်းဖက်မှု အစရှိသည့် စစ်တပ်၏ ရက်စက်ကြမ်းတမ်းသော သမိုင်းကို လေ့လာသိရှိခဲ့သည်။ အာကာ သိမ်းလိုက်သည့် အခါ အာကာသိမ်းမှု ကို ဆန့်ကျင်သည့် ဆန္ဒ ပြပွဲများတွင်ပါဝင်ခဲ့သည်။ စစ်တပ်မှဆန္ဒပြ ပြည်သူများအား ပစ်ခတ်သတ်ဖြတ်ခဲ့သည်။ သူလွတ်မြောက် ခဲ့သော်လည်း အဖမ်း မခံရသည့် လူနည်းစုတွင် ရှိသည့်အတွက် ရှက်သည့် စိတ်နှင့် အပြစ်မကင်းမှု စိတ်ကို ခံစားနေသည်။ အရပ်ဝတ် ဝတ်ထား သည့် စစ်သားများက သူ့ အိမ်ကို လာ၍ တံခါးခေါက်ကြသည်။ သူနှင့် သူ့မိသားစု အတွက် သူ့အိမ်သည် မလုံခြုံဟု သိရှိသွား ခဲ့သည်။ ထို့နောက် သူသည် ရန်ကုန်မှ ထိုင်း မြန်မာ နယ်စပ်သို့ ထွက်ခွါလာခဲ့သည်။ ကရင် အမျိုးသား လွတ်မြောက် ရေး တပ် မတော် KNLA နှင့် မြန်မာစစ်တပ်များအကြား တိုက်ပွဲများ ဖြစ်ပွါးသည့်အခါ ပစ်ခတ်တိုက်ခိုက်မှုများကြားတွင် ပုန်း အော– င်းနေခဲ့သည်။ တစ်ခါတစ်ရံတချို့သောနေရာများတွင် တစ်ပတ်ခန့်ပုန်းအောင်း နေခဲ့ရသည်။ တစ်နေ့တွင်မြန်မာပြည်တွင် ပဋိပက္ခများ အဆုံးသတ်မည်ဟု မျှော်လင့်သည်။ ဒီမိုကရေစီ စံချိန်စံညွှန်းများ ၊ လွတ်လပ်ခြင်း နှင့် တရားမျှတမှုကို အခြေခံထား သည့် မြန်မာ အစိုးရ တစ်ရပ် တစ်နေ့တွင် ပေါက်ဖွား ဖြစ်ထွန်းလာမည်ကို မျှော်လင့်လျှက်ရှိသည်။

မချောစုစ်

အာကာမသိမ်းမီက မချောစုစ်သည် အင်္ဂလိပ်မေဂျာ အထူးပြုဖြင့် တက္ကသိုလ်တက်ရောက်နေသော တတိယနှစ် ကျောင်းသူ တစ်ယောက်ဖြစ်သည်။ သူသည် မုံရွာ တက္ကသိုလ် ကျောင်းသားများ သမဂ္ဂ၏ ဒုတိယ ဥက္ကဋ္ဌ တစ်ဦးလည်း ဖြစ်သည်။ အာကာ သိမ်းပြီးနောက် မချောစုစ်သည် မုံရွာ၌ သပိတ် ဦးဆောင်ကော်မတီ၏ အဖွဲ့ဝင်အနေဖြင့် အထွေထွေသပိတ်တွင် ပါဝင်ခဲ့သည်။ စစ်တပ်မှဆန္ဒပြသူများကို ရက်ရက်စက်စက် ဖိနှိပ်သည့် အခါ ဆန္ဒပြသူများအတွက် ဆေးဝါးများနှင့် စိတ်ပိုင်း ဆိုင်ရာ အားပေးမှုများ ဝိုင်းဝန်းကူညီ ဆောင်ရွက်ပေးခဲ့သည်။ စစ်တပ် ဖမ်းဆီးမှုအစအဆင် အကြမ်းဖက်မှုများအား ကြုံတွေ့လာရသည့် အခါ မချောစုစ်သည် ဆန္ဒပြသူများအား ကျန်းမာရေး စောင့်ရှောက်မှု ပေးသည့် သူမ၏ လုပ်ဆောင် ချက်များကြောင့် ထွက် ပြေး တိမ်းရှောင်ခဲ့ရသည်။ နေရာတစ်နေရာတွင် ရက်အနည်းငယ် နေပြီး နောက်တစ်နေရာပြောင်းကာ၊ နေရာ ၁၀ ခုကျော် ပြောင်းပြီး တိမ်းရှောင် ပုန်းအောင်း ခဲ့ရသည်။ မချောစုစ်သည် အဖမ်းခံရမည်ကို မကြောက်သော်လည်း အကြမ်းဖက် ဖမ်းဆီးပြီး ရက်စက်စွာ နှိပ်စက်ခံ နေရသည်ကိုတွေ့မြင်နေရသည့်အတွက် ထိုကဲ့သို့ ပြုလုပ်ခံရမည်ကို ကြောက်ရွံ့ခဲ့သည်။ စစ်တပ် ၏ယခုကဲ့သို့ တရားမဲ့ ပြုကျင့်မှုများကိုကြည့်လျှင် မြန်မာပြည်သူများသည် ကောင်းမှု နှင့်မကောင်းမှု အကြား၊ တရားမျှတမှုနှင့် မတရားမှု အကြား ရင် ဆိုင် တိုက်ပွဲ ဖြစ်နေရသည်ဟု သူမ မြင်နေရသည်။ အမေရိကန် ကျောင်းသူ ကျောင်းသားများသည် မြန် မာစစ်တပ်၏ လူမျိုးတုံး သတ်ဖြတ်သည့် ရက်စက်ကြမ်းကြုတ်မှုများ အကြောင်းကို ကမ္ဘာကသိအောင် ဆောင်ရွက်ပေးနိုင်လျှင် နိုင်ငံတကာ လူအဖွဲ့အစည်း အနေဖြင့် မြန်မာပြည်ကိစ္စအား ပိုမိုအာရုံစိုက်လာနိုင်မည်၊ ရာဇဝတ်မှုကျူးလွန်ထားသည့် စစ်ခေါင်း ဆောင်များအား ပိုမိ တရား စီရင်လာနိုင်မည်ဟု မချောစုစ် ယုံကြည်လျှက်ရှိသည်။

Rofik Husson (ကိုဇာနည်စိုး)

အာကာမသိမ်းမီကကိုဇာနည်စိုးသည်ရခိုင်ပြည်နယ်တွင်နေထိုင်လျှက်ရှိသောရိုဟင်ဂျာမျိုးနွယ်မှ ဆင်းသက်လာသော လူငယ် တစ်ယောက်ဖြစ်သည်။ မြန်မာနိုင်ငံတွင် ရိုဟင်ဂျာများ၏ အဖွဲ့အစည်းရေးကို စနစ်တကျ ဩြင်းပယ် ခံထားရသည် ကို တွေ့ရသည် ။ ၂၀၁၂ ဒီမိုကရေစီ အသွင် ကူးပြောင်းရေး ကာလများတွင်ပင် ဆက်လက်ပြင် ဩြင်းပယ် ခံထားရသည်။ ရိုဟင်ဂျာ မွတ် ဆလင် များသည် နိုင်ငံ ခိုးကူးလာကြသူများဟု စွပ်စွဲခံခဲ့ရသည်။ သူတို့သည် လူမျိုးရေး၊ ဘာသာရေးမှုကြောင့် အဆင့်မြင့် ပညာရေး သင်ခွင့်ရရှိရန်အ ခက်အခဲများစွာ ကြုံတွေ့နေရသည်။ ကြိုးစားအား ထုတ်မှုများကြောင့်သူသည် တက္ကသိုလ်ဝင် တန်း ကို ၂၀၁၆ တွင် အောင်မြင်ခဲ့သည်။ ၂၀၁၇ ခုနှစ်တွင် ရိုဟင်ဂျာ လူမျိုးတုံးသတ်ဖြတ်မှုများ ဖြစ်ပွဲးခဲ့သည်။ အသက် ရှင် ကျန်ရစ်သူ တစ်ယောက် အဖြစ် နိုင်ငံတကာမှ ရိုဟင်ဂျာအရေးကို အာရုံစိုက် ကူညီပေးရန် သူကိုယ်တိုင် ကြိုးစား လုပ်ဆောင် ခဲ့သည်။ အာကာ သိမ်းပြီး နောက်ပိုင်း တွင် ရိုဟင်ဂျာများ မခံမရပ်နိုင်သည်အထိ အခြေအနေ ပိုမိ ဆိုးရွားလာခဲ့သည်။ စစ် တပ် မှ ရိုဟင်ဂျာများကို အကြမ်းဖက် အာကာ ဖိဆန်ရေး လုပ်ရှားမှုများကို ကူညီနေသည်။ ပြည် သူ့ ကာကွယ်ရေး တပ်ဖွဲ့ PDF များကို ကူညီနေသည်ဟုစွပ်ဆက်မပြတ်စွပ်စွဲနေသည်။ သို့သော် ရိုဟင်ဂျာပြည်သူများသည်ငြိမ်းချမ်းရေး၊ မေတ္တာတရားများနှင့်ဒီမို ကရေစီ စသည့် အခြေခံများ အပေါ်တွင်တည်ဆောက်ထားသည့် ယဉ်ကျေးမှုရှိသည့် လူမျိုးများဖြစ်သည်ဟု သူက အခိုင်အမာ ပြောဆိုသည်။ သူသည် လူ့အခွင့်အရေး ကာကွယ်သူအဖြစ် သူ၏ ပညာရေးကိုဆက်လက် သင်ယူလိုသည်။ မြန်မာစစ်တပ်မှ မြန်မာနိုင်ငံ၌ရှိ ရိုဟင်ဂျာများကို နိုင်ငံမဲ့ဖြစ်စေခဲ့ပြီး ကြောက်စရာကောင်းသော၊ ဆိုးရွားလွန်းသောအခြေအနေတွင် ဆယ် စုနှစ် များစွာနေထိုင်ပြုလုပ်ခဲ့သည်။ သို့သော်ကိုဇာနည်စိုးသည် မျှော်လင့်ချက်ကင်းမဲ့ခြင်းမရှိ၊ အိပ်မက်မပျောက်သွားဘဲ နောက်ဆုံးထွက်သက်ထိတိုင်အောင်မိမိတို့၏အခြေခံလူ့အခွင့်အရေးရယူရန်ကြိုးစားသွားမည်ဟုဆုံးဖြတ်ချက်ချထားသည်။ အွန်လိုင်း ပလက်ဖောင်းဖြစ်သော ဆိုရှယ်မီဒီယာမှ လည်းကောင်း၊ Google မှ လည်းကောင်း သင်ယူနိုင်သမျှ လွတ်လပ် စွာ သင်ယူလျှက် ရှိသည်။ သူသည် မွတ်ဆလင် လူမျိုး၊ ရိုဟင်ဂျာ တစ်ယောက် ဖြစ်ရခြင်းကို ဂုဏ်ယူလျှက်ရှိသည်။

မဖြူးဂျူး

အာကာမသိမ်းခင်က မဖြူးဂျူး သည် ဘွဲ့ရပြီးကာစ ဥပဒေ ပညာရှင် တစ်ယောက် အဖြစ် အလုပ် လုပ်နေခဲ့သည်။ သူမသည် ကရင် တိုင်းရင်းသား လူနည်းစုမှ ဖြစ်ပြီး ကရင်များ နေ ထိုင်သည့် ဒေသတွင် နေထိုင်လျှက် ရှိသည်။ ထို့ကြောင့် သူမသည် စစ် တပ် မှ ပြုမူလျှက်ရှိသည့်ဆိုးရွားသည့် အကြမ်းဖက်မှုများကို အတွေ့အကြုံ ရှိနေခဲ့သည်။ အာကာသိမ်းပြီးနောက်ပိုင်းတွင် ခက်ခဲ စွာ ရယူ ထားရသော ဒီမိုကရေစီကိုကာကွယ်ရန်တာဝန်ရှိသည်ဟု သူမခံစားရသည်။ ထို့ကြောင့် သူမမြို့လေးတွင် ဦးဆောင်ကာ အာကာ သိမ်းမှု ဆန္ဒကျင် ဆန္ဒပြ ခဲ့သည်။ သူမ ငယ်ငယ်က ကြုံတွေ့ခဲ့သည့် ဆိုးရွားလှသည့် အတွေ့အကြုံကို မြန်မာပြည်အနံ့ ပြန့်နှံ့သွားမည်ကို တားဆီးနိုင်မည်ဟု သူမမျှော်လင့်ခဲ့သည်။ စစ်တပ်မှသူမကို လာရောက်ဖမ်းဆီးသည် အခါ သူမသည် ထိုင်းနိုင်ငံကို ထွက်ပြေးခဲ့ရသည်။ သူမသည်ငယ်စဉ်ကို ထွက်ပြေးတိမ်းရှောင်ရင်း ကံမကောင်းစွာဖြင့် ကားတိုက်ခံရပြီး ခါးတွင် ဒဏ်ရာရရှိခဲ့သည်။ ယခုအခါတွင် သူမကျောတွင်ရရှိခဲ့သော ဝေဒနာကို ကုစားရန် ကြိုးစားနေဆဲ ဖြစ်သည်။

ကိုသူရိယပြိမ်းချမ်းမောင်

အာကာသိမ်းမှု မဖြစ်ခင်က ကိုသူရိယသည် တက္ကသိုလ် ကျောင်းသားတစ်ဦး ဖြစ်ပြီး တရုတ်နိုင်ငံတွင် အထောက်အပံ့ အပြည့် အစုံဖြင့် ပညာသင်ဆုရရ ပြီး ပညာ သွားရောက်သင်ကြား နေသူ ဖြစ်သည်။ ကိုဗစ် ရောဂါ ဖြစ်ပွါးသောကြောင့် ကိုသူရိယသည် မြန်မာပြည်သို့ မိသားစုနှင့်အတူ နေဖို့ စေတွ ပြန်လာခဲ့သူဖြစ်သည်။ တရုတ်ပြည်သို့ ပြန်မသွားနိုင်ချိန်တွင် အာကာ သိမ်းမှု ဖြစ် ပွါး သဖြင့် အာကာသိမ်းမှု ဆန့်ကျင်သော ဆန္ဒပြပွဲများတွင် ပါဝင်ခဲ့သည်။ အာကာသိမ်းမှုသည် သူ၏ ဒီမိုကရေစီ အနာဂတ်အား ခိုးယူ ဖျက်စီး ပစ်လိုက်သည်ဟု မြင်မိသည်။ သူရိယ၏ အာကာသိမ်းမှု ဆန့်ကျင် ဆန္ဒပြပွဲတွင် ပါဝင်မှုသည် သူနှင့် သူ့မိသားစု အား အန္တရာယ်များလာစေခဲ့သည်။ ထို့ကြောင့် ကိုသူရိယသည် ထိုင်းနိုင်ငံသို့ ထွက်ပြေးလာ ခဲ့သည်။ ထိုင်း နိုင်ငံတွင် သူသည် ထောက်ပံ့ကူညီမှုများဖြင့် ရပ်တည်ခဲ့ရသည်။ ထိုင်းနိုင်ငံသို့ တရားမဝင် နေရောက်ခဲ့ရခြင်း ဖြစ်သည့်အတွက် ထိုင်း နယ်စပ်တွင် ပုန်းရှောင်နေရခဲ့ရသည်။မြန်မာပြည်သို့ ပြန်ဖို့မည့် အန္တရာယ်ကိုလည်း နေစဉ်နှင့်အမျှ ရင်ဆိုင်ကြုံတွေ့နေရ သည်။

ကိုထွန်းငွေ

ကိုထွန်းသည် မြန်မာပြည်၏ လူနည်းစု မွတ်ဆလင် လူမျိုးတစ်ဦး ဖြစ်သည်။ ကိုထွန်းသည် (၈) ၄လုံး အရေးတော်ပုံ ကတည်း က နိုင်ငံလုံး ဆိုင်ရာ အာကာရှင် ဆန္ဒကျင်ရေး ၊ မြန်မာပြည် ဒီမိုကရေစီရေးတွင် စဉ်ဆက်မပြတ် ပါဝင်ခဲ့သူဖြစ်သည်။ အာကာ သိမ်းမှု ဖြစ်ပွါးပြီးနောက် ကိုထွန်းသည် မြဝတီတစ်ဖက်ကမ်းရှိ ထိုင်းမြန်မာနယ်စပ်သို့ ထွက်ပြေးလာခဲ့ရသည်။ ထိုင်းနိုင်ငံတွင် ရှိနေစဉ် အတွင်း ကိုထွန်းသည် ယခင်ကတစ်ဒီးက ရှိနေသည့် ခွဲစိတ်မှုလုပ်ထားသော နှလုံးရောဂါသည် ပိုမို ပြင်းထန်လာ ခဲ့ သည်။ သို့သော် ခွဲစိတ်မှု၊ ဆေးဝါးနှင့် ကျန်းမာရေး စောင့်ရှောက်မှု အတွက် မတတ်နိုင်ခဲ့ပေပဲ။ ထိုင်းနိုင်ငံနယ်စပ်တွင် ပုန်း အောင်းနေစဉ် ကာလအတွင်း ဘုန်းတော်ကြီးကျောင်း တစ်ခုမှ ကလေးငယ်များအား ပညာသင်ကြားပေးခဲ့သည့်အတွက် အစား အသောက်နှင့် အခြား လိုအပ်သည်များ အတွက် အထောက်အပံ့ရခဲ့သည်။ အနာဂတ်နိုင်ငံအား လွတ်လပ်စွာကိုးကွယ်ခွင့်နှင့် သဟဇာတ ရှိ မျှတသော လူ့အဖွဲ့အစည်း တစ်ခု ဖြစ်လာမည်ဟု ယုံကြည်နေ သည်။ မြန်မာပြည်၏ လက်ရှိ တော်လှန်ရေး၏ ဒုက္ခသည် များ နှင့် ပြည်ပရောက် မြန်မာများ၏ အခြေအနေကို နိုင်ငံတကာ အသိုင်းအဝိုင်းမှ နားလည် လာမည်ဟု မျှော်လင့်လျှက်ရှိသည်။

ကက်စပါ

အာဏာသိမ်းမှု မတိုင်မီက ကက်စပါသည် မြို့ဆင်ခြေဖုံး ကျောင်းများတွင် အထက်တန်းပြ ဆရာမ အဖြစ် အလုပ်လုပ်ခဲ့သည်။ ဒီမိုကရေစီ အစိုးရ ကာလ အတွင်း ကက်စပါ သည် နိုင်ငံရေး ဆိုင်ရာ အသိ ပညာများစွာ ရရှိခဲ့ပြီး ကျောင်းသား များအား ဒီမို ကရေစီ စံချိန်စံညွှန်း များကို သင်ကြားပေးခဲ့သည်။ အာဏာသိမ်းပြီးနောက် သူမ ချစ်သူ၏ တိုက်တွန်းချက်ကြောင့် CDM လှုပ် ရှားမှုတွင် ပါဝင်ခဲ့သည်။ အစောပိုင်းတွင် ပါဝင်ရန် တွန့်ဆုတ် နေခဲ့သည်။ သူမ မိဘများကလည်း ဆန္ဒပြပွဲများတွင် မပါဝင်ရန် တားဆီးခဲ့သည်။ အမှန်တကယ် ဆန္ဒပြများ သွားသည့် အခါတွင်လည်း သေနတ် ဒေးကင်းရန် အဆောင်ယကြောများ လုပ် ပေးခဲ့သည်။ ကံဆိုးစွာဖြင့် သူမ၏ သူငယ်ချင်း အဖမ်းခံပြီး ထောင်ကျခဲ့သည်။ ထို့ကြောင့် သူမလည်း လွတ်မြောက် ရန် ကြိုးစား ပြီး ထိုင်းနိုင်ငံသို့ ထွက်ပြေးလာခဲ့သည်။ တရားမဝင် ဝင်ဝင် နေထိုင်သောကြောင့် ကက်စပါ သည် စစ်တပ် အာဏာပိုင်များ ရှိရာ မြန်မာပြည်ထဲသို့ ပြန်ပို့ခံရမည်ကို အလွန် ကြောက်ရွံ့နေခဲ့ရသည်။ ထို့အတူ သူမ၏မိဘများအား စစ်တပ်မှဖမ်းဆီး နိုင်ဂက် မည်ကို စိုးရိမ်နေလျှက်ရှိသည်။

မကောသီ

မကောသီသည် အာဏာသိမ်းမှု မတိုင်မီက အောင်မြင်သည့် ကုမ္ပဏီ ပိုင်ရှင်တစ်ဦး ဖြစ်သည်။ သူမသည် သူမ ကလေးများ အသက်ကြီးလာလျှင် ဖြစ်တွန်း အောင်မြင်စေရန် မျှော်လင့်ချက်ရှိသည်။ စစ်တပ်မှ အာဏာသိမ်းလိုက်ပြီးနောက် သူမ ကလေးငယ်များ၏ အနာဂတ်သည်ပျက်စီးသွားပြီဟု မြင်လိုက်သည်။ သူတို့သည် စစ်အစိုးရ၏ အကြောက်တရားထဲ တွင် ကြီးပြင်း လာရတော့မည် ဖြစ်သည်။ သူတို့တွင် မည်သည့် အခွင့်အရေးမှ ရရှိတော့မည် မဟုတ်ပေ။ သူမ၏ ကလေးငယ်များ အနာဂတ်ကာကွယ်ရန် အတွက် သူမ လုပ်နိုင်သမျှအကုန် လုပ်မည်ဟု ဆုံးဖြတ်ခဲ့သည်။ ထို့နောက် ဒီမိုကရေစီပြန်လည်ရယူရန် နွေဦးတော်လှန်ရေးထဲတွင် ငွေကြေးထောက်ပံ့သူ၊ သွားလာရေးအတွက် ကားမောင်း ပို့ပေးသူအဖြံ ပါဝင်ခဲ့သည်။ သူမ၏ ထောက်ပို့ လုပ်ငန်းများအား ဆက်လက် လုပ်ဆောင်နိုင်ရန် အတွက် မကောသီ သည် မြန်မာပြည်မှ ထွက်ပြေး တိမ်းရှောင်လာ ပြီး ထိုင်းနိုင်ငံ တွင်းသို့ ရောက်ရှိနေသည်။ သူမသည် အောင်မြင်သည့် စီးပွါးရေး လုပ်ငန်းရှင် တစ်ယောက်ဖြစ်သည့် အပြင် စီးပွါး ရေး စီမံခန့်ခွဲမှု မဟာဘွဲ့ရှိသည့် အတွက် သူမ၏ အတွေ့အကြုံနှင့် ပညာရပ်များကို အခြေခံကာ သူမ ရည်မှန်းချက် ဖြစ်သော မြန်မာနိုင်ငံ အသစ် တည်ဆောက်ရေး အတွက် ဆက်လက် လုပ်ဆောင်လျှက်ရှိသည်။

အပိုင်း ၂ : ကျွန်တော်တို့မှာ အိပ်မက်တွေ ရှိခဲ့ပါတယ်
ဒီမိုကရေစီ အနာဂတ် ပျောက်ဆုံးခဲ့ရတယ်

မြန်မာ့သမိုင်းရက်စွဲမှတ်တမ်း

၁၉၄၈

မြန်မာနိုင်ငံသည် ဗြိတိန်နိုင်ငံမှ လွတ်လပ်ရေးရရှိခဲ့သည်။

ပြည်ထောင်စု မြန်မာနိုင်ငံတော် ဖွဲ့စည်းပုံ အခြေခံဥပဒေတွင် လွတ်လပ်စွာ ပြောဆိုခွင့်ကို အာမခံထားသည်။

၁၉၅၀

အရေးပေါ် အခြေအနေ ပြဋ္ဌာန်းချက် ဥပဒေ၊ သတင်းမှားများ ရည်ရွယ်ချက်ရှိရှိ ဖြန့်ဝေခြင်းနှင့် အစိုးရ ဝန်ထမ်းများ နှင့် စစ်ဘက် အရာရှိများ၏ အသရေဖျက်မှု ဆိုင်ရာကို ပြဋ္ဌာန်းခဲ့ သည်။

၁၉၅၇

ဆန့်ကျင်သူများဟု ယူဆရသူများကို တရားစွဲဆိုခြင်းဖြင့် လွတ်လပ်စွာ ပြောဆိုခွင့်ကို နိုပ်ကွပ်ရန် မြန်မာနိုင်ငံ ရာဇသတ် ကြီး ဥပဒေကို ပြဋ္ဌာန်းခဲ့သည်။ ရာဇသတ်ကြီး ဥပဒေ၏ အခန်း ၁.၂.၂ တွင် ထောင်ဒါဏ် အနည်းဆုံး ၂၅ နှစ် မှ သေဒါဏ် အထိ ပြစ်ဒါဏ်များကို ပြဋ္ဌာန်းထားသည်။

၁၉၆၂

မြန်မာနိုင်ငံ၏ ပါလီမန် လွှတ်တော် ကာလကို အဆုံးသတ်ပြီး မတ်လတွင် ပထမဆုံး စစ်တပ် အာဏာသိမ်း အုပ်ချုပ်မှု ဖြစ်ပွားခဲ့ သည်။ မြန်မာ့ဆိုရှယ်လစ် လမ်းစဉ် ပါတီကို တစ်ခုတည်းသော တရားဝင် ပါတီအဖြစ် တည်ထောင်ခဲ့သည်။ ပုံနှိပ်သူများနှင့် ထုတ် ဝေသူများ မှတ်ပုံတင် ဥပဒေကို ပြဋ္ဌာန်းခဲ့သည်။ ပုံနှိပ်စက်များနှင့် ထုတ်ဝေသူ အားလုံးသည် ၎င်းတို့၏ စာပေတို့၏ မှတ်ပုံတင် ပြီး စာပေ စိစစ်ရေး ဘုတ်အဖွဲ့သို့ တင်ပြပေးရန် လိုအပ်သည်။ ၎င်းတို့၏ လုပ်ပိုင်ခွင့်များအား ထပ်တလဲလဲ ချဲ့ထွင်လာ ခဲ့သည်။

၁၉၆၄

မြန်မာ့ ဆိုရှယ်လစ် လမ်းစဉ်ပါတီ မှလွဲ၍ နိုင်ငံရေးပါတီအားလုံးကို အမျိုးသား စည်းလုံးညီညွတ်ရေးကို ကာကွယ်သည့် ဥပဒေ အရဖျက်သိမ်းခဲ့သည်။

၁၉၇၄

အသစ် ရေးဆွဲ လိုက်သော ဖွဲ့စည်းပုံ အခြေခံ ဥပဒေသည် မြန်မာ့ ဆိုရှယ်လစ် လမ်းစဉ် ပါတီဝင်များသာ ပါဝင်ခွင့် ရသည့် ပြည်သူ့လွှတ်တော် ဟုခေါ်သော ဥပဒေပြု လွှတ်တော် တစ်ရပ်ကို ပြဋ္ဌာန်း ခဲ့သည်။

၁၉၇၅

ပုံနှိပ်သူများနှင့် ထုတ်ဝေသူများ ဗဟိုမှတ်ပုံတင် ဘုတ်အဖွဲ့က စစ်ဆေးမှုအတွက် စာမူများ တင်သွင်းခြင်းနှင့် စပ်လျဉ်း၍ ပုံနှိပ်သူ များနှင့် ထုတ်ဝေသူ အားလုံးထံ မှတ်တမ်း တစ်ရပ်ကို ထုတ် ပြန်ခဲ့သည်။ မြန်မာ့ ဆိုရှယ်လစ် လမ်းစဉ်၊ ဆိုရှယ်လစ် စီးပွားရေး၊ အမျိုးသား စည်းလုံး ညီညွတ်ရေး၊ လုံခြုံရေးနှင့် ငြိမ်းချမ်းရေး၊ အစိုးရ အမိန့်များနှင့် ပက်သက်ပြီး အန္တရာယ်ရှိသော၊ တိုက်ခိုက်ထားသော ထုတ်ဝေ ရေးသားမှုများ၊ အတွေးအခေါ် ဖော်ပြချက်များစသည့် မည်သည့် အရာကိုမဆို ထုတ်ဝေခြင်းအား တားမြစ်သော လမ်းညွှန်ချက်များကို ချမှတ်ခဲ့သည်။ အစိုးရအား ဝေဖန် ရေးသားသော မီဒီယာများကို လည်း ပိတ်ပင် ခဲ့သည် ။ နိုင်ငံတော်ကာကွယ်ရေး ဥပဒေကို ထုတ်ပြန်ခဲ့ပြီး နိုင်ငံတော် ငြိမ်းချမ်းရေးကို အနှောင့်အတား ဖြစ်စေသည်ဟု သံသယရှိသူ မည်သူ့ကိုမဆို အာဏာပိုင်များအား ထောင်ချခွင့် ပြုခဲ့သည်။ ဤ ဥပဒေ ကို ချိုးဖောက် ခြင်း အတွက် သံသယရှိ သူများကို အမှု စစ်ဆေးခြင်း မရှိဘဲ ၅ နှစ် အထိ ထိန်းသိမ်း ထား နိုင် သည် ။ ဤ ဥပဒေသည် သတင်းစာ ဆရာများ နှင့် စာရေး ဆရာများစွာကို ဖမ်းဆီးရန် အတွက် အခြေခံ ဖြစ်ခဲ့သည် ။

၁၉၈၇

စစ်တပ်၏ နိုင်ငံရေး ပါတီဖြစ်သော မြန်မာ့ ဆိုရှယ်လစ် လမ်းစဉ်ပါတီ ငွေစက္ကူများအား တရားမဝင် ကြေညာခဲ့သည်။အခွန်ငွေအား ချဲ့ထွင်စေရန်၊ ငွေကြေး ဖောင်းပွမှုအား ရပ်တန့်ရန်နှင့် တရားမဝင်ဈေးကွက် ကုန်သွယ်မှုများအား ရပ်တန့်ရန် အတွက် ငွေကြေးကို တရားမဝင် ကြေညာခဲ့ခြင်း ဖြစ်သည်။

၁၉၈၈

ဩဂုတ်လ ၈ ရက်နေ့တွင် ရှစ်လေးလုံး အရေးတော်ပုံ ဖြစ်ပွားခဲ့သည်။ ဒီမိုကရေစီ ထောက်ခံသူတို့သည် ရန်ကုန်မြို့တော် တစ်ဝန်းလုံးတွင် စစ်အာဏာရှင် စနစ်ချုပ်ငြိမ်းရေးကို ကြွေးကြော် ခဲ့ကြသည်။ ၎င်းသည် စစ်တပ်၏ အာဏာရှင် စနစ်ကို မြန်မာ တစ်နိုင်ငံလုံးမှ ဝိုင်းဝန်း ဆန့်ကျင်ခဲ့ကြသည်။

ရှစ်လေးလုံး အရေးတော်ပုံကြောင့် မြန်မာ့ ဆိုရှယ်လစ် လမ်းစဉ်ပါတီ၏ တစ်ပါတီ အုပ်ချုပ်မှုကို အဆုံးသတ် လိုက်ရသည်။

စစ်ဥပဒေဖြင့် ညမထွက်ရ အမိန့် ပြဋ္ဌာန်း လိုက်သည်။ လူ ၅ ဦးကျော် စုဝေးမှုများကို ပိတ်ပင်ခဲ့ပြီး စစ်တပ်ကို ဖြိုခွဲရန် ရည်ရွယ်ထားသည့်" မည်သည့် လှုပ်ရှားမှု သို့မဟုတ် မီဒီယာ ထုတ် ဝေမှုကို မဆို ပိတ်ပင်ခဲ့သည်။

၁၉၈၉

စစ်ရေး ဥပဒေ အမိန့်တရ ပြဋ္ဌာန်းပြီး ပြည်ထဲရေးနှင့် သာသနာရေး ဝန်ကြီးဌာနမှ ခွင့်ပြုချက်မပါသည့် မည်သည့် စာရွက်စာတမ်းကို မဆို ထုတ်ဝေလျှင် တရားဝင် ပြစ်မှု တစ်ရပ်ဖြစ်ကြောင်း ပြဋ္ဌာန်းခဲ့သည်။

ဒေါ်အောင်ဆန်းစုကြည်အား မြန်မာစစ်အစိုးရမှ ဖမ်းဆီးခဲ့သည်။ သူမသည် ၁၉၉၅ ခုနှစ် အထိ ထိန်းသိမ်း ခံခဲ့ရသည်။

၁၉၉၀

မေလတွင် မြန်မာ့ဆိုရှယ်လစ် လမ်းစဉ်ပါတီကို အစားထိုးထားသော စစ်အစိုးရသည် နှစ်ပေါင်း ၃၀ အတွင်း ပထမဦးဆုံး ပါတီစုံ ရွေးကောက်ပွဲကို ကျင်းပခဲ့သည်။

မဆလ ပါတီကို တိုင်းရင်းသား စည်းလုံး ညီညွတ်ရေးပါတီဟု ပြန်လည် သတ်မှတ်ခဲ့သည်။

အမျိုးသား ဒီမိုကရေစီ အဖွဲ့ချုပ်သည် ၁၉၉၀ ရွေးကောက်ပွဲတွင် သောင်ပြိုကမ်းပြို အနိုင်ရခဲ့သည်။

၁၉၉၁

စစ်အစိုးရက၁၉၉၀ရွေးကောက်ပွဲ ရလာဒ်များကို ငြင်းပယ်ရန် အာဏာလွှဲပြောင်းမှုအတွက် ဖွဲ့စည်းပုံ အခြေခံဥပဒေ အသစ် တစ်ခု လိုအပ်သည်ဟု ကြေငြာခဲ့သည်။

၁၉၉၃

ဖွဲ့စည်းပုံ အခြေခံဥပဒေ အသစ် ရေးဆွဲရန် အမျိုးသား ညီလာခံကို စတင်ကျင်းပခဲ့သည်။ ၎င်းဖြစ်စဉ်သည် ၂၀၀၇ ခုနှစ် အထိ ကြာမြင့်ခဲ့သည်။

ပြည်ထောင်စု ကြံ့ခိုင်ရေးနှင့် ဖွံ့ဖြိုးရေးအသင်းကို မြန်မာ စစ်ဗိုလ်ချုပ်များ အရပ်ဘက် နိုင်ငံရေးသို့ အသွင်ပြောင်း ဝင်ရောက်ရန် အတွက် ရွေးကောက်ပွဲ အသုံးချခံ အဖြစ် စစ် အစိုးရမှ ဖွဲ့စည်းခဲ့သည်။

၁၉၉၅

BBC နှင့် VOA အသံလွှင့်မှုများ စတင် ပိတ်ဆို့လာခဲ့သည်။ နိုင်ငံခြား သတင်းထောက်များကို မြန်မာနိုင်ငံနှင့် ပက်သက်ပြီး သတင်းမပို့စေရန်ရည်ရွယ် လုပ်ဆောင်ခဲ့ခြင်း ဖြစ်သည်။

ဒေါ်အောင်ဆန်းစုကြည် နေအိမ် အကျယ်ချုပ်မှ လွတ်မြောက်လာသည်။

၁၉၉၆

စစ်အစိုးရကို ဆန့်ကျင်သည့် ကျောင်းသား လှုပ်ရှားမှု ပေါ်ပေါက်ခဲ့သည်။

နိုင်ငံတော်တာဝန်ကို တည်ငြိမ်အေးချမ်းစွာ စနစ်တကျလွှဲပြောင်းပေးရေးနှင့် အမျိုးသားညီလာခံလုပ်ငန်းများ အောင်မြင် စွာ ဆောင်ရွက်ရေးတို့ကို နောင့်ယှက် ဆန့်ကျင်ခြင်းမှ ကာကွယ်သည့် ဥပဒေ ဇွန်လ ၇ ရက်နေ့တွင် ပြဋ္ဌာန်းခဲ့သည်။ အခန်း ၂ တွင် နိုင်ငံတော် တည်ငြိမ် အေးချမ်းရေး၊ ဥပဒေ နှင့် စည်းမျဉ်း ဥပဒေများ ပျံ့နှံ့မှုတို့ကို အားနည်းစေရန် လှုံ့ဆော်ခြင်း၊ သရုပ် ပြ ခြင်း၊ ဟောပြောခြင်း၊ ပြောဆိုခြင်း၊ ရေးသားဖော်ပြချက်များ ပြုလုပ်ခြင်းနှင့် ဖြန့်ဝေခြင်းတို့အားတားမြစ်ထားသည်။အပြစ် ရှိကြောင်းသိရသောသူများသည် အနည်းဆုံးထောင်ဒါဏ် ၅ နှစ်နှံ့ အများဆုံး ထောင်ဒါဏ်အနှစ် ၂၀ ပြစ်ဒါဏ်ချမှတ်ခံရ နိုင် သည်။ ပြဋ္ဌာန်းချက်များအား မျိုးဖောက်သော အဖွဲ့အစည်းများကို ထိန်းဒုံ့ထားခြင်း သို့မဟုတ် ဖျက်သိမ်း ခံရနိုင်ပြီး ပိုင်ဆိုင်မှုများ သို့မဟုတ် ရန်ပုံငွေများအား သိမ်းယူနိုင်သည်။ ရုပ်မြင်သံကြားနှင့် ဗီဒီယိုအက်ဥပဒေကို ဇူလိုင်လ ၃၁ ရက်နေ့တွင် ထုတ်ပြန်ခဲ့ပြီ ရုပ်မြင်သံကြား၊ ဗီဒီယိုရိုက်ကူး သူနှင့် ပြိုက်တုရုပ်မြင်သံကြား ပိုင်ရှင်များအား ဆက်သွယ်ရေး၊ စာတိုက်နှင့် ကြေးနန်း ဝန် ကြီးဌာန

မှ လိုင်စင်ရယူရန်နှင့် ပြဋ္ဌာန်းခဲ့သည်။ တင်သွင်းထားသော ဗီဒီယိုများ၏ အများ ပြည်သူ ပြသမှုများ အတွက် ခွင့်ပြုချက် ရယူရန်နှင့် လို အပ်ပြီး ဗီဒီယိုဆင်ဆာဘုတ်အဖွဲ့များအား ဗီဒီယို များ အားလုံးကို စစ်ဆေး ခြင်းနှင့် အသေးစိတ် ကြည့်ရှု တင်း ဖြတ်ရန် ပြဋ္ဌာန်း ခဲ့သည်။ ပြဋ္ဌာန်းချက် တခုခုကို ချိုးဖောက် သူများသည် ထောင်ဒါဏ် သုံးနှစ် အထိ နှင့် (သို့မဟုတ်) ဒါဏ် ငွေ ၁၀၀,၀၀၀ ကျပ် အထိ ကို ပေးဆောင် ရမည်ဟုလည်း ပြဋ္ဌာန်း ခဲ့သည်။ စက်တင်ဘာလ ၂၀ ရက်နေ့တွင် သတင်းသမားများ အတွက် ဆက်သွယ် ရေး ကိရိယာများ ရရှိနိုင်ခြင်းကို ကန့်သတ်ရန် ကွန်ပျူတာ ပညာဖွံ့ဖြိုး ဥပဒေကို ပြဋ္ဌာန်းခဲ့သည်။ ကွန်ပျူတာ နှင့် အခြားအရင်း ချင်း ချိတ်ဆက်နိုင်သော ပစ္စည်းများကို ပိုင်ဆိုင်ခွင့်၊ တင်သွင်းခွင့်နှင့် အသုံးပြုခွင့် တို့ကို ဆက်သွယ်ရေး၊ စာတိုက်နှင့် ကြေးနန်း ဝန်ကြီးဌာနတို့မှ ခွင့်ပြုချက် ရယူရမည် ဟု ပြဋ္ဌာန်း ထားသည်။ ချိုးဖောက်မှု ကျူးလွန် ကြောင်း တွေ့ရှိရသူများအား ထောင်ဒါဏ် ၁၅ နှစ်အထိ ချမှတ်နိုင်သည်ဟု ပြဋ္ဌာန်းထားသည်။

ဒီဇင်ဘာလတွင် စစ်အစိုးရအား ဆန့်ကျင် တော်လှန်သော ကျောင်းသား လှုပ်ရှားမှု ဖြစ်ပွားခဲ့သည်။ အဆိုပါ ကျောင်းသား လှုပ် ရှားမှုသည် ၁၉၈၈ ခုနှစ် နောက်ပိုင်းမှ အကြီးမားဆုံး ဒီမိုကရေစီရေး လှုပ်ရှားမှုတစ်ခု ဖြစ်ခဲ့သည်။ စစ်တပ်သည် ရက်စက် ကြမ်းကြုတ်စွာ အင်အားသုံး တုံ့ပြန်ခဲ့သည်။ ကျောင်းသား ခေါင်းဆောင်များ ဖြစ်ကြသော ကိုစိုးထွန်းနှင့် ကိုမျိုးရန်နောင်သိန်းတို့ အဖမ်း ခံခဲ့ရပြီး ထောင်ဒါဏ် ၇ နှစ်စီ ပြစ်ဒဏ် ချမှတ်ခံရသည်။

၁၉၉၉

လူသိများသော စာနယ်ဇင်းသမား တဦး ဖြစ်သည့် ဦးအောင်ပွင့်အား ဖက်စ် စက် ပိုင်ဆိုင်မှုနှင့် တားမြစ်ထားသော စာတမ်းများ ဆီသို့ "သတင်းပေးပို့ခြင်း" အတွက် အကျဉ်းချခဲ့ရသည်။

၂၀၀၀

ဆက်သွယ်ရေး၊ ကြေးနန်း နှင့် စာတိုက် ဝန်ကြီးဌာနမှ ပြည်ထောင်စု အကျိုးစီးပွား၊ ရင်း၏ မူဝါဒများ သို့မဟုတ် လုံ့ရှုံးရေးဆိုင်ရာ ကိစ္စများကို ထိခိုက် စေနိုင်သည့် အင်တာနက် ပေါ်ရှိ မည်သည့် ဝိုစ်များကို မဆို တားမြစ်ခဲ့သည်။

ဒေါ်အောင်ဆန်းစုကြည် သည် ဒုတိယအကြိမ် အကျဉ်းချ ခဲ့ရသည်။

၂၀၀၂

ဒေါ်အောင်ဆန်းစုကြည် နေအိမ်အကျယ်ချုပ် မှ လွတ်မြောက်လာသည်။

၂၀၀၃

သူမ၏ ယာဉ်တန်းကို လုပ်ကြံ တိုက်ခိုက်ခံရပြီးနောက် ၊ ဒေါ်အောင်ဆန်းစုကြည်သည် တတိယ အကြိမ် နေအိမ်တွင် အကျယ် ချုပ် ချခဲ့ရသည်။

၂၀၀၇

ရွှေဝါရောင် တော်လှန်ရေး ဖြစ်ပွားခဲ့သည်။ ထောင်ပေါင်း များစွာသော သံဃာတော်များ ဦးဆောင်သည့် ဆန္ဒပြပွဲများ၏ အရပ် သား များ ပူးပေါင်းခဲ့သည် ။ မြန်မာ ပြည်သူများ၏ ငြိမ်းချမ်း စွာ ဆန္ဒ ထုတ်ဖော်မှုကို စစ်အစိုးရမှ အကြမ်းဖက်မှ နှိပ်ကွင်းခဲ့သည်။

၂၀၀၈

ဒေါ်အောင်ဆန်းစုကြည်အား နေအိမ် အကျယ်ချုပ်ဖြင့် ထပ်မံ ထိန်းသိမ်းထားခြင်းသည် နိုင်ငံတကာ ဥပဒေနှင့် မြန်မာနိုင်ငံ ဥပဒေ များအား ချိုးဖောက် သည် ဟူသော ကြေညာချက်တစ်ခုကို ကုလသမဂ္ဂ မတရား ဖမ်းဆီး ထိန်းသိမ်းခြင်း ဆိုင်ရာ အလုပ်အဖွဲ့က ထုတ်ပြန်ခဲ့သည်။

၁၉၉၃ ခုနှစ်တွင် စစ်တပ်မှ စတင် ရေးဆွဲခဲ့သော ဖွဲ့စည်းပုံ အခြေခံဥပဒေ အသစ်ကို အပြီးသတ်ရေးဆွဲခဲ့သည်။ ဖွဲ့စည်းပုံ အခြေခံ ဥပဒေအသစ် အောက်တွင် စစ်တပ်သည် အစိုးရအား ထိန်းချုပ် ထားသည်။ လွှတ်တော်၏ ၂၅ ရာခိုင်နှုန်းကို စစ်တပ်က ရရှိထား သည်။ ပြည်ထဲရေး၊ နယ်စပ်ရေးရာနှင့် ကာကွယ်ရေး ဝန်ကြီးများကို စစ်တပ်က ခန့်အပ်သည်။ ထို့အပြင် မြန်မာပြည်၏ ဒုတိယ သမ္မတ နှစ်ဦး အနက် တစ်ဦးကို စစ်တပ်မှ ခန့်အပ်ခွင့် ရရှိထားသည်။

ကုလသမဂ္ဂ လူ့အခွင့်အရေး အစီရင်ခံစာ မိတ္တူ တစ်စောင် လက်ဝယ်ထားရှိမှုဖြင့် မြန်မာ့နေးရှင်းမှ အယ်ဒီတာ ကိုသက်ဇင်အား ဖမ်းဆီးခဲ့သည်။

၂၀၁၀

နိုင်ငံရေးအကျဉ်းသားများ ပြစ်ဒါဏ်ကျခံဖူးသည့် ပါတီဝင် များပါဝင်သည့် မည်သည့် ပါတီ မဆို ရွေးကောက်ပွဲ ကော်မရှင် နှင့် တရားဝင် မှတ်ပုံတင်၍ မရနိုင် ကြောင်း ပြဋ္ဌာန်းထားသည့် နိုင်ငံရေးပါတီများ မှတ်ပုံတင်ခြင်း ဥပဒေတစ်ခု ကို ထုတ်ပြန် ခဲ့သည်။ နိုဝင်ဘာလ ၈ ရက်နေ့တွင် စစ်တပ်၏ ပါတီသည် မသမာသောနည်းဖြင့် အထွေထွေရွေးကောက်ပွဲနိုင်ရခဲ့သည်။ ထို့နောက် တွင် ဒေါ်အောင်ဆန်းစုကြည် တတိယအကြိမ် နေအိမ် အကျယ်ချုပ်မှ လွတ်မြောက်သည်။ တောင်ပါးများတွင် ဒေါ်အောင်ဆန်းစုကြည်အား " အလွန်အရေးပါသော နေရာ " တွင် ရေးသား ဖော်ပြခြင်းကြောင့် ပြည်တွင်းဂျာနယ် ၁၀ စောင် အရေးယူ တားမြစ်ခြင်း ခံရသည်။

၂၀၁၁

မြန်မာနိုင်ငံအား နယ်စည်း မခြား သတင်းထောက်များ အဖွဲ့မှ အင်တာနက် ဆင်ဆာဖြတ်မှု မူဝါဒများနှင့် ပက်သက်၍ မြန်မာနိုင် ငံကို " အင်တာနက် ရန်သူ " အဖြစ် စာရင်း ဖော်ပြ ခံရသည်။

၂၀၁၂

ဧပြီလ ၁ ရက်နေ့ ကြားဖြတ် ရွေးကောက်ပွဲတွင် အမျိုးသား ဒီမိုကရေစီ အဖွဲ့ချုပ်သည် အမတ် နေရာ ၄၀ ကျော်အ တွက် ယှဉ်ပြိုင် ခဲ့ပြီး အားလုံး အနိုင်ရခဲ့သည်။

၂၀၁၃

၉၆၆ လှုပ်ရှားမှု စတင်ခဲ့သည်။ ၎င်းတို့မှာ ဗုဒ္ဓဘာသာ အစွန်းရောက်များဖြစ်ကြပြီး အမျိုးသားရေး ဝါဒနှင့် မြန်မာနိုင်ငံ အတွင်းရှိ မွတ်စလင်များအား အကြမ်းဖက်မှုကို အားပေး အားမြှောက် ပြုခဲ့ကြသည်။

ရိုဟင်ဂျာ မွတ်စလင်များကို နိုင်ငံ၏ သန်းခေါင် စာရင်း မှ ဖယ်ရှား ခဲ့ပြီး ၊ သူတို့ ရသင့် ရထိုက်သော အခွင့်အရေး များကို ငြင်းဆို ခဲ့ကြတယ်။

၂၀၁၄

ဇူလိုင်လ တွင်၊ သတင်းစာ ဆရာ ငါးဦးသည် တပ်တူ လက်နက် စက်ရုံ အသစ် တစ်ခု တည်ဆောက်ရန် စီစဉ်နေကြောင်း အစိုးရကို စွပ်စွဲခဲ့သည့် အတွက် ၁၀ နှစ် အကျဉ်းချ ခံခဲ့ရ သည်။

၂၀၁၅

တရားမျှတသော ရွေးကောက်ပွဲများ ကျင်းပပေးခြင်းနှင့် ဒေါ်အောင်ဆန်းစုကြည်၏ လူ့အခွင့်အရေး အတွက် တိုက်ပွဲဝင်မှု များကြောင့် မြန်မာနိုင်ငံရှိ အခြေအနေများသည် တိုးတက်လာခဲ့သည်။

နိုဝင်ဘာလ ၈ ရက်နေ့ အထွေထွေ ရွေးကောက်ပွဲတွင် ဒေါ်အောင်ဆန်းစုကြည်၏ပါတီသည် သောင်ပြို ကမ်းပြို အနိုင်ရရှိခဲ့ပြီး ပြည်ထောင်စု လွှတ်တော်တွင် နေရာ အများစုကို အနိုင်ရရှိခဲ့သည်။

၂၀၁၆

ဒေါ်အောင်ဆန်းစုကြည်၏ အန်အယ်လ်ဒီ ပါတီသည် လွှတ်တော် အတွင်း နေရာ အများအပြား အနိုင်ရရှိခြင်းကြောင့် အစိုးရဖွဲ့ စည်း အုပ်ချုပ်ခွင့် ရခဲ့သော်လည်း စစ်တပ်ကရေးဆွဲ ထားသော ဖွဲ့စည်းပုံ အခြေခံ ဥပဒေကြောင့် မြန်မာ စစ်တပ်အပေါ် အာဏာ လွှမ်းမိုးနိုင်ကြောင်း မရှိခဲ့ပါ။ လွှတ်တော် အမတ်နေရာ၏ ၂၅ % ကို စစ်တပ် က တိုက်ရိုက် ထိန်းချုပ်ထားသည်။

၂၀၁၇

သြဂုတ် လ ၂၆ ရက် နေ့တွင်၊ အာရာကန် ရိုဟင်ဂျာကယ်တင်ရေး တပ်မတော်(ARSA) မှ ရဲကင်းနေရာများအပေါ် တိုက် ခိုက်မှုများ စတင်ခဲ့ပြီးနောက် ရိုဟင်ဂျာပြည်သူများ အပေါ် စစ်ရေး နှိမ်နင်းမှု တစ်ခုကို မြန်မာ စစ်တပ်မှ ပြုလုပ်ခဲ့သည်။ ဒေသခံ ဗုဒ္ဓဘာသာ အစွန်းရောက် အုပ်စုများ၏ ကျောထောက် နောက်ခံ ပေးထားသော စစ်တပ်သည် အနည်းဆုံး ရိုဟင်ဂျာရွာပေါင်း ၂၈၈ ရွာကို မီးရှို့ဖျက်ဆီးပြီး အရပ်သားများအား တိုက်ခိုက်ခဲ့သည်။ ရိုဟင်ဂျာ အမျိုးသမီးများနှင့် မိန်းကလေးငယ် များကိုလည်း မုဒိမ်းကျင့် စော်ကားခဲ့ကြသည်။ အသက် ၅ နှစ် အောက် ကလေး သူငယ် အနည်းဆုံး အယောက် ၇၃၀ အပါဝင်၊ လူပေါင်း ၆၀၀၀ ကျော် ပထမလ တစ်လတည်း တွင် အသတ်ခံခဲ့ရသည်။

၂၀၁၈

စစ်တပ်၏ စနစ်တကျ အကြမ်းဖက် နှိပ်စက်မှုကြောင့် ထောင်နှင့် ချီသော ရိုဟင်ဂျာများသည် ဘင်္ဂလားဒေ့ရှ်သို့ ထွက်ပြေးခဲ့ကြ သည်။

၂၀၁၉

နိုဝင်ဘာလ ၁၁ ရက်နေ့တွင် ဂမ်ဘီယာနိုင်ငံသည် မြန်မာနိုင်ငံအစိုးရနှင့် စစ်တပ်အား ရိုဟင်ဂျာ လူမျိုးများအား လူမျိုးတုံး သတ်ဖြတ်မှု ကျူးလွန်သည်ဟု စွပ်စွဲ တရားစွဲဆို ခဲ့သည်။

ဒီဇင်ဘာလ ၁၁ ရက်နေ့တွင် ဒေါ်အောင်ဆန်းစုကြည်သည် အပြည်ပြည်ဆိုင်ရာ တရားရုံးတွင် ရိုဟင်ဂျာများအား လူမျိုးတုံး သတ်ဖြတ်မှု စွပ်စွဲ ချက်များအား ငြင်းဆို လျှောက်လဲပြီး မြန်မာ စစ်တပ်ကို အကာအကွယ် ပေးခဲ့သည်။

၂၀၂၀

ဇန်နဝါရီလတွင် နိုင်ငံတကာ တရားရုံးမှ ရိုဟင်ဂျာ လူမျိုးများအား မြန်မာပြည်မှ ကာကွယ်ပေးရန် အတွက် လိုအပ် သော ဆောင်ရွက်မှုများ ပြုလုပ်ရန် အမိန့်ချခဲ့သည်။ မြန်မာ စစ်တပ်မှ ရင်းသည် အရပ်သားများ မဟုတ်သော ၊ ရိုဟင်ဂျာ စစ်သွေးကြွများကို သာပစ်မှတ်ထားခဲ့သည် ဟုပြောဆို ခဲ့သည်။

နိုဝင်ဘာလ ၈ ရက် အထွေထွေ ရွေးကောက်ပွဲတွင် အမျိုးသား ဒီမိုကရေစီ အဖွဲ့ချုပ်သည် ပြည်ထောင်စု လွှတ်တော်တွင် ရွေးကောက်ပွဲ ပြုလုပ်သည့် စုစုပေါင်း နေရာ ၄၇၆ နေရာရှိသည့် အနက် ၃၉၆ နေရာ အနိုင် ရခဲ့သည်။

ပြည်ထောင်စု ကြံ့ခိုင်ရေးနှင့် ဖွံ့ဖြိုးရေး ပါတီသည် ၃၃ နေရာသာ အနိုင်ရခဲ့သည်။ ပြည်ထောင်စု ကြံ့ခိုင်ရေးနှင့် ဖွံ့ဖြိုးရေးပါတီမှ သက်သေ အထောက်အထား လုံး၀ မရှိပဲ ထိုရွေးကောက် ပွဲအား မဲမသာမှု ဟု ပြောဆိုခဲ့သည်။

၂၀၂၁

ဇန်နဝါရီလ ၂၆ ရက်နေ့တွင် မြန်မာ စစ်တပ်မှ စစ်တပ်သည် ရွေးကောက်ပွဲ ကိစ္စကို ဝင်ပါမည်၊ အာဏာမသိမ်းဟု မပြောနိုင်ဟု ပြောဆိုခဲ့သည်။

အပိုင်း ၂ : ကျွန်တော်တို့မှာ အိပ်မက်တွေ ရှိခဲ့ပါတယ်
ဒီမိုကရေစီ အနာဂတ် ပျောက်ဆုံးခဲ့ရတယ်

ပြည်သူတွေ ထုတ်ပြောလာကြပြီ

၂၀၂၁ မတိုင်ခင်က ဒေါ်အောင်ဆန်းစုကြည် ဦးဆောင်တဲ့ အမျိုးသား ဒီမိုကရေစီအဖွဲ့ချုပ်ရဲ့ ဒီမိုကရေစီ အစိုးရ (၅) နှစ် တာ သက်တမ်းကို မြန်မာပြည်သူတွေစွမ်းခဲ့ရပါတယ်။ အဲဒီကာလမှာ နှစ်စဉ် နှစ်စဉ် စီးပွားရေးတိုးတက်မှု ၆ % မှ ၁၀% အထိ ရှိ ခဲ့ပါတယ်။ လွတ်လပ်ရေး ရရှိချိန်က စတင်ပြီး ထိုအချိန် အထိ လျှပ်စစ်ရရှိမှု ၄၈% သာရှိ ခဲ့တဲ့ မြန်မာနိုင်ငံမှာ လျှပ်စစ်ရရှိ မှု ၇၀% ကျော်အထိ တိုးတက်ခဲ့ပြီး မြန်မာပြည်မှာ လူဦးရေ အများအပြား လျှပ်စစ် ရရှိလာကြပါတယ်။ ထိုအတူ နိုင်ငံရဲ့ အခြေခံ အဆောက်အအုံတွေ ပြန်လည်တည်ဆောက်ခဲ့ကြပါတယ်။ လုံးဝမခင်းရသေးတဲ့ ၄၀ ရာခိုင်နှုန်းသော လမ်းများအပါအဝင် မြန် မာပြည်ရဲ့ လမ်းများ စုစုပေါင်း ၁၅၇,၀၀၀ ကီလိုမီတာကို နိုင်ငံတကာအဆင့်မီ အကောင်းဆုံး လမ်းများအဖြစ် အဆင့်မြှင့်တင် ခဲ့ပါတယ်။ ဒါ့အပြင် ပညာရေး၊ အလုပ်အကိုင် အခွင့်အရေး တွေလည်း အများကြီး ရရှိလာခဲ့ပါတယ်။ ရိုဟင်ဂျာကဲ့သို့ လူမျိုး ရေး အပေါ်တွင် နှိပ်ကွပ်မှု များ ရှိနေ၍သော်လည်း မြန်မာနိုင်ငံက အရှေ့ချင်းနှင့် နားလည် သည်းခံမှုရှိပြီး ပိုမိုကောင်းမွန်သည့်၊ ပိုမို ပွင့်လင်းသည့် လူ့အဖွဲ့အစည်း ဆီကို ဦးတည်နေတယ် ဆိုတာကို တော့ ဘယ်သူမှ ငြင်းလို့ မရပါဘူး။ ဒီအနှစ်မှာ မြန်မာပြည် သူ လူထုတွေ၊ ကျောင်းသားတွေ၊ ဆရာတွေ၊ စီးပွားရေးသမားတွေ မိသားစု နဲ့ ဒီမိုကရေစီ တက်ကြွ လှုပ်ရှားနေသူတွေရဲ့ အသံ ကို ကြားရပါ လိမ့်မယ်။ ထိုအတူ လူ့ထုညီးစုတွေရဲ့ သဘောနဲ့ ချီးပြီး ဖိနိပ် ချုပ်ခြယ်မှုတွေ ခံရတဲ့ အကြောင်းလည်း ကြားသိရပါတယ် ။ အဲဒီလူထုတွေ အားလုံး မတူညီတဲ့ အခြေအနေတွေ အားလုံးက မြန်မာနိုင်ငံသားတွေ မှာ စစ်အာဏာသိမ်းတာတည်းက လမ်း ပျောက်သွားပြီဆိုတာ ကြားသိရပါလိမ့်မယ်။ နောက်ပြီးသူတွေတွေက သူတို့ရဲ့ အိမ်တွေ၊ ပိုင်ဆိုင်မှုတွေ၊ လုပ်ငန်းတွေ ကို စွန့်ခွါပြီးတော့ ထွက်ပြေး လာရတဲ့ လမ်းတလျှောက်မှာ ကြုံတွေ့ခဲ့ရတဲ့ အခက်အခဲတွေ၊ ဒုက္ခတွေ၊ စိတ်ပိုင်းဆိုင်ရာ အကြောင်းတွေကို ဒီအပိုင်း မှာ ဖတ်ရှုကြရမှာ ဖြစ်ပါတယ် ။

ပညာရေး

သမိုင်းကြောင်း အရ တက္ကသိုလ် ကျောင်းသားတွေဟာ မြန်မာပြည်ရဲ့ ဒီမိုကရေစီရေးလှုပ်ရှားမှု အဆက်ဆက်ကို ဦးဆောင် ခဲ့ကြသူတွေ ဖြစ်ပါတယ်။ ဒီမိုကရေစီ အစိုးရ ပေါ်ပေါက်လာတဲ့ အခါ ဒီလူ့အဖွဲ့အစည်းရဲ့ ဒီမိုကရေစီ အစိုးရ အယူအဆ တွေ နဲ့ လူ့အခွင့်အရေး အယူအဆတွေ သန္ဓေတည်ဖွဲ့ ပျိုးထောင်ပေးတဲ့ ပညာရေးအင်္ဂါရပ်တစ်ရပ် ပေါ်ပေါက်လာခဲ့ပါတယ်။ Covid 19 ဖြစ်ပွါးခဲ့တဲ့ အတွက် ပုဂ္ဂလိကပိုင်၊ နိုင်ငံပိုင် ကျောင်းတွေ ပိတ်ခဲ့ရပါတယ်။ ၂၀၂၁ ခုနှစ် ဖေဖော်ဝါရီလ အာဏာ သိမ်းတဲ့ အခါမှာ စစ်အာဏာသိမ်းမှုကို ဆန့်ကျင် ဆန္ဒပြတဲ့ အတွက် ဆရာ၊ ဆရာမပေါင်း ၁,၂၅၀၀၀ ကို စစ်တပ်က ရာထူး ကနေ ဖယ်ရှားခဲ့ပါတယ်။ အာဏာသိမ်း စစ်တပ်က ကျောင်းတွေပြန်ဖွင့်ဖို့ ကြိုးစားလာတဲ့အခါမှာ အမျိုးသား ညီညွတ်ရေး အစိုးရက စစ်ကျွန် ပညာရေးကို မိဘများ အနေနဲ့ ဆန့်ကျင် သင့်ကြောင်း တိုက်တွန်းခဲ့ပါတယ်။ ဒါ့ကြောင့်မို့ ကျောင်းသားတွေရဲ့ ၉၀% က ကျောင်း မတက်တော့ပါဘူး။ Covid 19၊ အာဏာသိမ်းမှုနှင့် စစ်ပွဲတွေကြောင့် မြန်မာပြည်မှာ ရှိတဲ့ ကလေးငယ် ၁၂ သန်းဟာ ကျောင်းမတက်ရတာ ၁၈ လ ရှိပြီလို့ UNICEF က ထုတ်ပြန်ထားပါတယ်။

စစ်တပ်ရဲ့ အုပ်ချုပ်မှု အောက်မှာ ပညာရေးက အလွတ်ကျက်တာ ပါဘဲ။ လေ့နှားထဲ မှတ်တာက ပညာရေး ဖြစ်ခဲ့တယ်။ ဒါ မှန်တယ် ဒါပဲမှတ် ဆိုတာမျိုး။ ချဲ့ခြင်း စိတ်ဖြာဖို့ စဉ်းစား ဖို့ အတွက်ကို အားမပေးပါဘူး။ စစ်ကျွန် ပညာရေးဆိုတာ အလွတ် ကျက် ပညာရေးပါ။ အလွတ်မှတ်တာပါ။ ဒီမိုကရေစီမှာကျတော့ ပညာရေး စနစ်က တွေးခေါ် မျှော်မြင်မှုကို အားပေးတယ်။ ချဲ့ခြင်း စိတ် ဖြာတာကို အားပေးတယ်။ နောက်တော့ စွမ်းရည် ၊ လုပ်တတ်ကိုင်တတ် ရှိလာတာကိုအားပေးတယ်။ ဒီမိုကရေစီ မှာကျောင်းတွေက လွတ်လပ်စွာ တွေးခေါ်မှုကို အားပေးတယ်။ အာဏာရှင် စနစ်မှာ အာဏာရှင်တွေက ပြည်သူလူထု ရဲ့ အတွေးအခေါ် တွေကို ကန့်သတ်ထားချင်တယ်။ ဒါက အာဏာရှင်လက်အောက်မှာရှိတဲ့ ပညာရေးနဲ့ ဒီမိုကရေစီလက်အောက် မှာ ရှိတဲ့ ပညာရေး ကွာခြားချက်ပါဘဲ။

ကိုဝင်းဇော်ခိုင်

အာဏာ မသိမ်းခင်တုန်းက ကျွန်မက အထက်တန်းပြ ဆရာမ အဖြစ် ၂ နှစ် လုပ်ခဲ့ပါတယ်။ လွန်ခဲ့တဲ့ ၅ နှစ် အာဏာ မသိမ်းမီ က မြန်မာနိုင်ငံဟာ ဒီမိုကရေစီ အသွင်ကူးပြောင်းရေး ကာလ ဖြစ်တယ်။ အကုန်လုံး တံခါးဖွင့်ထားတဲ့ အချိန်ဖြစ်ပါတယ်။ အဲဒီ အချိန် က ကျွန်မက ကျွန်မရဲ့အခွင့်အရေးတွေ၊ တာဝန်တွေသိရတယ်။ အရင်တုန်းက မသိခဲ့ဘူး။ လူအများအညီ က တံခါးပွင့် သွား တော့ နေ့စဉ်၊ နေ့စဉ် အသစ်တွေရှာသည်းရဲ့ သင်ယူနေရတဲ့အတွက် ကျေးဇူးတင်မိတယ်။ အမြဲတမ်းတတ်နေတဲ့နဲ့ ဘဝက အေးအေးဆေးဆေးပဲ။ အရမ်းကို အဆင်ပြေခဲ့တာပါ။ ကျောင်းမှာ ကလေးတွေကိုစာသွားသင်တယ်။ ထိုအတူ ကျွန်မကိုယ်တိုင် လည်း အသစ်တွေ လေ့လာ သင်ယူရတယ်။ ဥပမာ လူ့အခွင့်အရေးလို ဘာသာရပ်မျိုးပေါ့။ အဲ့လိုမျိုး သင်ယူပြီး လို့ရှိရင် ကျောင်း သားတွေနဲ့ အတူ မျှဝေပေးတယ်။

ကက်စပါ

၂၀၁၀ ခုနှစ်မှာ ကျွန်တော် ဆယ်တန်း စာမေးပွဲအောင်ပြီး တက္ကသိုလ်မှာတော့ ဓာတုဗေဒ ဘာသာရပ်နဲ့ ပညာ ဆက်လက် သင် ကြားခဲ့ပါတယ်။ တက္ကသိုလ်ကျောင်းသားဘဝထဲ ရောက်တော့ နိုင်ငံရေး လှုပ်ရှားမှုထဲမှာ ပါဝင်ခဲ့တယ်။ နိုင်ငံရေး အတွေ့အကြုံ နိုင်ငံရေး ဗဟုသုတရဖို့ အတွက် ကျွန်တော် အနေနဲ့ အရေးအကြီးဆုံး တရပ် ရှခဲ့တယ် လို့ဆိုရမှာ ဖြစ်ပါတယ်။ ပမာနိုင်ငံလုံး ဆိုင်ရာ ကျောင်းသား သမဂ္ဂများ အဖွဲ့ချုပ်မှာ ပါဝင် ဆောင်ရွက်ခဲ့ပါတယ်။ ၂၀၁၄ ခုနှစ် ပညာရေး ဥပဒေ ဆန္ဒပြပွဲမှာ ကျောင်းသား တွေ ရဲ့ အခွင့်အရေးနဲ့ ပညာရေး အတွက် ပါဝင်ခဲ့ပါတယ်။ အဲဒီနောက်ပိုင်းမှာ ကျွန်တော်က မီဒီယာသမား ဖြစ်ချင်ခဲ့တဲ့ အတွက် မီဒီယာ အေဂျင်စီမှာ အလုပ် လုပ်ခဲ့ပါတယ်။

ကိုမိုးနေလ

ကျွန်တော် နာမည်က ဂျပ်စတင်ပါ။ ကျွန်တော် ၁၀ တန်း တက်ခဲ့တယ်။ အာဏာ မသိမ်းခင်က ကန်တော်တို့နိုင်ငံမှာ ကို ဗစ် ဖြစ်ခဲ့တယ်။ ကာကွယ်ဆေးကောင်းတွေနေရာအနှံ့ပေါ်လာတဲ့အခါ ပိုပို အခြေအနေကောင်းလာပြီး ကိုးဗစ်ကပ်ဆိုးမှ လွတ် မြောက်ကာနီးအချိန်မှာ အာဏာ သိမ်းလိုတော့ ကျောင်းတွေ အားလုံး ပိတ်ရတဲ့ အတွက် ကျောင်းထွက် ခဲ့ရတယ်။ ပြီးတော့ အမေက စစ်တပ်ရန်က ဝေးအောင် ထွက်ပြေး တိမ်းရှောင် ခဲ့ရတယ်။ အခုတော့ ကျောင်းတွေကလည်း ပိတ်ထားတယ် ။ အခုက အမေနဲ့ အတူတူ တောထဲမှာ၊ ဘာမှလည်း လုပ်စရာမရှိဘူး။

ကိုဂျပ်စတင်

အင်တာဗျူးမေးတဲ့ ကျောင်းသူလေးတွေနဲ့ စကားပြောလို့ ရအောင် ရွာကနေ အိန္ဒိယ နယ်စပ်ဖက် အထိကို လမ်းလျှောက် ထွက် ခဲ့ရပါတယ်။ အာဏာမသိမ်းခင်တုန်းက အုပ်လိပ်စာ အဓိကကျောင်းသူ တစ်ယောက်ဖြစ်ခဲ့တယ်။ အဲဒီတုန်းက ဗမာနိုင်ငံလုံး ဆိုင်ရာ ကျောင်းသား သမဂ္ဂများ အဖွဲ့ချုပ်ရဲ့ ဒုတိယညွန့်ကြား ဖြစ်ခဲ့တယ်။ နိုင်ငံရေးအရ အရမ်းတက်ကြွခဲ့တယ်။ အာဏာသိမ်းတဲ့ အချိန်မှာ မတရားမှုကို တိုက်ဖျက်ဖို့ အတွက် ကျွန်မ အိမ်ပြန်ခဲ့တယ်။ အကယ်၍ ဒီမတရားမှုကို လက်ခံလိုက်ရင် ရှင်လျက် နဲ့ သေသွားတာလို့ ခံစားရတယ်။ ဒီ မတရားမှု ကို ကျွန်မတို့ တိုက်ထုတ်ဖြစ်မှ ဖြစ်မယ်။ ဒီ အာဏာသိမ်းပြီး ၅ ရက်အတွင်း မုံရွာ မှာ အာဏာသိမ်းမှု ဆန့်ကျင်တဲ့ ဆန္ဒပြပွဲတွေကို ဦးဆောင်တယ်။ မုံရွာ ဆိုတာက မြန်မာ ပြည်ထဲက ပြည်နယ်ရဲ့ တိုင်း ၁၄ ခုထဲ က တိုင်းတစ်ခုဖြစ်တဲ့ စစ်ကိုင်းရဲ့ မြို့တော် ဖြစ်တယ်။ အဲ့လိုမျိုး ဆန္ဒပြစဉ်အတွင်းမှာ စစ်တပ်ရဲ့ ရက်ရက်တဲ့ ဖြစ်ခတ်မှုကြောင့် ဒါက်ရာရယ္ခင္တဲ့ လူတွေ အတွက် ဆေးဝါးနဲ့ အရေးပေါ် အကူအညီတွေ ရရှိဖို့ ကျွန်မ ကြီးစားခဲ့တယ်။ သူတို့တွေက ပြိမ်ချမ်း စွာ ဆန္ဒပြ သူတွေကို ရက်ရက်စက်စက် ပစ်သတ်ခဲ့တယ်။ ဆန္ဒပြနေတဲ့ လူအုပ် ထဲကို မော်တော် ကားတွေနဲ့ ဝင်တိုက်ခဲ့တယ်။ ကား တစ်စီးလာနေပြီဆိုရင် လုံရွဲလား။ မလုံရွဲလား မသိတော့ဘူး။ အဲဒီ ဆန္ဒပြတဲ့ အတောအတွင်းမှာ စစ်ပစ်ရဲ့အမျိုးသမီးတွေ အပေါ်မှာ လိင်ပိုင်း ဆိုင်ရာ စော်ကား နောက်ယှက်မှုတွေ အကြောင်းလည်း သိခဲ့ရတယ်။ အမျိုးသမီးတွေကို သူတို့ ဖမ်းဆီး ခေါ်ဆောင်သွားတဲ့ စစ်ကြောရေး အတွင်းမှာ လိင် ပိုင်းဆိုင်ရာ အရ စော်ကားကြတယ်။ အမြတ်ထုတ်ကြတယ်။ ကျွန်မက ဒီနွေဦး တော်လှန်ရေး အတွက် အလုပ်လုပ် နေစဉ်အတွင်းမှာ Gender Equality လို့ခေါ်တဲ့ ကျား မ တန်းတူ ညီမျှရေး အတွက်လည်း ပဲ နေ့စဉ်အလုပ်လုပ်နေတာ ဖြစ်တယ်။ အမျိုးသမီးတွေကို စစ်တပ်ရဲ့ လိင်ပိုင်းဆိုင်ရာ အကြံဖျက် စော်ကားမှုတွေနဲ့ အတွက် ကြောင့် မိန်းကလေး ဖြစ်တဲ့ ကျွန်မဟာ စိတ်ပိုင်း ဆိုင်ရာ၊ ရုပ်ပိုင်း ဆိုင်ရာ မလုံရွဲမှု ခံစားလာရတယ်။ ဒါကြောင့်လို့ တစ် နေရာ နဲ့ တစ်နေရာ ပုန်းအောင်ပြီး ထွက်ပြေးခဲ့ရတယ်။ တစ်နေရာမှာ ၂ ရက် ၃ ရက်ထက်ပိုပြီးတော့ မနေနိုင်ဘူး။ ညဖက် မှာဆို အိမ်ရှေ့မှာကားရပ်ထံကြားရင် အကြံဖျက် စစ်တပ်ကကျွန်မကိုလာဖမ်းပြီလားလို့ထင်ခဲ့တယ်။ သူတို့ကဖမ်းမိပြီဆိုနိုင် လည်း နိုင်စက်တယ်။ ဘာလို့လဲဆိုရင် ဖမ်းမိပြီဆို ရင်သဘ ကနေ ပိုက်ကို ခွဲတယ်။ ပိုက်အတွင်းက ကလီဇာတွေ ထုတ်တယ်။ အရင် လတ်လတ် ခန္ဓာကိုယ်ထဲက ကလီဇာတွေကို ဆွဲထုတ်ပစ်တာ ဖြစ်တယ်။ နောက်ပြီးတော့ ကြင်ကျန်တဲ့ ခန္ဓာကိုယ်ကို မီးရှို့လိုက် တာဖြစ်တယ်။ ဒါက ဖြစ်ရိုးဖြစ်စဉ် ကိစ္စ တစ်ခုဖြစ်နေတယ်။ အဖမ်းခံရမှာကြောက်လို့မဟုတ်ဘူး။ အဲ့လိုနိုင်စက်ပြီး အသတ်ခံရမှာ ကြောက်တယ်။ ဒါကလွန်ခဲ့တဲ့တစ်နှစ်ခွဲ တွင်းမှာ နွေစဉ်နှင့် အမျှ ကျွန်ပန်ကြုံတွေ့ခဲ့တာဖြစ်တယ်။ တချို့သူတွေကမြန်မာပြည်မှာ ကြုံတွေ့ခဲ့တယ်လ ဖြစ်နေတဲ့ကိစ္စကို ပြည်တွင်းစစ်၊ နောက်ပြီး စစ်တပ် နဲ့အရပ်သား သဘောထား ဆိုင်ရာ ကွဲပြားမှုလို့မြင်ကြတယ်။ ဒါက ပြည်တွင်းစစ် မဟုတ်သလို စစ်တပ်နှင့် အရပ်သားကြား ကွဲပြားမှု မဟုတ်ဘူး။ အရပ်သားတွေက သူတို့ အခွင့်အရေးကို ကာကွယ်တာ ဖြစ်တယ်။ စစ်တပ်ရဲ့ လက်နက်ကို အနိုင်ကျင့် ပိုင်ကျ ပိုးမိုးမှုအောက်ကနေ ရန်ထွက်ဖို့ ရန်ကန် နေကြရတာဖြစ် တယ်။ ဒါက နိုင်ငံရေး အယူအဆ မဟုတ်ဘူး။ ပြည်တွင်းစစ် မဟုတ်ဘူး။ အမှန်နဲ့ အမှား ကိစ္စဖြစ်တယ်။ ဓမ္မနဲ့အဓမ္မ ဖြစ်တယ်။ တရားမှုနဲ့ မတရားမှုဖြစ်တယ်။ နိုင်ငံတကာ လူ့အဖွဲ့အစည်းကို ဒါက နိုင်ငံရေး အယူအဆ ကိစ္စ မဟုတ်ဘူး ဆိုတာ သိစေချင် တယ်။ ဒါက နိုင်ငံရေးလည်း မဟုတ်ဘူး။ နိုင်ငံရေးကို လုံးဝ မဟုတ်ပါ။ ဓမ္မနဲ့ အဓမ္မ ကိစ္စ၊ တရားမှုနဲ့ မတရားမှု ကိစ္စ။ အကောင်းနဲ့ အဆိုး ကိစ္စ၊ အမှန်နဲ့အမှား ကိစ္စ ဖြစ်တယ်။

မရော်စုစံ

စစ်တပ်က ကိုစ်ဒုတိယလိုင်းပြီးတော့ အာဏာသိမ်းတယ်။ ကိုစ်ဒုတိယလိုင်း ဖြစ်တာတောင်မှ မြန်မာပြည်စီးပွားရေးက အဲဒီ လောက်မခံရသူး။ စစ်တပ် အာဏာသိမ်းတာ မြန်မာပြည်စီးပွားရေး အရမ်းထိသွားတယ်။ အာဏာမသိမ်းခင်တုန်းက ကျွန်မက ဒုတိယတ္ထသိုလ်မှာ ရုက္ခဗေဒဘာသာရပ်သင်ကြားနေတဲ့ ကျောင်းသူတစ်ဦးပါ။ အာဏာသိမ်းပြီးနောက်ပိုင်း မြန် မာပြည်မှာ အားလုံးက အာဏာရှင်အောက်ကို ရောက်သွားတယ်။ စီးပွားရေး၊ ပညာရေး၊ ကျန်းမာရေး အစစ အရာရာ အာဏာ ရှင်တွေ လက်အောက်ကို ရောက်သွားတယ်။ ဆရာဝန်တွေနဲ့ ကျောင်းသားတွေပါမကျန် အဖမ်းခံရပါတော့ နိုင်စက်ခံရတယ်။ ကိုစ်ဒုတိယလိုင်းတုန်းက ဆိုင်ကျ ကျွန်မကိုစ် ဖြစ်နေပေမဲ့ အွန်လိုင်းကနေတဆင့် ကျောင်းဆက်တက်လို့ ရတယ်။ အာဏာ သိမ်းပြီးတဲ့နောက်တော့ စစ်တပ်က အင်တာနက်ကိုလည်းထိန်းချုပ်တယ်။ အင်တာနက်ဒေတာတွေလည်း ပိုကောက် တယ်။ အဲဒါကြောင့်လို့ ပညာသင်ရတာတော်တော်လေး ခက်ခဲပါတယ်။ နေ့စဉ် နေ့တိုင်းရတဲ့ ဘဝမှာတောင် လျှပ်စစ်လုံလုံလောက် လောက် မရတဲ့အခါမှာ ပညာရေးဆိုတာ ဝေးဝေးလံဝေးရှားသွားတယ်။ တက္ကသိုလ်ကျောင်းသားတွေကလည်း ပညာဆက် သင်ရမဲ့ အစား ဒီအာဏာရှင်ကို ဆန့်ကျင်တော်လှန်နေရတယ်။ ဒီနွေဦးတော်လှန်ရေး အောင်ပြီးလို့ရှိရင် ကျွန်မတို့ ၂ ပါ ပို ကြီးစား ကြမယ်။ တက္ကသိုလ် ကျောင်းသားတွေက သူတို့ရဲ့ပေးဆပ်လိုက်ရတဲ့ အချိန်တွေကြောင့် ပညာရေး အခွင့်အလမ်း ပိုလိုလာတယ်။ ဒါမှ သူတို့ မြန်မာနိုင်ငံကို ပြန်လည် တည်ဆောက်တဲ့ အခါ ခေါင်းဆောင်ကောင်းတွေ ဖြစ်လာနိုင်မှာပါ။

မသက်သက်

စီးပွါးရေး

၂၀၁၅ ကနေ ၂၀၁၇ အတွင်း ၂ နှစ်ဆိုတဲ့ အချိန် ကာလမှာ မြန်မာပြည်ဟာ ဆင်းရဲနွမ်းပါးမှုကို တစ်ဝက် လျော့ချနိုင်ခဲ့တယ်။ ဒါပေမဲ့ အဲဒီတိုးတက်မှုဟာ အာကာသိမ်း လိုက် တာကြောင့် အားလုံး ပျက်စီးသွားပါတယ်။ အကျိုးဆက် အ‌ရ မြန်မာပြည်သူ တွေဟာ သူတို့ရဲ့ လုပ်ငန်းတွေ အလုပ်အကိုင်တွေ အိုးအိမ်တွေကို စွန့်ခွါ ထွက်ပြေးခဲ့ရပါတယ်။ ကမ္ဘာ့ဘဏ်ရဲ့ ကိန်းဂဏန်းတွေ အရ မြန်မာပြည်ရဲ့ စီးပွါးရေးဟာ ၂၀၂၁ ခုနှစ်မှာ ၁၈% ကျဆင်းသွားပါတယ်။ ဆင်းရဲနွမ်းပါးမှုအလုပ်အကိုင်မရှိမှုနဲ့ ဆာလောင် ငတ်မွတ်မှုတွေဟာ မြန်မာပြည်အနှံ့ ဖြစ်ပွါးနေပါတယ်။ မိသားစုတွေ တကွဲတပြား ဖြစ်နေပါတယ်။ ဗြိုင်ပေါ်မှာရှိတဲ့ မိသားစု တွေ အတွက် အခိုက ဝင်ငွေရှာပေးနေတဲ့ စီးပွါးရေးလုပ်ငန်းလေးတွေဟာအထိ အနာဆုံးပါဘဲ။ ကုလသမဂ္ဂဖွံ့ဖြိုးရေး အဖွဲ့ အစည်း ရဲ့ ထောက်ပြချက်အရ မြန်မာပြည်ရဲ့ ကလေးတစ်ဝက်ကျော်ဟာ ၁ နှစ်အတွင်း ဆင်းရဲ နွမ်းပါးမှုထဲကို ‌ရောက်ရှိသွားတဲ့ အတွက် အာကာသိမ်းမှုဟာ အမျိုးသမီးများနဲ့ ကလေးငယ်များ အ‌ပေါ်မှာ သက်ရောက်မှု အပြင်းထန်ဆုံးလို့ ဆိုရမှာဖြစ်ပါတယ်။

အ‌မေ‌ရိကန် ပြည်ထောင်စုမှာ အ‌စစအရာရာ အားလုံးကစနစ်နဲ့သွားတာဖြစ်တယ်။ မြန်မာနိုင်ငံမှာစနစ်ကို ပြဋ္ဌာန်းထား တဲ့ အတိုင်း မလုပ်ကြပဲ ထိပ်ကလူတွေရဲ့ သ‌ဘောအတိုင်း စိတ်ကြိုက်ပုံဖော် လုပ်ဆောင်နေကြတယ်။ ဒါ‌ကြောင့် ကျွန်မတို့ ပြည် သူတွေ့ရဲ့နေ့စဉ် လူနေမှုဘဝ (ကျန်းမာ‌ရေး၊ ပညာ‌ရေး၊ လူမှု‌ရေး၊စီးပွါးရေး) အ‌ရေး ကိစ္စတွေ ‌ချော‌မွေ့‌မြန်ဆန်‌စ‌ေ‌စ ဆိုရင် ဆိုင် ‌ရာ ရာ‌ဝန်ရှိတဲ့ သူတွေ့၊ တာဝန် ရှိသူတွေ့နဲ့ ပါသက်သက် ဆက်နွယ်နေတဲ့သူတွေ့ရဲ့ ‌ကောင်းမွန် တဲ့ ဆက်ဆံ‌ရေးရှိ‌မှု အင်မတန်မှ အ‌ရေးကြီးပါတယ်။ ကျွန်မတို့ ပါဝင်ကျင်ကတလူတွေ့နဲ့ အ‌ဆင်‌ပြေ‌နေမှ ဖြစ်ပါမယ်။ " ‌ကြိုက် သည်ဖြစ်‌စ‌ေ၊ မ‌ကြိုက်သည်ဖြစ်‌စ‌ေ လုပိုင်းနဲ့ အ‌ဆင်‌ပြေ‌အောင်‌နေ‌၊ မှန်တယ်ဆိုတိုင်း မ‌ပြော‌ရ‌ဘူး" ဆိုတဲ့ လူကြီး မိဘတွေ ရဲ့ အ‌ဆုံးအမတွေနဲ့ ကြီးပြင်းခဲ့တဲ့ ကျွန် မတို့ပြည်သူတွေက ပါတ်ဝင်ကျင်မှာမှားနေ‌တာတွေ့ရင် မျက်ကွယ်ပြု၊ အ‌မှန်တရားကို ရင်ငွ့ှ်တိ‌ပိတ်‌နေ‌ပြီ‌း လူ‌တိုင်းနဲ့ အ‌ဆင် ‌ပြေ‌အောင် ကြီးစား‌နေ‌ခဲ့ကြ‌ပါ‌တယ်။ အ‌ခုလို လွဲမှား‌နေ‌တဲ့ "‌ကြောက်တရား ယဉ်‌ကျေး‌မှု" နဲ့ ‌ပုံ‌သွင်း ခံ‌ထား‌ရ‌တာ‌ကို‌ပြည်သူ‌ တွေ ကိုယ်တိုင် သ‌တိ‌မ‌ထား‌မိ‌ဘဲ‌တာ နှစ်‌ပေါင်း၆၀ ကြာအုပ်ချုပ်ထားတဲ့ အာကာရင် တွေ့ရဲ့အ‌ကျိုး‌ဆက်ပဲ ဖြစ်ပါတယ်။

မ‌ကြေ‌မုံ

မြန်မာနိုင်ငံမှာစစ်အာကာရင်တွေ အ‌စဉ်အ‌ဆက် အုပ်ချုပ်ခဲ့‌တော့ မြန်မာနိုင်ငံစီးပွါး‌ရေး‌ပျက်စီး‌ရ‌ခဲ့‌တယ်။ မြန်မာနိုင်ငံ စီးပွါး‌ရေး ဖွံ့ဖြိုးတိုးတက်မှု မ‌ရှိ‌ဘူးဆိုတာ ကျွန်မတို့သိ‌တယ်။ ၂၀၁၅ ခုနှစ်မှာ အ‌ရပ်သားအ‌စိုး‌ရ‌ပြောင်းသွား‌တော့ မြန်မာနိုင်ငံစ‌ပြီး‌တော့ ဖွံ့ဖြိုး တိုးတက်ခဲ့‌ရ‌တယ်။ လူ‌ငယ်‌တွေ အတွက် အလုပ်အကိုင်နဲ့ ပညာ‌ရေး အ‌ခွင့်အ‌လမ်း‌တွေ ‌ရှိ‌လာ‌တယ်။ အာကာသိမ်းလိုက် တဲ့ အ‌ခါမှာ ကျွန်မတို့ နိုင်ငံဟာ ဟိုးအ‌မောင် ‌ခေတ်‌ထဲ‌ကို ‌ပြန်‌ရောက်သွား‌တော့‌မယ် ဆိုတာ သိ‌လိုက်‌တယ်။ ကျွန်မတို့ လူ‌ငယ် တွေ ရဲ့ အနာဂတ်‌‌ရော နိုင်ငံ ရဲ့ အနာဂတ်ပါ ‌ပျော‌က်ဆုံး သွား‌ခဲ့‌တယ်။ အာကာသိမ်းလိုက်ကတည်းက ဆန္ဒ‌ပြ‌ပွဲ‌တွေ‌စ‌ဖြစ်‌တယ်။ အဲ‌ဒီ တုန်းက ‌ကျောင်းသား သ‌မ‌ဂ္ဂ‌နဲ့ တ‌ူ ‌နေ့စဉ်‌နေ့စဉ် ဆန္ဒ‌ပြ‌ပွဲ‌တိုင်း ပါ‌ဝင်‌ခဲ့ ‌တယ်။ ဒီ အာကာရင်‌တွေ အ‌ဆုံးသတ်သွား‌မှ ကျွန်မတို့ တ‌တွေ ကျွန်မတို့အနာဂတ်ကို ‌ပြန်‌ရ‌မှာ‌လို့ ယုံ‌ကြည်‌တယ်။

မသက်သက်

ကျွန်မက စီးပွါး‌ရေး လုပ်ငန်းရှင် တစ်‌ယောက်ဖြစ်‌ပြီး‌တော့ အလုပ်သ‌မား ၄၀ ခန့်ရှိ‌တယ်။ ‌နောက်‌ပြီး ကျွန်မက သား နှစ်‌ယောက်ရဲ့ မိခင်ဖြစ်‌တယ်။ ကျွန်မတို့ နိုင်ငံတွင်း‌မှာ ‌နေ‌တုန်းက ဆိုရင် မိသားစု‌တွေ ‌‌မောင်‌နှ‌မ‌တွေ စု‌ပေါ‌င်း ‌နေ‌ထိုင်‌ကြ‌တယ်။ ဒါက ကျွန်မတို့ ‌နေ‌ထိုင်‌တဲ့‌ဘ‌ဝ ပုံ‌စံ‌ဖြစ်‌တယ်။ ကျွန်မ ဘ‌ဝက အ‌ရ‌မ်း ‌အေး‌ဆေး‌ပြီး ‌ပျော‌ရွှင်‌စ‌ရာ ‌ကောင်းခဲ့‌တယ်။

မ‌ကြေ‌မုံ

အာကာ မ‌သိမ်း‌ခင်‌တုန်းက ကျွန်‌တော်တို့ မိသားစု ‌လေး‌ယောက် ရှိ‌တယ်။ ကျွန်‌တော်တို့ လင်မ‌ယား ၂ ‌ယောက်ရ‌ယ်၊ ကလေး ၂ ‌ယောက် ‌ရ‌ယ်‌ရှိ‌တယ်။ ကျွန်‌တော်တို့ ‌ဇ‌ာ‌တိ‌မြို့‌လေး‌မှာ လက်ဖက်‌ရ‌ည်‌ဆိုင်‌လေး ဖွင့်‌ထား‌တယ်။ လက်ဖက်‌ရ‌ည်‌ဆိုင် ဆိုတာ က အ‌မေ‌ရိကန်‌မှာ Cafeteria စား‌သောက်‌ဆိုင်‌လို‌မျိုး‌ပေါ‌့။ ‌ပြီး‌တော့ စိုက်ပျိုး‌ရေး လုပ်‌တဲ့ လ‌ယ်‌မြေ၊ လ‌ယ်‌ကွက် ‌တွေ‌ရှိ‌တယ်။ အ‌ရာ‌ရာ‌က ‌အေး‌အေး‌ချ‌မ်း‌ချ‌မ်း ပါ‌ဘဲ။

ကို‌ကျော်မင်း‌ထိုက်

အာဏာမသိမ်းခင်တုန်းကတော့ ကျွန်တော့်ဘဝက တကယ့်ပုံမှန်ပါပဲ။ အလယ်အလတ်တန်းစား မိသားစုက ဖြစ်တယ်။ တရုတ်နိုင်ငံမှာကျောင်း တက်ဖို့ ပညာသင်ဆုရတယ်။ ကိုဗစ်၁၉ ဖြစ်တဲ့ အခါ မြန်မာပြည်ကို ပြန်လာခဲ့တယ်။ ကိုသူရိယငြိမ်းချမ်းမောင်

အာဏာမသိမ်းခင်က ကျွန်မက ဥပဒေအဓိကနဲ့ ကျောင်းပြီးထားတာ၊ ပြီးတော့ ရှေ့နေတစ်ယောက်အဖြစ်နဲ့ အလုပ်ဝင်ကာစပေါ့။ ရုန်းတော့ ရုန်းကန်ရပါတယ်။ ဒါပေမဲ့ အခြေအနေက အရမ်းမဆိုးပါဘူး။ အလုပ်ထဲဝင်ကာစ ရှေ့နေတစ်ယောက်အနေနဲ့ အခြေအနေ ကောင်းတယ်လို့ ပြောလို့ရပါတယ်။ ဥပဒေသမားတစ်ယောက်အနေနဲ့ ကျွန်မဘဝက အာဏာမသိမ်း ခင်က အရမ်းအဆင်ပြေခဲ့ပါတယ်။ မဂျူဂျူး

အာဏာမသိမ်းခင်က ကျွန်တော်က **Miss Golden Land Myanmar Organization** ရဲ့တည်ထောင်သူနဲ့ **CEO** အဖြစ် တာဝန်ထမ်းဆောင်ခဲ့ပါတယ်။ **Miss Golden Land Myanmar** ဆိုတာက နိုင်ငံတကာ **Beauty Pageant** တွေအတွက် မြန်မာနိုင်ငံကိုယ်စားပြု ရွေးချယ်စေလွှတ်တဲ့ အဖွဲ့အစည်းလည်း ဖြစ်ပါတယ်။ မြန်မာ နိုင်ငံမှာ အကြီးဆုံး အခမ်းနားဆုံး ပွဲတွေ ထဲက တစ်ခုလည်း ဖြစ်ပါတယ်။ ဒီပွဲတွေ၊ ကိုယ်ပိုင် တီဗီရှိုးတွေကို စီစဉ်ဖို့ အတွက် မြန်မာနိုင်ငံအနှံ့ ခရီးထွက်ခဲ့တယ်။ မြန်မာနိုင်ငံမှာ **Beauty Pageant** ဆိုတာက ပြိုင်ပွဲ ဝင်တွေရဲ့အလှအပကို သာမကဘဲ ကျွန်တော်တို့ မြန်မာ လူမျိုးတွေရဲ့အလှ တရားကို တစ်ကမ္ဘာလုံးကို၊ တနိုင်ငံလုံးထံ ပြသခြင်း ဖြစ်ပါတယ်။ အာဏာ မသိမ်းခင်က အားလုံးက အေးအေး ဆေးဆေးပါဘဲ။ ကျွန်တော် တို့မှာ တစ်စိတ်တစ်ပိုင်း ဒီမိုကရေစီကို (၅)နှစ် ရရှိခဲ့တယ်။ အထူးသဖြင့် အဲဒီအချိန်အတွင်းမှာ လူငယ်တွေ အနေနဲ့ ကျွန်တော်တို့ ဖြစ်ချင်တဲ့ ဆန္ဒတွေ၊ အိပ်မက်တွေ ရှိခဲ့တယ်။ ကျွန်တော်တို့ နိုင်ငံကို ဘယ်လိုမျိုး ဖြစ်စေချင်တယ်ဆိုတဲ့ အိပ်မက်တွေ အများကြီးမက်ခဲ့ကြတယ်။ ကျွန်တော်တို့တွေက မြန်မာ ပြည်သူတွေ ကို ဘယ်လို အကျိုးပြုရမလဲ၊ နိုင်ငံတကာကို ဘယ်လို အကျိုးပြုမလဲ ဆိုတာ စဉ်းစားခဲ့ကြတယ်။ ဒါပေမယ့် အာဏာသိမ်းမှုက ကျွန်တော်တို့ရဲ့ အိပ်မက်တွေကို ဖျက်စီး ပစ်ခဲ့တယ်။ အဲဒီနောက် မှာ မြန်မာစစ်တပ်ဟာ မြန်မာကို နိုင်ငံတကာနဲ့ တမင် ရည်ရွယ်ပြီး အဆက်အသွယ်တွေ ဖြတ်တောက် ပစ်ခဲ့တယ်။ နိုင်ငံတကာမီဒီယာအပါအဝင် ကမ္ဘာ့ အသိုင်း အဝိုင်းနှင့် မြန်မာ အကြား ဆက်သွယ်မှုကို အဟန့်အတားတွေ ပြုလုပ်ခဲ့တယ်။ သာမန် ပြည်သူများဟာ နိုင်ငံတကာ မီဒီယာများနဲ့ အဆက်အသွယ် ပြတ်တောက်စေခဲ့တယ်။ မြန်မာ့ အရေးကို နိုင်ငံတကာ မီဒီယာများက စိတ်ဝင်စားနေကြပေမယ့် သာမန် ပြည်သူ တစ်ဦးချင်းဟာ မြန်မာနိုင်ငံမှာ ဘာတွေဖြစ်နေတယ်ဆိုတဲ့ သူတို့ရဲ့အတွေ့အကြုံတွေကို မျှဝေနိုင်ဖို့ လမ်းကြောင်း မရှိအောင် လုပ်ခဲ့ကြတာဖြစ်တယ်။ ကိုဟန်ဇော်လတ်

အာဏာ မသိမ်းခင်တုံးက ကျွန်တော်က စွန့်ဦး တီထွင်တဲ့ စီးပွါးရေးသမား တစ်ယောက်ဖြစ်တယ်။ ကျွန်တော်ရဲ့ **Facebook Page** မှာ ဆိုရင် **follower** ၅ သိန်း နီးပါး ရှိတယ်။ အဲဒီ **follower** အများစုက လူငယ်တွေနဲ့ တက္ကသိုလ် ကျောင်းသားတွေ ဖြစ် တယ်။ အဲဒီ **Facebook Page** မှာဆိုရင် ကျွန်တော်က နည်းပညာအကြောင်း ၊ စွမ်းဆောင်ရည်များ အကြောင်း၊ လူငယ်တွေ ဖွံ့ဖြိုးတိုး တက်မှု အကြောင်း၊ ကျွန်တော်တို့ နိုင်ငံရဲ့ တောက်ပတဲ့ အနာဂတ်အတွက် အတွေးတွေနဲ့ အခွင့်အရေးတွေ အကြောင်းရေးတယ်။ ၁၉၈၈ အရေးတော်ပုံ၊ စစ်အစိုးရ စတာတွေက အတိတ်က အကြောင်းတွေလို့ပဲ မြင်ခဲ့တယ်။ ဖေဖော်ဝါရီလ ၁ ရက်နေ့ အာဏာသိမ်းလိုက်တော့အရမ်း အံ့အားသင့်သွားခဲ့ရတယ်။ ရုတ်တရက်ကြီး ကျွန်တော်တို့တွေ အဆက်အသွယ်တွေ ပြတ်တောက်သွားတယ်။ ဖုန်းတွေလည်း ဆက်လို့မရတော့ဘူး။ စစ်တပ်ကအားလုံးကို ထိန်းချုပ်ပြီး ဖြတ်တောက် လိုက်တယ်။ ဒါမျိုးကို ဘဝမှာ တစ်ခါမှ မတွေ့ဖူးဘူး။ ယုံတောင် မယုံဘူး။ အရမ်းလည်း ကြောက်သွားတယ်။ ဒေါ်အောင်ဆန်းစုကြည်ကို ဖမ်းဆီးပြီးတော့ ရွေးကောက်ခံ ခေါင်းဆောင်တွေကိုလည်း ဖမ်းဆီး လိုက်တယ်။ အဲဒါဆိုရင် ကျွန်တော်တို့ ဘာလုပ် ကြမလဲ။ သူငယ်ချင်းတွေနဲ့ တိုင်ပင်ပြီး အာဏာသိမ်းမှုကို ရင်ဆိုင်တိုက်ဖို့ ဆုံးဖြတ်ခဲ့ကြတယ်။ ကျွန်တော့်ရဲ့ ဖေ့စ်ဘုတ် ပရိသတ် တွေကို အသုံးပြုပြီးတော့မှ နွေဦးတော်လှန်ရေးကို အားပေးတဲ့ အစီအစဉ်တွေကို ထုတ်လွှင့်ခဲ့တယ်။ နောက်တော့ ကျွန်တော့် ကို ဝရမ်းထဲမှာ ထုတ်ပြီးတော့ ဖမ်းမိန့်ထုတ်ခဲ့သလို အဲဒီ ဝရမ်းကိုလည်းပဲ ကျွန်တော့်ရဲ့ ဓာတ်ပုံ၊ ကျွန်တော့်ရဲ့ နာမည်၊ ကျွန်တော့် လိပ်စာ အားလုံးကို သူ တို့ စစ် တပ်ပိုင် တယ်လီဖေးရှင်းနဲ့ သတင်းစာတွေမှာ ထုတ်ပြန်ခဲ့တယ်။ ရိုးရိုးသားသား ဝန်ခံရရင် ကျွန်တော် ကြောက်သွားတယ်။ ဘာကြောင့်လဲဆိုတော့ ကျွန်တော့်သူငယ်ချင်းတွေအများစုက အဖမ်းခံလိုက်ရပြီ။ တချို့သူငယ်ချင်းတွေဆို နှိပ်စက်ခံရပြီး တော့ အသတ်ခံ လိုက်ရပြီ။ ဒါနဲ့ပဲ ကျွန်တော် မြန်မာနိုင်ငံကနေ ထွက်ခွါဖို့ ခက်ခက်ခဲခဲ ဆုံးဖြတ်လိုက်ရတယ်။

ကိုဝင်းကိုကိုအောင်

ရိုဟင်ဂျာ

Rohingya

၂၀၁၅ခုနှစ်မှ မျှတတဲ့ ရွေးကောက်ပွဲ ကျင်းပပြီးတဲ့နောက် မြန်မာနိုင်ငံအခြေအနေတွေက တိုးတက်လာတယ်လို့ မြင်ရပါတယ်။ ဒါပေမဲ့ ကံဆိုးစွာနဲ့ အဲဒီ အချိန် ကာလဟာ ခဏလေးပဲ ဖြစ်ခဲ့ပါတယ်။ ၂၀၁၇ ခုနှစ် ဩဂုတ်လ အစိုးရ လက်ထက်မှာဘဲ မြန်မာ စစ်တပ်ဟာ ရိုဟင်ဂျာတွေအပေါ်မှာ အလွန် ရက်စက် ကြမ်းကြုတ်တဲ့ စစ်ဆင်ရေးကို လူမဆန်စွာ ပြုလုပ်ခဲ့တယ်။ ရိုဟင်ဂျာ ပေါင်း ၇ သိန်းထက်မနည်း ဘင်္ဂလားဒေ့ရှ်ကို ထွက်ပြေးခဲ့ရပြီးတော့ သတ်ဖြတ်မှု၊ နိုင်စက်မှု၊ မုဒိမ်းကျင့်မှုအစရှိတဲ့ ကျူးလွန် မှု ပေါင်း များစွာကို မြန်မာစစ်တပ်က ကျူးလွန်ခဲ့ပါတယ်။ ရိုဟင်ဂျာများစုကတော့ သူတို့ရဲ့ နေရပ်တွေမှာ ကျန်ခဲ့ကြပြီး တော့ သူတို့ရဲ့ ဘဝကို ပြန်လည် တည်ဆောက် နေခဲ့ရတယ်။ ၂၀၁၉ ခုနှစ်မှာ ဂမ်ဘီယာ သမ္မတနိုင်ငံက လူမျိုးတုန်း သတ်ဖြတ်မှု သဘော တူညီချက်များကို ချိုးဖောက်တဲ့ အတွက်မြန်မာနိုင်ငံကို ICJ မှာ တရားစွဲခဲ့ပါတယ်။ ဒီဇင်ဘာ ၁၁ ရက်နေ့မှာ မြန်မာ ခေါင်းဆောင် ဒေါ်အောင်ဆန်းစုကြည်က ICJ မှာ မြန်မာ နိုင်ငံကို ကာကွယ်ပို့ဖို့ ထွက်ဆိုခဲ့ပါတယ်။ တရားရုံးမှာ ဒေါ်အောင်ဆန်းစုကြည်က မြန်မာပြည်ရဲ့ စစ်တမ်းရေး စနစ်ကနေပြီးတော့မှ စစ်ရာဇဝတ်မှု ကျူးလွန်သူတွေကို အရေးယူ မယ်ဆိုတဲ့အကြောင်း။ ဒါကြောင့် နိုင်ငံတကာ လူ့အခွင့်အရေးအစည်းအဝေးအနေနဲ့ မြန်မာအစိုးရကို မိမိ ကိုယ်တိုင် သင့်တော်တဲ့ စုံစမ်းမှုတွေ၊ အပြစ်ပေး အရေးယူမှုတွေ လုပ်ဖို့ အတွက် ခွင့်ပြုသင့်ကြောင်း ပြောကြားခဲ့ပါတယ်။ နိုင်ငံတကာလူ့အခွင့်အရေးအစည်းနဲ့ မြန်မာပြည်သူ အချို့က အဲဒီလို ပြောကြားချက်နဲ့ ပတ်သက်ပြီး ဘဝင် မကျခဲ့ပါဘူး။

ဒေါ်အောင်ဆန်းစုကြည် ICJ ကိုသွားတော့ သူက နိုင်ငံကို ကာကွယ်ဖို့ သွားတယ်လို့ ကျွန်တော်တို့ ထင်ခဲ့ပါတယ်။ ဒေါ်အောင်ဆန်းစုကြည် အဲဒီလိုသွားတာ ကျွန်တော်တို့ သဘောမတူပါဘူး။ ဘာကြောင့်လဲဆိုတော့ တကယ်တမ်းကျ တော့ မြန်မာစစ်တပ်ကို သွားပြီး ကာကွယ်တာ ဖြစ်ပါတယ်။ ICJ မှာ သူမက မြန်မာ စစ်တပ်က စစ်ဗိုလ်ချုပ်တွေ စစ်ရာဇဝတ်မှု ကျူးလွန်မှုကို အရေးယူ ဆောင်ရွက်ဖို့ စိတ်ဆန္ဒလည်းရှိတယ်၊ စွမ်းဆောင်နိုင်စွမ်းလည်း ရှိတယ်၊ လုပ်လည်း လုပ်နိုင်တယ် လို့ ICJ မှာ ပြောပါတယ်။ တကယ်တမ်းကျတော့ အဲတာတွေက စကားလုံးတွေပါ။ သူ့မှာ ဘယ်လိုမှ အရေးယူ ဆောင်ရွက် ဖို့ မဖြစ်နိုင်ပါဘူး။ ဒါကြောင့် ဒေါ်အောင်ဆန်းစုကြည်က သူမ မလုပ်နိုင်တဲ့ကိစ္စကို တာဝန်သွားယူတာမျိုး ဖြစ်နေပါတယ်။

ကိုစည်သူမောင်

ကျွန်တော်က ရိုဟင်ဂျာ လူနည်းစုထဲကတစ်ယောက် ဖြစ်ပါတယ်။ ကျွန်တော်ကရိုဟင်ဂျာတစ်ယောက်ဖြစ်ပါတယ်။ လူ့အခွင့် အရေး ကာကွယ်သူတစ်ယောက် အဖြစ်လည်း အလုပ်လုပ်ပါတယ်။ အားလုံးသိတဲ့ အတိုင်းပဲ ရခိုင်ပြည်နယ်မှာ ရခိုင်လူမျိုးတွေ ရှိတယ်။ ပြီးတော့ ရိုဟင်ဂျာတွေရှိတယ်။ ဒီစစ်အာဏာသိမ်းမှု မတိုင်ခင်အချိန်က ရိုဟင်ဂျာတွေအကြောင်း ပြောချင် ပါတယ်။ ရိုဟင်ဂျာတွေက ရခိုင်ပြည်နယ်မှာ နေတာကြာပြီ။ ဒါပေမဲ့ ၁၉၆၂ အာဏာ သိမ်းပြီးကတည်းက မြန်မာ စစ်တပ်ရဲ့ပြင်း ထန် တဲ့ ခွဲခြားမှုတွေကို ရင်ဆိုင်ခဲ့ရပါတယ်။ ရိုဟင်ဂျာတွေကို ရည်ရွယ်ချက် ရှိရှိရသင့်ရထိုက်တဲ့ အခွင့်အရေးတွေနဲ့ ဖြစ်တည်မှု ကို မပေးပဲ ထားတာပါ။ ၁၉၆၂ ဦးနေဝင်း ခေါင်းဆောင်တဲ့ ပထမဆုံး အာဏာရှင် စနစ်တခုတည်းက ရိုဟင်ဂျာတွေကို တရားမဝင် နေထိုင်သူတွေအဖြစ် လူမျိုးကြီးဝါဒကို အသုံးချပြီး စနစ်တကျ ပုံဖော်ခဲ့ကြပါတယ်။ စစ်အာဏာရှင် အစိုးရက မြန်မာပြည် မှာ နေထိုင်ဖို့ အတွက် ဘာအခွင့်အရေးမှ မရှိတဲ့ပုံစံ ပုံဖော်ခဲ့ကြပါတယ်။ ဒါပေမဲ့ ၁၉၆၀ ကနေ ၁၉၆၅ အထိ မြန်မာ့အသံ ရေဒီယို အသံလွှင့် ကဏ္ဍမှာ ရိုဟင်ဂျာ ဘာသာစကား အစီအစဉ်ကို ဖော်ပြခဲ့တာဟာလည်း ငြင်းလို့မရတဲ့ သမိုင်းတခုပါပဲ။

Rofik Husson (ကိုဇာနည်စိုး)

ထောက်ခံအားပေး လှုံ့ဆော်ခြင်း

မြန်မာပြည် သမိုင်းတလျှောက်မှာ ဒီမိုကရေစီရေး၊ တိုင်းရင်းသား လူနည်းစုအရေး၊ လူ့အခွင့်အရေး အတွက် ထောက်ခံအား ပေးပြီး လှုပ်ရှားပြောဆိုတဲ့ သူတွေ စစ်အာဏာသိမ်းမှု မတိုင်ခင်ကတည်းက ရှိခဲ့ပါတယ်။ ဒီကိစ္စတွေ လှုပ်ရှားမှုတွေ အပေါ်မှာ လည်း အောင်မြင်မှု ရရှိခဲ့တယ်။ ၂၀၁၇ ခုနှစ် ရိုဟင်ဂျာတွေ အပေါ်မှာ စစ်တပ်က ရက်စက် ကြမ်းကြုတ်မှုတွေ ဖြစ်ပြီးတဲ့ အခါမှာ ဒီအရေးကိစ္စတွေဟာ ပိုပြောဆိုဖို့ လိုလာတာ တွေ့ရပါတယ်။ အာဏာသိမ်းမှုက ရိုဟင်ဂျာတွေ၊ ဒုက္ခတွေ ပိုဆိုးရွားလာစေ တာကို တွေ့ရပါတယ်။ ရိုဟင်ဂျာတွေကို ဦးတည်တဲ့ နိုင်စက်မှုတွေ၊ ရက်စက်ကြမ်းကြုတ်မှုတွေ ပိုပြင်းထန်လာတယ်။ စစ် တပ်က ဒီမိုကရေစီရေးအတွက် တောင်းဆိုတိုက်ပွဲနေတဲ့သူတွေကို ဦးတည်ပြီးတော့ ရက်ရက်စက်စက် တိုက်ခိုက် နေတာ ကို တွေ့ရတယ်။ ၂၀၂၂ ခုနှစ် ဇူလိုင်လမှာဆိုရင် ဒီမိုကရေစီရေး လှုပ်ရှားသူ ၄ ဦးကို စစ်တပ်က သေဒါဏ်ကြီးပြိန်ပေးခဲ့တယ်။ ဒါက နှစ် ၃၀ အတွင်းမှာ ပထမဦးဆုံး အကြိမ်ပါ။ အခု အချိန်မှာဆိုရင် မြန်မာတွေ အားလုံးဟာ တိုင်းရင်းသားလူနည်းစု အရေး ကိစ္စတွေ အပေါ်မှာ ပိုပြီးတော့ ပြောဆိုလာကြတယ်။ လူ့အခွင့်အရေးကိစ္စ၊ ဒီမိုကရေစီ အခွင့် အရေး ကိစ္စတွေ အပေါ်မှာလည်း ပို ပြီးတော့ ပြောဆိုလာကြတယ်။

ကျွန်တော်က မြန်မာပြည်ရဲ့ အလယ်ပိုင်းမှာရှိတဲ့ တကယ့်သမိုင်းဝင်မြို့လေးတစ်မြို့မှာ မွေးဖွား ခဲ့ပါတယ်။ အဲဒီမြို့မှာ ပညာ တတ် တွေ အများကြီးရှိတယ်။ နာမည်ကြီး စာရေးဆရာတွေ အများကြီးရှိတယ်။ သူတို့ရဲ့ စာအုပ်တွေကို ငယ်ငယ်လေးထဲ က ကျွန် တော် ဖတ်ခဲ့တယ်။ ဘဝတစ်လျှောက်လုံး စာတော်တဲ့ ကျောင်းသား တစ်ယောက်ဖြစ်ခဲ့တယ်။ တက္ကသိုလ်ဝင်တန်းမှာ တစ် ဘာသာကလွဲလို့ ကျန်တဲ့ဘာသာတွေ ဂုဏ်ထူးထွက်ခဲ့တယ်။ အဲဒီအချိန်မှာကျောင်းတွေ၊ တက္ကသိုလ်တွေ အားလုံးပိတ် ထားတယ်။ ဘာကြောင့်လဲ ဆိုတော့ စစ်တပ်ကို ဆန့်ကျင်တဲ့ ၉၆ ကျောင်းသား လှုပ်ရှားမှု ဖြစ်နေလို့။ အဲဒီတုန်းက ရွာလေးမှာ နေခဲ့တော့ မြို့တွေမှာ ဘာတွေ လုပ်လေ လုပ်ထရှိတယ် ဆိုတာ မသိဘူး။ ဒါကြောင့်မို့ စစ်တပ်က ဖွင့်ထားတဲ့ တပ်မတော် ဆေးတက္ကသိုလ်ကိုတက်ခဲ့တယ်။ ကျောင်းပြီးတဲ့အခါမှာ ဆရာဝန်လည်းဖြစ်တယ်။ ပြီးတော့ ဗိုလ်ကြီးလည်းဖြစ်တယ်။ နောက် ပိုင်းမှာ နိုင်ငံရေး ဗဟုသုတဟာလည်း အရေးကြီးတယ် ဆိုတာ ကျွန်တော် သိခဲ့ရတယ်။ ကျွန်တော် အလုပ်ကို ကြီးစားလုပ် ဖို့ ဆုံးဖြတ်ခဲ့တယ်။

ကျောင်းစာ ပြင်ပ စာအုပ်တွေ ဖတ်တဲ့ အခါမှာ စစ်တပ်ကို အုပ်ချုပ်နေတဲ့ ဗိုလ်ချုပ်တွေက ဝါဒဖြန့်တာဆိုတာ သိလာတယ်။ စစ်တပ်က ပြောတယ်။ တပ်မတော် သည်သာ အမိ၊ တပ် မတော် သည်သာအဖ၊ တခြားတိမ်း အဲ့တာ မဟုတ်ဘူး။ စစ်တပ်ခေါင်း ဆောင်တွေက သူတို့ရဲ့ အကျိုးစီးပွါး အတွက် မြန်မာပြည်သူ လူထုကို နိုပ်စက်နေတာ အသေချာတာ သိလိုက်ရတယ်။ မြန်မာ ပြည်အနံ့ကို ခရီးသွား ဆေး လိုက်ကုတဲ့ အခါမှာ တိုင်းရင်းသား လူနည်းစုတွေရဲ့ကြုံတွေနေရတဲ့ ပြဿနာတွေကို သိသာရတယ်။

၂၀၁၃ ခုနှစ်မှာ ဖြစ်ဘူဖက် က မြန်မာပြည်မှာ အတော် နာမည်ကြီးနေပြီ။ အဲဒီမှာ ဗုဒ္ဓဘာသာကို အာဏာရှိတဲ့ လူတွေက နိုင်ငံရေး အတွက် အသုံးပြုနေတယ် ဆိုတာကို ကျွန်တော် ရေး လိုက်တယ်။ အဲဒီတုန်းက ၉၆၉ လှုပ်ရှားမှု လုပ်နေတယ်။ ဗုဒ္ဓဘာသာ အမျိုး သားရေး လှုပ်ရှားမှုပေါ့။ သူတို့တွေကသူတို့ အကျိုးစီးပွါး အတွက် ဘာသာရေးကိုအသုံးချ နေတာသိလိုက်ရတယ်။ စစ်တပ်

ထဲက တစ်ယောက်က ကျွန်တော်ရေးတင်တဲ့ ပို့စ်ကို ဖျက်ချလိုက်ဖို့ မှတ်ချက် လာရေးတယ်။ ကျွန်တော် မဖျက်ချခဲ့ဘူး။ ဒါနဲ့ပဲ စစ်တပ်က ခေါင်းဆောင်တွေရဲ့ အာရုံစိုက် မှုကို ကျွန်တော် သတိထားမိခဲ့တယ်။

၂၀၁၅ နဲ့ ၂၀၂၀ အထွေထွေ ရွေးကောက်ပွဲတွေမှာ အမျိုးသား ဒီမိုကရေစီအဖွဲ့ချုပ်နဲ့ ဒေါ်အောင်ဆန်းစုကြည်ကို မဲပေးခဲ့တယ်။ ကျွန်တော် အထက် လူကြီးတွေက အဲ့လိုမျိုး မလုပ်ဖို့ ဖိအား တော်တော် ပေးခဲ့ပြီး။ အန္တရာယ် ရှိခဲ့တယ်။ ဒါပေမဲ့ ကျွန်တော် NLD မဲ ပေးခဲ့တယ်။ တစ်ချိန်တည်းမှာပဲ နိုင်ငံရေး အပြောအလဲက ဖြစ်နေပြီ။ ဒီမိုကရေစီကို ဦးတည် သွားရမယ် ဆိုတာ ကျွန် တော့်ရဲ့ ဆိုရှယ် မီဒီယာ ဖေ့စ်ဘုတ်မှာ ရေးတယ်။ စစ်တပ်က ခေါင်းဆောင်တွေရဲ့ စစ်သားတွေရဲ့ ဖေ့စ်ဘုတ် အကောင့်ကို ပုံမှန် စစ်ဆေးလေ ရှိတယ်။ စစ်တပ်က အထက် လူကြီးတွေက ကျွန်တော် ရေးတာတွေကို သတိထားမိသွားတယ်။ ဒါနဲ့ ကျွန်တော့် ကို ရာထူး မတိုးပေးတော့ဘူး။ ကျွန်တော် တာဝန် ထမ်းဆောင်တဲ့ အတွေ့အကြုံနဲ့ဆို ရာထူးတိုးသင့်ပြီ ။ ဒါပေမဲ့ ကျွန်တော့်ကို ရာထူး တိုးတာ လုံးဝ ရပ်နားလိုက်တယ်။

အာဏာသိမ်းမှုနောက်ပိုင်း တိုက်ပွဲတွေ ဖြစ်တဲ့အခါ ကျွန်တော့်ရဲ့ တပ်ဖွဲ့က ရွာတွေ တစ်ရွာပြီး တစ်ရွာ လျှောက်သွားပြီး တော့ ဒက်ရာရတဲ့သူတွေကိုဆေးလိုက်ကုပေးတယ်။ဒါဂ်ဂစ်တ်ပိုင်းဆိုင်ရာ စစ်ဆင်ရေးတပ်ခုပဲ။ရွာကလူတွေကိုစစ်တပ်က ကောင်းတယ်ဆိုတဲ့အကြောင်း ဝါဒဖြန့်ချီရေးလုပ်ရှားမှုပါပဲ။ စစ်တပ်ခေါင်းဆောင်တွေက ကျွန်တော့်ကို PhD ပါရလဲတွဲ့ ယူ ဖို့ အတွက် တိုက်တွန်းတယ်။ နောက်ပြီး ရွာတွေကိုလိုက်ပြီး ဆေးကုရင်း ဝါဒဖြန့်ချီဖို့ အကြောင်းလည်းပြောတယ်။ ပြင်ဆန်မှာ ဆတ် ပြီး ပါရလဲတွဲ့၊ ယူခိုင်းတယ်။ ဒါပေမဲ့ အဲ့ဒါတွေမလုပ်ချင်တော့ဘူး။ အခုအချိန်မှာ လူမှုရေး၊ နိုင်ငံပြောင်းလဲရေး လုပ်ဖို့အတွက်ဘဲ ကျွန်တော့်ကိုယ်ကျွန်တော် မြှုပ်နှံ ထားလိုက်တော့တယ်။ **ဗိုလ်ကြီးဒေါက်တာမင်းမောင်မောင်**

ကျွန်တော်က ရိုဟင်ဂျာလူနည်းစုထဲက တစ်ယောက်ဖြစ်ပါတယ်။ အာဏာသိမ်းခံကတည်းက မြန်မာပြည် အနောက်ဖက် ရခိုင်မှာရှိတဲ့ ဒုက္ခသည် စခန်းမှာ နေတာဖြစ်ပါတယ်။ အဲ့တုန်းက အခြေအနေက အရာလောက် မဆိုးသေးပါဘူး။ အာဏာသိမ်းပြီး ကတည်းက အခြေအနေက ဆိုးဆိုး လာပါတယ်။ ကျွန်တော်က ကျောင်းသားတစ်ယောက်ဖြစ်တယ်။ အာဏာသိမ်းကတည်း က ကျောင်းတွေ မဖွင့်တော့ပါဘူး။ ဒီ အာဏာသိမ်းတာကို ဆန့်ကျင်ပေမဲ့လည်း ကျွန်တော်တို့ဟာ ဒုက္ခသည် စခန်းမှာရှိနေတဲ့ အတွက်ကြောင့် အာဏာသိမ်းမှု ဆန့်ကျင်တဲ့ လုပ်ရှားမှုတွေမှာ ပါဝင်ခွင့် မရခဲ့ပါဘူး။ ဒါပေမဲ့ မြန်မာပြည်ရဲ့ တခြား နေရာတွေ မှာရှိတဲ့ ရိုဟင်ဂျာတွေက တခြား တိုင်းရင်းသားတွေနဲ့ အတူ စစ်တပ်ကို ဆန့်ကျင်ပါတယ်။ CDM တွေလုပ်ကြပါတယ်။ ဒီနေ့ ဦး တော်လှန်ရေးမှာ ရိုဟင်ဂျာတွေ ပါဝင် ဆင်နွဲ့ကြပါတယ်။ သူတို့တွေက တခြား တိုင်းရင်းသားတွေလိုပဲ ညီမျှတဲ့ အခွင့် အရေး ရဖို့ တိုက်ပွဲဝင်နေကြပါတယ်။ ရိုဟင်ဂျာတွေက ဗမာ လူမျိုးတွေလောက် အခွင့်အရေး မကြပါဘူး။ ၁၉၄၈ ခုနှစ် လွတ် လပ်ရေး ရကတည်းက ဗမာအပါအဝင် တခြား တိုင်းရင်းသားတွေနဲ့ ရိုဟင်ဂျာတွေ အဆင့်အတန်း၊ လွတ်လပ်မှုနဲ့ အခွင့်အရေး တန်းတူ မရကြပါဘူး။ အဲ့လိုမျိုး အနှိမ်ခံထားရပေမဲ့လည်း ဒီစစ်တပ် ဆန့်ကျင်ရေးမှာ တခြားတိုင်းရင်းသားတွေနဲ့ တန်းတူ ရိုဟင်ဂျာတွေကလည်း တိုက်ပွဲဝင်ကြပါတယ်။ အာဏာသိမ်း စစ်တပ်ကို ဆန့်ကျင်တဲ့ အခါမှာ ရိုဟင်ဂျာတွေက ဗမာနဲ့ တခြား တိုင်းရင်းသားတွေနဲ့ အတူ ပူးပေါင်းပါဝင် ပါတယ်။ **ကိုအောင်နိုင်မြင့်**

ဒေါ်အောင်ဆန်းစုကြည် အာဏာရလာပေမဲ့ ကျွန်တော်တို့ရဲ့ အခြေခံ လူ့အခွင့်အရေးလေးတွေ မရခဲ့ပါဘူး။ ဒါပေမဲ့အာဏာ သိမ်းပြီး နောက်ပိုင်းမှ အခြေအနေ အားလုံး ပိုဆိုးသွားပါတယ်။ မတည်ငြိမ်မှုတွေပိုဖြစ်လာတယ်။ ပိုဆိုးတာက ပြည်တွင်း စစ် ကြီး ဖြစ်လာတယ်။ အာဏာသိမ်းပြီးတဲ့ အခါမှာ ရိုဟင်ဂျာတွေက ဘယ်သွားရမန်းမသိဘူး။ ဘာအခွင့်အရေးမှလည်း မရှိဘူး။ ကျွန် တော် တို့မှာ ကိုယ့်ဘဝဏ် ကိုယ် အသက်ရှူ ခွင့်တောင် မရှိတော့တာမျိုးပဲ။ ကျွန်တော်ရဲ့ ရိုဟင်ဂျာတွေက ဒီမိုကရေစီ ကို မြတ်နိုးတယ်။ အမြဲတမ်း ငြိမ်းချမ်းရေးချမ်းရှေ့ နေထိုင်ကြတယ်။ အာကာရှေ့ကို ထောက်ခံတယ်ဆိုတဲ့ အစည်အလာလည်း မရှိ ခဲ့ ဘူး။ ရိုဟင်ဂျာတွေက အမြဲတမ်းလူ့အခွင့်အရေးကို မြတ်နိုးတယ်။ ထောက်ခံတယ်။ ဒါပေမဲ့ ကျွန်တော်တို့ ရိုဟင်ဂျာ လူ့မျိုးတွေ က အလွန်ဆိုးရွားတဲ့ အသည်းကွဲလောက်တဲ့ အခြေအနေမျိုးကို အာဏာသိမ်းခံရော၊ အာဏာသိမ်းပြီးနောက်ပိုင်း ရော ကြုံရတယ်။ ၂၀၂၁ အာဏာသိမ်းကဆိုလို့ရှိရင် တစ်နေ့ရာနဲ့တစ်နေ့ရာ သွားလို့သေးတယ်။ ကိုယ့်ကိုကိုယ် လူဆဲဖြစ် ခံစား ရသေးတယ်။ ဒါပေမဲ့ အာဏာသိမ်းပြီး နောက်ပိုင်းမှာတော့ ကျွန်တော်တို့ ရိုဟင်ဂျာလူငယ်တွေက အသံတိတ်သဝိတ်နဲ့ လက်

သုံးချောင်း ထောင်တဲ့ ကမ်ပိန်းတွေကို ထောက်ပံ့မှုနဲ့ PDF တွေ၊ CDM တွေကို ကူညီနေတယ် ဆိုပြီးတော့ စွပ်စွဲခံနေကြရတယ်။ အာဏာသိမ်းပြီးနောက်ပိုင်း ရခိုင်ကျတွေကို ပိုပြီးဖိနှိပ်လာတယ်။ ဒီခေတ်ကြီးက လူမှု ကွန်ရက် ခေတ်ဖြစ်တယ်။ တစ် ယောက်နဲ့ တစ်ယောက် ဆက်သွယ်ဖို့ နည်းလမ်းတွေ အများကြီးရှိတယ်။ CDM ကိုထောက်ခံတဲ့ သူတွေ့ နိုင်ငံခြားသားတွေ ကအစ ဆက်သွယ်လို့ရတယ်။ ကျောင်းသား တော်လှန်ရေး အင်အားစုတွေနဲ့ အဆက်အသွယ် ကောင်းကောင်း ရှိတယ်။ သူ တို့နဲ့ အမြဲတမ်း ဗဟုသုတတွေ ဖလှယ်တယ်။ လူ့အခွင့်အရေး သဘော တရားတွေ၊ အတွေးအခေါ် အယူအဆတွေ ဖလှယ် ခဲ့ကြတယ်။ သူတို့နဲ့ ဆက်သွယ်ဖို့ လမ်းကြောင်း တခု ကို ကျွန်တော် ကြိုးစား ခဲ့တယ်။ ကျွန်တော်တို့ ပြောတဲ့ အသံတွေကိုလည်း သူတို့ ကြားရတယ်။ သူတို့ ပြောချင်တဲ့ အသံလည်း ကျွန်တော်တို့ ကြားရတယ်။ ဒါက အင်တာနက်ကနေ တဆင့် ကျွန်တော်တို့ အပြန်အလှန် သင်ယူကြတာ။ ကျွန်တော်တို့ အကြောင်းတွေကိုပြောပြသလို တခြားသူတွေဆီကလည်း ပြန်သင်ယူရတယ်။ အခုအချိန်မှာနဲ့တော့စိတ်ကျေနပ်စရာရှိတာကနိုင်ငံကာ က လူတွေက ကျွန်တော်တို့တွေ့တို့ကို အာရုံ စိုက်လာတယ်။ ကျွန်တော်က ရခိုင်ကျ တစ်ယောက် ဖြစ်ရတာကို ဂုဏ်ယူတယ်။ စစ်အာဏာသိမ်းတာကိုတော်လှန်တဲ့ ပြီးချင်းစွာ တိုက်ပွဲ ဝင် တဲ့ သူတွေထဲက တယောက်လည်းဖြစ်တယ်။ **Rofik Husson** (ကိုဇာနည်စိုး)

အသက် ၁၈ နှစ် ကတည်းက နိုင်ငံရေး လုပ်ခဲ့တာ ဖြစ်တယ်။ လွန်ခဲ့တဲ့ ၁၅ နှစ် ၊ ၂၀၀၇ တုန်းကတက်ကြွလှုပ်ရှားသူ ကျောင်း သား အဖြစ်နဲ့ အဖမ်း ခံခဲ့ရတယ်။ ကျွန်တော် မိသားစုတစ်စုလုံး အဖမ်း ခံရတယ်။ ထောင်ချခံရတယ်။ စစ်တပ်က ကျွန်တော် တို့ကိုဖိနှိပ် ခဲ့တယ်။ ပူးပီးတောင် ထောင်မှာ ၃နှစ် နေခဲ့ရတယ်။ ရခိုင်ကျတွေက ရခိုင်ပြည်နယ်မြောက်ပိုင်း ဘူးသီးတောင် မှာ အများဆုံး ရှိကြတယ်။ ကျွန်တော် ရခိုင်ကျတွေရဲ့ အခြေအနေကို ကောင်းကောင်းနားလည်လာရတယ်။ ကျွန်တော်က ရခိုင်ကျ မ ဟုတ်ပါဘူး။ မြန်မာမွတ်ဆလင် လူမျိုးတစ်ယောက်ပါ။ မြန်မာတိုင်းရင်းသား မွတ်ဆလင် ဘာသာဝင်ပါ။ တခြား ကရင်၊ ရှမ်း၊ ကရင် စသရှိတဲ့ တိုင်းရင်းသားတွေလိုမျိုးဘဲပေါ့။ ကျွန်တော် ကျောင်းသား ခေါင်းဆောင် တစ်ယောက်ဖြစ်ခဲ့တယ်။ ဗမာနိုင်ငံလုံး ဆိုင်ရာ ကျောင်းသား သမဂ္ဂများ အဖွဲ့ချုပ် ဒုတိယ ဥက္ကဋ္ဌလည်း ဖြစ်ခဲ့တယ်။ လွှတ်တော် ကိုယ်စားလှယ် မဖြစ်ခင်မှာ Friedrich Democratic အဖွဲ့ရဲ့ သင်တန်းဆရာ တစ်ယောက်အဖြစ်လုပ်ခဲ့တယ်။ နိုင်ငံရေးသမားဟောင်းတွေ စုစည်း တည်ထောင်ထား တဲ့ အဖွဲ့အစည်းတခုမှာ နိုင်ငံရေး သိပ္ပံဆိုင်ရာ လုပ်ငန်းခွင် အတွေ့အကြုံ internship ရရှိခဲ့တယ်။ နိုင်ငံရေးမှာ တနည်း မဟုတ် တနည်းနဲ့ ပါဝင်နေခဲ့တာပါဘဲ။ ကိုစည်သူမောင်

ကျွန်တော်က အခု တရုတ် - မြန်မာနယ်စပ်မှာ တခြား မီဒီယာ သမားတွေနဲ့ အတူ ရောက်နေတာ။ ကျွန်တော်တို့တွေက အွန် လိုင်း ပရိုဂရမ်တွေရယ်၊ နောက်မြေပြင် ပရိုဂရမ်တွေရယ်၊ အထူးသဖြင့်တော့ NUG ပညာရေးဝန်ကြီးဌာနနဲ့ တွဲပြီးတော့ ပညာ ရေးအစီအစဉ်တွေ လုပ်နေပါတယ်။ ပုံမှန်အားဖြင့် ကျွန်တော်တို့ကတော့ လူမှုကွန်ရက်တွေဖြစ်တဲ့ ဖေ့စ်ဘုတ်နဲ့ instagram ကိုသုံးပါတယ်။ ကျွန်တော်တို့တွေ ပြည်သူတွေကို နိုင်ငံရေးနဲ့ ပတ်သက်ပြီးတော့ ပညာပေးဖို့ ကြိုးစားတယ်။ တခြား မြေပြင်အ တွက်ကိုလည်း အသက် မွေးဝမ်းကြောင်း ပညာတွေလည်း မျှဝေပေးနေတယ်။ မြေပြင် အတွက် ကျွန်တော်တို့ ပို့ချတဲ့ဟာတွေ ကို copy ဆွဲ၊ download ဆွဲလိုက်ရင် ရပြီ။ နောက်ပြီးတော့ ပတ်ဝန်းကျင်က ကျောင်းသားတွေနဲ့ တွဲပြီးတော့ အွန်လိုင်း လှုပ်ရှားမှု တွေ လုပ်နိုင်တယ်။ အဲ့လို လှုပ်ရှားမှုတွေက ကျွန်တော်တို့ချည်းပဲ လုပ်နေတာ မဟုတ်ဘူး။ စစ်တပ်ဘက်ကလည်း လုပ်နေတယ် ဆိုတာ သတိထားရမယ်။ စစ်တပ်က လူတွေ လူမှု ကွန်ရက်တွေ ဖြစ်တဲ့ ဖေ့စ်ဘုတ်တို့ ၊ တယ်လီဂရမ် တို့သုံးပြီးတော့ ကျွန်တော် တို့ လူတွေနဲ့ ဆက်သွယ် လာနိုင်တာကိုလည်း သတိထားနေရပါတယ်။ ကိုမိုးနေလ

အာဏာမသိမ်းခင် နှစ်ပေါင်းများစွာထဲက ၁၉၈၈ က စပြီးတော့ မြန်မာနိုင်ငံရဲ့ ဒီမိုကရေစီ ကြီးစား လှုပ်ရှားမှုမှာ ပါခဲ့တယ်။ ၂၀၁၅ မှာ ဒီမိုကရေစီ အပြောင်းအလဲ အချို့ဖြစ်ခဲ့တယ်။ ဒါကြောင့် ကျွန်တော်နိုင်ငံရေးကနေ နားဖွ စဉ်းစားခဲ့တယ်။ အားလုံးက အတော် အဆင်ပြေနေပြီ၊ အဲ့ဒီအချိန်မှာ အာဏာ ထသိမ်းတာပဲ။ ကိုထွန်း

အပိုင်း ၃ : ကျွန်တော်တို့ စောင့်နေတဲ့ အချိန်ကို ရောက်ပြီ၊ ဒီမိုကရေစီရေး အတွက် ခုခံတော်လှန်ကြပြီ

မြန်မာ့သမိုင်းရက်စွဲမှတ်တမ်း

၂၀၂၁ ခုနှစ် ဖေဖော်ဝါရီလ ၁ ရက်

စစ်တပ်မှအာဏာသိမ်းပြီး ဒေါ်အောင်ဆန်းစုကြည်၊ သမ္မတကြီး ဦးဝင်းမြင့်နှင့် အခြား အမျိုးသားဒီမိုကရေစီအဖွဲ့ချုပ်မှ နိုင်ငံရေး ခေါင်းဆောင်များအား ဖမ်းဆီးလိုက်သည်။

ဒုတိယသမ္မတ ဦးမြင့်ဆွေမှ တစ်နှစ် အရေးပေါ်အခြေအနေ ကြေငြာသည်။

Democratic Voice of Burma (DVB), မဇ္ဈိမ တီဗီ အစရှိသည့် သတင်း မီဒီယာများ ပိတ်သိမ်းလိုက်သည်။ ဖုန်းဆက်သွယ်မှုနှင့် အင်တာနက် ဆက်သွယ်မှုများအား ဖြတ်တောက် လိုက်သည်။

ဖေဖော်ဝါရီလ ၂ ရက်

စစ်အာဏာသိမ်းခေါင်းဆောင်မင်းအောင်လှိုင်မှ အာဏာသိမ်းမှုကို ရှောင်လွှဲလို့ မရကြောင်း ပြောသည်။ ပြည်သူများမှ အိုး များ၊ ခွက်များ၊ သံပုံးများတီး၊ ကားဟွန်းများ တီး၍ ဆန္ဒပြကြသည်။ မင်းအောင်လှိုင်မှ နိုင်ငံတော် စီမံအုပ်ချုပ်ရေး ကောင်စီကို ဖွဲ့ စည်းပြီး နိုင်ငံတော်ကို စီမံခန့်ခွဲမည့် အဖွဲ့အစည်း အဖြစ် ကြေငြာသည်။

ဖေဖော်ဝါရီလ ၃ ရက်

မြန်မာစစ်တပ်မှ ဆေးရုံများနှင့် အခြားကျန်းမာရေး စောင့်ရှောက်မှုပေးသည့် နေရာများအား ဝင်ရောက်စီးနင်းပြီး သိမ်းပိုက်သည်။ ဘာသာရေးအဖွဲ့အစည်းများ၊ လူမှုရေး အထောက်အကူပြု အဖွဲ့အစည်းများနှင့် တခြား စေတနာရှင် လူမှုကူညီ ရေး အဖွဲ့အစည်းများကိုလည်း ဝင်ရောက် သိမ်းပိုက်ခဲ့သည်။ ထွက်ပြေး နေရသည့် လူများထံသို့ပေးသည့် ဆေးဝါး၊ အပါ အဝင် လူသားချင်း စာနာသော အကူအညီများ တားဆီးခံရသည်။ ကျန်းမာရေး စောင့်ရှောက်မှု ပေးနေသည့် ကျန်းမာရေး လုပ် သား များ ရိုက်နက်၊ နိုင်ဝင်ခံကာ ဖမ်းဆီးခံရသည်။ ဆန္ဒပြသူများအား ကျန်းမာရေးစောင့်ရှောက်မှုပေးရန် စစ်တပ်မှ သတ် ပေးခဲ့သည်။ စစ်တပ်၏ ထိုးကွဲသောရက်စက် ကြမ်းတမ်းမှ များကို ဆန့်ကျင်သည့်အနေဖြင့် ဆေးရုံနှင့် ကျန်းမာရေး စင်တာပေါင်း ၇၀ မှ အလုပ်သမား သပိတ်မှောက်မှုများ စတင်ခဲ့သည်။ ဒေါ်အောင်ဆန်းစုကြည်နှင့် သမ္မတ ဦးဝင်းမြင့် တို့ကို ရာဇဝတ် ခုံရုံးတင် တရားစွဲသည်။ စစ်တပ်မှ ဖေ့စ်ဘုတ်နှင့် WhatsApp အား ဖြတ်တောက်ရန် အမိန့်ပေးသည်။

ဖေဖော်ဝါရီလ ၄ ရက်

မန္တလေးမြို့တွင် စတင် ဆန္ဒပြသည်။ အနည်းဆုံး ဆန္ဒပြသူ ၃ ဦး အဖမ်းခံရသည်။ ကုလ သမဂ္ဂ လုံခြုံရေး ကောင်စီက ဒေါ်အောင်ဆန်းစုကြည် အပါအဝင် နိုင်ငံရေး အကျဉ်းသားများကို လွှတ်ပေးရန် တောင်းဆိုသော်လည်း အာဏာသိမ်းမှုအား မရှုံ့ချပေ။ NLD ရွေးကောက်ပွဲ လွှတ်တော် ကိုယ်စားလှယ် ၇၀ မှ လွှတ်တော် ကိုယ်စားလှယ် အဖြစ် ကျမ်းကျိန်ပြီး စစ်အာဏာ သိမ်းမှု ကို ဆန့်ကျင်ကြောင်း ကြေညာသည်။ အကျဉ်းသားများ ကူညီစောင့်ရှောက်ရေး အသင်းဖြစ်သော AAPP မှ လွှတ်တော် ကိုယ်စားလှယ်များအပါအဝင် အပြစ်မဲ့ပြည်သူ ၁၁၃ ဦးနှင့် အရပ်ဖက် လူမှုအဖွဲ့အစည်းမှ ၁၄ ဦးအား စစ်တပ်မှဖမ်းဆီးထားသည့် အကြောင်း ထုတ်ပြန်ခဲ့သည်။

ဖေဖော်ဝါရီလ ၅ ရက်

ဆရာများနှင့် အခြား အစိုးရ အလုပ်သမားများမှ အာဏာ ဖီဆန်ရေး လှုပ်ရှားမှု (CDM) တွင် ပါဝင်လာကြသည်။

ဖေဖော်ဝါရီလ ၆ ရက်

ဆန္ဒပြမှုများကို သတင်း ဝေမျှနေသည့် Twitter နှင့် Instagram အကောင့်များကို ပိတ်သိမ်းရန်အမိန့်ပေးခဲ့သည်။ အင်တာနက် အား ဖြတ်တောက်ပစ်ရန် အမိန့်ပေးခဲ့သည်။

ဒေါ်အောင်ဆန်းစုကြည် ဦးဆောင်သော အရပ်သားအစိုးရအဖွဲ့၏ ဩစထေးရှ လူ နိုင်ငံသား စီးပွါးရေး အကြံပေး ဖြစ်သည့် ရှောင် တာနယ် အဖမ်းခံရသည်။

ဖေဖော်ဝါရီလ ၇ ရက်

၂၀၀၇ ရွှေဝါရောင် တော်လှန်ရေးမှ နောက်ပိုင်း မြန်မာနိုင်ငံ၏ အကြီးဆုံးဆန္ဒပြပွဲကြီး တစ်ခုဖြစ်သည်။ အင်တာနက် ပြန်ရသည်၊ လူမှုကွန်ရက်များ ဖြတ်တောက်ထားခြင်း ခံရသည်။

ဖေဖော်ဝါရီလ ၈ ရက်

စစ်အစိုးရမှ ည ၈ နာရီမှ မနက် ၄ နာရီအတွင်း ညမထွက်ရ အမိန့် ထုတ်ပြန်ခဲ့သည်။ လူ ၅ဦးထက် ပိုပြီး မစုဝေးရ အမိန့်ကိုလည်း ထုတ်ခဲ့သည်။

ဖေဖော်ဝါရီလ ၉ ရက်

မြန်မာနိုင်ငံ၏ မြို့တော် နေပြည်တော်တွင် စစ်တပ်မှ ဆန္ဒပြတဲ့သူများ အပေါ် အင်အား အလွန်အကျွံသုံးပြီး နှိမ်နင်းခဲ့သည်။ သေနတ်၊ မီးသတ်ပိုက်နှင့် ရော်ဘာကျည်များကို အသုံးပြုခဲ့သည်။ နေပြည်တော်တွင် ဆန္ဒပြပြည်သူမမြသွဲ့သွဲ့ခိုင် ခေါင်းကို အပစ်ခံခဲ့ရသည်။ ၁၀ ရက် အကြာတွင် သေဆုံးသွားပါသည်။ စစ်တပ်မှ မြန်မာပြည် အနှံ့ တိုင်းဒေသကြီး ၁၀ ခု တွင် ရှိသော မြို့နယ်များတွင် လူစုလူဝေး လုပ်ခြင်းအား တားမြစ်ခဲ့သည်။ ရဲနှင့် စစ်သားများသည် ရန်ကုန်တွင် ရှိသော **NLD** ရုံးချုပ်အား သွားရောက်စီးနင်း သိမ်းပိုက်ခဲ့ပါသည်။ စစ်တပ်မှ အင်တာနက် ဝန်ဆောင်မှု ပေးသူများအား ဆိုက်ဘာ လုံခြုံရေးဆိုင်ရာ ဥပဒေမူကြမ်း ဖြန့်ဝေခဲ့ပါသည်။ ၎င်းသည် နိုင်ငံသားများအား စောင့်ကြည့်ပြီး လွတ်လပ်စွာ ပြောဆိုခွင့်အား တားဆီးသည့်အတွက် လူ့အခွင့်အရေးချိုးဖောက်မှု အဖြစ် ဝိုင်းဝန်း ဝေဖန်ကြပါသည်။ မြန်မာနိုင်ငံသားများ **VPN** အင်တာနက်သုံးလျှင် ဖမ်းဆီး အရေးယူခွင့် ရှိသော ဥပဒေ ဖြစ်သည်။ ထို့အပြင် အွန်လိုင်းရှိ သက်သေဖျောက်ဖျက်လျှင်လည်း အရေးယူနိုင်သည်။ အွန်လိုင်း ဝန်ဆောင်မှုပေးသည့်သူများအား အွန်လိုင်းတွင် စစ်အစိုးရ ခေါင်းဆောင်များနှင့် ပက်သက်ပြီးပြောဆိုမှုများ၊ ဝေဖန်မှုများ တွေ့ရှိပါက ဖယ်ရှားရမည်ဟု ပြဋ္ဌာန်းထားသည့် ဥပဒေ ဖြစ်သည်။

ဖေဖော်ဝါရီလ ၁၀ ရက်

ကယားပြည်နယ်မှ ဝန်ထမ်းများ အာဏာသိမ်းမှုကို ဆန့်ကျင် ဆန္ဒပြသည်။ အလုပ်ဆင်းရန် ငြင်းပယ်သည့် အတွက် ရဲတပ်ဖွဲ့မှ သွားရောက် တပ်စွဲထားရသည်။

ဖေဖော်ဝါရီလ ၁၁ ရက်

အမေရိကန် ပြည်ထောင်စုမှ မြန်မာနိုင်ငံယာယီသမ္မတ အပါအဝင် အခြားသော စစ်တပ်အရာရှိများ အပေါ်မှာ ပိတ်ဆို့ အရေးယူခြင်းများ ပြုလုပ်သည်။ အာဏာသိမ်းမှု အတွက် နောက် ထပ် စီးပွါးရေး အရ အရေးယူမှုများ ပြုလုပ်မည်ဟု အမေရိကန်အစိုးရမှ ကြေငြာသည်။

ဖေဖော်ဝါရီလ ၁၂ ရက်

နိုင်ငံလုံးဆိုင်ရာ အထွေထွေ သပိတ်ကြီး ဆက်ဖြစ်သည်။ ရဲနှင့် စစ်သားများ၏ ပစ်ခတ်မှုကြောင့် လူများစွာ ထိခိုက် ဒါဏ်ရာရသည်။

မြန်မာပြည်တွင် ဖြစ်ပွါးနေသည့် ကိစ္စရပ်များနှင့် ပတ်သက်၍ ကုလသမဂ္ဂ လူ့အခွင့်အရေး ကောင်စီမှ အရေးပေါ် အစည်းအဝေး ပြုလုပ်သည်။ မြန်မာစစ်တပ်သည် အာဏာသိမ်းပြီး ဖေ့စ်ဘုတ်မှတဆင့် သတင်းမှားများအား ဆက်တိုက် ဖြန့်ဝေနေ သည့် အတွက် မြန်မာ စစ်တပ်မှ ထုတ်လွှင့်နေသည့် စာမျက်နှာများ၏ လူမြင်တွေ့နိုင်မှု ပမာဏကို သိသိသာသာ လျှော့ ချမည်ဟု ဖေ့စဘုတ်မှ ကြေညာသည်။ ။

အစိုးရဝန်ကြီးများ၊ ရွေးကောက်ပွဲ ကော်မရှင်မှ တာဝန်ရှိသူများ၊ အမျိုးသားဒီမိုကရေစီအဖွဲ့ချုပ်မှ ပါတီဝင်များ၊ ခေါင်းဆောင်များ ၊ တက်ကြွ လှုပ်ရှားသူများအား ဖမ်းဆီးသည်။

ဖေဖော်ဝါရီလ ၁၃ ရက်

လုံခြုံရေး တပ်ဖွဲ့ဝင်များ မှ တရားရုံး၏ ဖမ်းဝရမ်းမပါဘဲ ဖမ်းဆီးခြင်း၊ အိမ်သို့ ဝင်ရောက် ရှာဖွေခြင်းများ ပြုလုပ်သည်။ ကိုမင်းကိုနိုင်၊ ကိုဂျင်မီ နှင့် ကိုမျိုးရန်နောင်သိန်း အပါအဝင် ဒီမို ကရေစီရေး တက်ကြွ လှုပ်ရှားသည့် အဓိက ခေါင်းဆောင်များ ဖမ်းဆီးရန်

ဝရမ်း ထုတ်သည်။ စစ်တပ်၏ သတင်းနှင့် ပြန်ကြားရေး ဝန်ကြီးဌာနမှ "စစ်အစိုးရ" နှင့် "စစ်အုပ်စု" စသည့်အသုံးအနှုန်း များအား မသုံးရန် သတင်း မီဒီယာများအား ဖိအားပေးသည်။ ဤသို့ဖြင့် သတင်းစာ လွပ်လပ်ခွင့်အား စစ်တပ်မှ စတင် တားဆီးခဲ့သည်။

ဖေဖော်ဝါရီလ ၁၄ ရက်

အာဏာဖီဆန်ရေး လှုပ်ရှားမှု ဖြစ်သည့် (CDM) ပျံ့နှံ့သွားသည်။ နိုင်ငံလုံးဆိုင်ရာ ဆန္ဒပြမှုသည် လေကြောင်းလိုင်းနှင့် ရထားသုံးသွားလာမှုများအား ရပ်တန့်သွားစေခဲ့သည်။ ရဲများမှ ဆန္ဒပြသူများအား ပစ်ခတ်ခဲ့သည်။
ဖေဖော်ဝါရီလ ၁၅ ရက်

နေ့စဉ် တနိုင်ငံလုံး ည ၁ နာရီ မနက် ၉ နာရီအတွင်း အင်တာနက် ဖြတ်တောက်မှု ဖြစ်ပေါ်ခဲ့သည်။ အဓိက မြို့ကြီးများတွင် သံချပ် ကာ ကားများ စေလွှတ်ခဲ့သည်။ အင်တာနက်အား တစ်နိုင်ငံလုံး အနှံ့ ဖြတ်တောက်ခဲ့သည်။

ဖေဖော်ဝါရီလ ၁၆ ရက်

ဒေါ်အောင်ဆန်းစုကြည်အား နောက်ထပ် စွဲချက်များ ထပ်တင်သည်။

ဖေဖော်ဝါရီလ ၁၇ ရက်

စစ်တပ်မှ လူသိများ ထင်ရှားသောသူ ၆ ဦးအား အာဏာဖီဆန်ရေး လှုပ်ရှားမှု CDM နှင့် ပတ်သက်၍ လှုံ့ဆော်သည့် အတွက် ဖမ်းဝရမ်း ထုတ်ခဲ့သည်။ ထို ဖမ်းဝရမ်း ထုတ်ခံရသူ ၆ ဦးမှာ ဝိုင်း၊ လူမင်း၊ ကိုပေါက်၊ ကကြီး၊ ပြေတီဦး နှင့် အနန္တ တို့ဖြစ်သည်။

ဖေဖော်ဝါရီလ ၁၉ ရက်

မမြသွဲ့သွဲ့ခိုင်သည် ဆန္ဒပြစဉ် လွန်ခဲ့သော ၁၀ရက်က ရရှိခဲ့သည့် ဦးခေါင်း ဒါဏ်ရာဖြင့် ကွယ်လွန်ခဲ့သည်။

ဖေဖော်ဝါရီလ ၂၀ ရက်

မန္တလေးတွင် ဆန္ဒပြသူ ၂ ဦးပစ်သတ်ခံရသည်။ လူအများအပြား ဒဏ်ရာရသည်။

ဖေဖော်ဝါရီလ ၂၁ ရက်

အာဏာသိမ်းတဲ့ အချိန်ခန့်မှ စ၍ စုစုပေါင်း ၆၄၀ ဦးအား ဖမ်းဆီးခဲ့၊ အမိန့်ပေး အရေးယူခဲ့၊ ထောင်ချခဲ့ပြီး ဖြစ်သည်။ အနည်းဆုံး ပြည်သူ ၅၉၃ ယောက်အား ရုံးတင် တရားစွဲဆိုခဲ့သည်။

ဖေဖော်ဝါရီလ ၂၂ ရက်

မြန်မာနိုင်ငံအနှံ့ ရုံးများ၊ ဈေးဆိုင်များ၊ လုပ်ငန်းများ ပိတ်ခဲ့သည်။ ၂၂၂၂၂ နှစ်ငါးလုံး အရေးတော်ပုံကြီး ဖြစ်ပွဲခဲ့သည်။ မြန်မာနိုင် ငံအနှံ့ ပြည်သူများ ဆန္ဒပြခဲ့ကြသည်။

ဖေဖော်ဝါရီလ ၂၃ ရက်

မလေးရှားမှ တရားရုံး ဆုံးဖြတ်ချက်များကို ဆန္ဒကျင်ကာ မှ နိုင်ငံရေး ခိုလှုံခွင့် တောင်းသူများ၊ ကလေးများ အပါအဝင် အကျဉ်း
သား ၁၀၈၆ ဦးကို မြန်မာနိုင်ငံသို့ ပြန်လွှတ်ခဲ့သည်။

ဖေဖော်ဝါရီလ ၂၄ ရက်

အင်ဒိုနီးရှားနိုင်ငံခြားရေးဝန်ကြီးမှ မြန်မာစစ်တပ်မှခန့်ထားသော မြန်မာနိုင်ငံခြားရေးဝန်ကြီးဝဏ္ဏမောင်လွင်အားဘန်ကောက်
တွင်တွေ့ဆုံသည်။မြန်မာနိုင်ငံအရေးနှင့်ပတ်သက်၍အာဆီယံဦးဆောင်ပြီးဝင်ရောက်ဖြေရှင်းမည့်နည်းလမ်းအားပြော ခဲ့သည်။

ဖေဖော်ဝါရီလ ၂၅ ရက်

ဖေ့စ်ဘုတ်မှ မြန်မာ စစ်တပ်၏ ဖေ့စ်ဘုတ် စာမျက်နှာများအား ဖယ်ရှားပေးခဲ့သည်။ မြန်မာ စစ်တပ်ကို ထောက်ခံသူ ၁၀၀၀ ခန့် မှ
စစ်အာဏာသိမ်းမှု ဆန့်ကျင် ဆန္ဒပြသူများကို အကြမ်းဖက် တိုက်ခိုက် ခဲ့သည်။

ဖေဖော်ဝါရီလ ၂၆ ရက်

မြန်မာနိုင်ငံ၏ ကုလသမဂ္ဂဆိုင်ရာ သံအမတ်ကြီး ဦးကျော်မိုးထွန်းမှ ကုလသမဂ္ဂ အနေဖြင့် မြန်မာနိုင်ငံ အာဏာသိမ်းမှု ကို
အဆုံးသတ်ရန် “ လိုအပ်သော မည်သည့် နည်းလမ်း မဆို ” အသုံးပြုရန် ပြောကြားခဲ့သည်။ နိုင်ငံခြား သတင်းထောက် တစ်ဦး
အား ပထမဆုံး ဖမ်းဆီးခဲ့သည်။

ဖေဖော်ဝါရီလ ၂၇ ရက်

စစ်အာဏာသိမ်းမှုကို ဆန့်ကျင်သော မြန်မာနိုင်ငံ၏ ကုလသမဂ္ဂ ကိုယ်စားလှယ်အား စစ်အစိုးရမှ တာဝန်မှ ဖယ်ရှားလိုက်သည်။

ပြည်သူတွေ ထုတ်ပြောလာကြပြီ

စစ်တပ်မှ အာဏာသိမ်းပြီး နိုင်ငံတော် စီမံအုပ်ချုပ်ရေး ကောင်စီကို မင်းအောင်လှိုင် ဦးဆောင်၍ ဖွဲ့စည်းလိုက်သည့်အခါ မြန်မာ ပြည်သူများသည်နိုင်ငံနှံ့ အကြမ်းမဖက် အာဏာဖီဆန်ရေးလှုပ်ရှားမှု CDM ပြုလုပ်ဆန္ဒပြခဲ့ကြပါသည်။ထိုသို့ပြုလုပ် ခြင်း၏ ရည်ရွယ်ချက်မှာမြန်မာ စစ်တပ်ခေါင်းဆောင်များ လက်ထက် စီးပွါးရေး ပျက်စီးပြီး မဖြစ်မနေ အာဏာ စွန့်ပေး ရသည့်အခြေ အနေသို့ရောက်ရှိရန်ဖြစ်သည်။

စစ်ဗိုလ်ချုပ်များ ပိုင်ဆိုင်သည့် မြန်မာဘီယာကို ဆန္ဒကျင် သပိတ်မှောက်ခဲ့သည်။ ကျောင်းများ၊ရုံးများ၊ဈေးဆိုင်များ၊စီးပွါးရေး လုပ်ငန်းအားလုံးပိတ်ပြီးအပြည်မထွက်သည့်အထိတိတ်သပိတ်လှုပ်ရှားမှုများကို ပြုလုပ်ခဲ့ကြ သည်။ စစ်တပ်အာဏာသိမ်း အုပ် ချုပ်ခြင်းအား ပြည်သူများက မကြိုက်ကြောင်း၊ ဆန္ဒကျင်ကြောင်းပြရန် အတွက် အသံတိတ် သပိတ်ပြုလုပ်ခြင်းဖြစ်သည်။ ထို သို့ ပြည်သူများမှ ဆန္ဒကျင်ကြောင်း ပြသသည့် အခါ စစ်တပ်မှ ပြင်းထန် ရက်စက် စွာတုံ့ပြန် ခဲ့သည်။ စစ်တပ်မှ ဆန္ဒပြ လူထု ကြီးအား ပစ်သတ်ခဲ့သည်။ ဒီမိုကရေစီရေး တက်ကြွ လှုပ်ရှားသူများအား ဖမ်းဆီး၍ ညှင်းပန်း နှိပ်စက်ခဲ့သည်။ ထို့ကြောင့် ပြည် သူ့ ကာကွယ်ရေးတပ်ဖွဲ့.(PDF) များအား ဖွဲ့စည်း၍ စစ်တပ်၏ အကြမ်းဖက် မှုများရန် မှ မိမိ၏ ပတ်ဝန်းကျင်အား ကာကွယ်ရန် ပြည် သူများမှ ဆောင်ရွက်ခဲ့ရသည်။ ပြည်သူများ အနေဖြင့် PDF များသည် ခုခံတွန်း လှန်သည့်တိုက်ပွဲတွင်အဆုံးစွန်အောင်မြင် မှုအတွက်အလွန်အရေးပါသည့် အစိတ်အပိုင်းအဖြစ် မြင်လာကြသည်။ ယခုအခါ ထိုတပ်ဖွဲ့များသည် အမျိုးသား ညီညွတ်ရေး အစိုးရအောက်သို့ ရောက်ရှိနေပြီး ပူးပေါင်း ဆောင်ရွက်နေကြပြီ ဖြစ်သည်။ ယခုအခန်းတွင် မြန်မာပြည်သူများ၏ နေ့စဉ်နိစ္စဓူဝ ကိစ္စရပ်များနှင့် ပတ်သက်၍ ပြောဆိုမှုများကိုကြားသိရမည်ဖြစ်သည်။ မြန်မာစစ်တပ် အာဏာသိမ်းပြီးနောက်ပိုင်းသူတို့ ဆန္ဒ ပြမှုများတွင် ပါဝင်ခဲ့မှုများနှင့် ပတ်သက်၍ သူတို့၏ စိတ်အား တက်ကြွမှုများအား မြန်မာပြည်သူများမှ ပြော ပြကြခြင်းဖြစ်သည်။ မြန်မာ စစ်တပ်၏ ကြမ်းတမ်း ရက်စက်မှုများသည်သူတို့ ဘဝအပေါ် မည်မျှသက်ရောက်မှုများ ရှိကြောင်းကို ပြောပြကြမည်ဖြစ်သည်။တချို့သောပြောဆိုချက်များသည် အလွန်ကို ပင် ကွင်းကွင်းကွက်ကွက် မြင်ရမည် ဖြစ်ပြီး စစ်တပ်၏ ရက်စက်မှုများကြောင့် အပြစ်မဲ့သူများဘဝ ဆုံးရှုံးခဲ့ရသလို နေအိမ်မှထွက် ပြေးပြီး ဖမ်းဆီးနှိပ်စက်သတ်ဖြတ်ခံရမှာကို ထော

စည်းစိုးရိမ်နေကြရသည့် အခြေအနေများကိုလည်း ပြောပြထားသည် ဖြစ်သည်။ ထိုကဲ့သို့ အခက်အခဲများကြားကပင် ပြည်သူများ၏ စုပေါင်းအားနှင့် ဒီမိုကရေစီရေးရည်မှန်းချက်များ အတွက် မဆုတ်မနစ်သော သတ္တိများအား တွေ့မြင် ကြားသိရမည် ဖြစ်သည်။

ဆန္ဒပြမှုများ

၂၀၂၀ ခုနှစ် နိုဝင်ဘာလ ၈ ရက်နေ့တွင် ဒေါ်အောင်ဆန်းစုကြည် ဦးဆောင်သော အမျိုးသားဒီမိုကရေစီအဖွဲ့ချုပ်သည် အထွေထွေရွေး ကောက်ပွဲအား တောင်ပြို ကမ်းပြို နိုင်ခဲ့သည်။ စစ် တပ် တည်ထောင်ထားသည့် ပြည်ထောင်စု ကြံ့ခိုင်ရေးနှင့် ဖွံ့ဖြိုးရေး ပါတီမှ ရွေးကောက်ပွဲ မသမာမှု စွပ်စွဲသည်။ ၂၀၂၁ ခုနှစ် ဇန်နဝါရီလ ၂၆ ရက်နေ့တွင် စစ်တပ်မှ အာဏာသိမ်း မည်ဟု အ ညွှန်းပွဲ မှုများ အထဲ ဖြစ်လာခဲ့သည်။ ၂၀၂၁ ခုနှစ် ဖေဖော်ဝါရီလ ၁ ရက်နေ့တွင် စစ်တပ်မှအာဏာသိမ်းယူခဲ့သည်။ သမ္မတကြီး ဦးဝင်းမြင့်နှင့်အတူ ဒေါ်အောင်ဆန်းစုကြည် အပါအဝင် NLD ခေါင်းဆောင်များအား ဖမ်းဆီးခဲ့သည်။ အသစ် ဖွဲ့စည်းထားသော နိုင်ငံ တော် စီမံအုပ်ချုပ်ရေး ကောင်စီမှ အစိုးရနှင့် တိုင်းရင်းသား ခေါင်းဆောင်များအား ဖမ်းဝရမ်းထုတ်ခဲ့သည့် အတွက် အများစုမှာ ရွှေ့ပြောင်း ပုန်းအောင်းနေကြရပြီး နယ်စပ်သို့ ထွက်ပြေး တိမ်းရှောင်ခဲ့ရသည်။ မြန်မာပြည် အနှံ့အပြားတွင် ဆန္ဒပြမှုများ ဖြစ်ပွား ခဲ့သည်။ စစ်တပ်မှ အာဏာသိမ်း၍ မြန်မာပြည်သူ လူထု၏ ဒီမိုကရေစီ မျှော်လင့်ချက်ကို ဖျက်သိမ်း ပစ်ခဲ့သည်မှာ ယခု အခါ အသည်က ပထမဦးဆုံး အကြိမ် မဟုတ်တော့ပါ။

အာဏာသိမ်းပြီး နောက်ပိုင်းမှာ ကျွန်မ နေထိုင်တဲ့ တောင်ပိုင်းခရိုင် ဒလမြို့နယ်မှာ ဦးဆောင်သူ အဖြစ် ဆန္ဒပြပွဲတွင်း တက်ကြွစွာ ပါဝင်ခဲ့တယ်။ ၂၀၂၁ မတ်လ ၂၇ ရက် တော်လှန် ရေးနေ့ မှာ ဒလ ပြည်သူ ၆ ဦး က စစ်တပ်ရဲ့ပစ်သတ်မှုကို ခံခဲ့ရပါတယ် ။ စစ်တပ်မှ ဆန္ဒပြမှုများအား ပြင်းထန်စွာ ပစ်ခတ် နှိမ်နင်း ခဲ့ပေမဲ့လည်း ကျွန်မက ဆန္ဒပြ ပြည်သူများ ရှေ့ဆုံးမှ အလဲ ကိုင်ကာ အရှိန် မလျှော့ပဲ ဆက်လက် ဦးဆောင် ချီတက် ခဲ့ပါတယ်။ ကျွန်မရဲ့ ဇာတိ မြို့က ပြည်သူတွေ အသတ်ခံရတဲ့ အတွက် စစ်တပ်ကို ပြင်းထန်စွာ ဝေဖန် ရေးသားခဲ့လို့ ပုဒ်မ ၅၀၅ က နဲ့ အမှု ဖွင့်ခံရတယ် ။ မမေ

၁၉၈၇ ခုနှစ်တုန်းက သုံးစွဲနေတဲ့ ငွေကြေးတွေကို စစ်တပ်က တရားမဝင်ဘူးလို့ ကြေညာခဲ့တယ်။ အဲဒီတုန်းက ကျွန်တော်က တက္ကသိုလ် ကျောင်းသား တစ်ယောက်။ အဲဒီတုန်းက ကျွန်တော် တို့က အရမ်း စိတ်ဆိုးပြီးတော့မှ မဆလ စစ်အစိုးရကို ဆန့်ကျင် တော်လှန်ခဲ့တယ်။ အဲဒီ အရှိန်က စပြီး ဒီမိုကရေစီ တိုက်ပွဲထဲမှာ ပါလာခဲ့တယ်။ ၂၀၁၅ ခုနှစ်မှာ တချို့ အပြောင်းအ လဲတွေ ဖြစ် ခဲ့တယ်။ ဒီမိုကရေစီတော့ မဟုတ်ခဲ့ပါဘူး။ အခု စစ်တပ်က အာဏာထပ်သိမ်းတဲ့ အခါမှာ အာဏာသိမ်းမှုကို ဆန့်ကျင်ပြီးတော့ ဆန္ဒပြတယ်။ ဒီလိုမျိုး အခြေအနေများမှာတော့ အမြဲ မဆို ပါဝင် ရမှာပါဘဲ။ ကိုထွန်း

၁၉၈၈ က ဖြစ်တဲ့ အရေးတော်ပုံနဲ့ ၂၀၂၁ က ဖြစ်တဲ့ အရေးတော်ပုံဟာ လုံးဝမတူပါဘူး။ ၁၉၈၈ အာဏာသိမ်းပြီးနောက်ပိုင်း မှာ စစ်တပ်က ရွေးကောက်ပွဲ ကျင်းပ ပေးမယ်လို့ ကတိ ပေးတယ်။ ၁၉၈၈ တုန်းက လူတွေက သူတို့ ရွေးကောက်ပွဲ ကျင်းပ ပေးတာကို သဘောတူတယ်။ အခုတခါမှာတော့ စစ်တပ်က ရွေးကောက်ပွဲကို ဖျက်စီးပြီးတော့မှ အာဏာသိမ်းတာဖြစ်တယ်။ အခု ပြည်သူတွေက လာမဲ့ရွေးကောက်ပွဲ ဆိုတာ လုံးဝ အယုံအကြည် မရှိတော့ဘူး။ ဒါကြောင့် သူတို့ ဆန္ဒပြနေကြတာ ဖြစ်တယ်။ အခု နယ်စပ်မှာ ရှိတဲ့ တိုင်းရင်းသား အင်အားစုတွေကလည်းပဲ မြန်မာစစ်တပ်ကို ဆန့်ကျင်ပြီး တိုက်ခိုက်နေကြတာဖြစ်တယ်။ မြန်မာ တစ်နိုင်ငံလုံးမှာ ရှိတဲ့လူငယ်တွေက အဲဒီတိုင်းရင်းသား ဒေသတွေမှာရောက်နေပြီးတော့ သူတို့နဲ့ပူးပေါင်းပြီးမှ အကြမ်းဖက်စစ်တပ်ကို ပြန်လည် တိုက်ခိုက် နေတာဖြစ်တယ်။ ကိုစည်သူမောင်

အာဏာစသိမ်းကတည်းက ဆန္ဒပြမှုတွေမှာပါဝင်ခဲ့တယ်။ ကျွန်မရဲ့ မိတ်ဆွေ ဆရာမတွေထဲက ကျွန်မတို့ **CDM** လှုပ်ရှားမှုမှာ ပါရင် ကျွန်မတို့ အရာရာ ပျက်စီးဆုံးရှုံးမယ်၊ နောက်ဆုံး အလုပ်ပြုတ်သွား လိမ့်မယ်လို့ ပြောတယ်။ ဒါကြောင့်မို့ **CDM** မှာ ဝင်ပါတယ် ဆိုတာ အကုန်လုံးကို စွန့်လွှတ်နိုင်ဖို့ စွန့်စားရတယ်။ အစောပိုင်းတော့ ကျွန်မလည်း တွန့်ဆုတ်နေခဲ့တယ်။ နောက်ဆုံး ကျွန်မလည်း **CDM** လှုပ်ရှားမှုမှာ ပါဖို့ ဆုံးဖြတ်ချက်ချခဲ့တယ်။ ကျွန်မရဲ့ ချစ်သူက နိုင်ငံရေးနားလည်တယ်။ ဒါကြောင့်မို့ ဒီနွေဦးတော်လှန်ရေးမှာ အရမ်းကို တတ်ကြွစွာ ပါဝင်ခဲ့တယ်။ သူက ကျွန်မကို ရှေ့ဆောင်လမ်းပြပြီးတော့မှ ဒီနွေဦးတော်လှန်ရေးကို ဘယ်လိုမျိုး ပါဝင် ဆောင်ရွက်ရမလဲဆိုတာသင်ပေးတယ်။ **CDM** မှာ ပါဝင်တဲ့ အပြင် နေ့စဉ် ဆန္ဒပြတဲ့ အထဲမှာလည်း ဝင်ပါခဲ့တယ်။ ပြည်သူတွေက နေ့စဉ် အသက်တွေ၊ ဘဝတွေ ရင်းပြီးတော့မှ ဆန္ဒတွေပြကြတယ်။ ဒါနဲ့ပဲ ကျွန်မလည်း အဲဒီလူတွေနဲ့အတူ ကျွန်မရဲ့ အသက်နဲ့ ဘဝကို ရင်းပြီးတော့မှ ဆန္ဒပြတယ်။ အဖေနဲ့ အမေက ကျွန်မကို ဆန္ဒသွား မပြ စေချင်ဘူး။ ကျွန်မတို့ နိုင်ငံမှာက အဆောင်တွေ၊ လက်ဖွဲ့တွေကိုယုံကြည်တယ်။ ဒါကြောင့်ကျွန်မ မိဘတွေက ကျွန်မကို အဆောင်၊ လက်ဖွဲ့တွေ ပေးထားတယ်။ အဲဒီအဆောင်၊ လက်ဖွဲ့တွေကိုဆောင်ထားရင် ကျွန်မအန္တရာယ်ကင်းတယ်လို့ သူတို့ကယုံကြည်ကြတယ်။ ကျွန်မလည်း ယုံတယ်၊ မယုံတယ် ဆိုတာထက် အဖေတို့ အမေတို့ ပေးတဲ့လက်ဖွဲ့လေးကို ယူသွားတယ်။ ဘာကြောင့်လဲဆို တော့ အဖေနဲ့ အမေရဲ့ စိတ်ပိုင်းဆိုင်ရာ အရ ဒီအဆောင် လက်ဖွဲ့လေး ယူသွားလို့ရှိရင် သူတို့ရဲ့သမီးဖြစ်တဲ့ ကျွန်မဟာအိမ်ကို ထိခိုက်ဒါဏ်ရာမရဘဲ ပြန်လာမယ် ဆိုတာ ယုံကြည်လို့ ဖြစ်တယ်။ ကက်စပါ

အာဏာရှင် စနစ်နဲ့ အုပ်ချုပ်တဲ့ စစ်အုပ်ချုပ်ရေး အောက်မှာ ဂုဏ်သိက္ခာရှိစွာ အသက်ရှင်နေထိုင်နိုင်ဖို့ဆိုတာ မဖြစ်နိုင်ပါဘူး။ အာဏာရှင်စနစ်အောက်မှာ ပြည်သူတွေက ဘာလုံခြုံမှုမှမရှိ၊ ဘာအကာကွယ်မှမရပဲ အကြောက်တရားတွေနဲ့ နေ့စဉ်လူနေမှုဘဝတွေကို ဖြတ်သန်းရုန်းကန်နေကြရတာ ခက်ခဲပင်ပန်းလွန်းလှပါတယ်။ ဒ့ါကြောင့် အကြောက်တရားတွေက ကင်းလွတ်ချင်လို့ ဒီတော်လှန်ရေးမှာ ပါဝင်ရခြင်း ဖြစ်ပါတယ်။ ဒီမိုကရေစီ အစိုးရရဲ့ ၅ နှစ်တာ ကာလအတွင်း ယူဆောင်ပေးလာတဲ့ အပြောင်းအလဲတွေကြောင့်ပဲ လွတ်လပ်စွာ ပြောဆိုခွင့်၊ ဂုဏ်သိက္ခာရှိစွာရှင်သန်ခွင့်တွေ စတင်မြည်းစမ်းခွင့်ရရှိလာပြီး ကျွန်မ တို့ ပြည်သူတွေဆုံးရှုံးခဲ့ရတဲ့ လူ့အခွင့်အရေးတွေ၊ ရသင့်ရထိုက်တဲ့ လူ့အခွင့်အရေးတွေကို နားလည်သိရှိ နိုးကြားလာခဲ့ကြရတာ ဖြစ်ပါတယ်။ အမေရိကန်ပြည်ထောင်စု အတွက်တော့ အာဏာရှင်စနစ်ကဘာလဲ ၊ မြန်မာပြည်သူတွေ ဘာတွေကြုံတွေ့ခံစားနေရလဲဆိုတာ နားလည်နိုင်ဖို့ ခက်ခဲပါလိမ့်မယ်။ မကြေးမုံ

အာဏာမသိမ်းခင်ထဲက ကျွန်တော်က ကျောင်းထွက်ပြီးတော့ မိသားစုအတွက် အလုပ်လုပ်ပေးနေတာပါ။ အမေကတော့ နေမကောင်းဘူး။ ဒါကြောင့်မို့ မိသားစုကို စောင့်ရှောက်ဖို့က ကျွန်တော့် တာဝန် ဖြစ်လာတယ်။ **Food Panda** မှာ အစားအစာ ပို့တဲ့ အလုပ် လုပ်ပါတယ်။ အာဏာသိမ်းတဲ့ အခါမှာ ဆန္ဒပြတဲ့ ထဲမှာ ပါတယ်။ အဲဒီ အချိန်တုံးက **Food Panda** မှာအလုပ်ဝင် နေတယ်။ အလုပ် လုပ်ပြီးတာနဲ့ ဆန္ဒသွားပြတယ်။ ကျွန်တော်က **Food Panda** ယူနီဖောင်းနဲ့ဆိုတော့ အရမ်းကို ထင်ရှားနေပါတယ်။ ဒါနဲ့ပဲ ကျွန်တော်တို့ **Food Panda** မှာ အလုပ်လုပ်တဲ့ သူငယ်ချင်းတွေ စုပြီး **Food Panda** ဆန္ဒပြတဲ့ အဖွဲ့ဖွဲ့လိုက်တယ်။ ဒီ **Food Panda** မှာ အလုပ် လုပ်သူတွေက တကယ့် အစစ်အမှန်ကို ကိုယ်စားပြုတယ်။ ကျွန်တော်တို့ လူငယ်တွေက ရုန်းကန်ပြီးတော့မှ ကိုယ့်မိသားစုတွေကို ကိုယ့်ဘာသာ ထောက်ပံ့နေသူတွေ ဖြစ်တယ်။ ပြီးတော့ ကျွန်တော်တို့တွေကို ရိုးသားသူတွေ အဖြစ် မြင်ကြတယ်။ ကျွန်တော် တို့တွေက ကိုယ့်ရဲ့ဘဝကို စွန့်လွှတ်ပြီးတော့မှ ကိုယ့် မိသားစုကို ထောက်ပံ့ နေကြသူတွေလို့ ပြည်သူတွေက သိကြတယ်။ ဒါကြောင့်မို့ အဲ့လိုမျိုး ဆန္ဒဝင်ပြကြတဲ့ အခါ အရမ်းကို ထင်ရှား သိသာ စေတယ်။ ပြီးတော့ ကျွန်တော်တို့တွေ အားလုံးက လူငယ်တွေချည်းပဲ ဆိုတော့ လူမှုကွန်ရက် စာမျက်နှာကို အသုံးပြုပြီးတော့မှ ပြည်သူတွေကို ဆန္ဒပြမှုမှာ ပါဖို့ စည်းရုံးကြတယ်။

နေ့စဉ် နေ့စဉ် ဒီစစ်တပ်ရဲ့ ရက်စက်မှုတွေကို မှတ်တမ်းတင်တယ်။ အဲဒီ ရက်စက်မှုတွေအကြောင်းကို ဖွင့်ဘုတ်ပေါ် တင် ပြီး တော့မှ ပြည်သူတွေကို ဘာဖြစ်နေလဲ ဆိုတာကို ရှင်းပြတယ်။ ကျွန်တော်တို့တွေရဲ့ အနာဂတ်ကို ကာကွယ်ဖို့ အတွက် ကျွန် တော်တို့တွေ ကိုယ်တိုင် လုပ်ရမယ် ဆိုတာကိုပြည်သူတွေကို ပြောပြတယ်။

ဒါကြောင့်မို့ စစ်တပ်က ကျွန်တော့်ကို ဖမ်းဖို့ အတွက် ဖမ်းဝရမ်း ထုတ်တယ်။ ကျွန်တော် နာမည်ကို စစ်တပ်ပိုင်တဲ့ ရေဒီယို နဲ့ တယ်လီဗေးရှင်းမှာ တရားဝင် ကြေငြာတယ်။ တစ်ရက် ကျွန် တော် **Food Panda** ကနေ အစားအစာသွားပို့တဲ့ အခါမှာ စစ် ထောက်လှမ်းရေးတွေနဲ့ ရဲတွေက ကျွန်တော်ကို စောင့်နေတယ်။ ဖမ်းပြီးတော့မှ အင်းစိန်ထောင်ထဲကို ပို့လိုက်တယ်။ ကျွန်တော့် ကို ပုဒ်မ ၅၀၅ (က) ကျူးလွန်မှုနဲ့ အဖမ်းခံရတယ်။ နိုင်ငံတော်ကို အကြည်ညိုပျက်စေမှုပေါ့။ ထောင်ဒဏ်၂ နှစ် အကျခံရတယ်။ အကျဉ်းထောင်မှာ နိုင်ငံရေး အကျဉ်းသားတွေပေါ် နေထိုင် စားသောက် ညှဉ်းပန်းနှိပ်စက်မှုတွေ ရှိသလို ကျန်းမာရေး စောင့် ရှောက်မှုလည်း လုံး ၀ ညံ့ဖျင်းပါတယ်။ တချို့ မတရား ဖမ်းဆီးခံ ပြည်သူတွေဆို စကၠ လက်အောက်ခံ အကျဉ်း ဦးစီးရဲ့ဆေးဝါး ကုသမှု လူသားအရေး ချိုးဖောက်မှုတွေကြောင့် အသက်တွေ ဆုံးရှုံးခဲ့ရတာလည်း ရှိပါတယ် ။ ၅ လ ကြာပြီးတဲ့ အခါ ကျွန် တော့်ကို လွှတ်ပေး လိုက်တယ်။ အာဏာသိမ်း စစ်ခေါင်းဆောင် ဖြစ်တဲ့ ကာချွက်ပ်က လွတ်ငြိမ်းချမ်းသာခွင့် အချို့ကို ပေးပြီး တော့ လွှတ်ပေးလိုက်ခြင်း ဖြစ်တယ်။ အိမ်ပြန်သွားတယ်။ မိသားစုက အိမ်မှာ မရှိတော့ဘူး။ ဘာကြောင့်လဲ ဆိုတော့ သူတို့ အိမ်ငှားးခ ပေးစရာ ပိုက်ဆံမရှိတဲ့အတွက်ကြောင့် အိမ်ကနေ ထွက်သွားရတယ်။ **Food Panda** ကလည်း ကျွန်တော်ကို နိုင်ငံရေးမှာ ပတ် သက်လို့ ဆိုပြီး အလုပ်ကထုတ်လိုက်တယ်။ ဒါကြောင့်မို့ ကျွန်တော်ကို အခုချိန်မှာ ဘယ်သူကမှ အလုပ်ခိုင်းမည်သူ မရှိတော့ ဘူး။ ကျွန်တော့်ရဲ့မိသားစုကို ထောက်ပံ့ပို့ နိုင်။ ပိုက်ဆံမရှာပေးနိုင်တော့ဘူး။ ကျွန်တော့်သူငယ်ချင်း တစ်ယောက်က ကျွန်တော့် ကို ခေါ်ထားတဲ့ အတွက်ကြောင့် ကျွန်တော့် သူ့ရဲ့အိမ်မှာသွားနေရတဲ့ အတွက် ကျေးဇူးတင်မိတယ်။ ထောင်ထဲမှာရှိနေသေး တဲ့ ကျွန်တော့် သူငယ်ချင်းတွေကို ကျွန်တော် မေ့လို့မရဘူး။ သူတို့အကြောင်း ညတိုင်း အမြဲတမ်းတွေးနေမိတယ်။ ကျွန်တော့် သူငယ်ချင်းတွေက ကျွန်တော့်ကို လုံး၀အလျှော့မပေးဖို့ အတွက် ပြောထားတယ်။ ကျွန်တော်လည်း အလျှော့ပေးမှာ မဟုတ် ဘူး။

ရဲတော် အရိုင်(ပန်ဒါလေး)

နောင် အနာဂတ် မျိုးဆက်တွေ အတွက် ကျွန်တော်တို့က ဒီ စစ်တပ် အာဏာသိမ်းတာကို ဆန့်ပြနေကြတာ ဖြစ်တယ်။ ဒီ စစ်တပ် အာဏာသိမ်းမှုရဲ့နောက်ဆက်တွဲ ဆိုးကျိုးတွေက အလွန်ကြီးတယ် ဆိုတာကို သိတယ်။ ဒါကြောင့် ဒီစစ်အာဏာသိမ်းမှုကိုဖြစ် နိုင်သမျှ နည်းမျိုးစုံနဲ့ ကျွန်တော်တို့ ဆန့်ကျင် ကြရမှာဖြစ်တယ်။ ဆန္ဒပြမှုတိုင်း လမ်းမတွေ အပေါ်မှာ သန့်ရှင်းရေး လုပ်တယ်။ အမှိုက်တွေ ပြန်ကောက်ကြတယ်။ ဒီ စစ်အာဏာသိမ်းမှုကို လက်မခံကြောင်း ပြဖို့ အတွက် ကျွန်တော်တို့ တတ်နိုင်သမျှ အကုန် လုပ်နေကြတာ ဖြစ်ပါတယ်။

ကိုကျော်မင်းထိုက်

ကျွန်တော်က ကြိုတွေ့လှရမဲ့ နိုင်ငံရေး နဲ့ အခက်အခဲတွေ အတွက် အသားကျနေပါပြီ။ အခု အာဏာသိမ်းပြီးတဲ့ အခါမှာ ပို ပြီး တော့မှ နက်ရှိုင်းတဲ့ နိုင်ငံရေး ခရီးကို လျှောက်ရတော့မယ်။ အခုဆိုရင် ပြည်ထောင်စု ကိုယ်စားပြု လွှတ်တော်ကော်မတီ CRPH ရဲ့ အဖိက အဖွဲ့ဝင် တစ်ယောက် အဖြစ်နဲ့ အလုပ် လုပ်နေတယ် ။အဲဒီ CRPH ထဲမှာမှ နိုင်ငံတကာ ဆက်ဆံရေး ကော်မတီ ရဲ့ အဖွဲ့ဝင် တစ်ယောက်လည်း ဖြစ်တယ်။ နိုင်ငံတကာ ဆက်ဆံရေး ကော်မတီရဲ့ အဖွဲ့ဝင် တစ်ယောက်ဖြစ်တဲ့ အတွက်ကြောင့် ဥရောပ သမဂ္ဂ ပါလီမန် နဲ့ တခြား ပါလီမန်တွေနဲ့ ရော စကားအမြဲ ပြောနေရတယ်။ NUCC ရဲ့အဖွဲ့ဝင် တစ်ယောက် အဖြစ်လည်း တာဝန် ပေးခြင်း ခံရတယ်။ အရမ်းတော့ အလုပ်များတယ်။ ဒါပေမဲ့ ကျွန်တော် နေသားကျနေပါပြီ။   ကိုစည်သူမောင်

ကျွန်တော်တို့ အနေနဲ့ ဒါကို ဖြစ်ခွင့် မပေးပါဘူး။ ခင်ဗျားတို့ သိလားဗျ။ ကျွန်တော်တို့ ဒါကို မလိုချင်ဘူး။ ကျွန်တော်တို့တွေ ရဲ့ အဖွင့် အရေးနဲ့ ကျွန်တော်တို့တွေရဲ့ ဒီမိုကရေစီကို အနှိုင်ခံ လိုက် ရတာလို့ ခံစားရတယ်။ ဒါကြောင့်မို့ ဖေဖော်ဝါရီလ ၁ ရက်နေ့ နေ့ ဦး တော်လှန်ရေးမှာ မတွန့်မဆုတ်ပါဝင်ခဲ့တယ်။ အားလုံးပါဝင်လို့ရိုရင် အရမ်းကောင်းမှာဘဲ။ လူတွေကတစ်ယောက်နဲ့ တစ် ယောက်မတူကြဘူး။ အားလုံးပါဝင်ဖို့လည်းဟဲ မျှော်လင့်လို့ မဖြစ်နိုင်ဘူးပေ့။ တကယ်တမ်းကျတော့ ကျွန်တော့်အနေနဲ့ စီးပွါးရေး သမားတွေ၊ ဆရာဝန်တွေ အားလုံး ၊ စစ် ဗိုလ်ချုပ် တွေက အစ ပါဝင်စေချင်တာ၊ ပါဝင် ကူညီစေချင်တယ်။ ဒီတော်လှန်ရေးမှာ အားလုံးကို ပါဝင်စေချင်တာပါ။   ကိုသူရိယငြိမ်းချမ်းမောင်

အခက်အခဲများ

ကျွန်မရဲ့ ဆိုရှယ် မီဒီယာက တဆင့် စစ်တပ်ရဲ့ ရက်စက်မှုတွေကို ပေါ်လွင်အောင် ထောက်ပြခဲ့တာကြောင့် အာဏာရ စစ်အ စိုးရ ရဲ့ ၂၀၂၁ ခုနှစ် ၆ပြီလမှာ ပုဒ်မ ၅၀၅(က) နဲ့ ဖမ်းဝရမ်း အထုတ် ခံရပါတယ်။ ပြီးတော့ စစ်တပ်က အင်အား ၅၀ ခန့် လာ ပြီး ကျွန်မနေအိမ်ကိုလာရောက် ဖမ်းဆီးခဲ့တဲ့ အတွက် ထွက်ပြေးတိမ်းရှောင်ရပါတယ်။ နေ့စဉ်နှင့်အမျှ အသက်အန္တရာယ် ကို ရင်ဆိုင်နေရပါတယ်။ ပြည်တွင်းမှာ အသိမိတ်ဆွေ အိမ်တွေကို လှည့်ပတ်ပုန်းရှောင်နေခဲ့တယ်။ ပုန်းတဲ့အိမ် ၆ ကာ ၁ ခ က ပြောင်းရပါတယ်။ အခုဆုံ ကျွန်မအိမ်ပြောင်းနေတာ အိမ်အလုံး ၂၀ ကျော်နေပါပြီ။ တစ်ခါတလေ အိမ်စရာနေရာ မရှိလို့ လမ်းဘေးမှာ အိမ်ရဲမဲ့ ညမျိုး နေ့တွေတောင် ကျွန်မ ဘဝမှာ ကြုံတွေ့ခဲ့ ရပါတယ်။ စစ်ကောင်စီက ပိုမိုတင်းကြပ်လာပြီး နောက်ပိုင်း ည့်စာရင်းစစ်မှုများ ရှိလာပါတယ်။ ကျွန်မဖမ်းဝရမ်း ထုတ်ခံရသူ တစ်ဦးဖြစ် နေလို့ ကျွန်မရဲ့ နာမည်အမှန်နဲ့ နေထိုင် တည်းခို လို့ မရပါဘူး။ ကျွန်မဟာ ယခု ပြည်တွင်းမှာပဲ ပုန်းရှောင် နေထိုင် နေပြီး ဝရမ်းပြေး ကာလ ၁ နှစ်နဲ့ ၅ လ အတွင်းမှာ အသက်အ‌ဘေး အန္တရာယ်နဲ့ ၉ ကြိမ်။ ည့်စာရင်း စစ်ဆေးမှု ၂ ကြိမ်၊ ရင်ဆိုင် တိုးခဲ့ရပါတယ် ။ ကံသိ ကံကောင်းလို့သာ ဘေးအန္တရာယ်တွေ ကနေ ကပ်သီးလေးတွေ လွတ်မြောက် လာခဲ့တာ ဖြစ်ပါတယ်။ ဒါပေမဲ့ စစ်တပ်က ကျွန်မကို နေ့စဉ် ရက်ဆက် လိုက်ရှာနေပါတယ်။ အိမ်ရှင် မိတ်ဆွေ တွေကလည်း ကျွန်မကို ကြာကြာ လက်ခံ ထားရင် အန္တရာယ် ရှိလာနိုင်တော့ မကြာခဏ ပြောင်းရွှေ့နေရတယ်။ စစ်ကောင်စီရဲ့ အဖမ်းခံရမှာကို ရှောင်တိမ်းရင်း နေ့စဉ် စားဝတ်နေရေးကို ခက်ခက်ခဲခဲ ဖြတ်သန်းနေရပါတယ်။   မမေ

ကျွန်မ ရှောင်တိမ်း ပြေးလွှားနေစဉ်မှာပဲ ကျွန်မ ထောက်ပံ့ခဲ့တဲ့ ဆန္ဒပြလူငယ်တစ်ယောက် အဖမ်းခံရပြီးစစ်တပ်ကက ကျွန်မ ဆိုင်ကို ဝင်ရောက်ပြီး ကျွန်မကို မတွေ့တော့ ဆိုင်ကမန်နေဂျာကို ဖမ်းဆီး ခေါ်ဆောင်သွားခဲ့ပါတယ်။ ကျွန်မ မိဘအိမ်ကို လည်း ထပ်မံ ဝင်ရောက် ရှာဖွေခဲ့ပါတယ်။ နောက်ရက်မှာ ကျွန်မဆိုင်ကို ချိတ်ပိတ်ခဲ့ကြပါတယ်။ မန်နေဂျာ အဖမ်းခံခဲ့ ရတဲ့ ညမှာပဲ အကြောက် တရားကြီးစိုးလွန်သွားတော့ ကျွန်မနလုံးခုန်သံကို ကျွန်မပြန်ကြားနေရပြီး ကျွန်မရဲ့ နလုံးခုန်သံဆိုတာကို မသိ ပဲ အဝေးတစ်နေရာက အသံထင်ပြီး အသံလာရာကို အာရုံစိုက် နားထောင်ကြည့်လိုက်တော့မှ ကျွန်မ နလုံးခုန်သံ ဆိုတာမှန်း သိလိုက် ရပါတယ်။ ဒုန်းဒုန်းဆိုတဲ့ ကျွန်မနလုံးခုန်သံအကျယ်ကြီးရယ်၊ နလုံးခုန်သံတိုင်း တုန်ခါနေတဲ့ ကျွန်မခန္ဓာကိုယ် ကြီးရယ် ကို သတိသွားမိသွားတဲ့ အခါမှာ ကျွန်မပြိုလဲသွားမှာစိုးလို့ စိတ်ကိုတည်ငြိမ်အောင်မနည်းကြီးစားခဲ့ပါတယ်။ အခုလို စိတ် ဒဏ်ရာတွေက ကျွန်မတစ်ယောက်တည်း ကြုံတွေ့နေရတာမဟုတ်ပဲ တော်လှန်ရေးမှာ ပါဝင်ပြီး နိုင်ငံရပ်ဝန် ထပ်နေကြတဲ့ သူတွေ အားလုံးကြုံတွေ့ နေကြရတာပါ။ ကုညီပေးမယ့် မိတ်ဆွေတွေလဲရှိ၊ အရာရာကို ရင်ဆိုင်နိုင်တဲ့ စိတ်ဒါတ်ကြံ့ခိုင်သူဖြစ်တဲ့ ကျွန် မလို လူတောင် စိတ်ဒါတ်တွေမပြိုလဲအောင် ခက်ခက်ခဲခဲ ကြီးစား နေရရင် အကူညီ မဲ့ပြီး အခက်အခဲတွေ ကြုံနေတဲ့ သူတွေ သာ ဆိုရင် ဘယ်လို ရင်ဆိုင် ကြမလဲ။ ဘယ်လောက် အားငယ် နေမလဲလို့ စိတ် မသက်မသာ တွေးရင် ဒါတွေဟာ အာဏာ ရှင် စနစ်ရဲ့ဆိုးကျိုး ရလာဒ်တွေပဲ ဖြစ်တယ်။ အာဏာရှင် ပြုတ်ကျဖို့ ကျွန်မတို့ လုပ်နိုင်တာထက် ပိုကြီးစားပြီး လုပ်ကြရပါမယ်။

မကြေးမုံ

လူမဆန်မှု

မြန်မာပြည်ကိုစစ်တပ်က လုယူပြီးတဲ့နောက် စစ်အာဏာသိမ်း ခေါင်းဆောင်တွေက သူတို့ကိုဆန့်ကျင်တယ်လို့ယူဆတဲ့ လူတွေ ရဲ့အိမ်တွေကို ဝင်စီးပါတယ်။ အဲဒီလို ဝင်စီး ပြီးတော့ အပြစ်မဲ့ ပြည်သူပေါင်း ၁၁၀၀၀ ကျော်ကို ထောင်ချခဲ့ပါတယ်။ ကလေး ၁၆ ဦး အပါအဝင် ပြည်သူ ၃၀၀ ကျော် ဖမ်းဆီး စစ်ဆေးခံထားရစဉ် သေဆုံး ခဲ့ပါတယ်။ အဲဒီ လုပ်ရှားမှုထဲမှာ အပြစ်မဲ့ပြည်သူ ၂၀၀၀ ကျော်ကိုဖမ်းဆီးခံရပြီး နိုင်ငံတကာ စစ်ဆေးမေးမြန်းရာစဉ် ၂၀၀ ကျော်ရှိပါတယ်။ အဲဒီ ရက်စက် ကြမ်းကြုတ်တဲ့ အကြမ်းဖက် စစ် တပ်ရဲ့ လုပ်ဆောင်မှုထဲမှာ ဒီမိုကရေစီ ထောက်ခံ အားပေးသူတွေ ဖြစ်တဲ့ ကိုဂျင်မီ (ခေါ်) ကိုကျော်မင်းယု၊ ကိုဖြိုးဖေဖျာသော်၊ ကိုလှမျိုးအောင် နဲ့ ကို အောင်သူရဇော် တို့ကို တရား မဝင် ကြီးပေးသတ်ခြင်းလည်း ပါဝင်ပါတယ်။ စစ်တပ်က ဒီလို လုပ်ဆောင် တာဟာ မြန်မာပြည်သူတွေရဲ့ စိတ်ဓာတ်ကို ရိုက်ချိုးဖို့ ဆိုရင်တော့ စစ်တပ်က ရှင်ရှင်းကြီးရဲ့ ရှုံးသွားပါပြီ။ မြန်မာပြည်သူတွေ က ဒီမိုကရေစီ မြန်မာနိုင်ငံတော် ဖြစ်ရမယ်ဆိုတဲ့ ရည်မှန်းချက် အတွက်ကို သူတို့ စိတ်ဆုံးဖြတ်ချက် ခိုင်မာစွာနဲ့ လျှောက်လှမ်း နေတာဖြစ်ပါတယ်။

မြန်မာပြည်မှာအသက်ရှင်ရတာကဘယ်တော့မှလွယ်ကူမှာ မဟုတ်ဘူး။ နိုင်ငံ့သမိုင်းအရမြန်မာစစ်တပ်က နေကျရူးလွန့်တဲ့ လူမျိုးတုန်း သတ်ဖြတ်မှုနဲ့ အကြမ်းဖက်မှုတွေ၊ စစ်တပ်ရဲ့ လုပ်ရပ်တွေအကြောင်းတော့ ကြားဖူးနေမှာပါ။ အာဏာမသိမ်းခင် ကတည်း က ဖြစ်နေခဲ့တာတွေပါ။ ဒီလိုမျိုး ရက်ရက်ကြမ်းကြုတ်မှုတွေက မလိုအပ်ဖူး လို့ ထင်နေတဲ့ လူတွေ ရှိမယ်လို့ ကျွန်တော် ထင် ပါတယ်။ ကျွန်တော်တို့ နိုင်ငံရဲ့ ဆိုးဝါးလှတဲ့ အခြေအနေ။ ခါးသီးတဲ့ အမှန်တရားကို မြင်ခဲ့ဖူးတဲ့ လူတွေက အကြောင်းအလဲ ကို လိုချင်ကြုပါတယ်။ စစ်တပ်ကအာဏာသိမ်းလိုက်တာကြောင့် ကျွန်တော်တို့ရဲ့ အသက်ရှင်သန်ခွင့် အခွင့်အရေး၊ လွတ်လပ် ခွင့် အခွင့် အရေး၊ လုံခြုံမှု အခွင့်အရေး၊ လွတ်လပ်စွာ ပြောဆိုခွင့် အဲ့ဒီအစရှိတဲ့ အခွင့်အရေးတွေ တစ်နိုင်ငံလုံး ဆုံးရှုံးသွားပါတယ်။ ဒါကြောင့် ကျွန်တော်တို့ ကောင်းကျိုး အတွက် ဒီ စစ်အာဏာ သိမ်းမှုကို ဆန့်ကျင် ရမယ်လို့ ကျွန်တော် ယုံကြည်မိပါတယ်။

မတ်လပထမပတ်မှာ ကျွန်တော်ပါဝင် ဆန္ဒပြတယ်။အဲ့ဒီ ဆန္ဒပြတဲ့လူတွေရဲ့ အနောက်နားမှာ ဖြစ်တယ်။ တစ်ချိန်မှာဆန္ဒပြ တဲ့ လူအုပ်ကြီးက အော်ဟစ် ဆူညံသွားတယ်။ အဲ့ဒါ ကျွန်တော် အရှေ့က ၂ ဘလောက် အဝေးက ဖြစ်တာပါ။ ကျွန်တော် အရှေ့က လူတွေက သူတို့ကို စစ်တပ်က ပိုင်ထားတယ် ဆိုတာ သိလိုက်တယ်။ ပြီးတော့ ချီတက်ဆန္ဒပြတဲ့ လူအုပ်ကြီးပေါ်မှ စစ်တပ် က သေနတ်တွေနဲ့ပစ်ခတ်တယ်။ ဒါနဲ့ကျွန်တော်လည်း သုတ်ခြေတင်ပြီး ပြေးရတယ်။ အဲ့ဒီနေ့ ညနေပိုင်းမှာ ကျွန်တော့် သူငယ်ချင်းတွေ အပါအဝင် လူအယောက် ၃၀၀ လောက် အဖမ်းခံရတယ်။ ကျွန်တော် သူငယ်ချင်းတွေကို ထားခဲ့ပြီး တော့ မှ အလွတ် ရုန်းပြေးရယ်ဆိုတာ ကျွန်တော့်ဘဝမှာ တစ်ကိုယ်ကောင်းအဆန်ဆုံး လုပ်ရပ်ဖြစ်ပါတယ်။ အဲ့ဒီကိစ္စကိုပြန်

ဝေး မိတိုင်း ရှက်လည်းရှက်ပါတယ်။ ကျွန်တော် နောင်တလည်း ရပါတယ်။ အဲ့ဒီနေ့ညမှာပဲကျွန်တော်အိမ်ကိုဂုလူစိမ်းတွေလာ တယ်။ ကျွန်တော့် တံခါးကို လာခေါက်တယ်။ ကျွန်တော် ဘယ်မှာလဲ မေးတယ်။ ဘာကြောင့်လဲ ဆိုတော့ ကျွန်တော် ဆန္ဒပြ နေတုန်းမှာ ကျွန်တော့်ရဲ့ မှတ်ပုံတင်ကတ်က ပြုတ်ကျခဲ့တယ်။ သူတို့က အဲ့ဒါကိုတွေ့သွားပြီး ကျွန်တော်ဘယ်မှာနေသလဲ ဆိုတာ သိသွားပြီး ကျွန်တော်ဆီကို လာခဲ့တာ ဖြစ်တယ်။ ကျွန်တော့်အိမ်က ကျွန်တော် အတွက်ရော ကျွန်တော့်မိသားစုအတွက်ရော လုံခြုံနေရာ မဟုတ်ဘူး ဆိုတာ သဘောပေါက်သွားတယ်။ ကျွန်တော်ကြောင့် ကျွန်တော့်မိဘတွေလည်းမလုံခြုံတော့ဘူးဆို တာ ကျွန်တော် သဘောပေါက်သွားတယ်။ ဒါပေမဲ့စစ်တပ် ရှိနေရရင် မြန်မာပြည်ကအာဏဲသိမ်းဖြစ်နေမှာပဲလို့ သိတဲ့အတွက် ကြောင့် အခုလို အခက်အခဲ တွေ့ရှိတယ် ဆိုပေမဲ့လည်း ကျွန်တော်ဆန္ဒ ဆက်ပြခဲ့တယ်။

ကျွန်တော်အဲ့လို ဆန္ဒပြရင်းနဲ့မှ ကျွန်တော်လိုဘဲ ဆန္ဒပြတဲ့မိတ်ဆွေ တစ်ယောက်နဲ့ သွားတွေ့ဆက်ဆံမိတယ်။ ကျွန်တော် တို့တွေရဲ့ အဟတိမြို့ကနေထွက်ဖို့ဖြိုးကြံစားကြတယ်။ကျွန်တော်တို့ထွက်လာပြီးတော့မှ စစ်ဆေးရေးဂိတ်တွေမှာ ကားပေါ်ကနေ ဆင်းပြီးတော့မှ သူတို့မေးတဲ့ မေးခွန်းတွေဖြေရတယ်။ "မင်းကဘယ်သူလဲ၊ ဘယ်မှာနေတာလဲ " ဆိုတဲ့မေးခွန်းတွေ အဖြ ရတယ်။ သွားတဲ့လမ်းမှာတစ်ညအိပ်ပြီးတော့မှသူငယ်ချင်းတွေရဲ့အကူအညီနဲ့နယ်စပ် တစ်လျှောက်မှာ ရှိနေတဲ့ မြို့လေး တစ် မြို့ကို ရောက်လာတယ်။ ကျွန်တော်တို့သက်သာရာရသွားတယ်။ အစားအသောက်နဲ့ အထောက်အပံ့တစ်ချို့လည်းရတယ်။ အဲ့အချိန်မှာ စစ်တပ်ကိုဆန့်ကျင်တဲ့ အင်အားစုတပ်တွေနဲ့ မြန်မာစစ်တပ်တိုက်ပွဲဖြစ်တယ်။ စစ်တပ်က အလွန်ရက်စက် ကြမ်းကြုတ်တာကို တွေ့ရတယ်။ သူတို့တွေက ဒရုန်းတွေနဲ့ ပုံကြတယ်။ အရပ်သားတွေ ရှိတဲ့ နေရာကို ပစ်ချင်သလို ပစ်နေကြ တာ ဖြစ်တယ်။ ရက်စက် ကြမ်းကြုတ်မှုက အထွတ်အထိပ် ရောက်နေတယ်။ ကျွန်တော့် ဘဝမှာ ဒီလို ရက်စက် ကြမ်းကြုတ်မှုမျိုး ကြုံရမယ်လို့တခါမှ မတွေးဖူးဘူး။   ကိုကောင်းကောင်း

ကျွန်တော်တို့တွေက စစ်အာဏာရှင်တာကို ပြင်းပြင်း ထန်ထန် ဆန့်ကျင် ကန့်ကွက် ပါတယ်။ ကျွန်တော်တို့တွေက ဒီမိုကရေစီနဲ့ အခြေခံ လူ့အခွင့်အရေး တွေကို မြန်မာပြည် အတွက် ပြန်လိုချင်ပါတယ်။ ပထမဦးဆုံးတော့ ကျွန်တော်တို့ ပြိုးချင်းစွာနဲ့ စုဝေးပြီး ဆန္ဒပြခဲ့ကြပါတယ်။ ဒီအကြမ်းဖက် စစ်တပ်က ဆန္ဒပြတဲ့ သူတွေကို ရက်ရက် စက်စက် နှိပ်ကွပ်ခဲ့တဲ့ အတွက် ဆန်းသစ် တီထွင် တဲ့ နည်းလမ်းတွေနဲ့ ဆန္ဒ ထုတ်ဖော်ခဲ့ကြပါတယ်။ အကြမ်းဖက် စစ်တပ်က ငြိမ်းချမ်းစွာ ဆန္ဒပြတဲ့ သူတွေကို ပစ်သတ်ပါတယ်။ ကျွန်တော်တို့ ဆန္ဒ ဆက်ပြတယ်။ ဝမ်းနည်းစရာ ကောင်းတာက စစ်တပ် ရက်စက် ကြမ်းကြုတ်တဲ့ ဖြွင်းမှုတွေနဲ့ အရှင်ပြင်ပြီး ပြည်သူတွေကို သတ်ခဲ့ကြတာကြောင့် အပြစ်မဲ့ အသက်တွေ ဆုံးရှုံးခဲ့ကြရတာပါ။   ကိုဟန်ဇော်လတ်

ဆန္ဒပြပွဲတွေမှာ လူတိုင်း ပါဝင်ကြတဲ့ အတွက် ကျွန်တော်လည်း ပါဝင်ခဲ့ယ်။ စစ်တပ်က ငြိမ်းချမ်းစွာ ဆန္ဒပြသူ အားလုံးကို လက်ဖြောင့် တင်သားတွေ၊ စက် သေနတ်တွေနဲ့ ပစ်ခတ် ခဲ့တယ်။ နေ့အချိန်မှာ လူတွေကို ဖမ်းဆီး ခဲ့ပြီး သူတို့ရဲ့အလောင်းတွေ ကို ညညက်မှာ ပြန်ပို့ တယ်။ ကျွန်တော်ရဲ့ နိုင်ငံရေး တက်ကြွ လှုပ်ရှားမှုတွေကနေ အနား ယူမနေနိုင်တော့ပဲ ဆန္ဒ ပွဲတွေမှာ ပြန်လည် ပါဝင်ခဲ့တယ်။ နွေဦးလို့ ခေါ်တဲ့ နာမည်ကျော် တေးရေး ဆရာ၊ အဆိုတော် တစ်ဦး ရှိတယ်။ ဆန္ဒပြသူတွေကို အားပေးဖို့ အတွက် ကျွန်တော်တို့ သီချင်းတွေ အတူတကူ သီဆိုခဲ့ကြတယ်။ ဒါပေမဲ့ နေ့တိုင်း သူ့ရဲ့ကောင်းတွေ အသက်ပေး နေတယ်။ ဆန္ဒပြချိန်အတွင်း သေဆုံးမှု တချို့ကို မှတ်တမ်းတင်ခဲ့တယ်။ ကျဆုံးသွားတဲ့ သူ့ကောင်းတစ်ယောက်ကို တစ်ပုံရိက် မှတ်တမ်း တင်ပြီး လူမှု ကွန်ရက်က မီဒီယာပေါ်မှာ တင်လိုက်တယ်။ ဒီဖြစ်ပျက်နေတဲ့ အရာအားလုံးကို မြင်ရမဲ့တော့ မတ်လ ၆ ရက်နေ့မှာ ရုတ်တရက်က နှလုံး ရပ်တန့် သွားတယ်။ ကျွန်တော်ကို ဆေးရုံ တင်လိုက်တယ်။ လမ်း မလျှောက်နိုင်တော့ဘူး။ အခုတော့ ဆိုရယ် မီဒီယာပေါ်မှာတောင် ပို့စ် မတင်နိုင်တော့ဘူး။

ကိုထွန်း

အကြမ်းဖက် စစ်တပ်ကို ခုခံတဲ့ အခါမှာ စစ်ကိုင်းက အတွန်းလှန်ဆုံးပဲလို့ ပြောရမယ်။ ရွာတွေက နေ့စဉ် မီးရှိုင်ခံတယ်။ လူငယ် လေးတွေကရွာကနေ ထွက်သွားရတယ်။ အကြမ်းဖက် စစ်တပ်ဝင်က အသက်ကြီးတဲ့ အဖိုးအဖွားအရွယ်နဲ့ ကလေးတွေ အားလုံးကို စုခိုင်းပြီးမှ သူတို့ကို မီးပေါ်တင်ပြီးတော့မှ အရှင် လက်လက်လက် မီးရှိုင်သတ်တယ်။ လူငယ်လေးတွေ ပြန်လာတဲ့ အခါမှာ သူတို့ဦးအကို သားချင်း ဆွေမျိုးတွေ သားသမီးတွေရဲ့ မီးကျွမ်းနေတဲ့ ရုပ်အလောင်းတွေသာ ပြန်တွေ့ရတယ်။ အဲ့ဒါက ထပ်ကာ ထပ်ကာ ဖြစ် နေတာ။ ဒါကို လူတွေက သိပ် မသိကြဘူး ဖြစ်နေတာ။ ဒါက ရှိဟာင်ဂျာတွေကို ကျူးလွန်တဲ့ လူမျိုးတုန်း သတ်ဖြတ်တဲ့ ပုံစံမျိုးပဲ။ အဲဒါမျိုးကို စစ်ကိုင်း ဒေသမှာ ဖြစ်နေတာ။ မြန်မာပြည်မှာ ဖြစ်နေတာ လူမျိုးတုန်း သတ်ဖြတ်မှုပဲ။ သူတို့တွေက လူသား မျိုးနွယ် အပေါ်မှာ ကျူးလွန်တဲ့ ရာဇဝတ်မှုတွေကျူးလွန်နေတာ၊ နောက်ပြီးတော့အကြမ်းဖက်တွေက စစ်ကိုင်းမှာရွှေလွန်ချက်ရှိ ရှိနဲ့ အင်တာနက်တွေကို ဖြတ်ပစ်နေတာ ဖြစ်တယ်။ ဒါပါ ရည်ရွယ်ပြီးတော့ ဒီလိုမျိုး ရက်စက်မှုတွေကို ကျူးလွန်နေတာဖြစ် တယ်။ ဒါကြောင့်သူတို့ကဒီရက်စက်ကြမ်းကြုတ်မှုတွေကိုလူတွေသတ်မထားမိဘိုကျူးလွန်နိုင်ခဲ့တယ်။ အခုဆိုရင်မြန်မာနိုင်ငံ နဲ့ ပက်သက်တဲ့သတင်းတွေက နိုင်ငံတကာမီဒီယာမှာသိပ်မထွက်ရတာ။ ယူာရန်းတို့ရုရှားတို့ကပဲ လွှမ်းမိုးနေတယ်။ နိုင်ငံ တကာ မိသားစုက မြန်မာနိုင်ငံမှာ ဖြစ်နေတာတွေကို သိပ် ဂရုမစိုက်ကြဘူး။ မြန်မာပြည်မှာ ဖြစ်နေတဲ့ဟာတွေကို သူတို့တွေ သတိ မထားမိကြပါဘူး။

မရော့စုစ်

ကျွန်မက ကရင်မိသားစုထဲမှာ မွေးဖွားကြီးပြင်းလာတာပါ။ ကျွန်မတို့ ဒေသမှာဆိုရင် စစ်ပွဲတွေ အမြဲတမ်းဖြစ်နေတာ။ ကလေး ဘဝထဲက အဲ့ဒီ သတ်ဖြတ်မှုတွေ၊ ရွာမီးရှိုင်တာတွေ၊ အမျိုးသမီးတွေကို မုဒိမ်းကျင့်ခံရတာတွေက အမြဲကြာနေရာ ပါ။ ဒီလို ကိစ္စတွေ စစ်တပ်ဘက်က အမြဲတမ်း ကျူးလွန်ခဲ့တဲ့သူတွေဖြစ်တယ်။ သူတို့တွေက အဲဒီလိုပဲ မတရားမှုတွေ ကျူးလွန် နေတယ် ဆိုတာ တွေ့တယ်။ ဒီလုပ်ရပ်တွေ အားလုံးကို စစ်သားတွေက ကျူးလွန်ခဲ့တာပါ။ နေ့တိုင်းပဲ ဘယ်ရွာက ဘယ် ကောင်မလေးကတော့ မုဒိမ်းကျင့်ခံလိုက်ရတယ်၊ ဘယ်ရွာမှာတော့ဘယ်လို အသတ်ခံလိုက်ရတယ်လို့ ဒါတွေက ကျွန်မကလေး ဘဝထဲက ဖြစ်နေတာပဲ။ တစ်ခါတလေကျလို့ရှိရင်မြစ်ထဲမှာ လူသေအလောင်းတွေများလာတာရှိတယ်။ စစ်သားတွေက ပစ်လိုက်လို့သေသွားတာတွေဖြစ်တယ်၊ဒါကြောင့်မို့ဒါမျိုးကိုကျွန်မတက်မဖြစ်စေချင်တော့ဘူး၊ဒါမျိုးတွေ ၂၁ ရာစုမှာ ဆက်မ ဖြစ်သင့်တော့ဘူး။ ကျွန်မတို့နိုင်ငံတစ်ဝက်တစ်ပျက်ဒီမိုရေစီလေးရဲ့ကရလိုက်တယ်။ပြီးတော့အကာ အသိမ်းခံရတယ်။ စစ်တပ်က ပြန်အုပ်ချုပ်ပြန်တယ်။ ဒီတစ်ကြိမ်မှာတော့ ကျွန်မတို့ ဒါကို လုံးဝ လက်မခံနိုင်တော့ဘူး။ စစ် အာဏာသိမ်းမှု ကို လက်မခံဖို့ ကျွန်မတို့ရဲ့တာန်။ ဝတ္တရား ဖြစ်တယ်။ လူသတ်ခံရတာတွေ၊ နှိပ်စက်ခံရတာတွေ၊ ရွာ လုံးကျွတ် မီးရှိုင်ရတာတွေ၊ မုဒိမ်းကျင့် ခံရတာတွေ ဒါတွေ ဆက်မဖြစ်ဖို့ ကျွန်မတို့ရဲ့တာန်ဖြစ်တယ်။ ဆန္ဒပြသူဘယ်သူ မဆို စစ်သားတွေက ဖမ်းတယ်။ ဒါပေမဲ့ ဆန္ဒ ပြတဲ့ သူတွေတင် မကာပါဘူး၊ မသန်မစွမ်းရ လူတွေမျိုး။ ဆန္ဒ မပြတဲ့ သူတွေမျိုးလည်း အန္တရာယ် ရှိတာပါ ဘဲ။ ဘာကြောင့်လဲ ဆိုတော့ စစ်တပ်က ဘယ်သူ ဆန္ဒပြတယ်၊ မပြဘူး ဆိုတာက ဂရုစိုက်တာ မဟုတ်ပါဘူး။ လူသတ်ချင်ရင် သတ် တာပါဘဲ။ ရွာတွေ မီးရှိုင်ချင်ရင် ရှိုင်တာပါဘဲ။ ဒါကြောင့်မို့လို့ နိုင်ငံသား အားလုံးပဲ မလုံခြုံကြဘူး။ ဆန္ဒပြတဲ့သူ ဘယ်သူမဆို တစ် နိုင်ငံလုံး အန္တ အဖမ်းခံရတယ်။ အဲဒီဆန္ဒပြတဲ့ လူတွေတင်မကာဘူး ဘယ်သူမဆို မြန်မာနိုင်ငံမှာ နေလို့ရှိရင် မလုံခြုံဘူး။ မြန် မာနိုင်ငံမှာဆို အားလုံးကအသက်ရှင် နေထိုင်ဖို့အတွက် လိုအပ်တဲ့ဟာ လောက်တော့ လိုချက်ကြတယ်။ လူတိုင်းကမနေ့ဖြန် အသက် ဆက်ရှင်မယ်၊ မရှင်ဘူး ဆိုတာ မသေချာဘူး။ လူတွေ အားလုံးကတော့ အသက် ဆက်ရှင်လိုကြတယ်။

မဂျူဂျူး

စစ်တပ်က ဖွင့်ထားတဲ့ စစ်ကြောရေး စခန်းမှာ လူတွေ့က နိုင်ကက်တာ။ တကယ်လို့ အဖေတာ ထွက်ပြေးသွားရင် စစ်တပ်က ကျန် တဲ့ မိန်းမ၊ ကလေးတွေကို ထောင်ထဲ ထည့်တာ မိန်းမတွေကို ဖမ်းမိပြီဆို ဘာလုပ်လဲသိလား။ သူတို့ မုဒိမ်းကျင့်တာ။ ကလေးတွေ ကိုလည်း သတ်ပစ်တာ။ ဒါကအများကြီး ဖြစ်နေတာ။ အစိုးရ ကိုယ်တိုင်က ပြည်သူတွေအပေါ်မှာ ရက်စက် ကြမ်းကြုတ် တယ် ဆိုတော့ ဘယ်လို ဖြစ်နေမလဲဆိုတာသာ စဉ်းစားကြည့်ပေ့။ အဲ့တော့ ကျွန်တော်က တခြားနိုင်ငံက နိုင်ငံခြားစစ်တပ် တခုသာ မြန်မာနိုင်ငံကို လာသိမ်းစေချင်တော့တယ်။ ကိုသူရိယပြိမ်းချမ်းမောင်

ကျွန်တော်က ရိုဟင်ဂျာ လူငယ်တွေထဲက တစ်ယောက်ပါ။ ဒါကြောင့်မို့လို့ ကျွန်တော် တက္ကသိုလ်တက်လို့မရဘူး။ ဒါက လူ မျိုးရေး၊ ဘာသာရေး နိုင်ကွပ်မှုပါ။ ဒါမှ လွတ်လွတ်လပ်လပ် ပြောဆွင့်မရှိဘူး။ ဒါကြောင့်မို့ ရိုဟင်ဂျာတွေ ကိုယ်စားပြောချင် တာက ကျွန်တော်တို့ဟာ နိုင်ငံအတွင်းမှာရှိတဲ့ လူမျိုးတုန်း သတ်ဖြတ်မှု အခြေအနေ။ ကမ္ဘာကြီးထဲက လူအဆင်မရှိတဲ့ နေရာ ဒေသတွေ မှာ အသက်ရှင် ရပ်တည်နေကြရပါတယ်။လူမျိုးတုန်းသတ်ဖြတ်မှု အသက်ရှင်ကျန်ရစ်သူများအဖြစ် လူသိများတဲ့ ကျွန်တော်တို့ရိုဟင်ဂျာတွေရဲ့နိုင်ငံသား အခွင့်အရေးများ နှင့် အခြေအခွင့်အရေးများ ရရှိဖို့ ကမ္ဘာကြီးနှင့် မြန်မာ ဒီမိုကရေစီမြှင် နီ၊ သူများထံသို့ ကျွန်တော်တို့ အတူရပ်တည်ပေးဖို့ သတင်းစကားပါးချင်ပါတယ်။ ကျွန်တော်တို့ကအာဏ အခွင့်အရေးမှုလည်း မရှိ၊ ဘာမှ လုပ်စားလို့လည်းမရ၊ ဘာမှုကို မရှိတာပါ။ ကိုယ့်လူမျိုးအမည်ကိုတောင် ခေါ်ခွင့်မရဘူး။ ရခိုင်မှာဆိုရင် ရိုဟင်ဂျာကို ရိုဟင်ဂျာလို့ ခေါ်ခွင့်မရှိဘူး။ အခုဆို လို့ရှိရင် မြန်မာစစ်တပ်က ရက္ခိုင့်တပ်တော်နဲ့ သီးသန့်ဆွေးနွေးနေပြီ။ ဘာဆွေးနွေးနေလဲ ဆိုရင် ရခိုင်မြောက်ပိုင်းမှာ ကျန်နေသေးတဲ့ ရိုဟင်ဂျာတွေနဲ့ ရခိုင်တွေအင်းရှင်းရှင်းပြိမ်းပြိမ်းချမ်းချမ်းနဲ့ သဟဇာတဖြစ်နေတာ ကို ပျက်စီးအောင် ကြီးစားနေပါတယ်။ ရက္ခိုင့်တပ်တော်အနေနဲ့ လက်မခံတာကို တွေ့မြင်ရတာ တကယ်ပဲ ဂုဏ်ယူစရာပါ။ ရက္ခိုင့်တပ်တော်အနေနဲ့ ရခိုင်ပြည်သူလူထုကို မတူကွဲပြားတဲ့ လူမျိုးတွေကြား သဟဇာတရှိနေထိုင်ဖို့ တိုက်တွန်းနေတာ ကို လည်း ကျွန်တော်တို့ မြင်တွေ့ရတာ အင်မတန်ဝမ်းသာစရာပါ။ နောက်တစ်ခုကတော့ ရက္ခိုင့်တပ်တော်အနေနဲ့ ပြိမ်းချမ်း တဲ့ လူမှု ပေါင်းစည်းမှုနဲ့ သဟဇာတ ဖြစ်မှုကို ပြန်လည် ထူထောင်ဖို့ ကြိုးစားနေတာကိုမြင်ရတဲ့ အတွက်ဂုဏ်ယူရပါတယ်။ ဒါ့အပြင် ကျွန်တော် သိသလောက် ရက္ခိုင့်တပ်တော်ဟာ မတူညီတဲ့ အသိုင်းအဝိုင်းတွေ အားလုံး ပြိမ်းချမ်းစွာနေထိုင်ဖို့ ကြိုးစား ဦးဆောင် နေတာပါ။ ဒါပေမဲ့ ဒီနေ့အချိန်အခါ ဘယ်ရိုဟင်ဂျာ တစ်ယောက်မှ ရွာတစ်ရွာ ကနေ အခြား ရွာတစ်ရွာကိုသွားဖို့တောင် မှ စစ် တပ်က ခွင့်မပြုတား ပါဘူး။ စစ်တပ်ရဲ့ အုပ်ချုပ်မှုအောက်မှာထိတာ ကျွန်တော်တို့ရဲ့ အဆိုးဆုံး အခြေအနေပါ။ စစ်တပ် က အရပ်သားတွေ အပေါ်မှာ အရမ်း ထိုးထိုးဝါးဝါးကို ရက်စက် ကြမ်းကြုတ်တာ့ပါတယ်။ ကျွန်တော်တို့တွေက သူတို့ရဲ့ လက် အောက်မှာရောက်နေ တဲ့ အတွက် တကယ်ကိုပင်နဲ့ လှုပ်ကြောင့်ရှုနေ ကြရပါတယ်။ သူတို့က ဥပဒေဒရရော၊ ဥပဒေပြင်ရော၊ မတရားမှုရော နဲ့ လူ မဆန်တဲ့ အစွန်းရောက်မျက်ကန်း အမျိုးသားရေးဝါဒနဲ့ ကျွန်တော် တို့ကို နိုင်ကွပ်နေတာဖြစ်ပါတယ်။
Rofik Husson @ ကိုဇာနည်စိုး

ဧပြီ ၁၂ ရက်နေ့၊၂၀၂၁ ခုနှစ်မှာ ရဲ့ စစ်သားတွေက လာပြီးတော့ ကျွန်တော့်အိမ်ကို ဖြိုဖျက်လိုက်တယ်။ ကျွန်တော့်ဆိုင်ကို လည်း ဖြိုချလိုက်တာ။ မေလ ၇ ရက်နေ့က အကြမ်းဖက် စစ်တပ်က ကျွန်တော် မိသားစု ပုန်းအောင်နေဖို့ ကူညီပေးတဲ့ ကျွန်တော့် မိတ်ဆွေကို ရှာလည်းတွေ့ရော ခေါင်းကိုတွေ့ပြီးတော့ ပစ်သတ် လိုက်ကြတယ်။ ကိုကျော်မင်းထိုက်

ဒါက မြန်မာနိုင်ငံအတွက် အလွန်အရေးကြီးတဲ့အချိန်ဖြစ်တယ်။ ကျွန်တော်တို့တွေက ပြိမ်းချမ်းစွာ ဆန္ဒပြကြတယ်။ ဒါပေမဲ့ စစ် တပ်က ရက်စက် ကြမ်းကြုတ်စွာ ကျွန်တော် တို့ကို သတ်တယ်။ ဒါပေမဲ့ ကျွန်တော်တို့ ကိုယ့်ဘာသာကိုယ် ကာကွယ် ရတယ်။ အခုဆိုရင် တစ်ချို့ ထောင်ထဲမှာ၊ တစ်ချို့တွေက အကြမ်းဖက် စစ်တပ်ကို ပြန်ပြီးတော့ ခုခံ တွန်းလှန် နေတယ်။ ကျွန်တော် တို့ တွေက စစ်တပ်ကို ပြန်တိုက်ဖို့ လက်နက်တုက် မဟုတ်တယ်။ ကျွန်တော်တို့ကိုယ် ကျွန်တော်တို့ စစ်တပ်ရဲ့၊လူမဆန်တဲ့ ရက်စက်မှု ကနေ ကာကွယ်ဖို့ လက်နက် ကိုင်ရတာဖြစ်တယ်။ ကျွန်တော်တို့ ဒီတော်လှန်ရေး အတွက် အကူအညီတွေ၊ အထောက်အပံ့တွေ လိုအပ်တယ်။ ကိုမိုးနေလ

ဒီအချိန်က ကျွန်တော်တို့အတွက် အရမ်းခက်ခဲပါတယ်။ မြန်မာနိုင်ငံမှာ ဖြစ်နေတဲ့ အရာတွေကို လုမ်းထိုးပြောလို့ မရဘူး။ ကျွန် တော့် မိသားစုတွေ ဆိုရင် နိုင်ငံထဲမှာဘဲရှိပြီး စစ်တပ်ကို ရင်ဆိုင် နေရသေးတယ်။ စစ်တပ်က ကျွန်တော် မိသားစုကို ပစ်မှတ်ထား မယ်လို့ ဝါးခြဲမြိမ်းခြောက် နေတယ်။ အကြမ်းဖက် စစ်တပ်က အခု ကျွန်တော် ဒီမိုကရေစီရေး လုပ်ရှားနေတာကို တားဆီး ချင်

တယ်။ ဒါကြောင့်မို့ ကျွန်တော် မိသားစုကို ပြန်ပွဲ့တွတ်နေရတယ်။ ဒါက မိသားစုကို ဖမ်းမယ်ဆိုတဲ့ ခြိမ်းခြောက်မှုတွေကြောင့် စိတ်ခြောက်ခြားနေရတယ်။ အမြဲတမ်း စိုးရိမ်ပူ ပန်နေရတယ်။ ရုပ်ပိုင်းဆိုင်ရာရော၊ စိတ်ပိုင်းဆိုင်ရာရော အမြဲတမ်း နွမ်းနယ် နေရတယ်။ ဒါပေမဲ့ ကျွန်တော်တို့နိုင်ငံ ဒီမိုကရေစီ ပြန်မရမချင်းတော့ အရှုံးပေးမှာ မဟုတ်ပါဘူး။ **ကိုဟန်ဇော်လတ်**

ကျွန်တော် အနာဂတ် အတွက် စိုးရိမ်နေရတယ်။ ကျွန်တော်ရဲ့ အနာဂတ်အတွက်ရော၊ နိုင်ငံ အနာဂတ် အတွက်ရော စိုးရိမ် နေရပါတယ်။ တကယ့်ကို စိတ်ဓာတ် ကျဖွယ်ရာ အခြေအနေ ပါဘဲ။ **ကိုသူရိယပြိုင်းချမ်းမောင်**

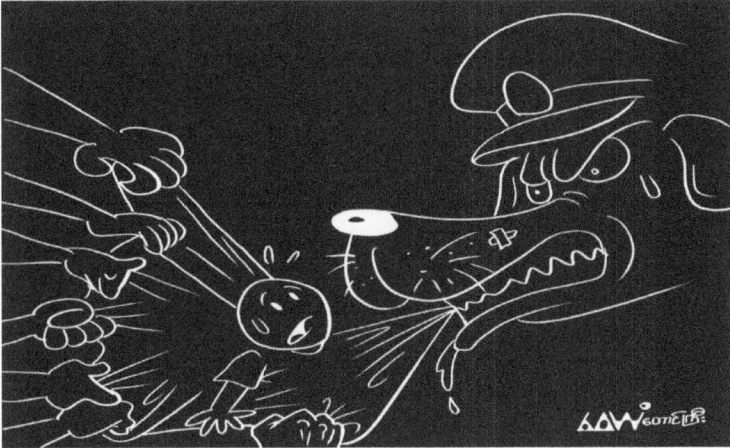

ထွက်ပြေးလွတ်မြောက်ခြင်း

ဒီမိုကရေစီ ဆန္ဒပြတဲ့သူတွေ အပေါ်မှာ စစ်တပ်ရဲ့ ရက်စက် ကြမ်းကြုတ်မှုတွေက မြန်မာ ပြည်သူတွေ့ရဲ့ အစုလိုက် အပြုံလိုက် ထွက် ပြေးမှုကို ဖြစ်ပေါ်စေပါတယ်။ မြန်မာပြည်မှာ စစ်တပ်ရဲ့ တိုက်ခိုက်မှုတွေကြောင့် ထွက်ပြေးနေ ကြရတဲ့သူပေါင်း ၂၀ဝ၀၀၀ က အကူအညီတွေ လိုအပ် နေပါတယ် လို့ ကုလသမဂ္ဂက အစီရင်ခံထားပါတယ်။ ကရင်ပြည်နယ်နဲ့ နယ်နိမိတ်ချင်း ကပ်နေ တဲ့ ထိုင်း၊မြန်မာ နယ်စပ်မှာ နေရပ်စွန့်ခွါ ထွက်ပြေးနေသူ ၁၅၇၀၀၀ ရှိတယ်လို့ ကုလ သမဂ္ဂ အစီရင်ခံ စာမျ ဖော်ပြထားပါတယ်။ အိန္ဒိယနဲ့ ချင်းပြည်နယ် နယ်စပ် တလျှောက်မှာ ပြည်သူ၊ကာကွယ်ရေး တပ်မတော် နဲ့ အကြမ်းဖက် စစ်တပ်ရဲ့ တိုက်ခိုက် မှု တွေ မ့ကြောင့် လူပေါင်း ၂၀ဝ၀၀ ကျော် ဟာ ဒုက္ခသည်စခန်း ၁၀၀ ခန့်မှာ နေနေရတယ်လို့ ကုလသမဂ္ဂ အစီရင်ခံစာမှာ ဖော်ပြထား ပါတယ်။

ပြင်ဦးလွင်သင်တန်းဆင်းပွဲမှာ စစ်တပ်ခေါင်းဆောင် ပြောပုံအရ ၂၀ဝ၈ ဖွဲ့စည်းပုံကို ထိန်းသိမ်းရမယ် ဆိုတာတွေ၊ စစ်တပ် ပြန် ကြားရေး က သတင်းစာရှင်းလင်းပွဲမှာ အာဏာသိမ်းဘူးလို့ ပြောလို့မရဘူးဆိုပြီး ဖြေကြားထားတာတွေ ကြည့်ခြင်းအား ဖြင့် လွတ်တော်မစင် အာဏာသိမ်းလိမ့်မယ်လို့ ခန့်မှန်း မိခဲ့ပါတယ်။ ဆန္ဒပြပြီ ၂ ရက်၊ ၃ ရက် အလိုမှာ ရဲတွေ့ရဲ့လှုပ်ရှားမှုကို ကြည့် ချင်းအားဖြင့် လွတ်တော်ကိုယ်စားလှယ်တွေကိုဖမ်းတော့မယ်ဆိုတာရိပ်မိတယ်။ ဖမ်းမိရင်လည်း အောက်ပြည် အောက်ရွာမှာ ပြည်သူတွေ့လွတ်တော်ကိုယ်စားလှယ်တွေကိုသတ်နေတာတွေတွေ့ရတယ်။လွတ်တော်ကိုယ်စားလှယ်တွေကို လည်း ပုဒ်မ ၅၀၄ အတပ်ခံရမြီး ဖမ်းမိရင် အသတ်ခံရမှာပဲဆိုတာတွေ့မိတယ်။ အသ ည်က်အန္တရာယ်အတွက်စိုးရိမ်လာရတဲ့ အတွက်မိသားစု နဲ့ အတူနေအိမ်ကိုစွန့်ခွာပြီး အိန္ဒိယကိုထွက်လာခဲ့ရတယ်။ အိန္ဒိယကိုထွက်လာတဲ့အခါလည်း အိန္ဒိယအစိုးရက ကျွန်တော်တို့ကို ခရီးသွားလာရာခွင့်အထောက်အထားတွေထုတ်ပေးထားတာမဟုတ်တော့အိန္ဒိယထဲကိုတရားဝင်ဝင်လို့ မရပါဘူး။ မိသားစုကိုလိုက် ထွက်ခွါလာရတဲ့အခါ တောလမ်းကနေတစ်ပတ်ခန့်နေပြီးလမ်းမှာစစ်တဲ့ အိန္ဒိယစစ်တပ်စခန်း (၉) နေရာလောက်ကို ရှောင်သွား ပြီးမှ အိန္ဒိယနိုင်ငံက နာဂဒေသ (Nagaland) ကို ရောက်လာခဲ့တယ်။ **ဦးမင်းနိုင်**

ကျွန်မပြောချင်တာကျွန်မက **NLD**အဖွဲ့ဝင်လည်း မဟုတ်ဘူး။ ဒေါ်အောင်ဆန်းစုကြည်ကို မျက်စိမှိတ် ထောက်ခံနေ တဲ့သူလည်း မဟုတ်ဘူး။ကျွန်မက သာမာန်ပြည်သူ တစ်ယောက်ပဲ။ နိုင်ငံ့အတွက် လုပ်ခဲ့တာ၊ဒီတော်လှန်ရေးအတွက်လုပ်ခဲ့တာ အပေါ်မှာ နောင်တရဖို့မရှိဘူး။ နိုင်ငံအတွက်လိုအပ်တာကို ကျွန်မ လုပ်ခဲ့တာဖြစ်တယ်။ အာဏာမသိမ်းခင်တုန်းက ကျွန်မရဲ့ဘဝကတည် တည်ငြိမ်ငြိမ်ပဲ၊ လုံလည်းလုံခြုံတယ်။ မျှော်လင့်ချက်တွေအပြည့်ပဲ။ ကျွန်မရဲ့ကလေးတွေလည်းပဲ ကျွန်မတို့မျိုး ဆက်ကလို မျိုး အကြောက်တရားနဲ့နေနေရမှာမဟုတ်ဘူးဆိုပြီးပျော်ရွှင်နေခဲ့တယ်။ကလေးတွေအတွက်ပညာရေးအခွင့်အလမ်းတွေလည်း တစ်ခုပြီးတစ်ခု ရရှိနေတဲ့ အတွက်လည်း မျှော်လင့်ချက်တွေ အများကြီး ရှိခဲ့တယ်။ အဲဒီအချိန်မှာ အာဏာသိမ်းခဲ့တယ်။ ကျွန် မလည်းဘာလုပ်ရမှန်းမသိဘူး။အင်တာနက်ကိုလည်းဖြတ်လိုက်တယ်။ ဒါနဲ့ ကျွန်မ အပြင် ထွက်ကြည့်လိုက်တော့ ဆန္ဒပြနေ ကြသူ ရာနဲ့ချီပြီး တွေ့ရတယ်။ လူငယ်လေးတွေ၊ သူတို့တွေက ကျယ်လောင်စွာ ဆန္ဒပြနေကြတယ်။စစ်သားတွေက သေနတ် တွေ ပါလာမယ်ဆိုတာ ကျွန်မသိတယ်။ အဲ့ဒီမှာလည်းပဲ အကြမ်းဖက်စစ်တပ်ကဆန္ဒပြသူတွေကို သေနတ်နဲ့ ပစ်သတ်တာ တွေ့ရတယ်။ အဲ့ လူငယ်လေးတွေက ကျွန်မ ကလေးတွေရဲ့ အသက်အရွယ်လေးတွေပဲ။ကျွန်မအရမ်းစိုးရိမ်သွားတယ်။ ဒါနဲ့ ပဲ အဲ့ဒီ ကလေးတွေကို ကာကွယ်ပေးဖို့ အတွက် ဆုံးဖြတ်ခဲ့တယ်။ ကျွန်မကားပေါ်မှာဆေးတွေနဲ့ရေတွေအပြည့်ထည့်ပြီး တော့မှ ဆန္ဒပြ သူတွေ နောက်ကို လိုက်သွားတယ်။ ဒီကလေးတွေကို အကြမ်းဖက် စစ်တပ်က လိုက်ဖမ်းတော့ ပုန်းနေရတဲ့ အခါမှာ လည်း သူတို့တွေကို ကယ်ဆယ် ကူညီတဲ့အသင်းမှာ ပါဝင်ခဲ့တယ်။ သူတို့တွေကို လိုက်ရှာပြီးတော့ ဘေးလွတ်ရာကို ကျွန်မတို့ ကယ်ထုတ်နိုင်ခဲ့တယ်။ စစ်တပ်က ဆန္ဒပြပွဲတွေကို ချေမှုန်းတဲ့ အနေနဲ့ ကျွန်မရဲ့အဖွဲ့ထဲက အဖွဲ့သားတွေကို စတင် ဖမ်းဆီးလာ တဲ့ အခါမှာ ကျွန်မအဖွဲ့သားတွေက ကျွန်မအတွက် စိုးရိမ်လာခဲ့တယ်။ အဲ့ဒီ အချိန်မှာကျွန်မရဲ့ ဖုန်းတွေကိုဖွက်ထားရတယ်။ ဖုန်းထဲက နံပါတ်တွေကိုလည်း ဖျက်ပစ်ရတယ်။ ဖုန်းထဲမှာ စာရိုက် ပြောထား တဲ့ စကားတွေလည်း ဖျက်ပစ်ရတယ်။ ဒါတွေကို အကုန် ရှင်းလင်းအောင် လုပ်ပြီးမှ ကျွန်မ ကားမောင်းတဲ့ အခါမှာ တယောက်တည်းပဲ မောင်းတယ်။ ကျွန်မရဲ့မိသားစု ဝင်တွေ၊ ကလေးတွေ ကျွန်မနဲ့ အပါမခံဘူး။ ဘာကြောင့်လဲ ဆိုတော့ ကျွန်မ အခုလို ဆန္ဒပြတဲ့ တွေကိုကြက်လံ ဆေးကုသပေး ၊ ကယ်ဆယ် ပေးတဲ့အတွက် ကျွန်မ အတွက် အန္တရာယ်ရှိ လာသလို သူတို့ အတွက်လည်း ရှိလာတယ်။ အဲ့ဒီ အချိန်က အရမ်းခက်ခဲတယ်။ အရမ်းကိုပဲ ကြပ်တည်း မွန်းကြပ်၊ ခက်ခဲကြမ်းတမ်းတဲ့ အချိန်ဖြစ်တယ်။ သူတို့တွေက နေရာတိုင်းမှာ စစ်ဆေး နေတယ်။ တခါ တလေ ကျရင် ကျွန်မ ကားကို တံခါးဖွင့်ခိုင်းတယ်။ ကားအတွင်းထဲကို စစ်တယ်။ ဘာလိုချင်လဲ ကြည့်တယ်။ ကျွန်မ ရဲ့လုံခြုံရေး အတွက် သူတို့ လိုချင်တာကို ယူသွားလည်း ဘာမှ မပြောရဲဘူး။ အဲ့လိုမျိုး အကြောက်တရားနဲ့ နေရတာ အရမ်း ခက်ခဲတယ်။ ရှင်တို့ ကြုံတွေ့ဖူးချင်မှ ကြုံဖူး လိမ့်မယ်။ အရမ်းကို ခက်ခဲခဲ့ပါတယ်။ နောက်ဆုံးတော့ ကျွန်မက လုံးဝမပြေးဘဲ၊ မပုန်းရှောင်ဘ နေနေတဲ့ နောက်ဆုံး တစ်ယောက် ဖြစ်လာတယ်။

ကျွန်မ မိတ်ဆွေတွေက ထိုင်းနိုင်ငံသွားဖို့အကြံပေးကြတယ်။ နောက်ဆုံးမှာတော့ ဘန်ကောက်ကို သွားခဲ့ရတယ်။ ၇နှစ် အရွယ် ကျွန်မသမီးလေးကို မြန်မာပြည်မှာ ထားခဲ့ရတယ်။ အခု ထိုင်း ကို ရောက်နေပေမဲ့လည်း တစ်ယောက်ယောက်က ညဖက်မှာ တံခါး လာခေါက်ရင်တောင် ကလေးတွေက တံခါးဖွင့်ပေးဖို့ကြောက်နေကြတယ်။ အခုထိုင်းနိုင်ငံမှာ ရှန်းကန်နေကြရပေမဲ့လည်း မြန်မာနိုင်ငံက တော်လှန်ရေး အင်အားစုတွေကို ကူညီနေဆဲပါဘဲ။

မကေသီ

ကျွန်တော်တို့ နှစ်ယောက်လုံးက **CDM** ဝင်တဲ့ အတွက်ကြောင့် ကျွန်တော်တို့ နှစ်ယောက်လုံးကို ရဲတွေက ဖမ်းဝရမ်း ထုတ်လိုက် ပါတယ်။ သူတို့ပြောတာကတော့ အစိုးရ အမှုထမ်း ဥပဒေကို ချိုးဖောက်တယ်လို့ ပြောတယ်။ ကျွန်တော် တို့ အိမ်ကို လာရှာ တယ်။ အဲ့အချိန်မှာ ကျွန်တော်တို့မရှိကြဘူး။ ကိုပီတာရဲ့အဖေကလည်းပဲ တရားစွဲ ခံရတယ်။ သူက နိုင်ငံတော် အသရေ ဖျက် မှု ၅၀၅(က)နဲ့ တရားစွဲခံရတယ်။ ဒါနဲ့ပဲ ကျွန်တော်တို့ အားလုံး မြန်မာပြည်ကနေ အိန္ဒိယကို အတူတူ ထွက်ခွါဖို့ ဆုံးဖြတ် လိုက် ရတယ်။ အိန္ဒိယဘက်ကိုသွားဖို့ လမ်းမရှိတဲ့ အတွက် ကြောင့်တောထဲမှာ နေ့ရော၊ညရော ၃ ရက် လောက်နေခဲ့ရတယ်။ အိန္ဒိယ အစိုးရက မြန်မာပြည်မှာ စစ်တပ်က အာဏာသိမ်းမှုကို ပြည်သူတွေ ဆန့်ကျင်တာ မထောက်ခံဘူး။ ဒါကြောင့်မို့ အိန္ဒိယ စစ်တပ်တွေကိုလည်း ရှောင်ပြီးသွားရတယ်။ နောက်ဆုံးတော့ ကျွန်တော်တို့ အိန္ဒိယနိုင်ငံနာဂဒေသ **(Nagaland)** ကို ရောက်ခဲ့တယ်။ အဲ့ဒီမှာ ကျွန်တော်တို့ တရားဝင် နေခွင့်မရှိဘူး။ မြန်မာပြည်မှာ စုဆောင်းထားတဲ့ ပိုက်ဆံတွေနဲ့ အခန်း တစ်ခန်း ငှါး ဖို့နဲ့စားသောက်ဖို့အတွက် သုံးခဲ့ရတယ်။ ဒါပေမဲ့ကျွန်တော်တို့ အပြင်ကို ထွက်လို့မရဘူး။ ငှါးထားတဲ့အခန်းမှာဘဲ ပုန်းရှောင် နေရတယ်။ ကျွန်တော်တို့က ဒီမှာ တရား မဝင်နေနေရတာဖြစ်တယ်။ အိန္ဒိယရဲတွေက ကျွန်တော်တို့ ဒီမှာရှိတာသိရင် ကျွန် တော်တို့ကို အချိန်မရွေး ဖမ်းပြီး မြန်မာပြည်ကို ပြန်ပို့နိုင်တယ်။ ပြီးရင်ထောင်ဒဏ်ချပြီး အသတ် ခံရနိုင်ပါတယ်။ အခုချိန်ထိ တော့

ကျွန်တော် တို့ကို ရဲတွေ ရဲဖမ်းတာ မခံရသေးဘူး။ ဒါပေမဲ့ နေ့စဉ်၊ နေ့စဉ် အနာဂတ် ပျောက်သလို ခံစားနေရတယ်။ ဘာလုပ်
ရမှန်းမသိဘူး။ ကျွန်တော်တို့တွေ အနာဂတ် ပျောက်နေပါတယ်။

ကိုဗိဇာ နှင့် မအေမိ

၂၀၂၁ အောက်တိုဘာလ ထဲမှာ ကျွန်မ တူမလေး အဖမ်းခံခဲ့ရတော့ ပထမဆုံး အကြိမ် အိမ်က နေထွက်ပြီး အပြင်မှာ တစ်
လလောက် ရှောင်တိမ်းနေခဲ့ပါတယ်။ အိမ်မှာပြန်နေပြီး ၁ လ လောက် အကြာမှာ ကျွန်မ ထောက်ပံ့ခဲ့တဲ့ ကျောင်းသူလေး အ
ဖမ်းခံခဲ့လို့ ဒုတိယအကြိမ် အိမ်ကိုစွန့်ခွာခဲ့ရပြန်ပါတယ်။ နောက်နေ့မှာပဲ စစ်တပ်က ကျွန်မကို ဆိုင်မှာ လာရှာလို့ အိမ် မပြန်
ရတော့တာ ဒီနေ့ အထိ ပါ။ ရှောင်တိမ်း နေတုန်းက ဘယ်နေရာမှ မရပ်ကွက်ဘူး။ ရွာတိုင်းမှာ စစ်တပ်က ခန့်ထားတဲ့ အုပ်
ချုပ်ရေးမှူးတွေရှိတော့ စစ်တပ်က သတင်း ရရှိပြီး လာဖမ်းလို့ စိုးရိမ်လို့ တစ်နေရာမှာ ကြာကြာမနေလို PDF စခန်းထဲ၊ လယ် ကွင်း
တွေထဲ၊ ရွာပေါင်းများစွာ စသဖြင့် တစ်နေ့ပြီး တစ်နေ့ ပြောင်းရွှေ့ခဲ့ရပါတယ်။ ပုန်းအောင်းနေစဉ်မှာလည်း လူစိမ်း တစ်
ယောက် ယောက်နှင့် တွေ့ပြီး စကားလာပြောမိရင် ငါ့အကြောင်း လာစုံစမ်းနေတာလား ဆိုတဲ့ သံသယစိတ်နဲ့ ကြောက်ရွံ့
နေပြီး အမြဲတမ်း စိတ်မလုံမြုံမှုခံစားခဲ့ရတယ်။ PDF စခန်းမှာပုန်းခိုနေတုန်း ၃ ရက်မြောက်မှာ စစ်တပ်ဝင်ရောက် စီးနင်း လို့
မနက် စောစောနာရီမှာ ပဲ တောထဲကို ထွက်ပြေးခဲ့တယ်။ စစ်တပ်က အင်အားများစွာနဲ့ ဒရုန်းတွေ သုံးပြီး လက်နက် ကြီးတွေ
နဲ့ ပစ်ခတ်တဲ့ကြားက တစ်နေ့လုံး တောင်တွေ တတောင်ပြီး တတောင်၊ ရွာတွေ တရွာပြီး တရွာ ဖြတ်ပြေးရင်း အခါး PDF စခန်းက
အကူအညီကြောင့် ကံကောင်း ထောက်မလို့ စစ်တပ်ရဲ့လက်က လွတ်မြောက်ခဲ့လို့။ ည ၈ နာရီလောက်မှာ လုံခြုံတဲ့နေရာ ရောက်
ခဲ့တယ်။ အဲ့နေ့က ကိုယ်တိုင် ကြုံတွေ့ခဲ့ရဲ့တဲ့ အတွေ့အကြုံရှိရတော့ စစ်မြေပြင်မှာလက်နက်၊ ရိက္ခာမပြည့်စုံတဲ့ PDF ရဲတော်
တွေရဲ့ နေ့စဉ်နဲ့ အမျှ အသက် အန္တရာယ်နဲ့ လက်တကမ်းမှာ ခက်ခက်ခဲခဲ၊ ပင်ပင်ပန်းပန်းနဲ့ တာဝန်ထမ်းနေတာကို ရင်ထဲမှာ
စိတ်မကောင်းစွာနဲ့ တန်ဖိုးထား လေးစား ဦးညွှတ်မိပါတယ်။

မကြေးမုံ

ကျွန်တော်သွားရတော့မယ်။ ထွက်ကိုသွားရတော့မယ်။ မိဘတွေလည်း ဘာမှမလုပ်ပေးနိုင်ဘူး။ သူတို့အိမ်မှာကျွန်တော့်ကို
ထားလို့ မရတော့ဘူး။ နေလို့လည်း မလုံခြုံတော့ဘူး။ မိဘတွေက သူတို့ကို မထားသွားစေချင်ဘူး။ ဒါပေမဲ့ သူတို့လည်း မကူနိုင်
ဘူး။ နောက်ဆုံးတော့ ကျွန်တော်လည်း အိမ်ကို ထားသွားရတော့မယ်။ အိမ်က ထွက်သွားရတယ် ဆိုတာ တကယ်ခက်ပါတယ်။
နယ်စပ်ကို ထွက်သွား ရတယ်ဆိုတာ အလွန် အန္တရာယ် များပါတယ်။ ဘာကြောင့်လဲ ဆိုတော့ တရားလည်း မဝင်ဘူး။ အမေ နဲ့
အဖေက လုပ်ပေးနိုင်တာ အကုန်က ကျွန် တော့်ကို ရင်ခွင်ထဲမှာ လုံခြုံအောင် ပွေ့ဖက် ထားတာပါ။ ဒါက သူတို့ ကျွန်တော်
ကို အွဲ့လောက်ပဲ ဖက်ပြီး ကာကွယ်ပေးနိုင်တာ၊ အဲ့ဒါ သူတို့ ပေးနိုင်တဲ့ ကာကွယ်ပေးခြင်းပဲ။ ကျွန် တော် နယ်စပ်သွားတဲ့ ခရီး
အတွက် အဲ့ဒါ ကျွန်တော့် အတွက် လုံခြုံစေမယ်လို့ သူတို့ ယုံကြည်ထားတယ်။ သူတို့ရဲ့နှလုံးသားနဲ့ ပိုနီးတဲ့နေရာမှာ ပွေ့ဖက်
ထားတယ်။ ပြီးတော့မှ သွားခွင့် ပေးလိုက်တာပါ။

ကိုခန့်

ကျွန်မတို့တွေက ကျွန်မတို့ ပိုင်ဆိုင်တဲ့ အိမ်တွေ၊ ပိုင်ဆိုင်မှုတွေကို စွန့်ပြီးတော့ ထွက်ပြေးခဲ့ရတယ်။ အခုတော့ ကျွန်မတို့ ဆီမှာ
ဘာမှ မရှိတော့ဘူး။ အရမ်းအေးတဲ့ ရာသီဥတု ဒီဇင်ဘာ လမှာ ခန္ဓာကိုယ်ကို ခြုံဖို့ အနွေးထည် အင်္ကျီတောင် ပါမလာခဲ့ဘူး။ ကျွန်မ
တို့ ရာသီဥတုက ရင်ဆိုင်ရပ်ရှိတယ်။ ကျွန်မတို့ ထွက်ပြေး လာတဲ့ အပေါ်မှာ ဘာမှ မပါဘဲ အိမ်က ထွက်ပြေး လာတာဖြစ်တယ်။
အမေနဲ့ အဖေတို့ အိမ် ချန်ထားခဲ့ရတာဖြစ်တယ်။ အမေနဲ့ အဖေက အသက်ကြီးပြီ၊ ကျွန်မာရေးလည်း သိပ်မကောင်းဘူး။
ကျွန်မ အိမ်က ထွက်လာတဲ့ အတွက် ကျွန်မ အမေနဲ့ အဖေ စစ်တပ်ရဲ့ပစ်မှတ် ဖြစ်လာနိုင်ခြေရှိတယ်။ အမေနဲ့ အဖေ ဘယ်
နေ့ ဘယ်ဆို နေ့မဆို နေ့ချိန်မရွေး အဖမ်း ခံနိုင်တယ်။ ဒါကြောင့်မို့ ကျွန်မက အမေနဲ့ အဖေ အဖမ်းခံရပြီး နှိပ်စက်ခံရမှာကို နေ့တိုင်း
စိုးရိမ် နေတယ်။

ကက်ဆပါ

ဒီစခန်းထဲမှာ ၁၈၆ ယောက်ရှိတယ်။ နယ်စပ်မှာ မဟုတ်ပါဘူး။ မြန်မာပြည်ရဲ့ အလယ်ပိုင်း တောထဲမှာပါ။ တောစရမ်း အနက်
ကြီးတော့ မဟုတ်ပေမဲ့ အဲဒီ နေရာက စစ်တပ်က မထိန်း ချုပ်နိုင်တဲ့ နေရာမှာပါ။ အဲ့ဒါနဲ့ ကျွန်တော်တို့ စုပြီးတော့ စခန်းချပြီးနေ
ကြတယ်။ အားလုံးက ကျွန်တော်တို့ အားလုံးပေါင်း ၁၈၆ ယောက်ရှိတယ်။ ဒါပေမဲ့ လူ အရေအတွက်တွေက ပိုပို များလာတာ။
နေ့စဉ် နေ့စဉ် ကျွန်တော်တို့ အစားအသောက်ရဖို့တောင် အရမ်း ကြီးစားရတယ်။ အသီးအနှံတွေ စိုက်ပျိုးကြီးစားတယ်။ အခုချိန်
ထိတော့ ပြည်သူတွေ လှူဒါန်းတဲ့ အလှူ အပေါ်မှာဘဲ နေ့စဉ် အစားအသောက်ရဖို့ ရပ်တည်နေရတယ်။

ကိုကျော်မင်းထိုက်

အကြမ်းဖက်ရဲတွေက ကျွန်တော့်ကို ဇွန်လ၂၉ ရက်နေ့မှာ လာဖမ်းတယ်။ ကံကောင်းချင်တော့ ကျွန်တော်က အိမ်မှာမရှိဘူး။ ဒီအကြမ်းဖက်တွေက ညဖက်တွေဆို အိမ်တွေမှာလာဖမ်းလေ့ရှိတော့ ဆန္ဒပြတဲ့သူတွေက ဒီရက်ပိုင်းမှာ အိမ်မှာနေလေ့မရှိဘူး။ ဒါကြောင့်ကျွန်တော်လည်းမနေဘူး။ စစ်သားတွေ လာဖမ်းတယ်ဆိုတာသိတော့ ရှောဝတိုင်း။ ပန်းနောက်ကို ပြောင်းသွား တယ်။ နောက်တော့ ပဲခူး မြန်မာပြည် အရှေ့ပိုင်း ရွှေကျင်ကို ပြောင်းတယ်။ ဒီဇင်ဘာ ၂၂ ရက်နေ့တော့ ထိုင်းနဲ့ နယ်နိမိတ်ခြင်း စပ်နေတဲ့ မြဝတီကို သွားတယ်။ အဲ့ဒီမှာ ကျွန်တော်နဲ့ တူမ မြန်မာဘက် မြဝတီဘက်ခြင်း ရောက်တယ်။ စစ်တပ် သတင်းပေး သူလျှိုတွေ အများကြီးပဲ။ ကျွန်တော်တို့ ရောက်နေတာကို သတိ မထား မိအောင် အရမ်း ဂရုစိုက်ရတယ်။ အဖွဲ့ တစ်ဖွဲ့က မြစ်ကို ဖြတ်ပြီးတော့ တောကိုဖြတ် တောင်ကို ကျော်ပြီးတော့ မြန်မာကနေ ထိုင်းဘက်ကို သွားဖို့ စီစဉ်ပေးနေတာ။ အဲဒီသွားတဲ့ ခရီးက ပုံမှန် အားဖြင့် မနက်အစောကြီးစတယ်။ ညသန်းခေါင်ကျော်ပြီး အာရုဏ်မတက်ခင်ကတည်းက တိတ်တိတ်လေး သွားရတာ။ ပထမနေ့က မြစ်ငယ်လေးတစ်ခုကို ဖြတ်တယ်။ တောင်လေးတစ်ခုကို ဖြတ်တယ်။ ပြီးတော့ အဲ့ဒီမှာ အရပ်သမီးတစ်ယောက်က ဆိုင်ကယ်နဲ့စောင့်ပြီး ကူညီပေးနေတာဖြစ်တယ်။ အဲဒီထိုင်းဘက်က စစ်သားတွေက ကျွန်တော်တို့ နယ်စပ် ဖြတ်နေတာ တွေ့ရင် ပစ်သတ် နိုင်တယ်။ အားလုံးက လျှို့ဝှက်စွာနဲ့ လုပ်ရတယ်။ ကျွန်တော်တို့ကို လမ်းပြမဲ့သူက ဘယ်အချိန်။ ဘယ်နေရာမှာလဲဆို တာ စီစဉ်ထားရတယ်။ အမှားအယွင်း တစ်ခုခု ဖြစ်ရင် အကျိုးဆက်က မတွေးရဲစရာဘဲ။ နောက်ဆုံးတော့ ကျွန်တော်တို့ ထိုင်းမြန် မာနယ်စပ်ကိုရောက်လာတယ်။ ကျွန်တော်ရဲ့ တူမဆီကသိရတာကနယ်စပ်ကို လာစဉ်မှာ သူက ဆိုင်ကယ် အတွဲ့ခံရတယ်၊ ကျောရိုးကျိုးသွားတယ်။ ကျွန်တော်အိမ်ကထွက်လာတုန်းက ပိုက်ဆံတချို့ပါလာတယ်။ ဒါပေမဲ့ ဒီတစ်လျှောက်လုံးမှာ ပိုက်ဆံ ထပ်မဝင်တော့ နယ်စပ် ထွက်တဲ့အချိန်မှာပိုက်ဆံ မရှိတော့ဘူး။ ပိုက်ဆံ မရှိတော့လို့ ဘယ်မှသွားလို့လည်းမရတော့ဘူး။

ကျွန်တော့် တူမကိုလည်း ကျွန်တော် မကူညီပေးနိုင်ဘူး။ နောက်ပိုင်း ကျွန်တော် ရဲ့ မိတ်ဆွေတွေက ကျွန်တော် နလုံးရောဂါရှိ မှန်။ နလုံးရင် ဖွားမှန် သိလာတယ်။ ကျွန်တော်ကို ဘုန်းကြီးကျောင်း တစ်ကျောင်းကို ပို့ပေးလိုက်ကြတယ်။ အဲ့မှာ ကျွန်တော် နေ နေပါတယ်။

ကိုထွန်း

တကယ့် အကျဉ်းထောင် အစစ်ဆိုတာ အကြောက်တရားလို့ ကျွန်တော်မြင်ပါတယ်။ တကယ် လွပ်လပ်မှုဆိုတာ အကြောက် တရားကလွတ်မြောက်ခြင်းပါ။ ကျွန်တော် ရွာမှာနေတုန်းကဆို ညဖက်ကား အသံတွေကြားရင် ရွာမှာကားတွေ အများကြီးမရှိ ပါဘူးပေ့။ တစ်ရွာလုံးမှ ကား သုံး, လေး စီးပဲရှိတာပါပေ့။ မနက်အစောကြီး ၂ နာရီလောက်ကြီး ဘယ်သူမှ ဘယ်ကားမှ ထွက် မှာမဟုတ်ဘူး။ ဒါ့တို့ကိုဖမ်းဖို့ အကြမ်းဖက် စစ်သားတွေ ကားအပြည့် လာကြတာဖြစ်မယ် ဆိုပြီး တွေးတာ။ အဲဒါက ကျွန်တော် အတွက်အကျဉ်းထောင်ပဲ။ အဲဒီကနေကျွန်တော်ထွက်ပြေးပြီး ဘေးကင်းရာရောက်လာတဲ့အခါမှာကျွန်တော်လွတ်မြောက် မှုကိုခံစားရတယ်။ အခုကျွန်တော် ဘာမှကြောက်စရာမရှိတော့ဘူး။ တကယ့်ကိုလွတ်မြောက်မှုပဲ။

ကိုဂျပ်စတင်

နယ်ခြားဒေသများ

အာကာသိမ်းတဲ့အချိန်တုန်းက အဖေနဲ့အတူ ကျွန်မကမြို့ဘက်ကို ရောက်နေတာ။ အာကာသိမ်းတဲ့ သိပ်မကြာခင်မှာဘ ကျွန် မရောက်နေတဲ့မြို့မှာဆန္ဒဝင်ပြလိုက်တယ်။ နောက်တော့ကျွန်ရဲ့အိမ်ရှိတဲ့မြို့လေးကိုပြန်လာခဲ့တယ်။ ကျွန်မရဲ့မြို့မှာဆန္ဒပြ တွေမှာပိုပြီးပါဝင်ဦးဆောင်ဖြစ်တယ်။ ကျွန်မတို့မြို့လေးကသေးသေးလေးပဲဆိုတော့တစ်ယောက်နဲ့တစ်ယောက်အကုန်လုံးက သိနေကြတယ်။ လူတိုင်းက ဒီဆန္ဒပြနေရာမှာကျွန်မ ဦးဆောင်နေတယ်ဆိုတာသိကြတယ်။ နောက်တော့ရဲတွေက ကျွန် မကို ဖမ်းဖို့ ပြင်ဆင်နေပြီဆိုတာသိလိုက်တယ်။ ကျွန်မအိမ်ကနေရောင်နေလိုက်တယ်။ တစ်ရက်တော့ ရဲတွေ ကျွန်မကို လာ ဖမ်းတယ်။ ကျွန်မ သတင်းကြိုထားတဲ့ အတွက် အိမ်မှာမရှိနေဘူး။ ကျွန်မ လွတ်မြောက်သွားတယ်။ ၂၀၂၁ မေလက စပြီးတော့ ကျွန် မအိမ်ပြန်မရောက်တော့ဘူး။ ကျွန်မလည်းပတ် သွားလာနေရတယ်။ အမြဲတမ်း ပုန်းနေရတယ်။ နောက်ဆုံးတော့ ထိုင်းမြန် မာနယ်စပ် ဖြစ်တဲ့ မြဝတီမြို့ကို ရောက်လာတယ်။ နောက်ဆုံး ကျွန်မ နယ်စပ်ကို ဖြတ်ကျော်ပြီး ထိုင်းနိုင်ငံဘက်ကို ရောက်လာ တယ်။ အခုတော့ ကျွန်မ ထိုင်း နိုင်ငံထဲမှာ နေနေတယ်။

မဂျူဂျူး

ကျွန်မတို့မြို့မှာကျွန်မကနေ့နဦးတော်လုန်ရေးခေါင်းဆောင်တွေထဲကတစ်ယောက်ဖြစ်ခဲ့တယ်။ ကျွန်မကဆန္ဒပြတာကို ဦးဆောင်တာဖြစ်တဲ့ အတွက် ရဲတွေက ကျွန်မကို သိနေတယ်။ အုပ်ချုပ်ရေးမှူးတွေနဲ့ ရဲတွေက ကျွန်မကို ဖမ်းဖို့ရောက် လာ

တယ်။ ကံကောင်းချင်တော့ ကျွန်မက အိမ်မှာမရှိဘူး။ ကျွန်မ မိဘတွေကို ရဲတွေက ခြိမ်းခြောက် သွားတယ်။ နောက်ဆုံး တော့ ကျွန် မ အိမ်ကနေ အဝေးကို ထွက်ခွါ ခဲ့ရတယ်။ ကျွန်မ အိန္ဒိယ၊ မြန်မာနယ်စပ်ကို ရောက်တဲ့အထိ တစ်နေရာပြီး တစ်နေရာ သွား ခဲ့ရတယ်။ အခုတော့ ကျွန်မနယ်စပ်က တောထဲမှာ နေနေတယ်။ အင်တာနက် အဆက်အသွယ် အရမ်း မကောင်း တဲ့ နေရာမှာ ရောက်နေတယ်။ ကျွန်မက အိန္ဒိယမြန်မာနယ်စပ်မှာပဲ အိန္ဒိယဘက်ခြမ်းမှာ ရောက်နေတယ်။ တရားဝင် စာရွက် စာ တမ်း ဘာမှမပါဘဲ နယ်စပ်ကို ဖြတ်လာတဲ့အတွက် တရားမဝင်လာရောက် နေထိုင်သူအနေနဲ့ နေထိုင် နေရတာဖြစ်တယ်။ အဲဒီမှာ ကျွန်မလိုပဲ တခြားကထွက်ပြေးလာတဲ့ သူတွေနဲ့အတူတူအားလုံးစုပြီး အမျိုးသား၊ အမျိုးသမီးအတူတူ နေတယ်။ မိန်းကလေး တစ်ယောက် အနေနဲ့လူတွေ အများကြီးနဲ့ စုနေရတာ အဆင်မပြေဘူး။ မလွဲရွှူးဘူး။ အိမ်ကနေ အပြင်ထွက်လို့လည်း မရဘူး။ ဒီမှာက တရားမဝင် နေရာတာတင်မကဘူး စစ်တပ်ရဲ့ရန်ကလည်း လွတ်အောင် ပုန်းနေရာတာ ဖြစ်တယ်။ ကျွန်မ အ ပြင် ထွက်သွားရင် မလွဲရှူးတော့ဘူး။ နေ့စဉ်နဲ့ အမျှ မလွဲရှူမြဲနဲ့ ခံစားနေရတယ်။ စိတ်ပိုင်းဆိုင်ရာ အရ မပျော်ဘူး။ စိတ်ဓာတ်လည်း ကျနေတယ်။ မြန်မာနိုင်ငံက ပြဿနာတွေနဲ့ ရန်ကန်နေရချိန် ကျွန်မအနေနဲ့ သီးခြားရည်မှန်းချက်၊ ဝါသနာရယ် မရှိတော့ဘူး ။ ဘာရည်မှန်းချက်၊ ဘာဝါသနာမှကို ရှိမနေတော့တာ။

မဖြတ်နိုး

ကျွန်တော်တို့တွေက နေ့စဉ်၊ နေ့စဉ် အစားအသောက်၊ နေရာရဖို့ကို အရမ်း ရုန်းကန်နေရတယ်။ အဲဒါကိုက ကျွန်တော် တို့ အတွက် အရမ်း ခက်ခဲနေတယ်။ ကျွန်တော်တို့တွေက အရပ်ထိုင်း နယ်စပ်မှာ ရောက်နေတဲ့ တရားမဝင်၊ ဝင်ရောက် နေထိုင် သူတွေဖြစ်တဲ့ အတွက်ကြောင့် ကျွန်တော်တို့ နေတဲ့နေရာမှာ အပြင်ထွက်လို့မရပါဘူး။ အဲဒီတော့ လူတွေအများစုကလည်း တစ် နေရာမှာ အခန်း ကျဉ်းလေးမှာ စုပြီးနေနေတယ်။ ကျွန်တော်တို့ အတွက်က တောင်နဲ့ တူနေတယ်။ စိတ်ဓါတ် ကျတာတွေ၊ စိတ် မွန်းကြပ်တာတွေ အဲဒီလို မျိုးဟာတွေကို နေ့စဉ်၊ နေ့စဉ် ရင်ဆိုင်နေရတယ်။

ကိုဝန်း

အိန္ဒိယနိုင်ငံနာဂဒေသမှာလည်းနားလည်မှုနဲ့နေတိုင်နေရပေမဲ့ရှာန်းပြည့်စိတ်ချရတဲ့အနေအထားတော့မဟုတ်ဘူး။အစိုးရ၊ ရဲ၊ ထောက်လှမ်းရေး ရော နားလည်မှုနဲ့ နေခွင့်ပေးပေမဲ့ လွပ်လွပ် လပ်လပ် သွားလာခွင့်တော့ မရှိဘူး။ အိမ်ထဲမှာပဲ နေနေရတယ်။

ဦးမင်းနိုင်

အာဏာသိမ်းလိုက်တဲ့ အခါကျတော့ ဒါကအားလုံး အုံအားသင့်သွားကြတယ်။ ဒါက မထင်မှတ်ထားဘူး။ နောက်ပြီး အရာရာ အားလုံးကို ဖျက်စီးပစ်လိုက်တယ်။ ကျွန်မတို့ရဲ့အိမ်မက်တွေ အားလုံးကို တစ်ရက်ထဲနဲ့ အကုန် ဖျက်စီး ပစ်ခံလိုက်ရတယ်။ ဘာမှ မလုပ်နိုင်တော့ဘူး။အဲဒီအာဏာသိမ်းမှုကကျွန်မတို့ရဲ့မျှော်လင့်ချက်တွေ၊ရည်မှန်းချက်တွေ အားလုံးကို မြေမျှုပ်သင်္ဂြိုဟ် လိုက်သ လိုပဲ။ ဒါက အိမ်မက်ဆိုးကြီး တစ်ခုလိုပဲ။ အခု ကျွန်မတို့ အရမ်းစိုးရိမ် နေတယ်။ နေ့တိုင်း၊ နေ့တိုင်း အန္တရာယ်တွေထဲမှာ နေ နေရတယ်။ အခု ထိုင်း မှာ တရားမဝင် ဝင် ရောက် နေထိုင်တဲ့ သူ့အဖြစ်နဲ့ ဝင်လာတော့ ဘယ်မှလည်း ဝေးဝေးသွားလို့ မရဘူး။ ဒီနားဟိုနားတော့ အစားအသောက်ဝယ်ဖို့သွားတယ်။ တစ်ခါတလေနေမကောင်းလို့ရှိရင် ဆေးဘယ်မှာဝယ်ရမှန်တောင် မသိ ဘူး။ တကယ်ဆေးဆိုင်ကို တွေ့ရင်တောင်မှ သူတို့နဲ့ စကားပြောဖို့ကခက်တယ်။ ဘာကြောင့်လည်းဆိုတော့ ထိုင်းက လူတွေ က အင်္ဂလိပ် စကား၊ မြန်မာ စကား မပြောတတ်ကြဘူး။ ဒီမှာ သူတို့ အဆက်အသွယ် လုပ်ရတာက ခက်တယ်။ စကားပြော လို့ မပေါက်ဘူး၊ လိုချင်တဲ့ ဆေးတောင် မရဘူး။ ဆရာဝန်ကို တွေ့ဖို့တို့ ဆေးကုသဖို့ ခံယူဖို့ဆို့ ပိုတောင် ဝေးသေးတယ်။ နောက် ပြီး တော့ ကျွန်မတို့ ဒီကို တရားမဝင် အနေနဲ့ ဝင်ရောက် နေထိုင်တဲ့ အတွက် အချိန်မရွေး အဖမ်းခံ ရနိုင်တယ်။နောက် ကျွန်တို့ အဖမ်း ခံရ လို့ရှိရင် ပိုက်ဆံ ပေးပြီးတော့ ပြန်ထွက်လို့ ရရင်တော့ ကောင်းတယ်။ဒါပေမဲ့ မြန်မာပြည်ကို ပြန်အပို့ခံရလို့ရှိရင် ကျွန် မ တို့ အဖမ်းစက်ခံမယ်။တရားစွဲခံရမယ်။အသတ်ခံရမယ်။ ဒီမှာနေ နေ့တွဲ့တဲ့ ကျွန်မ ဘဝလည်း ကောင်းနေ၊ အဆင်ပြေနေတာ တော့ မဟုတ်ပါဘူး။ ကျွန်မထက် ဆိုးတဲ့ ဘဝတွေလည်း အများကြီး ရှိနေပါတယ်။ ပြည်တွင်းမှာ နေရပ် စွန့်ခွာ ထွက်ပြေး နေရတဲ့ လူတွေလည်းအများကြီး ရှိတယ်။ စစ်ဖြစ်နေတဲ့ အတွက်ကြောင့် တောထဲမှာ ရွာတွေ စွန့်ပြီးတော့ ရှောင်ပုန်း နေရတာတွေ လည်း အများကြီးရှိတယ်။ နောက်ပြီး အကြမ်းဖက် စစ်တပ်ဝင်က အဲဒီ နေရာတွေ အကုန်လုံးကိုဖုံးဖုံးနေကြတာ။ရွာက ထွက်ပြေးတဲ့ လူတွေ ကိုလည်း သူတို့ လက်နက်ကြီးတွေနဲ့ ပစ်ပြီးတော့သတ်တာပဲ။ အဲဒီလူတွေ ဆိုလို့ရှိရင် ကျွန်မတို့တွေ အခုလို ထိုင်းမှာ နေရ တဲ့ အခြေအနေ ထက် ပိုဆိုးပါတယ်။ ဘာကြောင့်လဲ ဆိုတော့ မြန်မာပြည်မှာ အကြမ်းဖက် စစ်တပ်ဘက်က အုပ်ချုပ် နေတာဆို တော့ပြည်တွင်းမှာ နေတဲ့ သူတို့ ဘဝတွေက ပိုဆိုးပါတယ်။

ကက်စပါ

ဒီထိုင်းနယ်စပ်မှာက ဒုက္ခသည်တွေရဲ့ဘဝက အရမ်း ဆိုးပါတယ်။ ဒီမှာ သူတို့အတွက် ကျန်းမာရေး စောင့်ရှောက်မှုတွေ က လုံးဝ မရှိဘူး။ ကျန်းမာရေး အတွက် အလုပ်လုပ် ပေးနေတဲ့ အဖွဲ့အစည်း တစ်ခုတောင် မရှိပါဘူး။ ပြီးတော့ ဒုက္ခသည် တွေ နေမကောင်းဘူးဆိုလို့ရှိရင် ဘယ်သူမှ ကူညီမဲ့လူမရှိဘူး။ ဒီဒုက္ခသည်တွေဆိုတာ မြန်မာပြည်ကသူတို့အိမ်တွေကိုစွန့်ပြီး တော့ စစ်တပ်ရဲ့သတ်ဖြတ်ညှင်းစဲမှုရန်တွေ ကြောက်လို့ ထွက်ပြေးလာရတဲ့လူတွေ အခု သူတို့တရားမဝင် ထိုင်းမှာရောက် နေတယ်။ ထိုင်းမှာက သူတို့တွေဟာ အိမ်ထဲကနေ အပြင်ကို ထွက်လို့ မရဘူး။ သူတို့ အပြင် ထွက်ပြီဆိုလည်း အရမ်းကိုလျှို့လျှို့ဝှက်ဝှက်နဲ့ ထွက်ရတယ်။ တစ်ခါတုန်းကဆိုရင် ကျွန်တော် ဆေးသွားဝယ်တယ်။ ထိုင်းရဲက ကျွန်တော်ကို ဖမ်းတယ်။ နိုင်ငံရေးအကျဉ်းသားများ ကူညီစောင့်ရှောက်ရေး အသင်း **AAPP** က အဖမ်းခံရလို့ ရှိရင်သူတို့ကို ဖုန်းခေါ်ပါလို့ ပြောတယ်။ သူတို့တွေက သူတို့ကို ဖုန်းဆက်ဖို့ ဖုန်းနံပါတ်ကို ၃ခု ပေးထားတယ်။ ကျွန်တော်လည်း အဖမ်းခံရပြီး အချုပ်ထဲကို အပို့ခံရတုန်းက သူ တို့တွေကို ဖုန်းခေါ်တယ်။ ဘယ်သူမှလည်း ဖုန်းမကိုင်ဘူး။ အဲဒါနဲ့ကျွန်တော် **UNHCR** ကိုဖုန်းခေါ်တယ်ဘယ်သူမှ ဖုန်း မကိုင်-ဘူး။ အဲဒါနဲ့ ကျွန်တော်လည်း ရဲစခန်းက အချုပ်ခန်းထဲမှာနေခဲ့ရတယ်။ အဲဒီတုန်းကကျွန်တော်က ဆေးလိုချင်တဲ့စိတ် တစ်ခုပဲရှိတယ်။ ရောဂါကြောင့် ဆေးသောက်နေရတဲ့ လူတစ်ယောက်က ဆေးနဲ့ အသက်ရှင်နေရတဲ့ လူတစ်ယောက်က မသေချင်ဘူးဆိုတာကိုတော့ အားလုံးနားလည်လိမ့်မယ် ထင်ပါတယ်။ အသက်ရှင်ဖို့ ဆေးထွက်ဝယ်ရတယ်။ အဲဒီလိုဆေးသွားဝယ်တော့ ရဲအဖမ်းခံရတယ်။ ပြီးတော့မှ အချုပ်ထဲ အထည့်ခံခဲ့ရတယ်၊ ကျွန်တော်အဲဒီ ဆေးဝယ်ဖို့ အတွက်တော့ ပိုက်ဆံပါသွားတယ်။

ထိုင်းရဲတွေက အရမ်း အကျင့်ပျက် ခြစားနေကြတယ်ဆိုတော့ ကျွန်တော် ရဲစခန်း အချုပ်ထဲကနေ အပြင်ရောက်ဖို့ အတွက် သူတို့ကို ပါလာတဲ့ ပိုက်ဆံပေးလိုက်ရတယ်။ကျွန်တော့်မှာ အဲဒီနေ့အတွက်ကျွန်တော် ဆေးမရတော့ဘူး။ ဆေးရုံတက်လိုက်ရတော့လည်း ဆေးမကုပေးဘူး။ ကျွန်တော်ဒီဆေးမရမှာတော့စိုးရိမ်တယ်။ ကျွန်တော့်ကို ကူညီနိုင်မဲ့လူ ဘယ်သူမှလည်းမသိဘူး။ ဒီမှာဆေးဝါး လိုအပ်တဲ့သူတွေကိုပေးတဲ့ အဖွဲ့အစည်းတစ်ခုရှိမယ် ဆိုရင်တော့ကောင်းမယ်။ ဒီမှာရှိတဲ့ဒုက္ခသည်တွေ ရဲ့ဘဝက အရမ်း ဆိုးပါတယ်။

ကိုထွန်း

၂၀၂၁ ခုနှစ် ဖေဖော်ဝါရီလ အာဏာ သိမ်းပြီးတော့ မြန်မာပြည်မှာ အခြေခံ လူ့အခွင့်အရေးနှင့် ဒီမိုကရေစီ ပြန်လည် ရရှိဖို့ ပြုလုပ်တဲ့ လှုပ်ရှားမှုတွေ ၊ ကမ်ပိန်းတွေ များစွာမှာ ကျွန် တော် ပါဝင် လှုပ်ရှား ခဲ့ပါတယ်။ **GenZ** လှုပ်ရှားမှုတွေ၊ ငြိမ်းချမ်းစွာ ဆန္ဒပြပွဲတွေမှာ တတ်တတ်ကြွကြွ ပါဝင်ခဲ့ပါတယ်။ တစ်ည ကျွန်တော်ကို စစ်တပ်က ဖမ်းဖို့ လာရာတော့ **Free Burma Rangers** နဲ့ အဆက်အသွယ် မရခင် အထိ ကျွန်တော် သူငယ်ချင်း အိမ်တိုက်ခန်းရဲ့မြေအောက် ကားပါကင်မှာ သွားပုန်း နေခဲ့ရပါတယ်။ **Free Burma Ranger** ရဲ့စီစဉ် ကယ်ထုတ် မှုနဲ့ နယ်စပ်ကို ရောက်လာခဲ့ပါတယ်။ ရန်ကုန်မှာ ရှိတဲ့ **Safe House** မှာ သုံးပတ်လောက် နေပြီးချိန်မှာ မြန်မာ စစ်အာဏာသိမ်းမှုကို ဆန့်ကျင် လှုပ်ရှားမှုတွေကို ဆက်လုပ်ချင်တဲ့ အတွက် နယ်စပ်ကို ထွက်ဖို့ ဆုံးဖြတ်ခဲ့တာပါ။ **Free Burmese Rangers** အဖွဲ့ကို ချိတ်ဆက်တယ်။ သူတို့တွေက ကျွန်တော်တို့ကို **Safe House** က ထွက်လာပြီး တော့မှ တော ထဲကို ရောက်လာဖို့ ကူညီပေးတယ်။ ပြည်တွင်းမှာက ကျွန်တော့်ကို လူသိများတဲ့ အတွက်ကြောင့် လူတွေ သတိ မထားမိအောင် ရုပ်ဖျက်ပြီး ထွက်ခဲ့ရတယ်။ ကျွန်တော်ပိုင် ပစ္စည်းတွေ အားလုံးလည်း လျှို့လျှို့ဝှက်ဝှက်နဲ့ သယ်ခဲ့ရတယ်။ တောထဲမှ ၂ လလောက် ကျွန်တော်နေခဲ့တယ်။ ကျွန်တော်တို့ လုပ်ငန်းတွေကို ဆက်လုပ်ချင်တယ်၊ တောထဲမှာ အလုပ် လုပ်ရတာက အရမ်းကို ခက်ခဲတယ်။ ဒါနဲ့ပဲ ကျွန်တော်တို့ နေရာ အသစ်ကို ရွှေ့ပြောင်းဖို့ ဆုံးဖြတ်ခဲ့တယ်။ အဲဒီမှာ ကျွန်တော် တို့ ၆ လ လောက် ဆက်နေတယ်။ နောက်ဆုံး အမေရိကန် အစိုးရရဲ့ **Refugee Resettlement Program** က ကျွန်တော့်ကို လက်ခံ လိုက်ပါတယ်။ ဒီလိုနဲ့ အမေရိကန်ကို ရောက်လာခဲ့ပါတယ်။ ကျွန်တော် အမေရိကန်ကို ဒုက္ခသည် အဖြစ် နဲ့ ရောက်လာပြီး သိပ်မကြာဘူး ကျွန်တော်တို့ အလုပ်ရှာတာ လိုမျိုး ဒီက လုပ်ရိုး လုပ်စဉ်တွေကို လုပ်ရပါတယ်။ ကျွန်တော် လုံခြုံသွားပြီဖြစ်တဲ့ အတွက် အမေရိကန် ပြည်ထောင်စုကို အထူး ကျေးဇူးတင်ပါတယ်။ ကျွန်တော် တို့ရဲ့တကယ့် ရည်ရွယ်ချက် အစစ်အမှန်က နိုင်ငံရဲ့တော်လှန်ရေး အတွက် တိုက်ပွဲဝင်ဖို့ပါ ။ ဒီမှာ နေ့ခင်းဘက် ဆိုရင် ကျွန်တော် ငွေရဖို့ အတွက် အလုပ် လုပ်ရတယ်။ ညဘက် ဆိုလို့ ရှိရင် ကျွန်တော်တို့ တိုင်းပြည် မြန်မာပြည် အပြောင်းအလဲ အတွက် အလုပ် လုပ်ရတယ်။ ရိုးရိုးသားသား ပြောရရင် တချို့နေ့တွေမှာ ကျွန်တော် အိပ်ဖို့ အချိန် ၂ နာရီ ၃ နာရီပဲ ရှိတယ်။

ကိုဟန်ဇော်လတ်

ဘက်ပြောင်းခြင်း / အမှန်တရားသို့ အပြောင်းအလဲ

အကြမ်းဖက်စစ်တပ်က မြန်မာပြည်ကို အမှန်တကယ်ပဲ ထိန်းချုပ်ဖို့အတွက် ဆိုလို့ရှိရင် လူအဖွဲ့အစည်းရဲ့အခိုက်အချင်ကြီးတွေ ဖြစ်တဲ့ ကျောင်းတွေ၊ ရဲတွေ၊ စစ်တပ်တွေကို သူတို့ ထိန်းချုပ်ထားဖို့ လိုပါတယ်။ နောက်ပြီး ယဉ်ကျေးမှု အင်စတီကျူးရှင်း ဖြစ်တဲ့ ယဉ်ကျေးမှု မကျိုင်ကလည်းပဲ အစိုးရ အစွဲ၊ အပြောင်းအလဲ ဖြစ်တဲ့ အပေါ်မှာ ဘယ်လိုမှ မဖြစ်သလို။ ဘာမှ မထူးခြား သွားသလိုမျိုး ရှိနေဖို့ ပုံဖော်နေဖို့ လိုအပ်ပါတယ်။ နောက်ပြီး ဆိုရရင် မီဒီယာမှာလည်းပဲ သူတို့ လုပ်ဆောင်ချက်တွေကို ထောက်ခံကယ် ဆိုတဲ့ အကြောင်း ပြောတဲ့ ပုံရိပ်တွေ ရှိနေဖို့ လိုပါတယ်။ အခု အချိန်မှာ စစ်တပ်က သူ့ဖြစ်စေချင်တဲ့ ကိစ္စတွေ၊ ပုံ အားလုံး မဖြစ်နေပါ သူး။ စစ်တပ်က ဘက်စုံကနေ လုံး၀ ကျဆုံးသွားတာပါ။ ပြည်သူ ပြည်သားတွေရဲ့ အစိုးရ ကို ယုံကြည်မှု ရာခိုင်နှုန်းက အရပ်သား ဒီမိုကရေစီအစိုးရ လက်အောက်မှာ ၈၅ ရာခိုင်နှုန်း ကနေ အခုအကြမ်းဖက်စစ်အစိုးရ လက်အောက်မှာ ယုံကြည်မှု ၃၀ ရာခိုင် နှုန်း ဖြစ်သွား ပါပြီ။ ဒါ့အပြင် ကျောင်းဆရာတွေ၊ ရဲတွေ၊ စစ်သားတွေက ဘက်ပြောင်း လာကြတာကို တွေ့ရပါတယ်။ ဒီမိုကရေစီ ဘက် အခြမ်းကို သူတို့ ကူးပြောင်း လာကြပါတယ်။ ယဉ်ကျေးမှု အဖွဲ့အစည်းက ခေါင်းဆောင် တွေနဲ့ ဆိုရယ်မီဒီယာမှာ ထင်ရှား ကျော်ကြားတဲ့သူတွေလည်းပဲ စစ်အာဏာသိမ်း ဆန့်ကျင်တဲ့ လှုပ်ရှားမှု ကြီးပမ်မှုကို ထောက်ခံကြောင်း ပြဆကြပါတယ်။ အောက်ပါ ပြောဆိုချက်တွေက အဲဒီ ထောက်ခံမှုကို ပြသတဲ့ နမူနာတွေပဲ ဖြစ်ပါတယ်။

ဒီ Civil Disobedience Movement (CDM) က ရဲတွေကို ဒီ လှုပ်ရှားမှုမှာ ပါဝင်လာအောင် ကျွန်တော် စည်းရုံး လှုံ့ဆော်ပါတယ်။ ကျွန်တော်တို့ အဖွဲ့က CDM လှုပ်ရှားမှု အတွက် အားကစားရှုံ့ပ စခန်းဖွင့်ဖို့ ကြိုးစားနေတုန်း ရဲ ၂၆ ယောက်ကို CDM လုပ် ဖို့ ကျွန်တော် စည်းရုံးနိုင်ခဲ့ပါတယ်။ နောင်အနာဂတ် မျိုးဆက်တွေအတွက် ကျွန်တော်တို့က ဒီစစ်တပ်အာဏာသိမ်းတာကို ဆန္ဒ ပြနေကြတာ ဖြစ်တယ်။ ဒီစစ်တပ်အာဏာသိမ်းမှုရဲ့ နောက်ဆက်တွဲဆိုးကျိုးတွေက အလွန်ကြီးတယ်ဆိုတာ သိတယ်။ ဒါကြောင့်ဒီစစ်အာဏာသိမ်းမှုကို ဖြစ်နိုင်သမျှ နည်းမျိုးစုံနဲ့ ကျွန်တော်တို့ ဆန္ဒကျင် ကြမှုဖြစ်တယ်။ ဆန္ဒပြပြီးတိုင်း လမ်းမတွေ အပေါ်မှာ သန့်ရှင်းရေး လုပ်တယ် အချက်တွေ ပြန်ကောက်ကြတယ်။ ဒီ စစ်အာဏာသိမ်းမှုကို လက်မခံကြောင်း ပြဖို့ အတွက် ကျွန်တော်တို့ တတ်နိုင်သမျှ အကုန် လုပ်နေကြတာ ဖြစ်ပါတယ်။ **ကိုကျော်မင်းထိုက်**

ဒီ ဆန္ဒပြပွဲမှာပါဖို့ အတွက် ကျွန်မတို့ နည်းလမ်း နှစ်ခု ရှိတယ်။ ကျွန်မက ကျောင်း ဆရာမ တစ်ယောက်ဖြစ်တော့ ကျွန်မ မိတ်ဆွေ ကျောင်းဆရာတွေနဲ့ CDM လှုပ်ရှားမှုကျွန်မတို့ပါလိုက်တယ်။ နောက်တစ်ခုကျတော့ အုပ်စုဖွဲ့လိုက်ပြီးတော့ " ကျွန်မ တို့ ဆရာ၊ ဆရာမတွေကလည်း **ဆန္ဒပြပါတယ်**" ဆိုတဲ့ ဆိုင်းဘုတ်စာတန်းကို ချိတ်ဆွဲ လိုက်တယ်။ အဲဒီစာတန်းနဲ့ ကျွန် မ တို့ ဆန္ဒ ပြတယ်။ ကျွန်မတို့ ကျောင်းဆရာတွေ လမ်းပေါ်ထွက်ပြီး ဆန္ဒပြတယ်။ အဲဒီ အဖွဲ့ထဲမှာလည်း ကျွန်မ ဝင်ပါတယ်။ **ကက်စပါ**

၂၀၂၁ခုနှစ် အာဏာသိမ်းမှုမတိုင်ခင်တုန်းက ကျွန်တော်က သတင်း မီဒီယာ လောကမှာ အလုပ်လုပ် နေတာပါ။ အာဏာ သိမ်းပြီး တဲ့ အခါမှာ မြန်မာနိုင်ငံမှာ လုံခြုံတဲ့ နေရာ ဆိုတာ မရှိတော့ဘူး။ အခုတော့ ကျွန်တော် တရုတ် - မြန်မာ နယ်စပ်မှာ နေနေတာပါ။ CDM လုပ်ထားတဲ့ ဆရာတွေနဲ့ ပေါင်းပြီးတော့မှ ကျောင်းသားတွေအတွက် သင်ရိုးညွှန်းတမ်း ရေးဆွဲ နေတယ်။ အခု ကျောင်း တွေ အားလုံးကို စစ်အကြမ်းဖက်တွေက သိမ်းထားလိုက်ပြီ ဆိုတော့ ကျောင်းသားတွေနဲ့ CDM ဆရာတွေ အတွက်က လုံခြုံတဲ့ ရောက်ဖို့အတွက် တစ်နေရာပြီး တစ်နေရာ ရွှေနေရတယ်။ တကယ်တမ်း ပညာ သေချာသင်ဖို့ အတွက် ကောင်းတဲ့ နေရာဆိုတာ မရှိဘူး ဖြစ်နေတယ်။ ဒါကြောင့်မို့လို့ ဘယ်မှာပဲ ရောက်ရောက် သူတို့ သင်ခန်းစာ တွေကို လှမ်းကြည့်လို့ ရမယ်။ ဒေါင်းလုပ် လုပ် လို့ ရမဲ့သင်ရိုး ညွှန်းတမ်း တွေကို ပြုစုနေတယ်။ နောက် မြေပြင်က ဆရာတွေ အတွက် ဆိုလို့ရှိရင် သူတို့ ကော်ပီ ဆွဲ လို့ ရမယ်။ ဒေါင်းလုပ် ဆွဲလို့မယ်။ အခုပတ်ဝန်းကျင်က ကျောင်းသားတွေနဲ့ သူတို့ တွဲပြီးတော့မှ ကျောင်းသားတွေကို စာသင် ပေး လို့ ရမယ်။ အမျိုးသား ညီညွတ်ရေး အစိုးရရဲ့ ပညာရေး ဝန်ကြီး ဌာနနဲ့ တွဲပြီးတော့မှ ကျွန်တော်တို့ သင်ရိုးညွှန်းတမ်းတွေ ပြုစု နေတာ ပါ။ ဒါက အမျိုးသား ညီညွတ်ရေး အစိုးရရဲ့ လုပ်ဆောင်ချက် တစ်ပိတ်တပိုင်း ဖြစ်ပါတယ်။ လက်ရှိ မြန်မာပြည်က ပညာရေး စနစ်ကို ပြောင်းလဲဖို့ အတွက် ပညာရေးဆိုင်ရာ လုပ်ဆောင်ချက်တွေ လုပ်ဆောင်ဖို့ အတွက်၊ ကျောင်းသားတွေ ပညာသင် ကြားခွင့် ရဖို့ အတွက် ကျွန်တော် တို့တွေ သင်ရိုး သင်ရိုးညွှန်းတမ်း ပိုင်း ပြီးတော့ ပြုစုနေကြတာ ဖြစ်ပါတယ်။ **ကိုမိုးနေလ**

အာဏာသိမ်းတဲ့ညက ကျွန်တော် တကယ်မယုံနိုင်အောင် ဖြစ်မိတယ်။ ကျွန်တော်က ပိုလ်ကြီးပဲ ရှိသေးတော့ အဲဒီနေ့ညက ကင်းတာဝန်ကျတယ်။ကျွန်တော်ကအံ့အားသင့်တယ်ဆိုတာကအာဏာသိမ်းတယ်လို့မထင်လို့အံ့အားသင့်သွားတာ။အာဏာ သိမ်းတယ်လည်းကြားလိုက်ရော ကျွန်တော်ဘာမှဆက်မပြောနိုင်တော့ဘူး။နောက်နေ့တွေမှာကျွန်တော်ဒီအာဏာသိမ်းတာကို ဆန့်ကျင်ဖို့လုပ်ရှားမှုလုပ်တယ်လို့ကျွန်တော် မြင်လာတယ်။ ဒါနဲ့အာဏာသိမ်းတာကိုဆန့်ကျင်ဖို့ ကျွန်တော်တောက်လျှောက် ပြောတယ်။ စစ်တပ်ကနေကျွန်တော်ထွက်ဖို့ ကျွန်တော်ပြင်ဆင်တယ်။အဲဒီတုန်းကကျွန်တော် စစ် ခွဲစိတ်ဆရာဝန်ဖြစ်ဖို့ အတွက် ကျွန်တော့် သင်တန်းကမပြီးသေးဘူး။ ၃ လလောက်ကျန်သေးတယ်။ ကျွန်တော်က ကျွန်တော် ရာထူးကိုအသုံးပြုပြီးတော့မှ ကျွန်တော့်အောက်ကရဲဘော်တွေကို CDM လုပ်ရှားမှုပါပါဝင်ဖို့ ကျွန်တော် စည်းရုံးခဲ့တယ်။ ဒါနဲ့ စစ်သား ၇၀၀ ကျော် လောက်ကို CDM လုပ်ဖို့ ကျွန်တော် စည်းရုံးနိုင်ခဲ့တယ်။ ကျွန်တော့် သင်တန်းလည်း ပြီးရော ကျွန်တော် စစ်စခန်းကနေ ထွက်ပြီး တော့မှ CDM လုပ်ခဲ့တယ်။ အခုဆိုလို့ ရှိရင် ဒီတော်လှန်ရေး မှာ ကျွန်တော် ထင်ရှားတဲ့ ခေါင်းဆောင် တစ်ယောက်ဖြစ်နေပြီ။

ပိုလ်ကြီးဒေါက်တာမင်းမောင်မောင်

အာဏာသိမ်းလိုက်တာနဲ့ ကျွန်တော်တို့ အိမ်မက်တွေ အလုံးစုံ ပျက်စီးသွားတယ်။ အထူးသဖြင့် လူငယ်တွေ အတွက် ပေါ့။ အရာအားလုံးကို ဆုံးရှုံးလိုက်ရတယ်။ ကျွန်တော်က မစ္စတာနဲ့ မစ္စမြန်မာ ရွေးတာကို ဦးဆောင် ကျင်းပတဲ့ သူဖြစ်တဲ့ အလျှောက် ကျွန်တော်က ဒီအာဏာသိမ်းမှုကို ဆန့်ကျင်တယ် ဆိုတဲ့အကြောင်း ကျွန်တော် ပွင့်ပွင့်လင်းလင်းပဲ ကျွန်တော် ပြော တယ်။ ကျွန်တော့် ဒီအလှမယ်ရွေးတဲ့ လုပ်ငန်းက တဆင့် လူငယ်တွေနဲ့ ကျွန်တော်သိတယ်။ မီဒီယာတွေနဲ့ စစ်တပ် အာဏာ သိမ်းမှုကို ဆန့်ကျင်သည့် လူ့ဖွဆက်မှုများတွင် တက်ကြွစွာပါဝင်ဆောင်ရွက်နေတဲ့ Gen Z Burma ရဲ့ခေါင်းဆောင်တွေ ထဲ က တစ်ယောက်လည်း ဖြစ်တယ်။ အဲဒိအဖွဲ့ကတဆင့် ကျွန်တော်ရဲ့ အာဏာသိမ်းမှုကို ဆန့်ကျင်တဲ့ ရပ်တည်ချက်တွေ ကို သိအောင် ကျွန်တော် လုပ်တယ်။ ကျွန်တော်က ဒီလုပ်ငန်းမှာ ဒီလိုမျိုး ပါလိုက်တာနဲ့ အကြမ်းဖက် စစ်တပ်က ကျွန်တော့်ကို ပစ် မှတ် ထားတော့တယ်။ သူတို့က ကျွန်တော်ရဲ့အာဏာသိမ်းမှုကို ဆန့်ကျင်တဲ့ လုပ်ငန်းတွေကို တားဆီးဖို့ ကြိုးစားတယ်။ ကျွန် တော် အိမ်တံခါးကို ရိုက်ချိုးပြီး ကျွန်တော့် အိမ်၊ ပိုင်ဆိုင်တဲ့ပစ္စည်းတွေကို လာမဖျက်စီးခင်လေးမှာကျွန်တော့်အိမ်ကထွက်ပြေး နိုင်ခဲ့တယ်။ ကျွန်တော်တစ်ခါမှ မကြုံဖူးတဲ့အတွေ့အကြုံကို ကျွန်တော်ကြုံတွေ့ရပါတယ်။

ကိုဟန်ဇော်လတ်

အပိုင်း ၄ : ကမ္ဘာ့ပြည်သူတွေကို အားကိုးပါတယ်
ဒီမိုကရေစီမဟာမိတ်တွေလိုအပ်နေပါတယ်

မြန်မာ့သမိုင်းရက်စွဲမှတ်တမ်း

၂၀၂၁ ခုနှစ် မတ်လ ၁ ရက်

ကုလသမဂ္ဂတွင် မြန်မာ့ အရေးကျွမ်းကျင်သူ ၃ ယောက် မှ မြန်မာနိုင်ငံဆိုင်ရာ အထူးအကြံပေး ကောင်စီ SAC-M ကို ဖွဲ့စည်း ခဲ့သည်။

မတ်လ ၂ ရက်

အာဆီယံနိုင်ငံခြားရေးဝန်ကြီးများအဖွဲ့မှအကြံ ဖက်စစ်တပ်မှ ဒေါ်အောင်ဆန်းစုကြည်အား လွှတ်ပေးရန်နှင့် ဆန္ဒပြသူများအား သတ်ဖြတ်နေမှုကို အဆုံးသတ်ရန် တိုက်တွန်းခဲ့သည်။

မတ်လ ၄ ရက်

အကြမ်းဖက်စစ်တပ်၏ အဓိန္တ မနာခံလိုသောကြောင့် မြန်မာ့ရဲအရာရှိ အနည်းဆုံး ၁၉ ဦးခန့် အိန္ဒိယနယ်စပ်ဘက်သို့ ထွက်ပြေး ခဲ့သည်။

မတ်လ ၅ ရက်

အမေရိကန် အရာရှိများမှ မြန်မာအစိုးရ၏ နယူးယောက် Federal Reserve ဘဏ်တွင် အပ်ထားသော ၁ ဘီလီယံ ဒေါ်လာအား ထိမ်းသိမ်း ထားလိုက်ပြီး အမေရိကန်ပြည်ထောင်စုမှ မြန်မာနိုင်ငံ ကာကွယ်ရေးနှင့် ပြည်ထဲရေး ဝန်ကြီးဌာနများနှင့် စစ်

ဘက်ဆိုင်ရာ အဖွဲ့အစည်းများကို ပိတ်ဆို့ အရေးယူမှုများ စလုပ်သည်။ ဆန္ဒပြသူများသည် ရန်ကုန်မြို့ ၂၀၂၁ ခုနှစ် မတ်လ ၈ ရက်နေ့ အပြည်ပြည်ဆိုင်ရာ အမျိုးသမီးများနေ့တွင် အမျိုးသမီးများ၏ လုံချည်များကို ချိတ်ဆွဲကာ ဆန္ဒပြပွဲတွင် ပါဝင်ကြသည်။ အကြမ်းဖက် စစ်တပ်၏ ပြန်ကြားရေး ဝန်ကြီး ဌာနမှ မီဒီယာ ၅ ခုအား လိုင်စင် ပိတ်သိမ်းကြောင်း စစ်တပ်မှ ထိန်းချုပ်ထား သော **MRTV** သတင်းချန်နယ်မှကြေငြာသည် ။ မြန်မာနောင်း ၊ **7 Days News** ၊ မဇ္ဈိမ၊ ဒီဗွီဘီ နှင့် ခေတ်သစ် မီဒီယာ တို့ကို သတင်း ထုတ်ဝေခြင်း၊ ဖြန့်ဖြူးခြင်း လုံးဝ မပြုလုပ်ရန် တားမြစ်လိုက်သည်။ **NLD** ပါတီ၏ ထင်ရှားသောပါတီဝင်များ ဖြစ်ကြသော ဦးဇော်မြတ်လင်း ၊ ဦးခင်မောင်လတ်တို့အား အကြမ်းဖက် ရဲများ၏ စစ်ကြောရေးတွင် ချုပ်နှောင် စစ်ဆေးစဉ် သေဆုံးခဲ့သည်။

မတ်လ ၉ ရက်

ဗြိတိန်သံအမတ် ဦးကျော်စွာမင်းအား ဒေါ်အောင်ဆန်းစုကြည်အား လွှတ်ပေးရန် ပြောဆိုမှုအတွက် နိုင်ငံသို့ပြန်ဆင့်ခေါ်ခဲ့သည်။

မတ်လ ၁၅ ရက်

အကြမ်းဖက် စစ်ကောင်စီ၏ အရေးပေါ်လုံခြုံရေးဥပဒေ ၃။၂၀၂၁ အရ စစ်ခုံရုံးများကို အရပ်သားများကို အကျဉ်းချုံး စစ်ဆေးပြီး အယူခံ ဝင်ခွင့်မရှိဘဲ တရား စီရင်ခွင့် ပေးလိုက်သည်။

မတ်လ ၁၇ ရက်

မြန်မာနိုင်ငံတွင် လွတ်လပ်သည့် မီဒီယာ လုံးဝ မရှိဖြစ်သွားသည်။ စံတော်ချိန်၊ မြန်မာတိုင်းမ် / The Voice / 7 Days News / Eleven သတင်းစာများအား လုပ်ငန်းလည်ပတ်ခွင့်ကို တားမြစ်လိုက်သည်။

မတ်လ ၂၂ ရက်

ဥရောပသမဂ္ဂမှ မင်းအောင်လှိုင်နှင့် ယာယီ သမ္မတ မြင့်ဆွေ အပါအဝင် စစ်ဘက် အာဏာသိမ်းခေါင်းဆောင် ၁၁ ဦးအား ပိုင်ဆိုင်မှုများ ပိတ်သိမ်းခြင်း နှင့် ခရီးသွားလာခွင့်များ ပိတ်ခဲ့သည်။

မတ်လ ၂၇ ရက်

အကြမ်းဖက် စစ်တပ်၏ တပ်မတော်နေ့ ချီတက်ပွဲနေ့ အတွင်းပင် အနည်းဆုံး လူ အယောက် ၁၆၀ အား ပစ်သတ်ခဲ့သည်။

မတ်လ ၂၈ ရက်

တိုင်းရင်းသားလက်နက်ကိုင်များထိန်းချုပ်ထားသောနယ်မြေအားအကြမ်းဖက်စစ်တပ်ကလေကြောင်းတိုက်ခိုက်မှုများ စတင်ခဲ့ပြီးနောက် အရပ်သား ၃၀၀၀ ခန့် သည် ကရင်ပြည်နယ်မှ ထိုင်းနိုင်ငံသို့ ထွက်ပြေးခဲ့ကြသည် ။ ယခင်နေ့တွင် ပဲခူးမြို့ စစ်တပ်မှ ပစ်သတ် ခံခဲ့ရသော လူ ၁၁၄ ယောက် အတွက် ပြုလုပ်သော ရာပန အခမ်းအနား အတွင်းသို့ အကြမ်းဖက် စစ်တပ်မှ ပစ်ခတ်ခဲ့သည် ။

ဧပြီလ

မြန်မာနိုင်ငံတွင် ငြိမ်းချမ်းရေးပြန်လည် တည်ဆောက်ပါမည်ဟု စစ်တပ်မှ အာဆီယံကို သဘောတူခဲ့သည်။

ဧပြီလ ၁၆ ရက်နေ့

NLDပါတီ၏ကိုယ်စားလှယ်များ၊လူနည်းစုတိုင်းရင်းသားတော်လှန်ရေးအဖွဲ့များနှင့် ပါတီငယ်များပါဝင်သောအမျိုးသား ညီညွတ်ရေး အစိုးရ ဖွဲ့စည်းခဲ့သည်။ စစ်အာဏာရှင် အုပ်ချုပ်မှု ချုပ်ငြိမ်းရန်နှင့် ဒီမိုကရေစီကို ပြန်လည် ထွန်းကားရန် ရည်ရွယ် ခဲ့သည်။

ဧပြီလ ၂၄ ရက်

ပဋိပက္ခများ အဆုံးသတ်စေမည့် အစီအစဉ်ကို မင်းအောင်လှိုင်နှင့် သဘောတူခဲ့ကြောင်း အရှေ့တောင် အာရှ ခေါင်းဆောင် များမှပြောသည်။

ဧပြီလ ၂၇ ရက်

ကရင် အမျိုးသား အစည်းအရုံးသည် ထိုင်း နယ်စပ်အနီး အကြမ်းဖက် စစ်တပ်၏အခြေစိုက် စခန်းတစ်ခုကို သိမ်းပိုက်ပြီး နောက် စစ်တပ်က လေကြောင်း တိုက်ခိုက်မှုများဖြင့် တုံ့ပြန်ခဲ့သည်။ စစ်တပ် ထိန်းချုပ် ထားသော မီဒီယာမှ ပျိုက်တုရုပ်မြင် သံကြား ဖမ်းစက်များ ပိတ်ပင်ကြောင်း တားမြစ်ချက် တစ်ခုကို ကြေညာခဲ့သည်။

မေလ ၅ ရက်

အမျိုးသား ညီညွတ်ရေးအစိုးရ မှ ပြည်သူ့ကာကွယ်ရေး တပ်မတော် ဖွဲ့စည်းကြောင်းကို ကြေညာခဲ့သည်။

မေလ ၂၄ ရက်

အာဏာသိမ်းချိန်မှ စ၍ ဒေါ်အောင်ဆန်းစုကြည်အား ပထမဆုံး အကြိမ် တရားရုံး တွင် ရုံးထုတ်သည်။

ဇွန်လ ၈ ရက်

အကြမ်းဖက် တပ်ဖွဲ့များ မှ အရပ်သားများ နေထိုင်သော နေရာများကို တွေ့ရာ ရမ်းသန်း ပစ်ခတ် တိုက်ခိုက်မှုကြောင့် ကယား (ကရင်နီ) ပြည်နယ် တွင် လူပေါင်း ၁၀၀,၀၀၀ ဝန်းကျင် အိုးမဲ့ အိမ်မဲ့ ဖြစ်ခဲ့ရကြောင်း ကုလသမဂ္ဂ မှ ပြောသည်။

ဇွန်လ ၁၈ ရက်

ကုလသမဂ္ဂ၏ အထွေထွေ ညီလာခံမှ ဖေဖော်ဝါရီလ ၁ ရက် အာဏာသိမ်းမှုအား တရားဝင် ရှုံ့ချပြီး မြန်မာနိုင်ငံအား လက်နက် ရောင်းချ တင်ပို့ခြင်းအား ရပ်ဆိုင်းရန် တောင်းဆို လိုက် သည်။ အဆိုပါ ဆုံးဖြတ်ချက်အား ၁၁၉ နိုင်ငံမှ ထောက်ခံမဲ ပေးခဲ့ကြပြီး နိုင်ငံ ၁ နိုင်ငံမှ ကန့်ကွက်ခဲ့သည်။ ၃၆ နိုင်ငံမှ မဲမပေးပဲ ကြနေခဲ့ကြသည်။ ထို့ကြောင့် မြန်မာပြည်ကို လက်နက် တင်ပို့ခြင်းအား ပိတ်ပင်မှုမဖြစ်ခဲ့ပါ။ အဆိုပါ ကုလသမဂ္ဂ၏ တောင်းဆိုမှုအတွက် ရုရှားနှင့် တရုတ်မှ မဲမပေးပဲကြနေပါသည်။ ထို ၂ နိုင်ငံမှာ မြန်မာနိုင်ငံအား အဓိက လက်နက် ထောက်ပံ့ရသည့် နိုင်ငံများ ဖြစ်ကြသည်။ ထို့အတူ အာဆီယံ အဖွဲ့ဝင် နိုင်ငံများဖြစ်သော ဘရူနိုင်း၊ ကမ္ဘောဒီးယား၊ ထိုင်း နှင့် လာအို တို့ကလည်း ကြနေခဲ့ကြသည်။ မြန်မာ စစ်တပ်မှ အဆိုပါ ကုလသမဂ္ဂ ဆုံးဖြတ် ချက်အား ပယ်ချလိုက်ပြီး ကုလ သမဂ္ဂသည် မြန်မာနိုင်ငံ၏ အချုပ်အခြာ အာဏာကို ထိပါးနေသည်ဟု စွပ်စွဲလိုက်သည်။

ဇွန်လ ၂၀ ရက်

မင်းအောင်လှိုင်နှင့် ရုရှား လုံခြုံရေး ကောင်စီ အတွင်းရေးမှူး Nikolai Patrushev တို့မှ ၂ နိုင်ငံ လုံခြုံရေး၊ နိုင်ငံရေးနှင့် စီးပွားရေး တို့ကို ပိုမို ပူးပေါင်း ဆောင်ရွက်မည်ဟု မော်စကို အစည်းအဝေးတွင် ပူးတွဲ ကြေညာခဲ့သည်။

ဇူလိုင်လ၊ ၂၀၂၁ ခုနှစ်

မြန်မာနိုင်ငံ အလယ်ပိုင်း စစ်ကိုင်းတိုင်း ဒေသကြီး၏ အဓိကခံတပ်ဖြစ်သော ကနီမြို့တွင် အကြမ်းဖက် စစ်တပ်အား တိုက်ခိုက်မှုများ အတွက် အနည်းဆုံး အပြစ်မဲ့ အများသား ၄၀ ကို နိုင်စက် ညှဉ်းပန်း သတ်ဖြတ် ခဲ့သည်။ ဇီးပင်တွင် ကျေးရွာတွင်း မြှုပ်နှံထား သည့် အလောင်း ၁၂ လောင်းအား ရှာဖွေတွေ့ရှိခဲ့သည်။ သစ်ပင်ပေါ်တွင် လက်ပြန် ကြီးတုပ် ချီထားသော အသက် ၆၀ ကျော် အများသား၏ ရုပ်အလောင်းကိုလည်း တွေ့ရသည်။

သြဂုတ် ၁ ရက်

မင်းအောင်လှိုင်သည် ဝန်ကြီးချုပ် ဖြစ်လာခဲ့ပြီး ၂၀၂၃ ခုနှစ် တွင် ရွေးကောက်ပွဲပြုလုပ်ပေးမည်ဟု ကြေညာသည်။

သြဂုတ် ၁၈ ရက်

ဆန္ဒပြမှုများအား ပစ်ခတ်နှိမ်နင်းသည့် အတွက် အာဏာသိမ်းချိန်မှစ၍ အပြစ်မဲ့ပြည်သူ အယောက် ၁၀၀၀ ပြည့်သွားခဲ့သည်။

စက်တင်ဘာလ၊ ၂၀၂၁ ခုနှစ်

ယခု အချိန်တွင် အများသားညီညွတ်ရေးအစိုးရသည် အမေရိကန်ပြည်ထောင်စု၊ အင်္ဂလန် နိုင်ငံ၊ ပြင်သစ်နိုင်ငံ၊ ချက်သမ္မတနိုင်ငံ၊ သြစတြေးလျနိုင်ငံ၊ တောင်ကိုရီးယား နိုင်ငံတို့တွင် ကိုယ် စားလှယ်ရုံးများ ဖွင့်ထားနိုင်ပြီဖြစ်သည်။

စက်တင်ဘာလ ၇ ရက်

အများသား ညီညွတ်ရေးအစိုးရမှ တစ်နိုင်ငံလုံး အနေဖြင့် အကြမ်းဖက် စစ်တပ်အား အုံကြ တော်လှန်သည့် ခုခံ ကာကွယ်စစ်အား ဆင်နွှဲမည်ဟု ကြေညာလိုက်သည်။

အောက်တိုဘာလ ၅ ရက်

ပြင်သစ်အထက်လွှတ်တော်မှ မြန်မာနိုင်ငံ၏ အများသားညီညွတ်ရေးအစိုးရအား တရားဝင် အစိုးရ အဖြစ် ကန့်ကွက်သူမရှိ အတည်ပြုလိုက်ပါသည်။

အောက်တိုဘာလ ၇ ရက်

ဥရောပသမ္မဂ္ဂမှ အများသား ညီညွတ်ရေးအစိုးရ NUG နှင့် CRPH ကို မြန်မာနိုင်ငံအား တရားဝင် ကိုယ်စားပြုသည့် တစ်ခုတည်း သော အင်အားစု အဖြစ် အဖြစ် အသိအမှတ်ပြုသည့် ဆုံးဖြတ်ချက်အား ပြဋ္ဌာန်း လိုက်ပါသည်။

အောက်တိုဘာလ ၁၆ ရက်

အာဆီယံ နိုင်ငံများမှ ၄င်းတို့၏ ထိပ်သီး အစည်းအဝေးကို မင်းအောင်လှိုင်အား မဖိတ်ဘဲ ချန်ထားလိုက်သည်။ စစ်ကောင်စီ၏ လက်ရှိပြဿနာများကို အဆုံးသတ်ပေးပါမည် ဟူသော ကတိ ပေးချက်အား ပျက်ကွက်ခဲ့မှု အပေါ်အာဆီယံ ဝင်ရောက် မစွက် ဖက်ရေး ပေါ်လစီကို ကျောခိုင်းခဲ့ပြီးနောက် ယခုကဲ့သို့သော ပေါ်လစီကို ချမှတ်လိုက်ခြင်း ဖြစ်သည်။

အောက်တိုဘာလ ၁၈ ရက်

ဆန္ဒပြမှု အတွက် အကျဉ်းချ ခံထားရသည့် အကျဉ်းသား ၅၆၃၆ ဦးအား လွှတ်ပေးကြောင်း မင်းအောင်လှိုင်မှ ကြေညာပါသည်။ သို့သော် မြန်မာနိုင်ငံ တဝှမ်းတွင် ဖမ်းဆီး ခံထားရသူပေါင်း ၇၃၀၀ ကျော် ရှိနေပါသေးသည်။

အောက်တိုဘာလ ၂၉ ရက်

ဒေါ်အောင်ဆန်းစုကြည်၏ လူယုံအသက် ၇၉ နှစ်ရှိပြီ ဖြစ်သည့် ဦးဝင်းထိန်အား နိုင်ငံတော် သစ္စာဖောက်မှုဟု ဆိုကာ ထောင်ဒဏ် နှစ် ၂၀ ချမှတ်ခဲ့သည်။

ဒီဇင်ဘာလ ၅ ရက်

ဒေါ်အောင်ဆန်းစုကြည်အား ကိုရိုနာဗိုင်းရပ် မပြန့်ပွါးစေရန် တားဆီးမှုများကို ချိုးဖောက်သည်ဟုဆိုကာ ထောင်ဒဏ် ၂ နှစ် ချ မှတ်ခဲ့ပါသည်။ မည်သည့် နေရာတွင် ဖမ်းချုပ်ထားသည်ကို မသိရပါ။

၂၀၂၂ ခုနှစ်

ဇန်နဝါရီလ ၇ ရက်

ကမ္ဘောဒီးယား ဝန်ကြီးချုပ် ဟွန်ဆန်က မြန်မာပြည်ကို အလည်အပတ်ခရီး ၂ ရက်သွားပြီ မင်းအောင်လှိုင်နှင့် တွေ့ဆုံခဲ့ပါသည်။ အာဏာ သိမ်းပြီးနောက်ပိုင်း အစိုးရ အဖွဲ့ ့ခေါင်းဆောင် တစ်ဦး မှ မြန်မာပြည်ကို သွားရောက်ခဲ့သော ပထမဆုံးသော ခရီးစဉ် ဖြစ် သည်။

ဇန်နဝါရီလ ၁၀ ရက်

ဒေါ်အောင်ဆန်းစုကြည်အား သူမ အိမ်ထဲတွင် စကားပြောစက် ရှာတွေ့မှုနှင့် ကိုဗစ် ၁၉ စည်းမျဉ်းစည်းကမ်းများ ချိုးဖောက် သည်ဟု ဆိုကာ ထောင်ဒဏ် ၄ နှစ် ထပ်မံ ချမှတ်လိုက်သည်။

ဇန်နဝါရီ ၁၄ ရက်

ဒေါ်အောင်ဆန်းစုကြည်ကို လာဘ်စားမှုဟုဆိုသော စွပ်စွဲချက်အမှု နောက်ထပ် ၅ ခုနှင့် ထပ်မံ တရားစွဲဆိုခဲ့သည်။

ဇန်နဝါရီလ ၃၁ ရက်

စစ်တပ်၏ ရက်စက်ကြမ်းကြုတ်မှုများကြောင့် မြန်မာနိုင်ငံတစ်ဝှမ်းတွင်လူပေါင်း၄၄၁,၅၀၀ခန့် ထပ်တိုးပြီး နေရပ်စွန့်ခွါ ထွက်ပြေး

ခဲ့ရသည်။ ၂၀၂၁ ခုနှစ် ဖေဖော်ဝါရီလ အာဏာမသိမ်းမီကပင် နေရပ်စွန့်ခွါ ရွှေပြောင်းနေကြရသူပေါင်း ၃၇၀,၄၀၀ ဦး ရှိခဲ့သည်။ အာဏာသိမ်းသည့် အချိန်မှစပြီး ယခုအချိန်ထိ နေအိမ်များ၊ စာသင်ကျောင်းများ၊ ဘုရားကျောင်းများ၊ ဘုန်းကြီးကျောင်းများ အပါအဝင် အရပ်သားများ၏ ပိုင်ဆိုင်မှု ၃,၅၀၀ ကျော် ခန့် ဖျက်ဆီးခံခဲ့ရသည်။

ဖေဖော်ဝါရီလ ၂ ရက်

စစ်တပ်မှပထမဦးဆုံး အစိုးရအဖွဲ့အစည်းအဝေးလုပ်သည်။ အကြမ်းဖက်အာဏာသိမ်းခေါင်းဆောင် မင်းအောင်လှိုင်မှ ၂၀၂၂ ခုနှစ်တွင် ဆောင်ရွက်မည့် ဦးစားပေး လုပ်ငန်းများအား ပြောကြားခဲ့သည်။ စီးပွားရေးဖွံ့ဖြိုး တိုးတက်မှု၊ ၂၀၂၃ ခုနှစ်အဆီ ပါတီစုံ ဒီမိုကရေစီစနစ် ထွန်းကားမှု၊ အရပ်သားများ ၁ နှစ် သို့မဟုတ် ၂ နှစ် စစ်မှုထမ်းဆောင်ရန်ဟူသော ၂၀၂၂ ခုနှစ်အတွက် ဦးစားပေး ရည်မှန်းချက်များအား တင်ပြသွားသည်။

ဖေဖော်ဝါရီလ ၁၅ ရက်

နပန်းကြီး ကျေးရွာမှ အသက် ၂၁ နှစ်အရွယ် မောင်ဇင်မင်းခိုင်က သူ့နေအိမ်ကို ဆိုင်ကယ်စီး အပြန်တွင် အကြမ်းဖက် စစ်တပ်၏ ပစ်သတ်ခြင်း ခံလိုက်ရသည်။ သူ့ရုပ်အလောင်းကို မိသားစုအား အသိမပေးဘဲ မီးရှို့လိုက်သည်။

မတ်လ ၂၀ ရက်

ပယင်းတောင်ရွာတွင် အကြမ်းဖက်စစ်တပ်မှ အိမ် ၅ အိမ်ကို လုယက်ပြီး ဖျက်စီးခဲ့သည်။

မတ်လ ၂၁ ရက်

အမေရိကန်အစိုးရက မြန်မာစစ်တပ်မှ ရိုဟင်ဂျာများအပေါ် လူမျိုးတုံးသတ်ဖြတ်မှုသည် လူသားမျိုးနွယ်စု အပေါ် ဆန့်ကျင်သည့် ရာဇဝတ်မှုမြောက်ကြောင်း ကြေညာခဲ့သည်။

မတ်လ ၂၂ ရက်

အိန္ဒိယအစိုးရမှ မြန်မာနိုင်ငံမှရောက်ရှိနေသော ရိုဟင်ဂျာဒုက္ခသည်များအား နိုင်ငံတကာဥပဒေများ ချိုးဖောက်ပြီး မြန်မာနိုင်ငံ ကို ပြန်ပို့ခဲ့သည်။ လူ့အခွင့်အရေး စောင့်ကြည့်သူများက အဆိုပါ ဆုံးဖြတ်ချက်သည် " လူ့အသက်များကို အလေးမထားသော ရက်စက်မှု " ဟု မှတ်ချက်ချခဲ့သည်။

မတ်လ ၂၃ ရက်

ယနေ့ အထိ အနည်းဆုံး လူပေါင်း ၁၇၀၀ ခန့်က အကြမ်းဖက် စစ်တပ်၏ သတ်ဖြတ်ခြင်းကို ခံခဲ့ရသည်။ လူပေါင်း ၉,၈၇၃ ဦး ဖမ်းဆီး ထိန်းသိမ်းခံထားရသည်။ ၆၆၈ ဦး ထောင်ဒါဏ် အမိန့်ချခံရသည်။ အရွယ် မရောက်သေးသူ ကလေး ၂ ဦးအပါအဝင် ၅၅ ဦး သေဒဏ်မှုမှတ်ချုတ်ခြင်း ခံထားရသည်။

ဧပြီလ ၉ ရက်

ယနေ့အချိန်ထိ အပြစ်မဲ့ ပြည်သူ ၁၀,၁၆၀ ဦးအား ဖမ်းဆီး၊ တရားစွဲသို့မဟုတ် ထောင်ဒါဏ်အမိန့်ချမှတ်ခဲ့ပြီး အပြစ်မဲ့ပြည်သူ ၁၇၄၂ ဦးအား အကြမ်းဖက် စစ်ကောင်စီမှ သတ်ဖြတ် ခဲ့ပါသည်။

ဧပြီလ ၁၉ ရက်

ပယင်းတောင်ရွာမှ အမျိုးသား ၉ ဦးအား အကြမ်းဖက် စစ်တပ်မှ ရက်စက်စွာ နိပ်စက်ပြီး ပစ်သတ်ခဲ့ပါသည်။ သူတို့၏ ရုပ် အလောင်းများအား စုပုံထားပြီး မီးရှို့ခဲ့သည်။ နောက်နေ့တွင် တခြား ရွာသားများမှ ရှာတွေ့ခဲ့ပြီး မြေမြှုပ် သဂြိုလ်ပေးခဲ့ရသည်။ အသိုပ်ရွာသားများမှာ အသက် ၄၈ နှစ် အရွယ်ရှိ ကိုတင်ဖေ၊ အသက် ၃၀ အရွယ်ရှိ ကိုလှစိုး၊ အသက် ၄၃နှစ် အရွယ်ရှိ ကိုဝင်းဦး၊ အသက် ၃၇ နှစ်ရှိ ကိုသက်အောင်၊ အသက် ၂၄ နှစ်အရွယ်ရှိ ကိုမျိုးထွေး၊ အသက် ၅၀ အရွယ်ရှိ ကိုဝင်းနိုင်၊ ကိုဘတူ၊ ကိုလှရွှေ နှင့် ကိုဖိုးဖျိုင်းတို့ဖြစ်ကြသည်။

ဧပြီလ ၂၆ ရက်

လွဲကိုင်ရွာအား အကြမ်းဖက်စစ်သားအင်အား ၅၀ ရောက်ရှိလာပြီး ရင်းဒေသတွင်ရှိသောလူငယ်များ၏ဖုန်းများအား စစ်ဆေးခဲ့ သည်။ လူငယ် ၂၁ ယောက်အား ဖမ်းဆီး ခေါ်ဆောင် သွားခဲ့ပြီး အဆက်အသွယ် မရရှိတော့ပါ။

မေလ ၅ ရက်

အမျိုးသား ဒီမိုကရေစီအဖွဲ့ချုပ် အဆိုအရ ပါတီဝင် ၇ ဦးနှင့် ပါတီကို ထောက်ခံသူ ၇ ဦး သည် ရင်းတို့ နေအိမ်မှ ဖမ်းဆီး ခေါ်ဆောင် သွားခြင်း ခံရပြီး ရက်စက်စွာ သတ်ဖြတ်ခဲ့ခြင်း ခံရကာ လမ်းဘေးတွင် စွန့်ပစ်ထားခဲ့သည်။ အဆိုပါ တရား လက်လွတ်စွာလုပ် ဆောင်မှုများသည် စစ်တပ် လက်ဝေခံ အုပ်စုများက ကျူးလွန်ခဲ့ခြင်း ဖြစ်သည်။

မေလ ၁၀ ရက်

အာဏာသိမ်းသည် အချိန်မှ စ၍ ဖမ်းဆီးထားသည့် အမျိုးသား ဒီမိုကရေစီ ပါတီဝင် ၇၁၀ ဦးအကျဉ်းထောင်ထဲမှာ ရှိနေပါသည်။ ပါတီဝင် ၁၈ ဦးမှာ ဆေးဝါး ကုသမှု ကောင်းစွာ မရရှိသောကြောင့် အကျဉ်းထောင်ထဲတွင် သေဆုံးခဲ့ရပါသည်။

မေလ ၁၈ ရက်

ထိုင်းမြန်မာ နယ်စပ်တွင် ရှိသော ကောသဒီးမြို့နယ်၊ သေဘောဘိုရွာအား အကြမ်းဖက် စစ်တပ်မှ လေကြောင်း တိုက်ခိုက် မှု အနည်းဆုံး ၂၈ ကြိမ် တိုက်စစ်ဆင်ခဲ့ပါသည်။ စစ်တပ်မှအဆိုပါ တိုက်ခိုက်မှုအား အကြမ်းဖက်များအား ချေမှုန်းရန်ဟု ပြောဆို သော်လည်း အရပ်သားများရှိရာ နေရာများကို သိမ်းကျုံးပြီး ဗုံးများ ကြဲချခဲ့ခြင်း ဖြစ်ပါသည်။

မေလ ၂၇ ရက်

ယနေ့ အချိန်ထိ အညွန် မရောက်သေးသူ နိုင်ငံရေး အကျဉ်းသား ကလေးသူငယ် ၂၇၇ ဦးအား ဖမ်းဆီး ထိန်းသိမ်းထားပါသည်။
ဇွန်လ ၇ ရက်

ရှမ်းပြည်တောင်ပိုင်း မိုးပြဲမြို့နယ်တွင် အကြမ်းဖက် စစ်တပ်၏ ပစ်ခတ်မှုကြောင့် အပြစ်မဲ့ ပြည်သူတစ်ဦး သေဆုံးခဲ့ရပြီး နှစ်ဦး ဒါက်ရာ ရရှိခဲ့ပါသည်။ PDF များ၏ အကူအညီဖြင့် ဒေသခံ ရွာသားများသည် ဘေးလွတ်ရာသို့ ထွက်ပြေးနိုင်ခဲ့ပါသည်။

ဇွန်လ ၁၂ ရက်

စစ်ကိုင်းတိုင်းဒေသကြီး ဆားလင်းကြီးမြို့မှာ ရှိတဲ့ ရွာ ၃ ရွာအား အကြမ်းဖက် စစ်သား ၈၀ ခန့်က မီးရှို့ခဲ့ပါသည်။ အိမ်ခြေ ၃၀၀ အနက် အိမ်ခြေ ၂၀၀ ကျော်ခန့် မီးရှို့ခဲ့ရပါသည်။ PDF များ လက်တွဲပြန်မည့်နံမှ ကာကွယ်ရန် ရွာသား ၁၀၀ ကျော်အား စစ်တပ်မှ ဓားစာခံအဖြစ်ဖမ်းဆီး ခေါ်ဆောင်သွားပါတယ်။

ဇွန်လ ၂၉ ရက်

ကုလသမဂ္ဂ ကလေးသူငယ်ဆိုင်ရာ အခွင့်အရေး ကော်မတီမှ အာဏာသိမ်းမှုနဲ့ ပတ်သက်သော နောက်ဆက်တွဲ ပဋိပက္ခများကြောင့် မြန်မာနိုင်ငံမှ ကလေးများ အပေါ် သက်ရောက်မှု အား နိုင်ငံတကာ အသိုင်းအဝိုင်းထံသို့ သတင်း ပေးချက် ထုတ်ပြန်ပါသည်။ ယနေ့ အချိန်ထိ ကလေး စုစုပေါင်း အနည်းဆုံး၃၄၂ ဦးသည် အကြမ်းဖက် စစ်တပ်၏ သတ်ဖြတ် ခြင်း သို့မဟုတ် ကိုယ်လက် အင်္ဂါချို့ယွင်းအောင် ပြုလုပ်ခြင်းကို ခံခဲ့ရသည်။ ကလေးပေါင်း ၁၄၀၀ကျော်ကို အကြမ်းဖက် စစ်သားနဲ့ ရဲ များက ဖမ်းဆီး ခဲ့ကြပါသည်။နိုင်ငံ၏ ကလေးဦးရေ ထက်ဝက်ကျော်ဖြစ်သည့် ကလေး ၇ ဒသမ ၈ သန်း ကျောင်းမနေနဟု ကော် မတီကဖော်ပြသည်။ ကလေး သူငယ်ပေါင်း ၂၅၀၀၀၀သည် အိုးအိမ် စွန့်ခွါ ထွက်ပြေးနေရသည်။ ထို့အပြင် လက်နက်ကိုင် ပဋိပက္ခများတွင် ကလေး သူငယ်များအား စစ်တိုက်ရန် အတင်း အဓမ္မ ဖမ်းဆီး ခေါ်ဆောင်ခြင်း ခံနေရပါသည်။

ဇူလိုင်လ ၁၃ ရက်

အခမဲ့ ပညာရေး ဝန်ဆောင်မှုပေးနေသည့် Kaung For You ၏ အွန်လိုင်း ကျောင်း တည်ထောင်သူ ကောင်းသိုက်စိုး နှင့် ဆရာ နှစ်ယောက်ဖြစ်သော သန့်ဇင်ထိုက်နှင့် ဝင်းဘို တို့အား အကြမ်းဖက် စစ်တပ်က ဖမ်းဆီးခဲ့သည်။ အဆိုပါ ကျောင်းသည် စစ်ကျွန် ပညာရေးကို သပိတ်မှောက်သော ကျောင်းသားများ အတွက် တည်ထောင်ထားခြင်းဖြစ်သည်။

ဇူလိုင်လ ၂၂ ရက်

နိုင်ငံတကာ တရားရုံး ICJ မှ မြန်မာစစ်တပ်မှ ရိုဟင်ဂျာများအား လူမျိုးတုံး သတ်ဖြတ်မှု ကျူးလွန်သည်ဟု စွပ်စွဲထားသော အမှုအား ဆက်လက် ဆောင်ရွက်ခွင့် ပေးလိုက်ပါသည်။

ဇူလိုင်လ ၂၅ ရက်

အကြမ်းဖက် စစ်တပ်သည် လူသိမခံပဲ လျှို့ဝှက်စွာ တရားစွဲဆို ရုံးတင်ပြီးနောက် နှစ်ပေါင်းများစွာအတွင်း ပထမဦးဆုံးသော ကြီးပေး ကွပ်မျက်မှုအား ပြုလုပ်ခဲ့သည်ဟု ကြေညာခဲ့ပါသည်။ အဆိုပါ ကြီးပေး ကွပ်မျက်မှု ခံသူများမှာ အမျိုးသားဒီမိုကရေစီ အဖွဲ့ချုပ်မှ လွှတ်တော်ကိုယ်စားလှယ်ဟောင်းဦးဖြူးဖေယျာသော်၊ ထင်ရှားသော ဒီမိုကရေစီ တက်ကြွ လှုပ်ရှားသူ ဦးကျော်မင်းယုဟု ခေါ် ဦးဂျင်မီ၊ ဦးလှမျိုးအောင်၊ ဦးအောင်သူရဖေတို့ ဖြစ်ပါသည်။ နိုင်ငံတကာ အသိုင်းအဝိုင်းမှ စစ်တပ်၏ အဆိုပါ လုပ်ဆောင် ချက်အား လူသား မဆန်သော၊ ရက် စက် ကြမ်းကြုတ်သော လုပ်ဆောင်ချက် အဖြစ် ရှုချဲခဲ့ကြပါသည်။ အဆိုပါ လုပ်ဆောင် ချက်သည် လူ့အသက်အား ရည်ရွယ်ချက်ရှိရှိ တမင်သတ်ခြင်းကို တားမြစ် ထားသည့် နိုင်ငံတကာ ဥပဒေအား ချိုးဖောက်ခြင်း ဖြစ်သည်။ အာဏာ သိမ်းချိန်မှ စ၍ ယနေ့ အချိန်ထိ အကြမ်းဖက် စစ်တပ်မှ ပြည်သူပေါင်း ၂,၁၁၄ ဦးအားသတ်ဖြတ်ခဲ့ပြီ ဖြစ် ပါသည်။ ထို့အပြင် စစ်တပ် ရက်စက် ကြမ်းကြုတ်မှုကို ဆန့်ကျင်ကြသူ ၁၁၅ဦးကို သေဒါဏ် အမိန့် ချမှတ်ထားပြီး ဖြစ်ပါသည်။

အပိုင်း ၄ : ကမ္ဘာ့ပြည်သူတွေကို အားကိုးပါတယ် ဒီမိုကရေစီမဟာမိတ်တွေလိုအပ်နေပါတယ်

ပြည်သူတွေ ထုတ်ပြောလာကြပြီ

ဒီစာအုပ်ထဲမှာပါတဲ့ အသံတွေက သူတို့ ပုန်းအောင်းနေတဲ့နေရာက ထွက်လာကြတဲ့ အသံတွေ၊ သူတို့ ဟိုးတောထဲက ထွက်လာတဲ့အသံတွေ၊သူတို့ကိုမလိုလားတဲ့သူတို့တရားမဝင်ဝင်ရောက်နေထိုင်ရတဲ့ နယ်ခြား တစ်ဖက်ခြမ်းကထွက်ပေါ်လာတဲ့ အသံတွေဖြစ်ပါတယ်။ဒီအသံတွေကအကြမ်းဖက်စစ်အာဏာရှူးတွေအာဏာသိမ်းစဉ်မှာရော၊သူတို့ရဲ့ဒီမိုကရေစီမျှော်လင့်ချက်တွေကို ဖျက်စီးလိုက်စဉ်မှာရော၊ ရက်စက်စွာ နှိပ်ကွပ် ချေမှုန်းဖျက်စီးလိုက်ချိန်မှာရော စစ်အာဏာရှင်ကို ရဲဝံ့စွာရင်ဆိုင်ဆန့်ကျင်ပြီး ထွက်ပေါ်လာတဲ့ အသံတွေဖြစ်ပါတယ်။ အဲဒီအသံတွေကပဲ ခင်ဗျားကို သူတို့ အတွက်ပြောပေးဖို့ တိုက်တွန်းနေပါတယ်။အဲဒီအသံတွေကပဲ သူတို့ရဲ့ တွေကြုံခံစားနေရတာတွေကို ခင်ဗျားအနေနဲ့ မျှဝေဖို့တောင်းဆိုနေပါတယ်။ အဲဒီ အသံတွေ ကပဲ နိုင်ငံတကာလူ့အဖွဲ့အစည်းအနေနဲ့ သူတို့အပေါ် သက်ရောက်နေတဲ့ အကြမ်းဖက်မှုတွေကို ရပ်ဆိုင်းဖို့အတွက် တုန့်ပြန်လုပ်ဆောင်ဖို့လိုအပ်ချက်ရှိတာကို ပြောကြားပေးဖို့ တောင်းဆိုနေပါတယ်။ အဲဒီ အသံတွေက ကျွန်တော်တို့ကို နားထောင်ရုံသက်သက်နားထောင်တာ မဟုတ်ပဲ နားထောင်တယ်ဆိုတာထက် ပိုပြီးတော့လုပ်ဆောင်ပေးဖို့တောင်းဆိုနေပါတယ်။ အဲဒီ အသံ တွေက ကျွန်တော်တို့ကို ကူညီ လုပ်ဆောင်ပေးဖို့ တောင်းဆို နေပါတယ်။ အဲဒီအသံတွေက သူတို့တွေရဲ့မြန်မာနိုင်ငံတော် သစ် ဆိုတဲ့ အိမ်မက်ကို ကျွန်တော်တို့ သူငယ်ချင်းတွေ ၊မိသားစုတွေ၊ ပညာရှင် အဝန်းအဝိုင်း နဲ့ စတာတွေအပြင် တတ်နိုင်သလောက် မျှဝေပေးဖို့ တောင်းဆို နေပါတယ်။

ဒီနောက်ဆုံးအပိုင်းမှာ အာဏာရှိတဲ့ သူတွေလုပ်ပိုင်ခွင့်ရှိတဲ့လူတွေကြားနိုင်ဖို့အတွက်အဲဒီအသံတွေက ခင်ဗျားတို့ကို ဘယ်အကြောင်းအရာတွေကို ဖြန့်စေချင်လည်းပြောစေ ချင်လည်း ဆိုတာကို ဖော်ပြသွားမှာဖြစ်ပါတယ်။ အဲဒီအသံတွေက လူ့အခွင့်အရေးပေါ်မှာအခြေခံထားတဲ့ ၊ တရားမျှတမှုအပေါ်မှာ တည်ဆောက်ထားတဲ့ ၊ ဘယ်လိုသော မျိုးနွယ်က ဆင်းသက် လာပါစေ၊ ဘယ်လိုသော မိသားစုက ပေါက်ဖွား လာပါစေ ၊ အခွင့်အရေး ညီမျှစွာ ရရှိနိုင်တဲ့ ဒီမိုကရေစီ ဖက်ဒရယ် ပြည်ထောင်စုဆို တဲ့ အိမ်မက် အသစ် အကြောင်းကို ပြောဆို နေကြပါတယ်။ အဲဒီ အသံတွေကပဲ ကူညီ ဆောင်ရွက်ပေးဖို့ တောင်းဆိုနေပါတယ်။ သူတို့တွေရဲ့ ဒီမိုကရေစီ အခွင့်အရေး ရပိုင်ခွင့်ရှိတယ် ဆိုတာတွေကို နိုင်ငံတကာ အနေနဲ့ အသိအမှတ်ပြု ပေးပြီး ကူညီပေး ဖို့ သူတို့တွေရဲ့ ပြည်ပရောက်နေတဲ့ ဒီမိုကရက်တစ်အစိုးရကို အသိအမှတ်ပြုပေးဖို့တောင်းဆိုနေပါတယ်။ ထို့အတူ တချို့သော လုပ်ဆောင်ချက်တွေ လုပ်ဆောင် ပေးဖို့လည်း အဲဒီ အသံတွေက တောင်းဆိုနေပါတယ်။ မြန်မာပြည်သူတွေကို အထောက်အပံ့ အကူအညီတွေပေးဖို့၊ မြန်မာနိုင်ငံမှာ နိုင်ငံရေးအရ နှိပ်ကွပ် ခံနေရသူတွေ အတွက် အမေရိကန်ပြည်ထောင်စုမှာ ခိုလှုံ ခွင့် ကိုပိုပေးတဲ့ ပေါ်လစီတွေ ချမှတ်ပေးဖို့ အစရှိတဲ့ လုပ်ဆောင်ချက်တွေ လုပ်ပေးဖို့လည်းပဲ တောင်းဆိုနေပါတယ်။အားလုံးခြုံ ပြောရလို့ရှိရင် အလွန် ဆိုးဝါးလှတဲ့ စစ်အာဏာရှင်တွေ အောက်မှာ ခံစားနေကြရတဲ့ သူတို့ရဲ့ လူသားဖြစ်တည်မှုကို နိုင်ငံတကာ လူ့အသိုင်းအဝိုင်းအနေနဲ့ အသိအမှတ်ပြုပေးဖို့ နှင့် သူတို့တွေရဲ့ နိုင်ငံရေး ဒီမိုကရေစီရေး မျှော်လင့်ချက်တွေကို ထောက်ခံလုပ်ဆောင်ပေးဖို့ အဲဒီ အသံတွေက တောင်းဆိုနေတာဖြစ်ပါတယ်။

မျှော်လင့်ချက်များ

မြန်မာနိုင်ငံမှာ ဒီမိုကရေစီ စံချိန်စံညွှန်းတွေကို လုံးဝဘေ့ချေဖျက်ပစ်လိုက်ပေမဲ့ မြန်မာပြည်သူပြည်သားတွေဟာ အနာဂတ်အ တွက် မျှော်လင့်နေကြတုန်းပါပဲ။ သူတို့ အများစုက နိုင်ငံရေးတက်ကြွ လှုပ်ရှားမှုများမှာ ပါဝင်နေကြပြီး ကိုယ်နှင့် ထိုက်တန်တဲ့ နိုင်ငံကို တည်ဆောက်ဖို့ ဘာလုပ်ရမည် ဆိုတာ သူတို့ သိကြပါတယ်။ ကျွန်တော်တို့ ဒီစာအုပ်ထဲမှာ ဖော်ပြထားတဲ့ အင်တာဗျူး ထားတဲ့ သူတွေက မတူညီတဲ့ ရည်မှန်းချက်တွေကို ပြောနေကြပေမဲ့ သူတို့မှာ တူညီတဲ့ ဆန္ဒ တစ်ခုရှိပါတယ်။ အဲဒါတော့ မြန် မာနိုင်ငံ့ အရင်ပုံစံ ပြန်ဖြစ်စေချင်တယ် ဆိုတာရယ် နောက်ပြီး ဒီမိုကရေစီ နိုင်ငံတော် အဖြစ် ပိုမို ထွန်းကားလာစေချင်တယ် ဆိုတာပါ။ ရှိဟင်ဂျာတွေ အပါအဝင် လူအဖွဲ့အစည်း အားလုံးကို ကာကွယ်ပေးတဲ့ အားလုံး ပါဝင်တဲ့ လူ့အသိုက်အဝန်းတစ်ခု ဆို တဲ့ သူတို့တွေရဲ့ ဒီမိုကရေစီ မျှော်လင့်ချက်နှင့်အတူ ရပ်တည်ဖို့၊ မြန်မာပြည်သူတွေရယ်နှင့် အတူ ရပ်တည်ပေးဖို့ ၂၀၂၂ ခုနှစ် ဇန်နဝါရီလ မှာ ကုလသမဂ္ဂ အထွေထွေ အတွင်းရေးမှူးချုပ်က ပြောကြားခဲ့ပါတယ်။ အဲဒီ သူတို့ မျှော်လင့်ချက်တွေ တကယ်ဖြစ် မြောက်လာစေဖို့ ကမ္ဘာကြီးက ဝိုင်းဝန်း ကြီးစား ပေးရပါမယ်။ ၁၉၈၇ ခုနှစ်က စပြီး ကျွန်တော် နိုင်ငံရေးမှာ ပါဝင်ခဲ့ပါတယ် ။၁၉၈၈ ပြီးတဲ့ နောက်ကိုပိုင်း မှာ ကျွန်တော် နယ်စပ်ဖြစ်ပြီး ထိုင်းကို သွားပြီးတော့မှ နောက်ပိုင်း သြဇဝေးလျန့် ဂျပန်ကို သွားခဲ့တယ်။ သြဇ ဝေးလျန့် ဂျပန်မှာ နှစ်အကြာကြီး နေခဲ့တယ် ၂၀၀၇ ခုနှစ်မှာ ကျွန်တော် ထိုင်း နိုင်ငံကို ပြန်လာပြီး ကျွန်တော် မြန်မာပြည်ထဲ ကို ပြန်ဝင်လာခဲ့တယ် ။ မကြာခင်ပဲ ကျွန်တော် ဒီမိုကရေစီ လှုပ်ရှားမှုထဲမှာပါဝင်ခဲ့တယ်။ ဒါနဲ့ကျွန်တော် အဖမ်းခံခဲ့ရတယ်။ကျွန် တော် အခု အသက် ၅၅ နှစ်ရှိပြီ ။အခု ကျွန်တော် ထိုင်းကို ပြန်ရောက်နေတယ်။ ကျွန်တော် လွန်ခဲ့တဲ့ နှစ် ပေါင်း ၃၀ က ထိုင်းရောက် တုန်းက အသက်လည်း ငယ်သေးတယ်။ မျှော်လင့်ချက်တွေလည်း အများကြီးပဲ။ တခြား နိုင်ငံတွေ သွားပြီးတော့မှ မြန်မာပြည်ကို ပြန်လာတုန်းက အားလုံးက ကောင်းနေ ခဲ့တယ်။ အားလုံးက ဖွံ့ဖြိုး တိုးတက် နေတယ်။ အခုတော့ ကျွန်တော် ထိုင်းကို ပြန်ထွက် လာရပြန်ပြီ။ ထိုင်းမှာ အားလုံး ပျော်ပျော် ရွှင်ရွှင် နေနေကြတဲ့ မွတ်စလင် လူ အနည်း စုတွေကို တွေ့ရွဲတယ်။ မြန်မာနိုင်ငံကိုလည်း ထိုင်းလို နိုင်ငံ ဖြစ်စေချင်တယ်။ ငြိမ်ချမ်းမယ်၊ သဟဇာတာ ဖြစ်မယ် ဆိုလို့ရှိရင် အရမ်းကောင်းမှာပဲ။ ကျွန်တော် အတွက် ကတော့ အခု အချိန်မှာ ကျွန်တော် အသက်အရွယ်နဲ့ ကျွန်တော် အတွက် ကတော့ အများကြီး မျှော်လင့်ချက် မရှိတော့ဘူး။ ကျန်းမာ ရေး ကောင်းတယ် နေ့တိုင်း နေ့တိုင်းမှာ ကျွန်တော် ကျန်းမာရေး အတွက် ရန်ကုန်နေတယ်။ အချိန်မရွေး ကျွန်တော် လေ ဖြတ်သွားနိုင်တယ်၊ ဘာကြောင့်လည်း ဆိုတော့ ကျွန်တော် မှာ **High Blood Pressure** သွေးတိုးက အရမ်းမြင့်တော့ အချိန် မရွေး လေဖြတ် သွားနိုင်တယ်။ ကျွန်တော် နေမကောင်းပေမဲ့ ကျွန်တော် နိုင်ငံ အတွက် ကျွန်တော် အလုပ် လုပ်သွားပါ့မယ်။ အဲဒါက ကျွန်တော်တို့ နိုင်ငံ အတွက် ကျွန်တော် တာဝန်ဖြစ်တယ်။ ကျွန်တော် အသက် ဆက်ရှင်နေမယ်လို့ မျှော်လင့်ပါတယ်။ ပြီးတော့ အသက် ဆက်ရှင်နေပြီးတော့မှ မြန်မာနိုင်ငံက သဟဇာတဖြစ်မှု အပေါ် အခြေခံထားတဲ့ ထိုင်းလို နိုင်ငံ တစ်နိုင်ငံ ဖြစ်လာလိမ့်မယ် လို့ မျှော်လင့်မိပါတယ်။ 　　　　　　　　　　　　　　　　　　　 **ကိုထွန်း**

ကျွန်မတို့နိုင်ငံကိုဖက်ဒရယ် ဒီမိုကရေစီ နိုင်ငံတစ်ခု ဖြစ်စေချင်ပါတယ်။ နိုင်ငံကို စစ်တပ်ရဲ့ စိုးမိုးချုပ်ကိုင်မှုကနေ လွတ်မြောက် စေချင်ပါတယ်။ မြန်မာနိုင်ငံက ကျောင်းသားတွေ့ကို အမေရိကန်ပြည်ထောင်စုမှာရှိတဲ့ ကျောင်းသားတွေလိုပဲ ငြိမ်းချမ်းမှုရရှိ စေချင် ပါတယ်။ ကျွန်မ မျှော်လင့်တာကမြန်မာ ကျောင်းသားတွေ၊ ငယ်ငယ်ရွယ်ရွယ် အသက်အရွယ်လေးတွေဟာလည်း တက္ကသိုလ် တွေမှာလည်း ငြိမ်ချမ်းစွာ သင်ယူ လေ့လာနိုင်စေဖို့ ကူညီပေးနိုင်မယ်လို့ မျှော်လင့်ပါတယ်။　　　　　　　　　　**မဖြတ်နီ**

ကျွန်မရဲ့ အိမ်မက်ကတော့ သားတွေ့ ပညာ ၁၁သင်ကြားခွင့် ရရှိပါပဲ။ သူတို့ပညာမသင်ရတာ ၂ နှစ်ရှိနေပါပြီ။ သူတို့ ဝါသနာပါ တဲ့ ဘောလုံး ပညာလည်း သင်ယူခွင့် ရစေချင်ပါတယ်။ နိုင်ငံ အတွက် အိမ်မက်ကတော့ ပြည်သူတွေ အကြောက်တရား ကင်းဖို့ နှစ် ပေါင်းများစွာ အမြစ်တွယ်နေတဲ့ အာဏာရှင်စနစ်ကို အမြစ်ကနေ ဆွဲနုတ်ချင်ပါတယ်။　　　　　　　　　　　　　**မကြေးမုံ**

ကျွန်တော်က ဘောလုံး သမားဖြစ်ချင်တာ မဟုတ်ပါဘူး။ ကျွန်တော်က အမှန်အတိုင်း ပြောပြလို့ရှိရင် လူတွေရဲ့ အတွေး အခေါ်တွေ ပြောင်းလဲ ပေးစေချင်တာ၊ တခြားလူတွေ အတွက်ကို စည်းစားပေးချင်တာပါ။ ကျွန်တော် နိုင်ငံအတွက်ကို လူတွေ လွတ်လွတ်လပ်လပ် ပြောခွင့် ဆိုခွင့် ရတဲ့ နေရာ တစ်နေရာ ဖြစ်စေချင်တယ်။ လူတွေ ကိုယ်ဝယ်ချင်တဲ့အရာကို ဝယ်လို့ရမယ်။ ကိုယ်လုပ်ချင်တာကို လုပ်ခွင့်ရှိရမယ်။　　　　　　　　　　　　　　　　　　**ကိုဂျက်စတင်**

ကျွန်တော် ကိုယ့်နိုင်ငံကိုကိုယ်အမြန်ဆုံးပြန်ချင်တယ်။ မိသားစုနဲ့ပြန်ဆုံချင်တယ်။ ကျွန်တော့်ရဲ့ပုံမှန်ဘဝကို ပြန်သွားချင်တယ်။ ကျွန်တော့်ရဲ့ နိုင်ငံကို ကမ္ဘာကြီးရဲ့ အသိအမှတ်ပြုမှုတွေ ရရှိဖို့ အင်မတန် အရေးကြီးတယ်။ နောက်ပြီး မြန်မာနိုင်ငံ သားတွေ အားလုံးကို တခြား ကမ္ဘာ့နိုင်ငံသားတွေလိုပဲ အခွင့်အရေး အတူ ရစေချင်တယ်။ ကျွန်ုပ်တို့ မြန်မာ လူမျိုးတွေဟာလည်း ကမ္ဘာ ကြီးအတွက် ကောင်းကျိုးတွေ လုပ်ဆောင်နိုင်တဲ့ ကမ္ဘာလုံးဆိုင်ရာ နိုင်ငံသားများ ဖြစ်တယ်ဆိုတာကို ကမ္ဘာကြီးက အသိအ မှတ်ပြုပေးစေချင်တယ်။ ဒါဟာ ကျွန်တော့် နိုင်ငံအတွက် ကျွန်တော် ထားရှိတဲ့ ရည်မှန်းချက် ပန်းတိုင်ပါပဲ။

ကိုဟန်ဇော်လတ်

မြန်မာနိုင်ငံကို ဘာသာရေး အရရော၊ လူမျိုးရေး အရရော လုံးဝ ခွဲခြား ဆက်ဆံမှုမရှိတဲ့ နိုင်ငံဖြစ်စေချင်တယ်။ ဖက်ဒရယ်နိုင်ငံ ဖြစ်စေချင်တယ်။ ဒါ မြန်မာနိုင်ငံ အတွက် ကျွန်တော့် ရဲ့မျှော်လင့်ချက်ပါပဲ။

ကိုသူရိယဝင်းချမ်းမောင်

ကျွန်မ နိုင်ငံရေးသိပ္ပံမဟာဘွဲ့သင်ကြားပြီးရင် မြန်မာနိုင်ငံက နိုင်ငံရေး စိတ်ဝင်စားတဲ့ လူတွေကို ပညာ ပြန်သင်ပေးချင် ပါတယ် ။ လက်နက်ကိုင် တော်လှန်ရေးမှာ မပါဝင်နိုင်တဲ့ အတွက် ပညာ ကောင်းကောင်း ပြန်သင်ပေးပြီး စစ်အာဏာသိမ်း ကာလအ ပြီး တိုင်းပြည် တည်ဆောက်ရေးမှာ ပါဝင်ဖို့ ကျွန်မ စိတ်ကူးထားပါတယ်။ မြန်မာပြည် အခြေအနေ အရပြည်သူများရဲ့ ဘဝဟာ တစ် နေ့ထက်တစ်နေ့ ပိုမိုဆိုးဝါးလာနေပါတယ်။ ဖမ်းဆီးနိုင်စက် ညှင်းပန်းခံနေကြရသူတွေ၊ အကျဉ်းချခံနေရသူတွေ နဲ့ လူ အများစု ကတော့ ထွက်ပြေးတိမ်းရှောင်နေရသူတွေပါ။ အမေရိကန်ကကျောင်းသားတွေကို မြန်မာပြည်သူတွေရဲ့၊ ထိပ်တိုက် တွန်းလှန် နေရတဲ့ ကြားထဲက မျှော်လင့်ချက်နဲ့ ဆန္ဒတွေကို နားလည် စေချင်ပါတယ်။ အဲ့ဒီ အန္တရာယ်တွေ ကို ရင်ဆိုင်ရင်း အင်အားကြီးမား ရက်စက်ကြမ်းတမ်းတဲ့ စစ်အာဏာရှင် စနစ်ကို ရင်ဆိုင်ခုခံရင်း ဒီမိုကရေစီကို တောင်းဆိုနေကြတဲ့ မြန်မာ တပ်မတော်း လုံးက ပြည် သူတွေရဲ့ဆန္ဒအမှန်တွေ ကို အမေရိကန် တက္ကသိုလ်က ကျောင်းသားတွေကို ပိုမိုသိရှိနားလည် နားလည်စေချင်ပါတယ်။

မမေ

ကျွန်မ နိုင်ငံကို ငြိမ်းချမ်း စေချင်တယ်။ အာဏာ မသိမ်းခင်တုန်းက အခြေအနေမျိုး ပြန်ဖြစ်စေချင်တယ်။ ကျွန်မတို့က ပြည်သူအ စိုးရကို ရွေးချယ်ခဲ့တယ်။ အဲ့ဒီ ရွေးကောက်ပွဲ ရလာဒ်ကိုလည်းပဲ လေးစား စေချင်တယ်။ ကျွန်မအနေနဲ့ အမေရိကားမှာ ရှိတဲ့ ကော လိပ် ကျောင်းသားတွေကို မြန်မာနိုင်ငံ ဒီမိုကရေစီ ရဖို့အတွက်ကို ဝိုင်းကြီးစား စေချင်တယ်။ ကမ္ဘာ့တဝှမ်းမှာရှိတဲ့ အမေရိကန် က ကောလိပ်ကျောင်းသားတွေ အနေနဲ့ မြန်မာပြည်မှာဘာဖြစ်နေတယ် ဆိုတာတွေကို ကမ္ဘာကြီးကို ပြောပြ ပေးစေချင်တယ်။ ဒါက တော့ ကျွန်မရဲ့ဆန္ဒပါပဲ။ ကျွန်မဘဝကို ပြန်လိုချင်တယ်။ ဒါ ကျွန်မအိပ်မက်ပါပဲ။

မယွန်း

"ကျွန်တော် ရဲ့ ခွဲစိတ်ကု ဆရာဝန်ဖြစ်ဖို့ ရည်မှန်းချက်ကလည်း ပြည်မြောက်ပြီးသွားပြီ။ အခုတော့ ကျွန်တော့်ရဲ့ရည်မှန်းချက်က လာမယ့် မျိုးဆက်သစ်တွေ အတွက်နဲ့ မြန်မာနိုင်ငံမှာ စစ်တပ် အုပ်ချုပ်မှု အဆုံးသတ်ဖို့ပဲ"

ဗိုလ်ကြီးဒေါက်တာမင်းမောင်မောင်

ကျွန်တော်ရဲ့ ရိုဟင်ဂျာ လူ့အဖွဲ့အစည်းကို နိုင်ငံတကာ ကနေပြီးတော့မှ လူမျိုးတုန်း သတ်ဖြတ်မှုကနေ ကြွင်းကျန်နေ တဲ့ လူတွေ ၊ ရိုဟင်ဂျာတွေ အဖြစ် ရှုမြင်ကြတယ်လို့ ကျွန်တော် ထင်ပါတယ်။ နိုင်ငံတကာက လူ့အဖွဲ့အစည်းက ကျွန်တော်တို့ကို ဒီမို ကရေစီကို ချစ်မြတ်နိုးသူတွေဆိုတာ သိမယ်၊ မြင်မယ်လို့ မျှော်လင့်မိပါတယ်။ ကျွန်တော်တို့ တွေဟာ တခါမှ အာဏာရှင်တွေကို မထောက်ခံဖူးပါဘူး။ ဒါကြောင့်လည်းပဲ ကျွန်တော် CDM တွေကို ထောက်ခံ နေတာပဲ။ နောက်ပြီး ဒီမိုကရေစီကို ချစ်မြတ်နိုး တဲ့ လူတွေ နဲ့ လူ့အဖွဲ့အစည်းအရေးကို ချစ် မြတ်နိုးတဲ့ သူတွေကို ကျွန်တော် ထောက်ခံခဲ့တာပဲ။ မြန်မာပြည်တွင်းနဲ့ နိုင်ငံခြားမှာ စစ်အာ ဏာရှင်ကို ငြိမ်းချမ်းစွာ တိုက်ပွဲဝင်နေတဲ့ ရိုဟင်ဂျာတက်ကြွ လှုပ်ရှားသူတွေ အများကြီးရှိပါတယ်။ ကျွန်တော်ဟာ ရိုဟင်ဂျာ ကျောင်းသားများထဲက တယောက်ဖြစ်ပြီး၊ မြန်မာနိုင်ငံမှာ ဒီမိုကရေစီကို ပြန်လည်ထူထောင်ဖို့ နိုင်ငံပြင်ပနဲ့ နိုင်ငံတွင်းမှာ ဦးဆောင်ပြီး အလုပ်လုပ်နေကြတဲ့ တော်လှန်ရေး တပ်သားတွေထဲက တစ်ယောက်ပါ။ ကျွန်တော် တို့တွေမှာ စစ်တပ်ကဲ ထိန်း ချုပ် ထားတာကို မလိုလားပါဘူး။ ကျွန်တော်တို့တွေက ငြိမ်းချမ်းရေးကိုချစ်မြတ်နိုးသူတွေဖြစ်ပါတယ်။ ကျွန်တော် ဒီမိုကရေစီ ကို ချစ်မြတ်နိုးတယ်။ စစ်အာဏာရှင်လွှမ်းမိုးမှုကို တိုက်ပွဲဝင်နေကြတဲ့ လူတွေကိုလည်း ကျွန်တော်တို့ ချစ်တယ်။ ကမ္ဘာမှာ စစ်

အာဏာရှင်တွေ လွှမ်းမိုးထားလို့ရှိရင် ဘယ်နိုင်ငံ ဘယ်အစိုးရမှ မအောင်မြင်ပါဘူး။ ဒါကြောင့် အကြမ်းမဖက် အာဏာဖီဆန် မှုကို လုပ်နေကြတဲ့ ကျွန်တော်တို့ ညီအကို မောင်နမတွေကို ထောက်ခံပါတယ်။ အကြမ်း မဖက် အာဏာဖီဆန်တဲ့ လှုပ်ရှားမှု ကို အားပေးပြီး ၊ စစ်အာဏာရှင်ကို တိုက်ထုတ်နေကြတဲ့ လူငယ်တွေကိုလည်း ကျွန်တော် ထောက်ခံပါတယ်။

Rofik Husson @ ကိုဇာနည်စိုး

ကျွန်တော်တို့နိုင်ငံကိုအခုဖြစ်ပျက်နေတဲ့အရာတွေနဲ့လုံးဝဆန့်ကျင်ဘက်ဖြစ်စေချင်တယ်။ငြိမ်းချမ်းပြီးတရားမျှတတဲ့တိုင်းပြည်ဖြစ်ဖို့ပြည်သူတွေဘာလုပ်သင့်တယ်ဆိုတာသိလာစေဖို့နိုင်ငံရေးပညာပေးဖို့လိုတယ်။ကျွန်တော့်မှာညီငယ်လေးနှစ်ယောက်ရှိတယ်၊ တစ်ယောက်က အထက်တန်း၊ နောက်တစ်ယောက်က သူငယ်တန်း၊ သူတို့ဘဝကို ကောင်းကောင်းမွန်မွန် နေထိုင် နိုင်အောင် ပညာတတ်စေချင်တယ်။ ဒီကလေးတွေမှာ အိပ်မက်တွေ ရှိတယ်။ ဒါပေမယ့် အခုတော့သူတို့ရဲ့အိပ်မက်လေးတွေ ပျက်စီးသွားရပြီ။ ဒါကြောင့် ကလေးတွေကို သူတို့ ကိုယ်တိုင် အိပ်မက်မက်ခွင့်နဲ့ အိပ်မက်တွေကို အကောင်အထည် ဖော်စေချင်တယ်။ ကျွန်တော် လိုချင်တာ အဲဒါပဲ။ ကျွန်တော့် အတွက် ကတော့ အေးချမ်း သာယာတဲ့ ဘဝမျိုးနဲ့ နေချင်တယ်။

ကိုခန့်

မြန်မာနိုင်ငံမှာ ယဉ်ကျေးမှုအရ မိသားစုက ကလေးတွေရဲ့ လွတ်လပ်မှုကို ကန့်သတ် ထားတယ်။ သူတို့ရဲ့ အခွင့် အရေးတွေ နဲ့ တန်ဖိုးတွေကို သူတို့ရဲ့ မိဘများနှင့် မိသားစုများက ကန့်သတ် ထားတယ်၊ အဲဒီ မိဘတွေကို ကျတော့ အစိုးရက ပြန် ကန့် သတ်ထားတယ်။ စနစ်တစ်ခုလုံးပါဘဲ။ ဒါကြောင့် ကျွန်မဘဝမှာမရခဲ့တဲ့ မပျော်မွေ့ခဲ့တဲ့ လွတ်လပ်မှု ရစေချင်ပါတယ်။ ဒီ မျိုးဆက် ကလေးတွေကို လူ့အခွင့်အရေးတွေကို သိပြီး တန်ဖိုးထားစေချင်ပါတယ်။ သူတို့ရဲ့ကိုယ်ပိုင်ဆုံးဖြတ်ချက်တွေကို ဘယ်လို နားလည်မှုပေး ရမလဲ၊ ဘယ်လို တန်ဖိုး ထားရမလဲ၊ ဘယ်လို လေ့လာ၊ သုံးသပ်၊ အကဲဖြတ်ရမလဲ၊ ဒါကကျွန်မ အနေနဲ့ ကျောင်းသားတွေကို သိစေချင်တာပါ။

ကက်စပါ

ကျွန်တော့်မှာ ကိုယ်တိုင် အတွက် ရည်မှန်းချက်တွေ မရှိဘူး။ သားသမီးတွေ အတွက်ပဲ ။ ကျွန်တော့် မျိုးဆက် ခေတ်က ပြီးသွားပြီ ။ အခု ကျွန်တော်တို့ဟာ အနာဂတ် မျိုးဆက်တွေ အတွက် အလုပ် လုပ်နေကြပါတယ်။ နိုင်ငံကို ငြိမ်းချမ်းရေး၊ ဒီမိုကရေစီ နဲ့ ဖက်ဒရယ် နိုင်ငံဖြစ်စေချင်ပါတယ်။ ဒါကြောင့် ကျွန်တော်တို့ အရမ်းကို ခက်ခက်ခဲခဲ ရုန်းကန်နေရတာပါ။ အခုတော့ အရာရာတိုင်းက တိုင်းပြည်ရဲ့အနာဂတ် အတွက် ပဲ။"

ကိုကျော်မင်းထိုက်

၂၀၁၆ ခုနှစ်မှာ တက္ကသိုလ် ဝင်တန်းစာမေးပွဲမှာ အမှတ် ကောင်းကောင်းနဲ့ အောင်မြင်ခဲ့တဲ့ အတွက် တက္ကသိုလ် တက်ဖို့ အကြိမ်ကြိမ် လျှောက်ထားခဲ့တယ်။ ဒါပေမဲ့ ရိုဟင်ဂျာ ဆိုတာ ကတည်းက တက်ရောက်ဖို့ အခွင့်အရေး မရှိဘူး။ ဒါက ကျွန်တော်ဟာ မျှော်လင့်ချက်ကင်းမဲ့ပြီး အိပ်မက်မရဘူးလို့ မဆိုလိုပါဘူး။ ခင်ဗျားလို အိပ်မက်မက်ပါတယ်။ လူတိုင်းလိုပဲ။ ကျွန်တော့်မှာပန်းတိုင်ကြီးတွေရှိတယ်။ကျွန်တော့်ရည်ရွယ်ချက်ကရိုဟင်ဂျာလူမျိုးတွေအတွက်သာမကကျွန်တော်တို့လိုခံစားနေရသူအားလုံးအတွက် ကြီးမားတဲ့ လူ့အခွင့်အရေး ကာကွယ်သူ ဖြစ်ဖို့ပါ။

Rofik Husson @ ကိုဇာနည်စိုး

ဆရာတယောက်အနေနဲ့ ကျွန်မက ကျွန်မ အတွက် သာမက ကျွန်မ ကျောင်းသားတွေ အတွက်ပါ မျှော်လင့်ချက်လည်း ရှိပါတယ် ။ကျွန်မနေ့တိုင်းတိုးတတ်ချင်တယ်။အဲဒါအရမ်းအရေးကြီးပါတယ်။တခြားလူတွေကိုပညာမသင်ပေးခင်မှာကျွန်မတို့ပညာတတ်အောင် လုပ်ရပါတယ်။ ဒါက အရမ်း အရေးကြီးပါတယ်။ ကျွန်မ တို့တွေကလည်း မြန်မာနိုင်ငံမှာ ဘာဖြစ်နေတယ် ဆိုတာတွေကို သိအောင် လုပ်ရပါတယ်။ ဒါကလည်း အရမ်းအရေးကြီးပါတယ်။ နောက် ကျွန်မတို့တွေနဲ့ကျွန်မတို့ ကျောင်းသားတွေကို ပညာ ကောင်းကောင်းမွန်မွန် သင်ပေးဖို့အတွက် ကျွန်မတို့ ကိုယ်တိုင်လည်းပဲ သင်တန်း ကောင်းကောင်း လိုပါတယ်။ ဒါက ကျွန်မတို့နိုင်ငံမှာ လိုအပ်နေတဲ့ အရာပါပဲ။ ကျွန်မက ကလေးတွေကို သူတို့ ဘဝမှာ သူတို့ရဲ့ အိမ်မက်တွေ ကိုယ်ပိုင် အိမ်မက်တွေ ရှိစေချင်တယ်။ ကျွန်မက ဆရာဖြစ်တာ ၂ နှစ်ရှိပြီ။ ဆရာမ အသစ်တစ်ယောက် အနေနဲ့ အလုပ်ကို ဝေးလံခေါင်သီ တဲ့ နေရာတွေ မှာတာဝန်ထမ်းဆောင်ရပါတယ်။အဲဒီနေရာတွေမှာလူတွေကအိမ်မက်တွေရည်မှန်းချက်တွေဆိုတာမရှိပါဘူး။သူတို့တွေက နေ့စဉ် ဘဝကို အဆင်ပြေအောင် နေကြတာပါ။ ကျွန်မရဲ့ရည်ရွယ်ချက်ကတော့ ကျွန်မရဲ့ကျောင်းသားတွေကို သူတို့ ဘဝအတွက် ရည်းမှန်းချက်နဲ့ ယုံကြည်မှုရှိလာစေချင်တာပါပဲ။ ကျွန်မရဲ့ ရည်မှန်းချက် ကတော့ ကျွန်မ ကျောင်းသား လေးတွေ

ကို ဒီဘဝမှာ မျှော်လင့်ချက်နဲ့ ယုံကြည်ချက် ရှိလာအောင် လေ့ကျင့် သင်ကြားပေးဖို့ဖြစ်ပါတယ်။   ကက်စပါ

ပြည်သူတွေက ရွေးကောက်ပွဲမှာ မဲပေးခဲ့ကြတယ်။ စစ်တပ်က ရွေးကောက်ပွဲကို ပယ်ဖျက်ပြီး အာဏာသိမ်းတော့ ပြည်သူတွေ က ဆန္ဒပြတယ်။ အခု ပြည်သူတွေက အခု စစ်တပ်ကို ဆန့်ကျင်ပြီး လက်နက် စွဲကိုင် တော်လှန်နေကြတယ်။ ဒါက ဒီလို လုပ်တာ ကျွန်တော်တို့မှာ ဘုံ ညီညွတ်ချက် တခုပဲ ရှိတယ်။ မြန်မာနိုင်ငံကို ဖယ်ဒရယ် ဒီမိုကရေစီ နိုင်ငံတော် အဖြစ် တည်ဆောက်ဖို့ပဲ၊ ဒါက ကျွန်တော် တို့ရဲ့ အိပ်မက်ပဲ ဖြစ်ပါတယ်။   ကိုစည်သူမောင်

ကျွန်မရဲ့ ဦးစားပေးကတော့ မိသားစု ကြုံတွေ့နေရတာတွေကို ဖြေရှင်းဖို့ပါ။ ကျွန်မရဲ့ ညီမလေးက အလယ်တန်းတောင် မပြီး သေးဘူး။ ကျွန်မက ကျွန်မညီမလေးကို တက္ကသိုလ်က ဘွဲ့ယူပြီးတော့မှ အလုပ် ကောင်းကောင်းရစေချင်တယ်။ ပြီးတော့မိ သားစုကို ကြည့်ရှုစောင့်ရှောက် နိုင်စေချင်တယ်။ လူငယ်တွေရဲ့အနာဂတ် လှပို့ ဆိုရင် ကျွန်မတို့ နိုင်ငံနဲ့ အနာဂတ်လှပြီလို့ ကျွန် မယုံကြည်တယ်။ ဒီစစ်အာဏာသိမ်းမှု အဆုံးသတ်သွားလို့ရှိရင် မြန်မာနိုင်ငံ ပြန်လည် တည်ဆောက်တဲ့အခါမှာ ဝင်ပြီး တော့ မ ကူညီချင်ပါတယ်။ ကျွန်မတို့ မြန်မာနိုင်ငံကို တခြား အနောက်နိုင်ငံတွေက အသိအမှတ်ပြုတာကို ကျွန်မမြင်ချင်ပါတယ်။ ကျွန် မတို့ နိုင်ငံမှာ ထက်မြက်ပြီး ထူးချွန်တဲ့ လူငယ်လေးတွေ အများကြီးပါ။ ဒါပေမဲ့ သူတို့တွေကို ကမ္ဘာကြီးက အသိအမှတ်ပြုတာ မခံရသေးပါဘူး။   မသက်သက်

လက်တွေ့ကူညီပေးကြပါစို့

မြန်မာပြည်သူတွေ ကိုယ်တိုင် လုပ်နိုင်တာဟာ အကန့်အသတ် အများကြီးရှိပါတယ်။ ဒါကြောင့်သူတို့မှ နိုင်ငံတကာရဲ့ အာရုံ စိုက်မှုနှင့် အကူအညီများ ပေးရန် တောင်းဆို နေတာကို နားလည်လို့ ရပါတယ်။ အောက်ပါအသံအချို့ဟာ မြန်မာအကျပ်အ တည်းကို ယူကရိန်နှင့် ပဠိပ္ပက္ခနှင့် နှိုင်းယှဉ်ထားတဲ့ အသံတွေ ဖြစ်ပါတယ်။ ကမ္ဘာကြီးက ဥရောပနိုင်ငံ ဖြစ်တဲ့ ယူကရိန်ကို လူ့အ ခွင့် အရေးနှင့် ကိုယ်ပိုင် အုပ်ချုပ်ဆိုမှုတဲ့ ခေါင်းစဉ်အောက်မှ ချက်ချင်း အရေးယူ ကူညီ ဆောင်ရွက်ပေး ပေမယ်၊ မြန်မာ နိုင်ငံ ကို ကိုယ့်ကိုယ်ကိုသာ ကိုယ်ပြန် ကာကွယ်ပြီး လျစ်လျူရှု ပစ်ထားတယ် ဆိုပြီး အကြောင်း အဲ့ဒီ အသံတွေက အလေးအနက် ပြောနေပါတယ်။ မြန်မာပြည်သူများကို ကူညီရန် ကျွပ်တို့ ဘာလုပ်နိုင်သလဲလို့ ဆွေးနွေးကြတဲ့ အခါမှာ မြန်မာပြည် အကြောင်း လူ့အများ သိလာအောင် လှုံ့ဆော် ပြောပြပေးခြင်း Awareness နှင့် ကမ္ဘာကြီးကို ဝိုင်းဝန်း တိုက်တွန်းပေးခြင်း Advocacy တို့ကို အဓိက ဦးစားပေး လုပ်ဆောင်ပေး ဖို့သူတို့က ပြောကြပါတယ်။

ပထမဆုံး အနေနဲ့ စစ်ကောင်စီ နှင့် စစ်တပ် တို့ရဲ့ ရက်စက်ကြမ်းကြုတ်သော လုပ်ရပ်များကို နိုင်ငံအများ သိရှိ နားလည်အောင် လှုံ့ဆော် ပြောပြပေးခြင်းဖြင့် မြန်မာနိုင်ငံတွင် ဒီမိုကရေစီ နှင့် တရား မျှတမှု ထွန်းကားလာစေရန် နိုင်ငံများက ကူညီဆောင်ရွက် ပေးလာကြလိမ့်မယ်လို့ သူတို့က ယုံကြည်ကြပါတယ်။ ဒုတိယ အနေနဲ့ လူသားချင်း စာနာ ထောက်ထားမှု ဆိုင်ရာ အကူအညီနှင့် ပံ့ပိုးမှုများအတွက် အမေရိကန် အစိုးရ တာဝန်ရှိသူများအား တိုက်ရိုက် ပြောပြ တောင်းခံပေးခြင်းကို သူတို့က လိုလားကြပါတယ် ။ ဒီမိုကရေစီ နိုင်ငံကြီး ဖြစ်တဲ့ အမေရိ ကန် ပြည်ထောင်စုမှာ နေထိုင်သူများဖြစ်တဲ့ ကျွန်ုပ်တို့ အနေနဲ့ အခြားနိုင်ငံတွေရဲ့အခြေခံ လူ့အခွင့်အရေးများရရှိစေဖို့ ကူညီဆောင်ရွက် ပေးသင့်ပါတယ်လို့ သူတို့က ပြောကြပါတယ်။

အမေရိကန်တွေက အရမ်း ကံကောင်းတယ်။ ခင်ဗျားတို့တွေ အမေရိကန်ပြည်ထောင်စုမှာ မွေးဖွားပြီး အမေရိကန်ရဲ့ နိုင်ငံ သား ဖြစ်လာတာ အရမ်း ကံကောင်းတယ်။ ခင်ဗျားတို့တွေဟာ လူသားတွေ အနေနဲ့ ဆက်ဆံခံရတယ်။ မြန်မာနိုင်ငံသားတွေ ဟာ မျက်စိငယ နားတွေ ရှိပေမဲ့ လူသားအဖြစ် မဆက်ဆံခံရပါဘူး။ ငါတို့ မျက်လုံး ပိတ်ခံထားရသလိုပါပဲ။ ဘာမှ မမြင်ရ မကြားရပါဘူး။ အခြေခံ လူ့အခွင့်အရေးတွေ ရဖို့ ဘုရားသခင်ဆီမှာ အမြဲ ဆုတောင်းပါတယ်။ ခင်ဗျားတို့ အမေရိကန်တွေ အရမ်း ကံကောင်းတယ်။   ကိုဝီတာ

မြန်မာ့နွေဦး တော်လှန်ရေးမှ အသံများ | *197*

ဟုတ်ပါတယ်။ ရှင်တို့က နိဗ္ဗာန်ဘုံမှာ ရောက်နေတယ် ဆိုတာကို ရှင်တို့ သိစေချင်တယ်။ တကယ်ပဲ ရှင်တို့ နိဗ္ဗာန်ဘုံမှာ နေကြ တာပါ။ ရှင်တို့ ကိုယ့်ဘဝကို ပိုင်တယ်။ ကိုယ်လုပ်ချင်တာ လုပ်လို့ရတယ်။ ကိုယ့်ဘဝကို ပြောင်းလဲလို့ရတယ်။ ဒါက နိဗ္ဗာန်ဘုံ မှာ၊ နတ်ပြည်ပဲ။ ကျွန်မတို့ကတော့ ကျွန်မတို့ အသက်ရှင် နေထိုင်ခွင့်ရော၊ ကျွန်မတို့ ပြောခွင့် ဆိုခွင့် အကုန် ဆုံးရှုံး ထားရတယ်။ ကျွန်မ ကလေးတွေ နဲ့ ကျွန်မ အတွက် အရမ်း ကြောက်ရ လွန်အားကြီးတယ်။ တစ်ခါတလေ ကျွန်မကိုယ် ကျွန်မ လူမှ ဟုတ် သေးရဲ့လား လို့တွေးမိတယ်။ ရှင်တို့လို ကျောင်းသားတွေနဲ့ အမေရိကန်ပြည်ထောင်စုအတွက် ဘာမှကျွန်မမလုပ်ပေးခဲ့ဖူးတော့ ကျွန်မကို ကူညီပေးပါလို့လည်း မတိုက်တွန်းရဲပါဘူး။ မပြောရဲပါဘူး။ ဒါပေမဲ့ ကျွန်မတို့ ဘာတွေ ဖြစ် နေလဲ ဘယ်လိုမျိုး တွေ့ ကြံ ခံစားနေတယ်ယ် ဆိုတာကို ရှင်တို့ နားလည်စေချင်တယ်။ ကျွန်မတို့နဲ့ အတူတူ ရပ်တည်ပေးမယ် ဆိုရင်လည်း ကျွန်မ တို့ အရမ်းကို ကျေးဇူးတင်မှာပါ။ ဒါက ကျွန်မတို့ရဲ့တိုက်ပွဲ ဖြစ်တယ်။ ကျွန်မတို့ အဆုံးထိ တိုက်သွားမှာပါ။ မကေသီ

မြန်မာနိုင်ငံမှာ စစ်အာဏာရှင် စနစ်အုပ်ချုပ်လာတာ နှစ်ပေါင်း(၅၀)ကျော်ရှိခဲ့ပြီ။ ပြည်သူတွေဟာ ဘေးကင်း လုံခြုံမှ မရရှိ ခဲ့ ဘူး။ အခုတော့ မြန်မာနိုင်ငံကလူတွေဟာ အနောက်တိုင်း ဒီမိုကရေစီ နိုင်ငံတွေမှာ နေထိုင်သူတွေရဲ့၊ ဘဝမျိုးဖို့ အတွက် တိုက်ပွဲဝင်နေကြပါတယ်။ NUG ခေါင်းဆောင်မှုနဲ့ PDF သွားတဲ့ လမ်းကြောင်းတွေမပါဘူးဆိုရင်တော့ ဒီနွေဦးတော်လှန် ရေးဟာ မအောင်မြင်ဘူးလို့ ယူဆတယ်။ PDFတွေရဲ့ အကာအကွယ်သာမရရင် အကြမ်းဖက် စစ်သားတွေတိုက်ပြီ ဆို ရင် ရွာတွေ၊ ပြည်သူ လူထုတွေကိုဖိုးရှို့လိမ့်မယ်။ PDF တို့ရဲ့ ကာကွယ်မှုကို လိုအပ်ပါတယ်။ ဒါပေမဲ့ တခြားနိုင်ငံတွေရဲ့ အကူအ ညီ လည်း လိုအပ်ပါတယ်။ အမေရိကန် ပြည်ထောင်စုမှာ ရှိတဲ့ ကျောင်းသားတွေကို ကျွန်တော် တို့ရဲ့ အခြေအနေကို အစိုး ရက သတိပြုစေပြီး ကူညီပေးဖို့ တောင်းဆိုချင်ပါတယ်။ နွေဦးတော်လှန်ရေးကိုလည်း အမေရိကန် အစိုးရလည်း သိအောင် ကူ ညီပေးပါလို့ တင်ပြတောင်းဆိုချင်ပါတယ်။ ယူကရိန်းနိုင်ငံနဲ့ မြန်မာနိုင်ငံအခြေအနေဟာ အတူတူပဲလို့ နားလည်ပါတယ်။ အပြစ်မရှိတဲ့ ယူကရိန်းနိုင်ငံကို ရုရှက ကျူးကျော်ပြီးမှ ဖြိုတွဲ ဖျက်စီးတယ်။ ပြည်သူလူထုတွေ သိန်းချီ သေကြရတယ်။ သန်းချီ ထွက်ပြေးကြတယ်။ ထိုနည်းတူစွာပဲ မြန်မာနိုင်ငံမှာ စစ်တပ်က ရွာတွေကို ဖုံးတွေကြတယ်။ ပြည်သူလူထုတွေ သိန်း ချီ သေကြရတယ်။ ပြည်သူ သန်းချီ သူတွေရဲ့၊ နေအိမ်တွေကနေ ထွက်ပြေးကြတယ်။ ယူကရိန်းကို အမေရိကန် က ကူညီသလို မျိုး မြန်မာနိုင်ငံကိုလည်း အထောက်အပံ့တွေ ပံ့ပိုး ကူညီမယ်ဆို နွေဦးတော်လှန်ရေးဟာ မကြာခင်မှာ အောင်မြင် လာမယ်လို့ ယုံကြည်တယ်။ ဦးမင်းနိုင်

ကျွန်မ အခုလိုမျိုး အခက်အခဲတွေ အများကြီးနဲ့ ရင်ဆိုင်နေရတဲ့ အချိန်မှာ ကျွန်မနဲ့ အခြေအနေနေတူတဲ့ တစ်ယောက်ကို အခု လို ရင်ဖွင့်ရတာ ကျွန်မအတွက်သက်သာရာသလို အရမ်းလည်း ကျေးနပ်မိမိတယ်။ ကျွန်မရဲ့ဘဝအကြောင်းကို ပြောပြခွင့်ရတာ အဲဒီအတွက် ကျွန်မအရမ်းကျေးနပ်သလို အရမ်းလည်းကျေးဇူးတင်ပါတယ်။ ကျွန်မတို့ ရှင်တို့ကိုသိစေချင်တာကအရမ်းကြီး မြန်မာ ပြည်မှာ ဖြစ်နေတယ် ဆိုတာ ဝဲလိုပဲ။ ဒါကို ကျွန်မရပ်စေချင်ပါပြီ။ ဒါက ရုပ်တန့်သွားလို့ရှိရင် အားလုံးက အဆင်ပြေသွားမှာပါ။ ကျွန်မ အတွက်ရော မြန်မာ တစ်နိုင်ငံလုံး အတွက်ရော အားလုံး အဆင်ပြေသွားပါ။ ကျွန်မ အနေန အမေရိကန် ပြည်ထောင်စု မှာ ရှိတဲ့ ကျောင်းသားတွေ အနေနဲ့ လုပ်နိုင်တာလေး ဝိုင်းလုပ်ပေးကြဖို့ မျှော် လင့်မိပါတယ်။ မဂ္ဂဟျူး

ဒီနွေဦးတော်လှန်ရေး အစမှာ နိုင်ငံတကာ အင်အားအုပ်စုမှ နေပြီးတော့မှ ကျွန်တော်တို့ လုပ်ဆောင်ချက်တွေကို ကူညီ မယ် လို့ မျှော်လင့်ခဲ့တယ်။ ဒါပေမဲ့နိုင်ငံတကာက ဘာမှ သေချာမကူညီပေးဘူး။ ဒါနဲ့ ကျွန်တော်တို့ဟာကျွန်တော်တို့ပဲ ရန်ကန် ရမယ်ဆို တာ သဘောပေါက်လာတယ်။ အဲဒါကြောင့် နိုင်ငံတကာကဆီကတော့ ဘာမှ သိပ်မမျှော်လင့်တော့ပါဘူး။ ဒါပေမဲ့ ကျွန်တော် တို့ တွေဟာ မဟာမိတ်ဖွဲ့ရမယ်ဆိုတာကိုနားလည်တယ်။ အထူးသဖြင့်တခြားနိုင်ငံတွေက ဖိနှိပ်ခံပြည်သူတွေ နဲ့ မဟာမိတ် ဖွဲ့ရမယ် ဖြစ်တယ်။ အဲလိုမျိုး မဟာမိတ်ဖွဲ့ပြီး သွားလို့ ရှိရင် ကျွန်တော်တို့တွေက နိုင်ငံတကာ လူ့အဖွဲ့အစည်းဆီက ခေါင်းဆောင် တွေ နဲ့ရော သာမန် ခရရ်သားတွေ၊ နိုင်ငံသားတွေနဲ့ပါ ကျွန်တော်တို့ စကားပြောရမယ်။ ယူကရိန်း ပဋိပက္ခက မြန်မာနိုင်ငံကစ္စ ပြီး မှ ဖြစ်လာတာ။ ဒါပေမဲ့ နိုင်ငံတကာက ယူကရိန်းပြဿနာကို ချက်ချင်းပဲ အရေးယူဆောင်ရွက်တယ်။ ကျွန်တော်တို့ မြန်မာနိုင်ငံ ကို အခု အခြေအနေ နိုင်ငံတကာက ဂရုမစိုက်သေးပါဘူး။ ဒါဘာကြောင့်လည်းဆိုလို့ရှိရင် ယူကရိန်းကငရေပမှာဖြစ်နေလို့ ပါ၊ တကယ်တမ်းကျတော့ ဥရောပမှာ ဖြစ်ဖြစ်၊ အာရှမှာ ဖြစ်ဖြစ် ဒါ့မျိုးမဖြစ်ခြားသင့်ပါဘူး။ တစ်နေရာမှာရှိတဲ့တရားမှုက နောက်တစ်နေရာက တရားမျှတမှုအတွက် ခြိမ်းခြောက်မှုဖြစ်တယ်လို့ မာတင်လူသာကင်း ပြောခဲ့ဖူးပါတယ်။ ဒါကြောင့် မွဲ

လို့ နိုင်ငံတကာ အသိုက်အဝန်းတွေ အနေနဲ့ ဘယ်နေရာမှာပဲ မတရားမျှတမှု ဖြစ်နေပါစေ ဒါကို အာရုံစိုက် ဂရုစိုက်ဖို့လို ပါတယ်။ ဒါကတော့ ကမ္ဘာကြီးကို ဒီတက္ကသိုလ်ကျောင်းသားတွေ မှတ်ဆင့် ကျွန်တော့်ရဲ့ သတင်းစကားပဲ ဖြစ်ပါတယ်။ အကယ်၍ ကမ္ဘာ နိုင်ငံသားတွေ အဖြစ် ကမ္ဘာ ပြည်သူတွေက သူတို့ အစိုးရတွေကို ဖိအားပေးကြမယ်ဆိုလို့ရှိရင် မြန်မာ အစိုးရက အပြောင်း အလဲ လုပ်ရမှာပါ။ ဒါကြောင့်မို့လို့ ကျွန်တော် အနေနဲ့တော့ နိုင်ငံတွင်းမှာ ရှိတဲ့ တခြားနိုင်ငံတွေမှာရှိတဲ့ နိုင်ငံသားတွေ ကမ္ဘာ ပြည်သူတွေကို အားကိုးတယ်။ ဒီတရားမျှ၊ မမျှတမှုတွေကို တိုက်ထုတ်ဖို့ အတွက် ဖိအားပေးဖို့ အတွက် ကမ္ဘာ နိုင်ငံသူ နိုင်ငံ သားတွေကို အားကိုးပါတယ်။

ကိုစည်သူမောင်

ကျွန်တော်တို့ ရိုဟင်ဂျာလူမျိုးတွေက ကမ္ဘာ လူ့အဖွဲ့အစည်းကနေ အကူအညီ လုံလုံလောက်လောက် မရပါဘူး။ ကျွန်တော် တို့ ဒုက္ခခံစားနေရတာဆယ်စုနှစ်ပေါင်းများစွာရှိပါပြီ။လူမျိုးတုန်းသတ်ဖြတ်ခံ ကြီးစားတာခံခဲ့ရတယ်။ ဒါပေမဲ့ ကျွန်တော် တို့ အတွက်နိုင်ငံတကာမှထိရောက်တဲ့အကူအညီမရပါဘူး။ကျွန်တော်တို့တွေကကိုယ်ပိုင်အတွေးအခေါ်အအယူအဆ၊ ကိုယ်ပိုင် ဖြစ်တည်မှု၊ ကိုယ်ပိုင်အသိဉာဏ်ရှိတဲ့လူတွေဖြစ်တယ်။ ဒါကြောင့်မို့လို့ဘာပဲ ကြုံတွေ့ ကြုံတွေ့ရ ကျွန်တော်တို့ရှင် သန် နိုင် တယ်။ ကျွန်တော်တို့ဘာမဆိုလုပ်နိုင်တယ်။ ကျွန်တော်တို့တွေ ယုံကြည်ချက် အပြည့်ရှိတယ်။ တခုတော့မှ ရိုဟင်ဂျာ လူငယ်တစ်ယောက်အဖြစ်နဲ့ကျွန်တော်တို့လူ့အဖွဲ့အစည်းကိုရော၊တခြားလူ့အဖွဲ့အစည်းတွေရောဘယ်လိုတိုးတက်အောင် လုပ်မလဲ ဆိုတဲ့ အကြံဉာဏ်တွေ ဗဟုသုတတွေ ပညာရေးတွေ ကျွန်တော်ဦးဆောင်ပေးနိုင်တယ်။ ဒီလူ့အဖွဲ့အစည်း တစ် ရပ် အနေ နဲ့က ကျွန်တော်တို့တွေက ဒီ **CDM** လှုပ်ရှားမှုကို ဘယ်လိုကူညီပေးရမလဲ ဆိုတာကို ကျွန်တော်သိရမယ်။ ဒီမိုကရေစီ ကိုချဲ့မြှင့်တိုးနိုင်ဖို့ လူတွေကို ဘယ်လို ကူညီပေးရမလဲ ဆိုတာကျွန်တော်တို့ သိရမယ်။ ဘယ်သူမဆို လူမျိုးရေး၊ ဘာသာရေး မခွဲ မခြားပဲ ကူညီထောက်ပံ့ ပေးနိုင်စွမ်း ရှိရမယ်။ အကယ်၍ နိုင်ငံတကာကနေ အကူအညီတွေ ထိထိရောက်ရောက်ပေးနေတယ် ဆိုလို့ ရှိရင် တော့ အရမ်း ကောင်းတာပေါ့။ ကျွန်တော်တို့ဟာရိုးရိုးသားသားဝန်ခံရမယ်ဆိုရင် လူသားချင်းစာနာထောက်ထား တဲ့ အကူအညီကို အလွန်အမင်းငတ်မွတ် နေကြတာမဟုတ်ပါဘူး။ နိုင်ငံတကာရဲ့ထိရောက်မှု အရှိဆုံး လက်တွေ့၊ကျကျ လုပ် ဆောင်မှု တွေကိုတော့ အလွန်အမင်း တောင့်တနေကြတာပါ။ အကယ်၍ ကျွန်တော် တို့တွေကို လူမှုကွန်ရက် အမျက်နှာတွေက တဆင့် ၊ ဆိုရှယ် မီဒီယာက တဆင့် ပညာရေး သင်ကြားလို့ ရတဲ့ အနေအထား တရပ် ဖန်တီးပေးပါမယ် ဆိုရင်တော့ ကျွန်တော် တို့ အတွက် အရမ်း ကောင်းမှာပါ။ နောက်ဆုံးတော့ ဒီတော်လှန်ရေး အောင်မြင်မှု အတွက် တဋ္ဌာတည်းသော လမ်းကြောင်းက အားလုံး ပညာတတ်နေဖို့ ဖြစ်ပါတယ်။

Rofik Husson @ကိုဇာနည်စိုး

မြန်မာပြည်မှာ လူတွေ နေ့စဉ် သေနေကြတယ်။ တကယ် စစ်တပ်က သူတို့ သတ်ချင်တဲ့ လူမတွေလို့ ရှိရင် ရွာတွေကို မီး ရှို့ တယ်။ ပြီးတော့မှ လမ်းမှာ တွေ့တဲ့ လူတွေကို သတ်သွားတယ်။ ဒါပေမဲ့ နိုင်ငံတကာ လူ့အဖွဲ့အစည်းက မြန်မာနိုင်ငံမှာ ဖြစ် ပျက် နေတဲ့ အဖြစ်အပျက် တွေကို လစ်လျူရှု ထားကြတယ်။ မြန်မာပြည်မှာ ဖြစ်နေတာက ယူကရိန်းမှာ ဖြစ်နေတာနဲ့ အတူတူပဲ၊ နိုင်ငံတကာ လူ့အဖွဲ့အစည်းက ယူကရိန်းမှာ ဖြစ်နေတာတွေနဲ့ ပါတ်သတ်ပြီး စိုးရိမ်တယ်။ ယူကရိန်း ပြည်သူတွေကို ကူညီ ပေးနေတယ်။ ဒါပေမဲ့ အဲဒီ နိုင်ငံတကာ လူ့အဖွဲ့အစည်း တွေကပဲ မြန်မာပြည်ကို လစ်လျူရှုထားတယ်။ မြန်မာပြည်သူတွေ က ရှရှားနဲ့ တရုတ် ကျောထောက် နောက်ပံ့ထားတဲ့ စစ်တပ်ကို ဆန့်ကျင် ရင်ဆိုင်နေကြတာပါ။ မြန်မာပြည်သူတွေက ၁၉ ရာစု က လက် နက်တွေကို ကိုင်ဆောင်ပြီးတော့ ၂၁ရာစု ခေတ်မီ လက်နက်တွေ၊ လေယာဉ်တွေပါတဲ့ စစ်တပ်ကို ရင်ဆိုင်နေကြ တယ်။ ဒါကြောင့်မို့လို့ နိုင်ငံတကာက အဝန်းအဝိုင်း အနေနဲ့ ယူကရိန်းကို ကူညီသလိုမျိုး ကျွန်တော်တို့ရဲ့အခွင့်အရေး အတွက် ကျွန် တော်တို့ရဲ့ လွတ်မြောက်ခွင့် အတွက် တိုက်ပွဲဝင်နေကြတဲ့ မြန်မာပြည်သူတွေကိုလည်း ကူညီသင့်ပါတယ်။ နိုင်ငံတကာ အဝန်း အဝိုင်းအနေနဲ့ ဒီရက်စက်မှုတွေ့ကို အဆုံးသတ်ဖို့ ဘာမဆို လုပ်ပေးစေချင်ပါတယ်။ နောက်ပြည်သူတွေကိုလည်းပဲ ကူညီ ပေးစေချင်ပါတယ်။ တစ်ခါတစ်ရံမှာ ကျွန်တော်တို့တွေ လမ်းပျောက်သလို ခံစားနေရပါတယ်။

ကိုကျော်မင်းထိုက်

မြန်မာနိုင်ငံ၏ ဒီမိုကရေစီရေး ကြီးပမ်းမှုအတွက် ရင်ဆိုင် ဖြေရှင်းနေရသော အခက်အခဲတွေကို ကမ္ဘာက သိအောင် အမေရိ ကန် ကျောင်းသားတွေက ကူညီဖြန့်ဝေသွားမယ်လို့ ကျွန်မ မျှော်လင့်ပါတယ် ။ အမေရိကန် အစိုးရ နဲ့ နိုင်ငံတကာ အသိုင်းအ ဝိုင်း ကို လည်း အသိပေး စေချင်ပါတယ်။ ရေရှည် တော်လှန်ရေးဖြစ်တဲ့ အတွက် တစ်ကြိမ်တစ်ခါ ကူညီမှုမျိုး မဟုတ်ဘဲ စဉ်ဆက် မ ပြတ် ကူညီပေးဖို့ တောင်းဆိုချင်ပါတယ်။ လိုအပ်လာရင်လည်း မြန်မာပြည် ကူညီထောက်ပံ့ရေး ကော်မတီတစ်ခုဖွဲ့ပြီး ကူညီ ပေးစေချင် ပါတယ်။ တတ်နိုင်တဲ့ အရာမှန်သမျှ ဝိုင်းဝန်း ကူညီပေးဖို့ အလေးအနက် တောင်းဆိုလိုပါတယ်။ မမေ

မြန်မာ စစ်တပ်နဲ့ သူတို့ရဲ့ အာဏာသိမ်းမှုကို ဆန့်ကျင်ကြတဲ့ ပြည်သူတွေက ပြည်တွင်းမှာ ဆက်နေဖို့ ဆိုတာ မဖြစ်နိုင်ပါဘူး။ သူ တို့ အိမ်တွေကို စွန့်ခွာပြီးတော့ သူတို့ လုံခြုံအောင်ကို ထွက်ပြေး ခဲ့ရပါတယ်။ အဲဒီ ဒုက္ခသည်တွေ အတွက် နိုင်ငံတကာ အကူအ ညီတွေ ပိုလိုပါတယ်။ နိုင်ငံတကာက ခိုလှုံခွင့်တွေ ပိုလိုပါတယ်။ ဒီအခြေအနေတွေကို နိုင်ငံတကာကို ပြောပေးတာဟာ ခင် ဗျားတို့ အနေနဲ့ ဒီလူတွေကို ကယ်တင် ပေးတာပါ။ ကိုရန်

ကျွန်တော်က အမေရိကန်ပြည်ထောင်စုက ကောလိပ်ကျောင်းသား ကျောင်းသူတွေကိုကျွန်တော်တို့ မြန်မာနိုင်ငံမှာဖြစ် နေတာ တွေအတွက်ကို ပြောပေးစေချင်ပါတယ်။ ကျွန်တော်တို့ မြန်မာနိုင်ငံက နိုင်ငံတကာမှာ လျစ်လျူရှုထားတာ ခံနေရပြီးတော့ ကျွန် တော်တို့ ပြည်သူတွေက အထီးကျန်နေပါတယ်။ ကျွန်တော်တို့ နိုင်ငံ့ အနေအထားကြောင့်နိုင်ငံတကာလူ့အသိုင်းအဝန်းက မြန်မာပြည်ထဲမှာပဲဖြစ်နေဖြစ်နေ အဲဒီ ဖြစ်နေတာကို ခွင့်ပြုထားပုံရပါတယ်။ မြန်မာစစ်တပ်က သူတို့ကို ဆန့်ကျင်တဲ့ အပြစ် မရှိတဲ့ အရပ်သား တွေကိုပစ်မှတ်ထားပြီးတိုက်ခိုက်နေပါတယ်။ သူတို့ ဖမ်းချင်တဲ့သူ ဘယ်သူ့ကို မဆို ဘယ်အကြောင်းပြ ချက် မှ မရှိပဲ ဖမ်းဆီးနိုင်ပါတယ်။ ရွာတွေကို မီးရှို့တာတွေ၊ အပြစ်မဲ့ ပြည်သူတွေကို သတ်တာတွေ၊ လူတွေ အစုလိုက် အပြုံလိုက် သတ်တာတွေ ပြုလုပ် နေတာပါ။ ဒီ ပြည်သူတွေကို ကာကွယ်ပေးဖို့ အတွက် ဘယ်အဖွဲ့အစည်းမှ မရှိပါဘူး။ ဒါကြောင့်လို့ တချို့ လူငယ်တွေက ပြည်သူတွေကို ကာကွယ်ဖို့ အတွက် ကာကွယ်ရေး အဖွဲ့တွေ ဖွဲ့စည်းကြတာပါ။ ကျွန်တော်တို့တွေ အခုချိန်မှာ ဒေသ ဆိုင်ရာစစ်ပွဲ ဖြစ်နေတာ မဟုတ်ဘူး။ ပြည်တွင်းစစ် ဖြစ်နေတာ မဟုတ်ဘူး ဆိုတာ ပြောပြချင်တယ်။ ကျွန်တော်တို့ တွေက ပြည်သူတွေကို စစ်တပ် ရဲ့ လက်ထဲက ကာကွယ် နေကြတာပါ။ ကျွန်တော်တို့တွေ လူ့အခွင့်အရေး အတွက်။ ဒီမိုကရေစီ အတွက် တိုက်ပွဲ ဝင်နေတဲ့ အခါမှာ ကျွန်တော်တို့နဲ့ အတူတူ ရပ်တည် ပေးစေချင်ပါတယ်။ ဖွံ့ဖြိုးပြီး နိုင်ငံ ဖြစ်တဲ့ အမေရိကန် ပြည်ထောင်စု ဟာ တကမ္ဘာလုံးကို စိတ်ဓါတ် ခွန်အားတွေ ပေးတဲ့ ဒီမိုကရေစီ နိုင်ငံကြီးပါ။ အမေရိကန် ပြည်ထောင်စု ကျောင်းသားတွေက တဆင့် အမေရိကန် ပြည်ထောင်စု အထက် လွှတ်တော် အမတ်တွေ ၊ အမေရိကန် အစိုးရ အရာရှိတွေကို လှမ်းပြီးတော့ စကားပြောပြီး မြန်မာပြည် ကိစ္စ၊ စစ်တပ်က နေ့စဉ် သတ်ဖြတ်နေတဲ့ ပြည်သူတွေ အရေးကို ပိုပြီးတော့မှ အလေးအနက် ထားပေးဖို့ တိုက်တွန်း စေချင်ပါတယ်။ ကိုဟန်ဇော်လတ်

လွတ်လပ်တဲ့ လူတွေ၊ ဒီမိုကရေစီ နိုင်ငံမှာ နေတဲ့ လူတွေက မြန်မာနိုင်ငံမှာ ဒီမိုကရေစီနဲ့ လွတ်လပ်ခွင့် ပြန်ရအောင် ကြီးစား နေတာကို ကူညီပေးသင့်ပါတယ်။ ဒါကြောင့်မို့ မြန်မာပြည်မှာ ဖြစ်နေတာကို ကမ္ဘာ့အနှံ့မှာ သိသွားအောင် လုပ်ပေးမှ ၊ မြန်မာ ပြည်မှာ ဒီမိုကရေစီ အရေး အတွက် ခုခံကာကွယ်နေတဲ့ လူတွေ အကောင်းဆုံး ကူညီပေးဖို့ အတွက်ကို အမေရိကန်မှာ ရှိတဲ့ ကောလိပ်ကျောင်းသားတွေက ကူညီဖို့ ကျွန်မ မေတ္တာရပ်ခံလိုတယ်။ ကက်စပါ

ကမ္ဘာ့အရပ်ရပ်က ကျောင်းသားတွေ အနေနဲ့ မြန်မာပြည်က ပြည်သူတွေကို ကူညီဖို့ ကျွန်တော်တို့နဲ့ အတူ ရပ်တည် သင်ပါတယ်။ မြန်မာပြည်မှာ ဖြစ်နေတဲ့ အခြေအနေက ယူကရိန်းနဲ့ အတူတူပါ။ ကျွန်တော်တို့တွေ ဒီမိုကရေစီကို ပြန်လည် ထိန်းသိမ်း ဖို့ ကာကွယ်ဖို့ ကြီးစား နေကြတာပါ။ ဒီမိုကရေစီရဲ့စနစ်တွေ လွတ်လပ်ခွင့် တရားမျှတမှု တွေကို အကြမ်းဖက် အာဏာသိမ်း အစိုး ရက အပြီးအသတ် ဖယ်ရှား ပစ်လိုက်မှာကို ကျွန်တော်တို့ စိုးရိမ်ပါတယ်။ ဒီ စံစနစ်ဖို့တွေ ရရှိအောင် ကျွန်တော် ကြီးစားနေတာ ပါ။ ဒါကြောင့် ကျွန်တော်တို့ တွေက ခင်ဗျားတို့လိုမျိုး၊ တခြားနိုင်ငံက ရှိတဲ့ ကျောင်းသားတွေကို ကူညီဖို့ တိုက်တွန်းနေတာပါ။ ကျွန်တော်တို့မှာ ခင်ဗျားတို့နဲ့ တူညီတဲ့ စံချိန် စံနှုန်း ရပ်တည်ချက်တွေ ရှိပါတယ်။ ဒါကြောင့်မို့လို့ ကျွန်တော် တို့ကို ဂရုစိုက်ပေးဖို့၊ ယူကရိန်း အတွက်တွေ စဉ်းစားပေးသလိုမျိုး၊ ကျွန်တော်တို့ အတွက်လည်း စဉ်းစားပေးဖို့ ကျွန်တော်တို့ ပြောနေတာပါ။ ကျွန်တော်တို့ တွေ မှာ ခင်ဗျားတို့နဲ့ တူညီတဲ့ ယုံကြည်ချက်တွေ ရှိတယ်။

ဒါကြောင့်ဗွီလို့ ခင်ဗျားတို့ ယူကရိန်းကို ဂရုစိုက်သလိုမျိုး ကူညီသလို ကျွန်တော်တို့ကိုလည်း ဂရုစိုက်ပြီး ကူညီဖို့ လိုအပ်ပါတယ်။ ကျွန်တော်တို့ နိုင်ငံမှာ ခေါင်းဆောင်ဆို သူတွေက ရိုးသားတဲ့ ပြည်သူတွေကို နှိပ်စက်သွင်းပန်းနေတာပါ။ အနိုင်ကျင့်နေတာ ပါ။ ကျွန်တော်တို့တွေက ဒီမိုကရေစီကို ယုံကြည်တယ်။ ဒီမိုကရေစီက ကျွန်တော် တို့ကို လွတ်လပ်ခွင့်တွေပေးမယ်၊ တူညီ တဲ့ အခွင့်အရေးတွေ ပေးမယ်၊ လူသား ဂုဏ်သိက္ခာ ပေးမယ်လို့ ယုံကြည်တယ်။အမေရိကန် ပြည်ထောင်စုမျိုး နိုင်ငံတွေက ကျွန် တော်တို့ မြန်မာပြည်မှာ တကယ့် စစ်မှန်တဲ့ ဒီမိုကရေစီ ရရှိဖို့ ကူညီဖို့ လိုအပ်နေပါတယ်။ပြည်သူတွေရဲ့ဂုဏ်သိက္ခာနဲ့ လူသားဖြစ် တည်မှုကို မြှင့်တင်ဖို့ လိုအပ်နေပါတယ်။အကယ်၍ ကိုယ့်နိုင်ငံ ဒီမိုကရေစီကို တန်ဖိုးထားပြီး ကမ္ဘာကြီးရဲ့ ဒီမိုကေရစီတန်ဖိုး တွေကိုလည်း ထိန်းသိမ်း စောင့်ရှောက်တယ် ဆိုလို့ရှိရင် အမှန်တကယ် ကျင့်သုံးပြီး၊ တန်ဖိုးထားဖို့ လက်တွေ့ လိုအပ်ပါတယ်။ လက်ဝလက်နဲ့လူတွေကရက်စက်တဲ့လူသတ်သမားတွေ လက်က ကြိုးစား လွတ်မြောက်ဖို့ လုပ်နေတာကို နိုင်ငံခြား တိုင်းပြည် တွေက အမှန်တကယ် မြင်နိုင်ဖို့ လိုအပ်ပါတယ်။ အဲဒါကြောင့် ကျွန်တော်တို့ လူသား အရင်းချင်း ရပ်တည် ကူညီပေးကြဖို့ တောင်းဆိုပါရစေ။

ကိုမိုးနေလ

နိုင်တကာက သတိထားမိဖို့နှင့် ကူညီဖို့က အလွန် အရေးကြီးပါတယ်။ ကျွန်မတို့ အဖြစ်အပျက်တွေက ယူကရိန်းနဲ့ အရမ်း ဆင် တူပါတယ်။ ဒါပေမဲ့ ယူကရိန်းလိုမျိုး နိုင်ငံတကာရဲ့ အာရုံစိုက်မှု ဒါမှမဟုတ် နိုင်ငံတကာ မီဒီယာကနေ ထုတ်လွှင့်ပြသမှု တွေ ကို ကျွန်မတို့မရရှိပါဘူး။ကျွန်မတို့ရဲ့ ဒုက္ခသည်တွေဟာ အရမ်းကို ဆိုးဝါးလှတဲ့ အခြေ အနေတွေမှာ ဒုက္ခရောက် နေ ကြ တယ်။ ကျွန်မတို့ရဲ့ ဒုက္ခသည်တွေဟာ မီဒီယာရဲ့ အာရုံစိုက်မှု လိုအပ်ပါတယ်။ ကျွန်မတို့မှာ နိုင်ငံတကာ အကူအညီနဲ့ နိုင်ငံ တကာက အာရုံစိုက်မှု ပိုလိုအပ်ပါတယ်။ စစ်တပ်က ကျူးလွန်ခဲ့တဲ့ ရက်စက်ကြမ်းကြုတ်မှု အားလုံးကို နိုင်ငံတကာ အသိအ ဝိုင်းက သိစေချင်ပါတယ်။ ဒီလို အကြမ်းဖက် စစ်တပ်က ပစ်မှတ်ထားခံရတာ့ အိုးမဲ့ အိမ်မဲ့တွေနဲ့ ဒုက္ခသည်တွေ ရင်ဆိုင်နေရှ တဲ့ စိတ်ဒုက္ခတွေအကြောင်း သူတို့ကို သိစေချင်ပါတယ်။ သူတို့ အကြောင်းတွေကို ပြောပြပေးစေချင် ပါတယ်။ နိုင်ငံတကာအသိအ ဝိုင်းကို သူတို့ရဲ့ ဘဝဇာတ်လမ်းတွေကိုသတိပြုစေချင်ပါတယ်။ ဒီလူတွေ အတွက် ရင်တို့ ဘာတို့ လုပ်ပေးနိုင်၊ လုပ်ပေးပါလို့ ကျွန်မ တောင်းဆိုချင်ပါတယ်။

ကကစပါ

မြန်မာပြည်မှာ ဘာတွေ ဖြစ်နေတာလဲ ဆိုတာကို နိုင်ငံတကာက သိရှိလာဖို့ ဒီက ကောလိပ် ကျောင်းတွေက နေပြီးတော့မှ ကူညီ ပေးဖို့ ကျွန်မ အနေနဲ့ တောင်းဆိုချင် ပါတယ်။ အထူးသဖြင့် ဒီစစ်တပ်က လုပ်နေတဲ့ ရက်စက် ကြမ်းတမ်းမှုတွေနဲ့ ပတ်သက် ပြီးတော့ သိစေချင်ပါတယ်။ နောက်ပြီး မြန်မာပြည်သူနဲ့ မြန်မာပြည်ရဲ့ ဒီမို ကရေစီ နည်းကျ တင်မြှောက်ထားတဲ့ အမျိုးသား ညီညွတ်ရေး အစိုးရ အတွက် အမေရိကန် ကျောင်းသား ကျောင်းသူတွေက ပိုင်းပြီးတော့မှ လှုံ့ဆော် ပေးစေချင်ပါတယ်။ ကျွန်မ အနေနဲ့ မြန်မာ ပြည်သူပြည်သားတွေ တရားမျှတမှု ရှိစေချင်တယ်။ နောက် စစ်တပ်ကိုလည်း တရား စီရင်စေချင်တယ်၊

မမြတ်နိုး

မြန်မာပြည်ရဲ့ နောက်ထပ် မျိုးဆက်တွေကို ခင်ဗျားတို့လို မျိုးဆက်တွေ ဖြစ်စေချင်တယ်။ ပညာတတ်စေချင်တယ်။ လွတ်လပ် စေချင်တယ်။ အကယ်၍ မြန်မာပြည်မှာ ဖြစ် နေတာကို ကမ္ဘာကြီးကသိအောင် ကူညီပေးမယ်ဆိုရင် အပြည်ပြည်ဆိုင်ရာ အသိုင်း အဝိုင်းကပိုသိအောင်လို့ ပိုင်ဆောင်ရွက်ပေးတာ၊ ကူညီပေးတာပါဘဲ။ ကျွန်တော့်၊ သဘာက မြန်မာပြည်ရဲ့ နောက်မျိုးဆက်သစ် ရော၊ ကမ္ဘာကြီးရဲ့နောက် မျိုးဆက်တွေရော၊ မင်းတို့လိုမျိုး လူတွေ ဖြစ်လာစေချင်တာပါပဲ။

ပိုလိုကြီးဒေါက်တာမင်းမောင်မောင်

မြန်မာနိုင်ငံမှာ ဖြစ်ပျက်နေတာတွေ၊ ခံစားနေရာတွေကို ခင်ဗျားတို့က ခင်ဗျားတို့ သူငယ်ချင်းတွေကိုပြောပြပါ။ အဲဒီသူ ငယ်ချင်းတွေကသူတို့ သူငယ်ချင်းတွေကို ဆက်ပြောပြလိမ့်မယ်။ အဲဒီလိုနဲ့ တစ်ကမ္ဘာလုံးက သိသွားပြီးတော့မှ ကျွန်တော်တို့ အခုရင်ဆိုင်နေရတဲ့အခြေအနေကို လျစ်လျူရှုလို့ မရတော့ပါဘူး။

ကိုဂျပ်စတင်

SOURCES

1.   "Myanmar: Who Are the Rulers Who Have Executed Democracy Campaigners?" BBC News, 25 July 2022, https://www.bbc.com/news/world-asia-55902070.

2.   Constitution of the Union of Burma. Article 16, Section i. https://www.ilo.org/dyn/natlex/docs/ELECTRON-IC/79573/85699/F1436085708/MMR79573.pdf.

3.   1950 Emergency Provisions Act, Act No. 17, 9 March 1950, https://www.burmalibrary.org/docs19/1950-Emergency_Provisions_Act-en.pdf.

4.   Penal Code of Burma, Section 122, 1957, http://hrlibrary.umn.edu/research/myanmar/Annex%20K%20-%20Myanmar%20Penal%20Code.pdf.

5.   "Chronology of Burma's Laws Restricting Freedom of Opinion, Expression and the Press," Irrawaddy, 1 May 2004, https://www2.irrawaddy.com/article.php?art_id=3534&page=2.

6.   Lindsay Maizland, "Myanmar's Troubled History: Coups, Military Rule, and Ethnic Conflict," Council on Foreign Relations, 31 January 2022, https://www.cfr.org/backgrounder/myanmar-history-coup-military-rule-ethnic-conflict-rohingya.

7.   Kyan Zaw Win, "A History of the Burma Socialist Party (1930-1964). University of Wollongong, 2008, https://ro.uow.edu.au/cgi/viewcontent.cgi?article=1106&context=theses.

8.   Latt, Kay. "Here Today, Gone Tomorrow." Irrawaddy, November 2009, https://www2.irrawaddy.com/article.php?art_id=17136&page=1.

9.   Constitution of the Union of Burma, Article 11, 1974, https://www.burmalibrary.org/docs07/1974Constitution.pdf.

10.   Karthikeyan, Ananth. "A Ne Win Situation: Burma's Three Demonetizations," Mint, 28 October 2017, https://www.livemint.com/Sundayapp/LO3bemtSxzcHa2lodLxIDI/A-Ne-Win-situation-Burmas-three-demonetizations.html.

11.   Wallace, Bruce et al. "As Myanmar Opens Up, a Look Back on a 1988 Uprising." NPR, 8 August 2013, https://www.npr.org/2013/08/08/209919791/as-myanmar-opens-up-a-look-back-on-a-1988-uprising.

12.   "Burma: Chronology of Aung San Suu Kyi's Detention," Human Rights Watch, 13 November 2010, https://www.hrw.org/news/2010/11/13/burma-chronology-aung-san-suu-kyis-detention.

13.   "Burma: 20 Years After 1990 Elections, Democracy Still Denied," Human Rights Watch, 26 May 2010, https://www.hrw.org/news/2010/05/26/burma-20-years-after-1990-elections-democracy-still-denied.

14.   Linter, Bertil. "Myanmar Military's Long History of Electoral Fraud." The Irrawaddy, 19 July 2022, https://www.irrawaddy.com/opinion/guest-column/myanmar-militarys-long-history-of-electoral-fraud.html.

15.   "BBC: Burmese Broadcasts Jammed." United Press International, August 21, 1995, https://www.upi.com/Archives/1995/08/21/BBC-Burmese-broadcasts-jammed/6211808977600/.

16.   Lom, Petr and Khin Aung Aye, "Maung Aung Myint Places Empathy at the Heart of His Work," The Irrawaddy, 17 November 2017, https://www.irrawaddy.com/news/burma/maung-aung-pwint-places-empathy-heart-work.html.

17.   "Myanmar's Saffron Revolution: 10 Years Later," Radio Free Asia, 2017, https://www.rfa.org/english/news/special/saffron/.

18.   Myanmar's Constitution of 2008, https://www.constituteproject.org/constitution/Myanmar_2008.pdf?lang=en.

19. "Thet Zin Released," Committee to Protect Journalists, https://cpj.org/data/people/thet-zin/.

20. Zeldin, Wendy, "Burma: New Political Parties Registration Law and Other Election Laws Adopted," 2010, https://www.loc.gov/item/global-legal-monitor/2010-05-14/burma-new-political-parties-registration-law-and-other-election-laws-adopted/.

21. "Burmese Media Combatting Censorship: Investigation Report November/December 2010," Reporters Without Borders for Press Freedom, https://web.archive.org/web/20130518064223/http://en.rsf.org/IMG/pdf/birmanie_ang.pdf.

22. "Burma Remains 'Enemy of the Internet,'" Radio Free Asia, 12 March 2012, https://www.rfa.org/english/news/myanmar/enemies-of-the-internet-03122012133743.html.

23. Fuller, Thomas. "From Prisoner to Parliament in Myanmar," The New York Times, 1 April 2012, https://www.nytimes.com/2012/04/02/world/asia/myanmar-elections.html.

24. Marshall, Andrew. "Special Report: Myanmar Gives Official Blessing to Anti-Muslim Monks," Reuters, 26 June 2013, https://www.reuters.com/article/us-myanmar-969-specialreport/special-report-myanmar-gives-official-blessing-to-anti-muslim-monks-idUSBRE95Q04720130627.

25. "Burma Census is not Counting Rohingya Muslims, Says UN Agency," The Guardian, 2 April 2014, https://www.theguardian.com/world/2014/apr/02/burma-census-rohingya-muslims-un-agency.

26. "Five Reporters in Myanmar Sentenced to 10 Years in Jail," BBC News, 10 July 2014, https://www.bbc.com/news/world-asia-28247691.

27. "Myanmar Election: Suu Kyi's NLD Wins Landslide Victory," BBC News, 13 November 2015, https://www.bbc.com/news/world-asia-34805806.

28. Thuzar, Moe. "Understanding Democracy, Security, and Change in Post-2015 Myanmar." Contemporary Postcolonial Asia, vol. 22, no.1, 2017, https://www.asianstudies.org/publications/eaa/archives/understanding-democracy-security-and-change-in-post-2015-myanmar/.

29. "Myanmar's 2015 Landmark Elections Explained," BBC News, 3 December 2015, https://www.bbc.com/news/world-asia-33547036.

30. McPherson, Poppy. "Dozens Killed in Fighting Between Myanmar Army and Rohingya Militants," The Guardian, 25 August 2017, https://www.theguardian.com/world/2017/aug/25/rohingya-militants-blamed-as-attack-on-myanmar-border-kills-12.

31. "Myanmar: No Justice, No Freedom for Rohingya 5 Years On," Human Rights Watch, 24 August 2022, https://www.theguardian.com/world/2017/aug/25/rohingya-militants-blamed-as-attack-on-myanmar-border-kills-12.

32. "Report: Over 700 Rohingya Children Killed by Myanmar Military," TeleSUR, 14 December 2017, https://www.telesurenglish.net/news/MSF-Over-700-Rohingya-Children-Killed-by-Myanmar-Military-20171214-0004.html.

33. "Gambia Brings Genocide Case Against Myanmar," Human Rights Watch, 11 November 2019, https://www.hrw.org/news/2019/11/11/gambia-brings-genocide-case-against-myanmar.

34. "Aung San Suu Kyi Defends Myanmar from Accusations of Genocide, at Top UN Court." United Nations News, 11 December 2019, https://news.un.org/en/story/2019/12/1053221.

35. "International Court of Justice Orders Burmese Authorities to Protect Rohingya Muslims From Genocide," Democracy Now!, 24 January 2020, https://www.democracynow.org/2020/1/24/burma_rohingya_genocide_icj_ruling.

36. "#WhatsHappeningInMyanmar." Asian Forum for Human Rights and Development, www.forum-asia.org/uploads/wp/2021/04/Myanmar-Coup-Timeline.pdf

37.   "News Stations Still Closed in Myanmar, Some Other Channels Reopen," Radio Free Asia, 2 February 2021, https://www.rfa.org/english/news/myanmar/stations-02022021181731.html.

38.   "Press Releases: Treasury Sanctions Governing Body, Officials, and Family Members Connected to Burma's Military." United States Department of the Treasury, 17 May 2021, https://home.treasury.gov/news/press-releases/jy0180.

39.   'Our Health Workers Are Working in Fear;' After Myanmar's Military Coup, One Year of Targeted Violence against Health Care," Physicians for Human Rights, https://phr.org/our-work/resources/one-year-anniversary-of-the-myanmar-coup-detat/.

40.   "Timeline: Myanmar's Year of Turmoil Since the Military Took Power in a Coup," The Wire, 25 January 2022, https://thewire.in/south-asia/timeline-myanmars-year-of-turmoil-since-the-military-took-power-in-a-coup.

41.   "70 NLD MPs Sign Oath in Nay Pyi Taw Sipin Housing," Eleven Media Group, 4 February 2021, https://elevenmyanmar.com/news/70-nld-mps-sign-oath-in-nay-pyi-taw-sipin-housing-2.

42.   "Statement on Recent Detainees in Relation to the Military Coup," Assistance Association for Political Prisoners, 4 February 2021, https://aappb.org/?p=12997.

43.   Crouch, Melissa. "Will Sean Turnell's Jail Term in Myanmar Force Australia into Action on a Country at War with its Own People?" ABC News Australia, 29 September 2022, https://www.abc.net.au/news/2022-09-30/sean-turnell-arrest-myanmar-military-australian-government-act/101487792.

44.   Treisman, Rachel. "Myanmar Coup: Military Defends Takeover and Enacts Curfew as Protests Intensify," NPR, 8 February 2021, https://www.npr.org/2021/02/08/965413876/myanmar-coup-military-defends-takeover-and-enacts-curfew-as-protests-intensify.

45.   "Soldiers and Police Seize Documents from NLD Head Office During Evening Raid," Myanmar Now, 10 February 2021, https://www.myanmar-now.org/en/news/soldiers-and-police-seize-documents-from-nld-head-office-during-evening-raid.

46.   "Myanmar: Scrap Draconian Cybersecurity Bill," Human Rights Watch, 15 February 2022, https://www.hrw.org/news/2022/02/15/myanmar-scrap-draconian-cybersecurity-bill.

47.   "In Rural Myanmar, Residents Protect Police Who Reject Coup," 10 News, 10 February 2021, https://www.wsls.com/news/world/2021/02/11/in-rural-myanmar-residents-protect-police-who-reject-coup/.

48.   "Military Casts a Wide Net with a Series of Late-Night Raids," Myanmar Now, 12 February 2021, https://www.myanmar-now.org/en/news/military-casts-a-wide-net-with-a-series-of-late-night-raids.

49.   "Myanmar Military Bans Use of 'Regime', 'Junta' by Media," The Irrawaddy, 13 February 2021, https://www.irrawaddy.com/news/burma/myanmar-military-bans-use-regime-junta-media.html.

50.   Lockwood, Pauline, et al. "Detained Myanmar Leader Aung San Suu Kyi Hit with New Charge as Military Junta Pledges New Election," CNN, 16 February 2021, https://www.cnn.com/2021/02/16/asia/myanmar-aung-san-suu-kyi-coup-charges-intl.

51.   "Regime Issues Arrest Warrants for Celebrities Who Urged People to Join Civil Disobedience Movement." Myanmar Now, 17 February 2021, https://www.myanmar-now.org/en/news/regime-issues-arrest-warrants-for-celebrities-who-urged-people-to-join-civil-disobedience.

52.   Heard, Jonathan, "Myanmar Coup: Woman Shot During Anti-Coup Protests Dies," BBC News, 19 February 2021, https://www.bbc.com/news/world-asia-56122369.

53.   @aapp_burma (Assistance Association for Political Prisoners Burma). "DAILY UPDATE! (21/02) Big jump! Situation must not be allowed to deteriorate further. International support urgent. 640 people arrested, charged

or sentenced since coup. 593 actively persecuted. List _aappb.org/wp-content/upl… Brief aappb.org/?p=13211 #WhatsHappeninginMyanmar." Twitter, 21 February 2021, https://twitter.com/aapp_burma/status/1363520199002001409?lang=en.

54.   "Large '22222' Crowds Fill Myanmar Streets Despite Dire Warning From Junta." Radio Free Asia, 22 February 2021, https://www.rfa.org/english/news/myanmar/dire-warning-02222021145232.html.

55.   "Second Myanmar Official Dies After Arrest, Junta Steps Up Media Crackdown," Reuters, 7 March 2021, https://www.reuters.com/article/APAC/idUSKBN2B005P?il=0.

56.   "Myanmar Coup: Party Official Dies in Custody After Security Raids," BBC News, 7 March 2021, https://www.bbc.com/news/world-asia-56312147.

57.   "Medics, Aid Volunteers Become Latest Targets of Myanmar Junta's Brutality," Radio Free Asia, 4 March 2021, https://www.rfa.org/english/news/myanmar/emergency-care-workers-03042021172046.html.

58.   Regan, Helen. "Myanmar Military Occupies Hospitals and Universities Ahead of Mass Strike," CNN, 8 March 2021, https://www.cnn.com/2021/03/08/asia/myanmar-military-hospitals-mass-strike-intl-hnk/index.html.

59.   Khan, Umayma. "The Women of Myanmar: Our Place is in the Revolution," Aljazeera, 25 April 2021, https://www.aljazeera.com/features/2021/4/25/women-of-myanmar-stand-resilient-against-the-military-coup.

60.   "Myanmar Military Strips Five Media Companies of Licenses," Voice of America, 8 March 2021, https://www.voanews.com/a/east-asia-pacific_myanmar-military-strips-five-media-companies-licenses/6203033.html

61.   Wintour, Patrick. "Myanmar Recalls Ambassador to UK Who Spoke Out against Coup," The Guardian, 9 March 2021, https://www.theguardian.com/world/2021/mar/09/myanmar-recalls-ambassador-uk-spoke-out-against-coup.

62.   "Myanmar: Martial Law is Another Dangerous Escalation of Repression," International Commission of Jurists, 17 March 2021, https://www.icj.org/myanmar-martial-law-is-another-dangerous-escalation-of-repression/.

63.   "Myanmar Becomes a Nation Without Newspapers," Myanmar Now, 18 March 2021, https://www.myanmar-now.org/en/news/myanmar-becomes-a-nation-without-newspapers.

64.   "Myanmar's Shadow Government Forms People's Defense Force," The Irrawaddy, 5 May 2021, https://www.irrawaddy.com/news/burma/myanmars-shadow-government-forms-peoples-defense-force.html.

65.   Taylor, Adam and Sammy Westfall. "U.N. Adopts Resolution Condemning Myanmar's Military Junta." The Washington Post, 18 June 2021, https://www.washingtonpost.com/world/2021/06/18/un-set-adopt-resolution-condemning-myanmars-military-junta/.

66.   Peters, Cameron. "The UN Condemned Myanmar's Coup. Will that Matter?" Vox, 20 June 2021, https://www.vox.com/2021/6/20/22542370/myanmar-coup-united-nations-un.

67.   Henschke, Rebecca et al., "Tortured to Death: Myanmar Mass Killings Revealed." BBC News, 20 December 2021, https://www.bbc.com/news/world-asia-59699556.

68.   Regan, Helen and Kocha Olarn, "Myanmar's Shadow Government Launches 'People's Defensive War' against the Military Junta," CNN, 7 September 2021, https://www.cnn.com/2021/09/07/asia/myanmar-nug-peoples-war-intl-hnk/index.html.

69.   "NUG Representative Office Opened in the Czech Republic," Mizzima, 29 October 2021, https://mizzima.com/article/nug-representative-office-opened-czech-republic.

70.   "French State Recognizes Myanmar National Unity Government." International Trade Union Confederation, 10 June 2021, https://www.ituc-csi.org/french-senate-recognises-myanmar.

71.   "European Parliament Throws Support Behind Myanmar's Shadow Government," The Irrawaddy, 8 October 2021, https://www.irrawaddy.com/news/european-parliament-throws-support-behind-myanmars-shadow-government. html.

72.   Head, Jonathan. "Myanmar to Release 5,000 Prisoners Held Over Coup," BBC News, 18 October 2021, https://www.bbc.com/news/world-asia-58929644.

73.   Regan, Helen. "Myanmar's Aung San Suu Kyi Faces Two Years in Jail After Her Sentence is Halved," CNN, 6 December 2021, https://www.cnn.com/2021/12/06/asia/suu-kyi-verdict-sentence-myanmar-intl-hnk.

74.   Myanmar Humanitarian Update No. 15, United Nations Office for the Coordination of Humanitarian Affairs Myanmar, 15 February 2022, https://themimu.info/sites/themimu.info/files/documents/Sitrep_Humanitarian_Update_ No.15_OCHA_15Feb2022.pdf.

75.   "Myanmar Military Junta Discusses Economy, Voting System, and Controversial Conscription," Mizzima, 8 February 2022, https://www.mizzima.com/article/myanmar-military-junta-discusses-economy-voting-system-and-controversial-conscription.

76.   "Extrajudicial Killing, Torture, Arbitrary Arrest, Looting, Torching of Houses by SAC Troops in Ywangan, Southern Shan State, February-April, 2022," Shan Human Rights Foundation, 11 May 2022, https://shanhumanrights. org/extrajudicial-killing-torture-arbitrary-arrest-looting-torching-of-houses-by-sac-troops-in-ywangan-southern-shan-state/.

77.   "Myanmar Rohingya Violence is Genocide, US Says," BBC News, 21 March 2021, https://www.bbc.com/news/world-asia-60820215.

78.   "India: Rohingya Deported to Myanmar Face Danger," Human Rights Watch, 31 March 2022, https://www. hrw.org/news/2022/03/31/india-rohingya-deported-myanmar-face-danger.

79.   "Daily Briefing in Relation to the Military Coup, Assistance Association for Political Prisoners, 23 March 2022, https://aappb.org/?p=20718.

80.   "Myanmar's Military Reportedly Suffers Heaviest Casualties Since Coup," Radio Free Asia, 11 April 2022, https://www.rfa.org/english/news/myanmar/casualties-04112022201052.html.

81.   "NLD Announces that 701 Party Members Are Still Detained and 18 Have Died," Eleven Media Group, 12 May 2022, https://elevenmyanmar.com/news/nld-announces-that-701-party-members-are-still-detained-and-18-have-died.

82.   "Dozens of Military Airstrikes Hit Near Thai-Myanmar Border, Karen Human Rights Groups Say," Thai Enquirer, 19 May 2022, https://www.thaienquirer.com/40258/dozens-of-military-airstrikes-hit-near-thai-myanmar-border-karen-human-rights-groups-say/.

83.   "Myanmar: Crisis Taking an Enormous Toll on Children, UN Committee Warns," United Nations Human Rights Office of the High Commissioner, 29 June 2022, https://www.ohchr.org/en/statements/2022/06/myanmar-crisis-taking-enormous-toll-children-un-committee-warns.

84.   "One Civilian Killed, Two Injured by the Junta Shelling in Moebye," Shan Herald Agency for News, 9 June 2022, https://english.shannews.org/archives/25089.

85.   "Myanmar Regime Troops Torch Villages and Hold Civilians Hostage in Sagaing," The Irrawaddy, 16 June 2022, https://www.irrawaddy.com/news/burma/myanmar-regime-troops-torch-villages-and-hold-civilians-hostage-in-sagaing.html.

86.   "Myanmar Junta Arrests Nine Striking Teachers Working for NUG Online School," The Irrawaddy, 14 July 2022, https://www.irrawaddy.com/news/burma/myanmar-junta-arrests-nine-striking-teachers-working-for-nug-online-school.html.

87.   "Myanmar's Rohingya Genocide Case Can Proceed, Top UN Court Rules," The Irrawaddy, 22 July 2022, https://www.irrawaddy.com/news/burma/myanmars-rohingya-genocide-case-can-proceed-top-un-court-rules.html.

88.   "Myanmar: First Executions in Decades Mark Atrocious Escalation in State Repression," Amnesty International, 25 July 2022, https://www.amnesty.org/en/latest/news/2022/07/myanmar-first-executions-in-decades-mark-atrocious-escalation-in-state-repression/.

89.   "Myanmar Carries Out its First Executions in Decades, Including Democracy Activists," NPR, 25 July 2022, https://www.npr.org/2022/07/25/1113369138/in-its-first-executions-in-nearly-50-years-myanmar-executes-4-democracy-activist.

www.ingramcontent.com/pod-product-compliance
Lightning Source LLC
Chambersburg PA
CBHW030822270326
41928CB00007B/861